엔트리와 함께하는

인공지능 교실

AI

도서출판
홍릉

엔트리와 함께하는

인공지능 교실

인쇄 : 2021년 7월 27일 초판 1쇄 인쇄
발행 : 2021년 8월 5일 초판 1쇄 발행

저자 : 이재호, 이용배, 박선주, 한규정, 배영권, 성영훈, 정인기, 김종훈, 한정혜 김현배,
전우천, 장준형, 정홍원, 석문철, 안형준, 강설주, 강현도, 김봉철 김병조, 전도연

발행인 : 송준
발행처 : 도서출판 홍릉

주 소 : 서울시 강북구 인수봉로 50길 10
전 화 : 02－999－2274～5　**팩 스** : 02－905－6729
e-mail : hongpub@hongpub.co.kr
홈페이지 : www.hongpub.co.kr

편집 진행 : 앤미디어(master@nmediabook.com) | **전산 편집** : 앤미디어 | **표지** : 앤미디어

ISBN : 979-11-5600-874-3(93000)
정 가 : 23,000원

entry

엔트리와 함께하는

인공지능 교실

AI

이재호(경인교육대학교)
박선주(광주교육대학교)
배영권(대구교육대학교)
정인기(춘천교육대학교)
한정혜(청주교육대학교)
전우천(서울교육대학교)
정홍원(인천청천초)
안형준(강경황산초)
강현도(김해동광초)
김병조(동궁초)
이용배(전주교육대학교)
한규정(공주교육대학교)
성영훈(진주교육대학교)
김종훈(제주대학교)
김현배(부산교육대학교)
장준형(오마초)
석문철(영광중앙초)
강설주(남대구초)
김봉철(제주교대부설초)
전도연(오마초)

지음

도서출판 홍릉

머리말

엔트리의 인공지능 교육 플랫폼 활용 교재를 출간하면서...

2013년 엔트리가 세상에 소개되고, 2015년 국내 최대 포털인 네이버와 만남으로써 우리나라 소프트웨어(SW) 코딩 교육은 큰 발전을 이루게 되는 계기를 마련하였다. 결과적으로 2017년에는 엔트리 작품 수가 100만 개를 돌파하였고, 2018년에는 초등학교 교과서에 엔트리가 소개되면서 월간 사용자 수가 100만 명을 넘어서는 쾌거를 이뤘다. 이에 그치지 않고 2019년에는 라인 엔트리를 출시함으로써 대한민국을 넘어서, 전 세계인을 대상으로 하는 코딩 교육 플랫폼 시대를 열었다.

2020년은 인공지능(AI) 교육의 태동기라고 할 수 있다. 이러한 관점에서 엔트리 플랫폼에 AI와 데이터 분석 기능이 추가된 것은 국내외 학습자 및 교육자들에게 매우 큰 의미가 있는 것이다. 엔트리는 블록 코딩기반의 SW 코딩 교육 플랫폼으로 시작하였으나, AI와 데이터 분석이 가능한 블록을 추가함으로써, SW 코딩기반의 AI 교육이 가능하게 되었다. SW 코딩과 AI 교육의 원스톱(one-stop) 교육이 가능한 AI 교육 플랫폼으로 진화한 것이다.

초등학생을 대상으로 AI 교육을 시행하기에 가장 적합한 플랫폼은 무엇일까? 103명의 교육 전문가를 대상으로 2020년 당시 초등교육 현장에서 사용되는 것으로 확인한 8가지 AI 교육 플랫폼에 대한 인식조사를 시행한 결과 엔트리가 가장 높은 점수를 받았다. 특히, 양질의 교육용 콘텐츠 제공, 편리한 접근성, 교수 · 학습 관리 기능 등에서 다른 AI 교육 플랫폼보다 경쟁 우위를 가지고 있는 것으로 분석되었다.

엔트리는 초등학생들만의 교육 플랫폼이 아니다. 엔트리 사용자는 SW 코딩을 처음 접하는 중고등 학생은 물론이고 대학생과 SW 및 AI 분야의 직업을 찾고 있는 취업준비생에 이르기까지 다양하다. 이상과 같이 SW 및 AI 교육 분야에서 뛰어난 경쟁력을 지닌 엔트리와 정보교육 분야 최고의 전문가 집단인 (사)한국정보교육학회의 만남은 엄청난 시너지 효과를 발휘할 것이다. 그러한 의미에서 (사)한국정보교육학회와 네이버 커넥트재단 간의 첫 번째 협업 작품인 본 서에 거는 기대는 크다.

1996년 창립 이후 (사)한국정보교육학회는 대한민국 정보교육의 발전을 선도하였으며, AI 교육에 대한 관심이 증가하고 있는 현재 시점에는 제대로 된 AI 교육 교재의 출간에 대한 사회적 책무성을 강하게 느끼고 있다. 이런 상황에서 (사)한국정보교육학회는 2020년부터 꾸준히 AI 교육 교재 집필에 노력을 기울인 결과 이제 네 번째 AI 교육 교재를 출간하게 되었다.

본 서가 완성되기까지는 여러분들의 수고가 있었기에 가능했다. (사)한국정보교육학회와의 협업에 기꺼이 참여해준 네이버 커넥트재단 관계자 여러분, 바쁜 일정에도 흔쾌히 집필 작업에 참여해주신 (사)한국정보교육학회 회원 여러분, 본 서의 편집 및 출판 작업을 지원하셔서 오늘 귀한 결과물이 탄생할 수 있도록 지원해주신 도서출판 홍릉의 관계자 여러분에게 감사의 말씀을 드린다.

2021년 7월

(사)한국정보교육학회 회장 이재호

목차

CHAPTER

1

엔트리 인공지능 블록 활용

CHAPTER 1

엔트리 인공지능 블록 활용

Session 01 인공지능 블록 시작하기

Session 02 비디오 감지 블록 활용하기

Session 03 오디오 감지와 읽어주기 블록 활용하기

학습 목표

엔트리에서 제공하는 인공지능 블록을 추가하여 활용하는 방법을 알고, 비디오 감지, 오디오 감지, 읽어주기 기능 등을 활용해 인공지능 프로그램을 만들 수 있다.

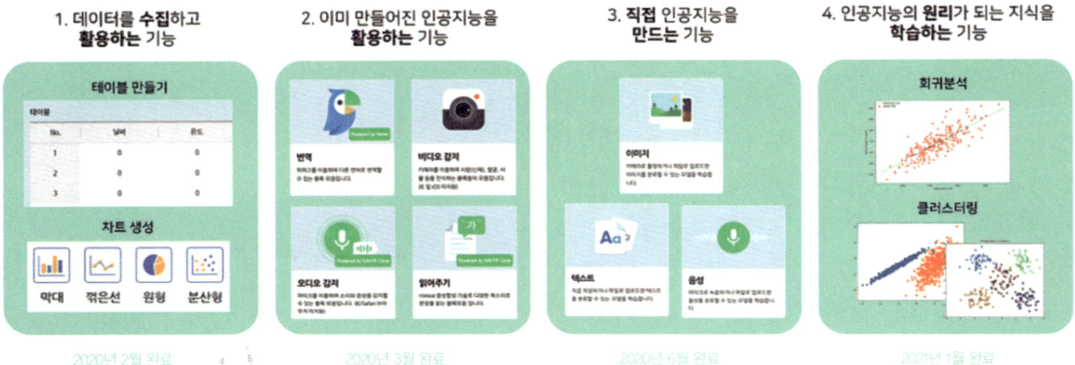

엔트리는 네이버의 비영리 교육 기관인 네이버 커넥트재단에서 운영하고 있으며, 교사와 학생들이 무료로 사용할 수 있는 오픈 소스 플랫폼이다. 특히 엔트리는 학교 현장에서 활용할 수 있는 다양한 기능을 제공하는데, SW교육 의무화와 함께 전국의 초등/중학교 교과서에 채택되어 손쉽게 활용할 수 있다. 교과서에 반영된 엔트리 프로그램 제작을 쉽고 간편하게 할 수 있는 기능을 제공하고 있으며, 교과형 만들기 기능, 작품을 공유하는 기능, 강의실 기능 등 실제 수업에서 활용할 수 있는 다양한 기능을 제공한다.

엔트리에서 기본적으로 활용할 수 있는 인공지능 기능은 다양하다. 데이터를 수집하고 활용하는 기능과 이미 만들어진 인공지능을 활용하는 기능은 엔트리 블록 코딩으로 자유롭게 활용할 수 있으며, 텍스트, 이미지, 음성 등을 학습하여 인공지능 학습 모델을 만드는 것도 가능하다. 또한 인공지능의 원리가 되는 지식을 학습하는 회귀분석, 클러스터링 등의 기능도 개발이 완료되었다.

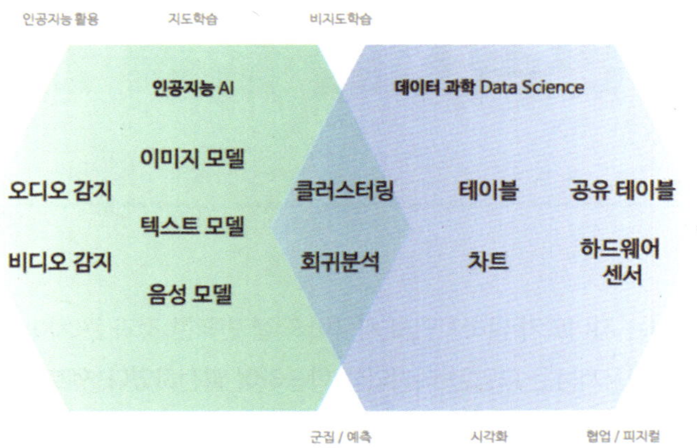

엔트리에서 제공하는 인공지능 기능 중 가장 기본적인 인공지능 블록은, '번역', '비디오 감지', '오디오 감지', '읽어주기' 네 가지가 있으며 네이버 파파고, nVoice, Clova 등의 네이버 인공지능을 활용하여 블록 코딩을 할 수 있도록 지원한다. 현재 엔트리에서 인공지능과 관련된 기능은 Beta 버전으로 표기되고 있으며, 지속적으로 업데이트 되고 있다.

1. 먼저 엔트리 프로그램에서 를 클릭하여 다음과 같이 "오디오 감지"를 선택한다. 단, AI 활용 블록은 인터넷이 연결되어 있어야 하므로 인터넷 연결 상태를 확인한다.

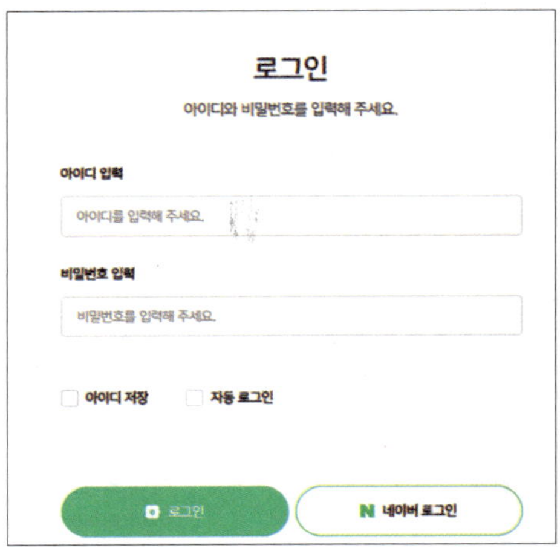

2. 먼저 엔트리 프로그램에서 를 클릭하여 다음과 같이 "오디오 감지"를 선택한다. 단, AI 활용 블록은 인터넷이 연결되어 있어야 하므로 인터넷 연결 상태를 확인한다.

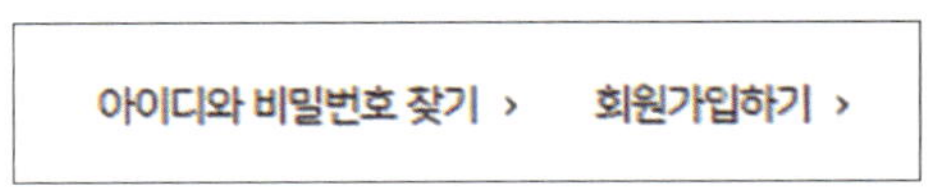

entry Session 01

인공지능 블록 시작하기

인공지능 번역 기능을 제공하는 사이트가 많아지면서 사람이 직접 번역한 것과 큰 차이가 나지 않는 결과물을 얻을 수 있다는 평가가 있을 정도로 인공지능은 다양한 데이터를 학습하여 발전하였다. 엔트리에서 제공하는 인공지능 기본 블록은 네이버의 파파고 번역 기능을 활용해 영어, 일본어, 중국어 등 12개 언어를 자유롭게 번역할 수 있도록 구성되어 있다.

학습 목표

엔트리에서 제공하는 인공지능 기본 블록을 추가하고 번역 블록을 활용하여 블록 코딩을 할 수 있다.

1-1 인공지능 블록 불러오기

본 주제에서는 엔트리에서 제공하는 인공지능 기본 블록을 불러오고, 각 블록을 살펴본다. 챕터에서 사용할 번역, 비디오 감지, 오디오 감지, 읽어주기 블록을 모두 불러오고, 블록에서 사용할 수 있는 코딩 블록들의 기능을 살펴본다.

엔트리 프로그램의 블록 탭에서 '인공지능'을 선택한 후, [인공지능 블록 불러오기]를 클릭한다. '인공지능 블록 불러오기' 그림처럼 AI 활용 블록이 나타나면 네 가지를 모두 클릭하고, [추가]를 클릭해 블록 네 가지를 모두 불러온다.

1 컴퓨터에 카메라와 마이크가 연결되어 있거나, 노트북에 내장된 카메라와 마이크가 있는 경우 웹 브라우저에서 위와 같은 팝업창이 나타날 수 있다. 인공지능 블록을 활용할 때 필요하기 때문에 모두 허용해 준다.

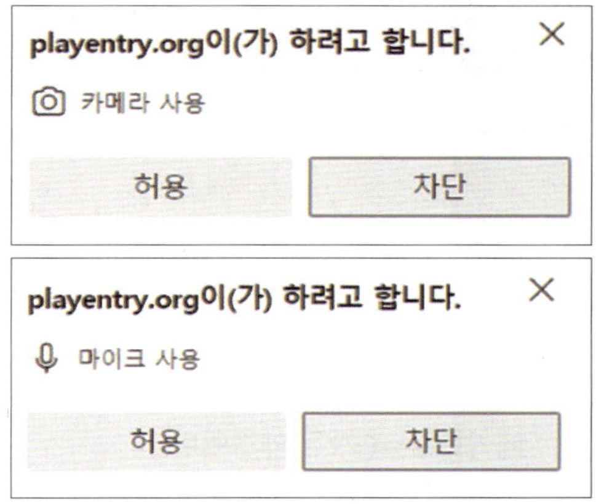

2 인공지능 블록 불러오기가 완료되면 인공지능 탭에 다양한 블록이 로딩되고, 바로 블록 코딩에 활용할 수 있다.

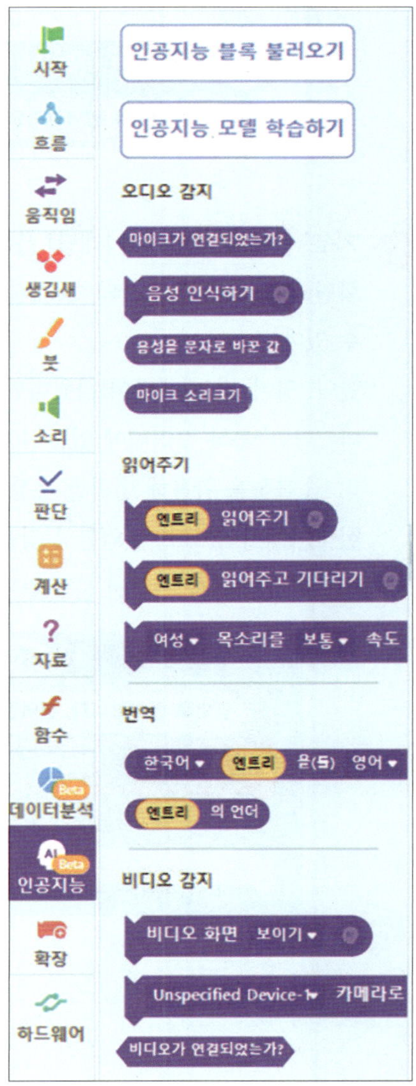

1-2 번역 블록 활용하기

엔트리봇 오브젝트를 선택하고, 엔트리봇에 여러 언어로 번역하는 기능을 추가한다.

1. '번역'과 관련된 블록은 [한국어▾ 엔트리 을(를) 영어▾ 로 번역하기], [엔트리 의 언어]로 구성되어 있다. 번역을 지원하는 언어는 한국어, 중국어(간체, 번체), 스페인어, 프랑스어, 독일어, 러시아어, 포르투갈어, 태국어, 베트남, 인도네시아어, 힌디어이며 네이버 클로바의 기능을 가져와 사용하는 것이기 때문에 언어는 추가될 예정이다.
   먼저 시작하기 버튼을 클릭했을 때, 엔트리봇이 '어떤 언어로 번역할까요? 영어, 프랑스어 중 골라 주세요.' 라고 묻고, 대답을 기다리도록 블록을 합친다.

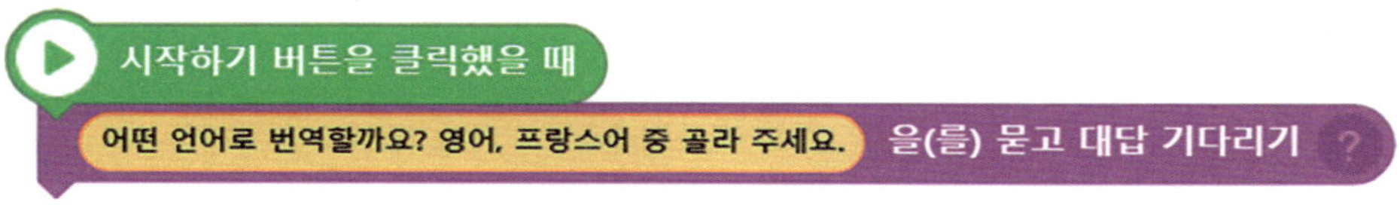

2. '자료' 블록 꾸러미에서 [대답] 블록을 활용할 수 있다. '대답 기다리기' 블록을 사용해 얻은 대답은 실행화면 우측 상단에 표시되며, 대답을 보이거나 숨기기 위해 [대답 숨기기], [대답 보이기] 블록을 활용할 수 있다.
   만약 '영어' 라는 대답이 나왔다면, '흐름' 블록 꾸러미에서 [만일 참이라면 / 아니면] 블록을 가지고 온다. '판단' 블록 꾸러미에 있는 [10 = 10] 블록을 활용하여 대답이 영어일 경우 한 번 더 [묻고 대답 기다리기] 블록을 활용해 번역할 문장을 [대답] 값에 넣도록 한다.
   한국어에서 영어로 번역한 문장을, '생김새' 블록 꾸러미에 있는 [~을 ~초 동안 말하기] 블록에 넣어 엔트리봇이 최종 번역된 문장을 말하도록 한다.

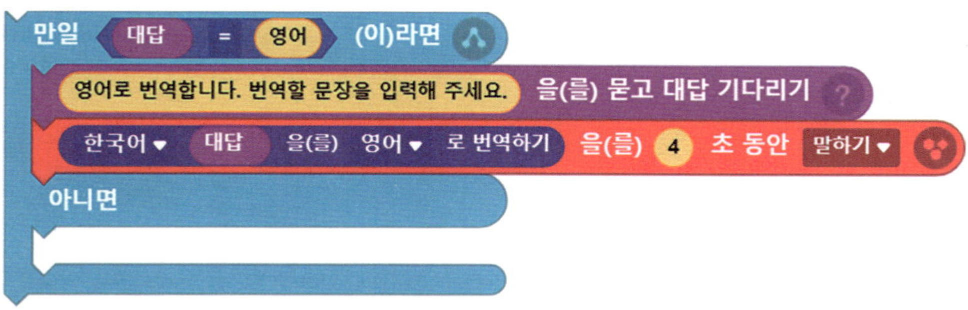

3 '번역' 과 관련된 블록은 [한국어] '엔트리'를 [영어]로 번역하기, 그리고 '엔트리'의 언어 2가지가 있다. 번역을 지원하는 언어는 한국어, 중국어(간체, 번체), 스페인어, 프랑스어, 독일어, 러시아어, 포르투갈어, 태국어, 베트남, 인도네시아어, 힌디어이며 네이버 클로바의 기능을 가져와 사용하는 것이기 때문에 언어는 추가될 예정이다.

먼저 시작하기 버튼을 클릭했을 때, 엔트리봇이 '어떤 언어로 번역할까요? 영어, 프랑스어 중 골라 주세요.' 라고 묻고, 대답을 기다리도록 블록을 합친다.

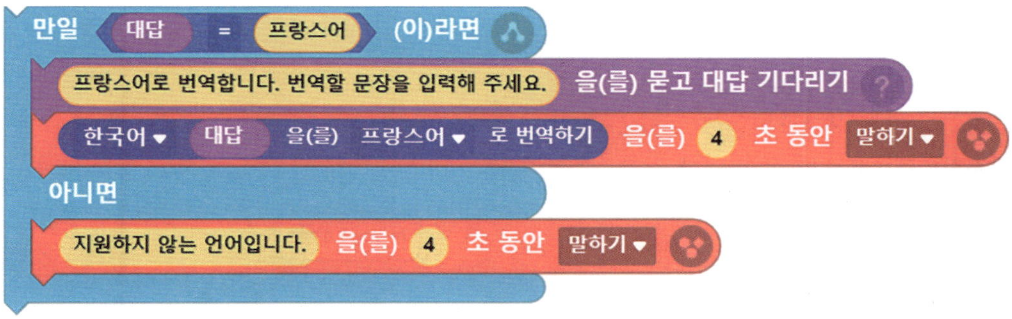

4 위에서 코딩한 블록을 모두 합쳐서, 엔트리봇이 영어, 프랑스어 번역을 할 수 있도록 완성한다.

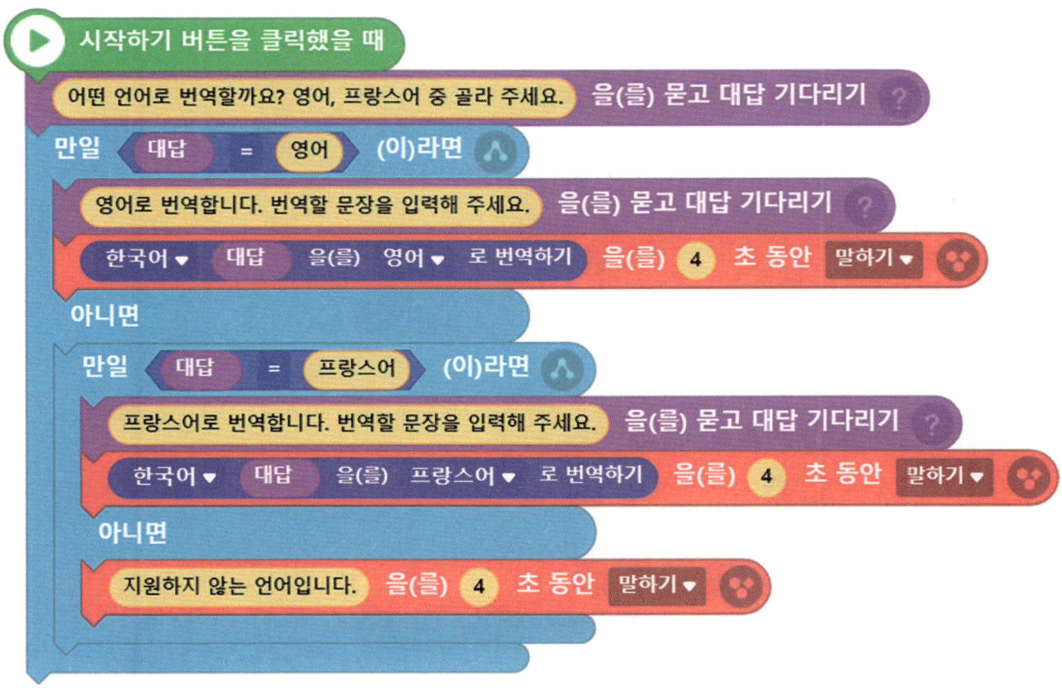

5 첫 실행화면 오른쪽 위에, 대답을 볼 수 있고 대답은 블록을 활용해 보이거나 숨길 수 있다.

6 최종적으로 엔트리봇이 번역한 결과를 말할 때, 어떤 내용을 번역하였는지 우측 상단에서 확인할 수 있다.

7 엔트리의 다른 번역 블록인 [엔트리 의 언어] 블록은 내가 쓴 단어가 어느 나라 언어인지 알려주는 블록이다. [엔트리 의 언어] 블록을 '생김새' 블록 꾸미기에 있는 [~을 ~초 동안 말하기] 블록에 넣어 엔트리 봇을 실행시키면, 엔트리 봇이 '한국어'라고 대답을 한다.

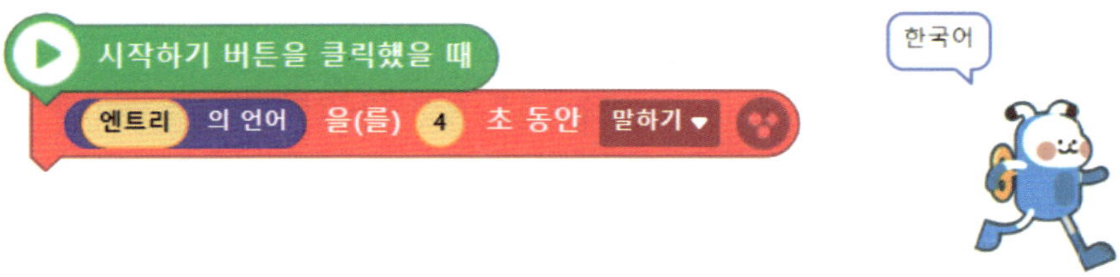

마찬가지로 [엔트리 의 언어] 블록 안에 영어로 'Hello'를 입력하면 엔트리 봇이 '영어'라고 대답을 한다.

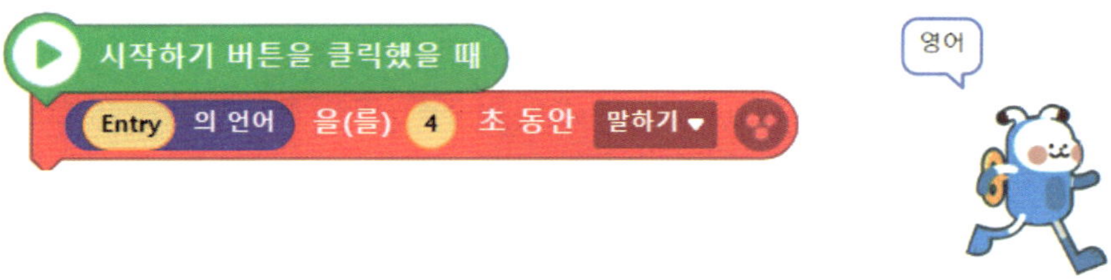

이처럼 번역 블록을 이용하여 내가 사용한 언어가 어떤 언어인지 쉽게 알 수 있게 해준다.

Session 02 오디오 감지와 읽어주기 블록 활용하기

인공지능 블록을 활용하지 않았을 때, 엔트리에서 활용할 수 있는 오디오 기능은 데이터베이스에 있는 소리를 재생하거나 소리를 추가하여 재생하는 기능이 전부였다. 인공지능 블록 중 오디오 감지와 읽어주기 블록은 컴퓨터 마이크나 노트북에 내장되어 있는 마이크를 이용하여 음성을 인식하고, 음성을 문자로 바꾸어 주는 기능을 제공한다. 엔트리는 읽어주기(TTS, Text to Speech) 기능을 제공하며, 엔트리의 읽어주기 기능은 다양한 목소리와 속도, 음높이 설정 기능을 포함한다.

학습 목표

엔트리의 오디오 감지와 읽어주기 블록을 이용해 코딩할 수 있다.

학습준비물

마이크(노트북 또는 웹캠 내장 마이크 가능)

2-1 오디오 감지 블록 활용하기

본 주제에서는 마이크가 연결되었는지 확인하고, 오디오 감지 블록을 활용해 기본적인 음성인식을 다루는 코딩을 한다.

1. 엔트리봇이 마이크가 연결되었는지 말하도록 코딩을 한다. 우선, '흐름' 블록 꾸러미에서 [만일 참 이라면, 아니면] 블록을 가지고 와서, 인공지능 블록 꾸러미 중 '오디오 감지' 부분의 [마이크가 연결되었는가?] 블록과 합쳐 준다. 만약 마이크가 연결되었거나 내장 마이크의 사용이 정상적으로 가능하다면, 엔트리봇이 현재 마이크에 인식되고 있는 소리 크기가 얼마인지 말해 주도록 한다.
'계산' 블록 꾸러미의 [안녕 과(와) 엔트리를 합치기] 블록을 사용하면, 마이크 소리크기와 같은 입력값을 포함한 문장을 엔트리봇이 말하도록 할 수 있다.
마이크의 사용이 정상적으로 가능하지 않다면, '마이크가 연결되지 않았습니다. 마이크 연결을 확인해 주세요.' 라고 말하도록 한다.

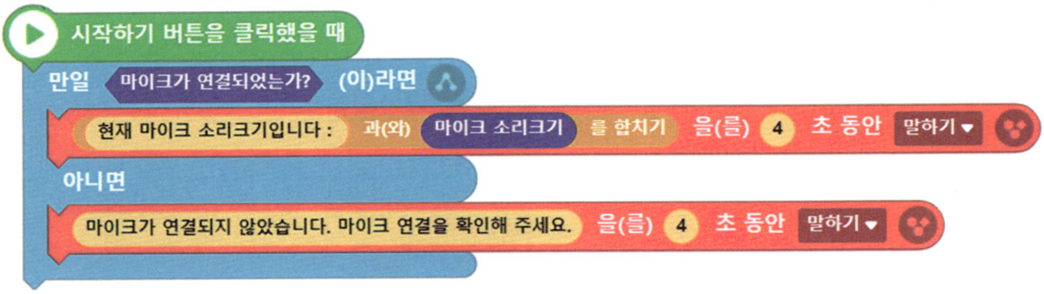

2 이제 본격적으로 마이크를 활용해 음성 인식을 시작한다. 시작하기 버튼을 클릭했을 때, [음성 인식하기] 블록을 가지고 와서 음성을 인식하고, [음성을 문자로 바꾼 값] 블록을 이용해 엔트리봇이 인식한 음성을 말하도록 코딩한다.

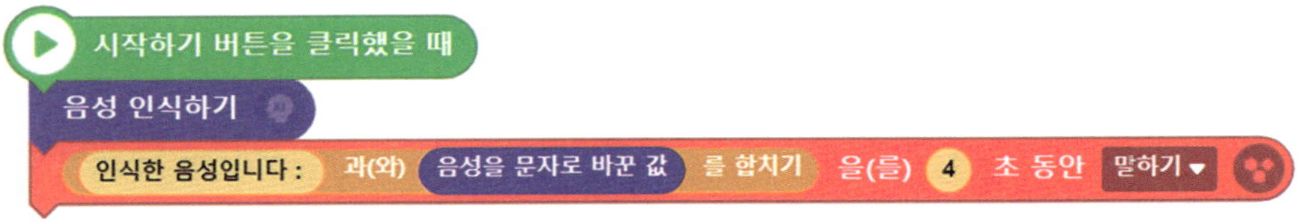

3 시작하기 버튼을 눌러 실행했을 때, [음성 인식하기] 블록을 사용했다면 엔트리봇 위에 마이크 그림이 나타나며 음성 인식을 시작한다. 음성 인식이 완료되었다고 판단하면 저절로 다음 단계로 넘어간다.

4 [음성을 문자로 바꾼 값] 블록과 '판단' 블록 꾸러미의 [10 = 10] 블록을 사용하여 암호를 인식하는 코딩을 할 수 있다. 특정 암호를 설정하고, 인식한 음성을 문자로 바꾼 값이 암호값과 같다면 엔트리봇이 특정한 반응을 보일 수 있다.

2-2 읽어주기 블록 활용하기

본 주제에서는 엔트리의 읽어주기 블록이 제공하는 다양한 기능을 살펴보고 암호를 인식하는 기능을 코딩해 만들어 본다.

1. '읽어주기' 블록에서 다양한 설정을 할 수 있다. 기본적으로 [여성 목소리를 보통 속도 보통 음높이로 설정하기] 블록에서, 여성과 남성, 친절한 목소리 등 7가지의 목소리 종류를 설정할 수 있고 1~5단계로 속도와 음높이를 설정할 수 있다.

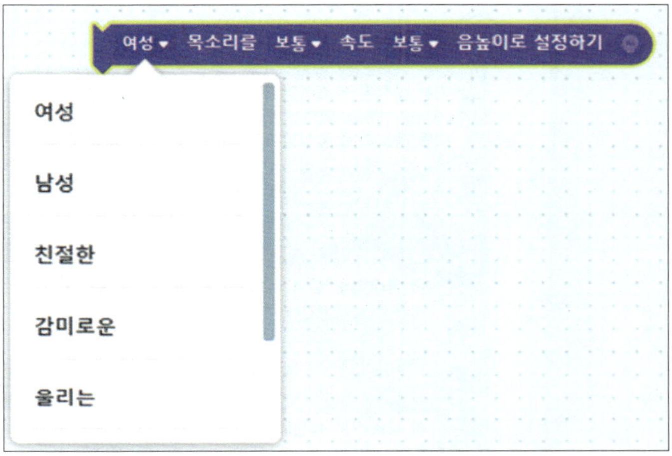

2. 위 그림과 같이, '자료' 블록 꾸러미의 [~을(를) 묻고 대답 기다리기] 블록과 [대답]값을 이용해 대답을 듣고 어떤 목소리로 설정할지 결정하는 코딩도 할 수 있다.

남자와 여자 두 종류의 목소리를 설정하는 코딩

기본 설정된 목소리를 알려주고, 묻고 대답 기다리기 블록을 사용해 남자와 여자 목소리를 각각 설정하였다. 이와 같은 방법으로 목소리, 속도, 음높이를 각각 설정할 수 있으며, 설정된 목소리가 어떤 목소리인지 읽어주어 확인할 수 있다.

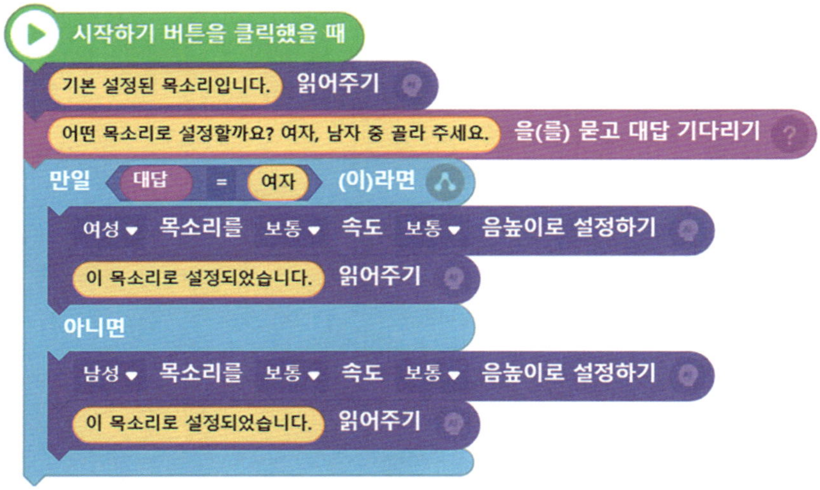

읽어주기 블록과 읽어주고 기다리기 블록의 차이는 무엇일까?

'a'키를 눌렀을 때에는 '엔트리' '인공지능입니다' 글자를 동시에 말해 준다.

그러나 'b'키를 눌렀을 때는 '엔트리' '인공지능입니다' 글자를 차례대로 말해 준다. 긴 문구를 입력할 때 읽어주고 기다리기 블록을 추가하면 쉽게 프로그래밍 할 수 있다.

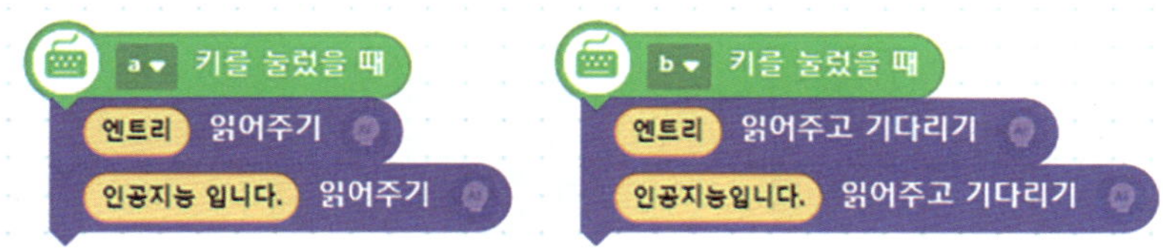

Session 03

비디오 감지 블록 활용하기

엔트리의 비디오 감지 기능은 매우 많은 내용을 담고 있다. 기본적으로 비디오가 연결되었는지 확인하는 블록부터, 움직임 값을 감지하는 블록, 사람이나 사물을 인식해서 그 수를 찾고, 성별, 나이, 감정 등을 얼굴에서 인식하는 기능도 포함되어 있다.

학습 목표

엔트리의 비디오 감지 기능과 인공지능 블록 전체를 활용해 코딩할 수 있다.

학습준비물

웹캠, 마이크

3-1 비디오 감지 블록 활용하기-1

본 주제에서는 비디오 감지 기능을 활용하여 다양한 사람, 사물을 인식하는 코딩을 한다.

얼굴인식 코딩하기

비디오가 연결되었는지 확인하는 코딩

1. 시작하기 버튼을 클릭했을 때, 만약 비디오가 정상적으로 연결되어 있다면 비디오 화면을 실행 화면에 띄워 주게 되는데, 이때 [비디오 화면 보이기/숨기기] 블록을 이용한다. 주의할 점은 비디오 화면이 엔트리봇 뒤로 나타나게 되기 때문에, '생김새' 블록 꾸러미의 [모양 숨기기] 블록을 이용해 엔트리봇이 말을 하지 않을 때는 모양을 숨겨 준다.

만약 비디오가 연결되어 있지 않다면, 엔트리봇이 '비디오가 연결되지 않았습니다. 카메라를 확인해 주세요.' 라고 말하도록 한다.

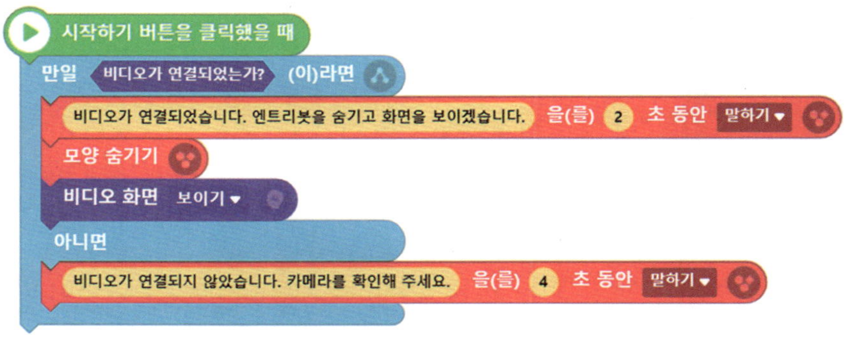

2 엔트리의 얼굴인식 기능을 사용하기 위해, 비디오 화면을 보여 주고 엔트리봇이 '얼굴 인식 준비가 되었으면 스페이스 키를 눌러 주세요.' 라고 말하도록 한다.

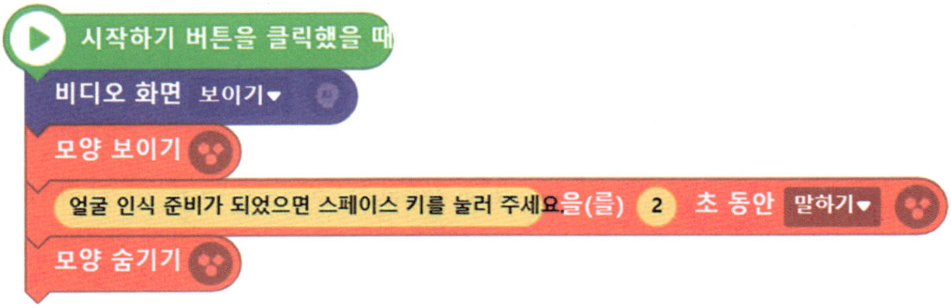

3 사용자가 스페이스 키를 눌렀을 때, [얼굴 인식 시작하기] 블록을 이용해 얼굴을 인식한다. 같은 블록을 사용하여, 사람, 얼굴, 사물을 각각 인식할 수 있고 인식을 시작하거나 중지할 수 있다.
얼굴 인식이 되었다면, 엔트리봇이 나타나서 '얼굴 인식이 완료되었습니다.' 라고 말하고, 그렇지 않다면 '인식 준비가 되면 다시 스페이스 키를 눌러 주세요.' 라고 말하도록 한다.

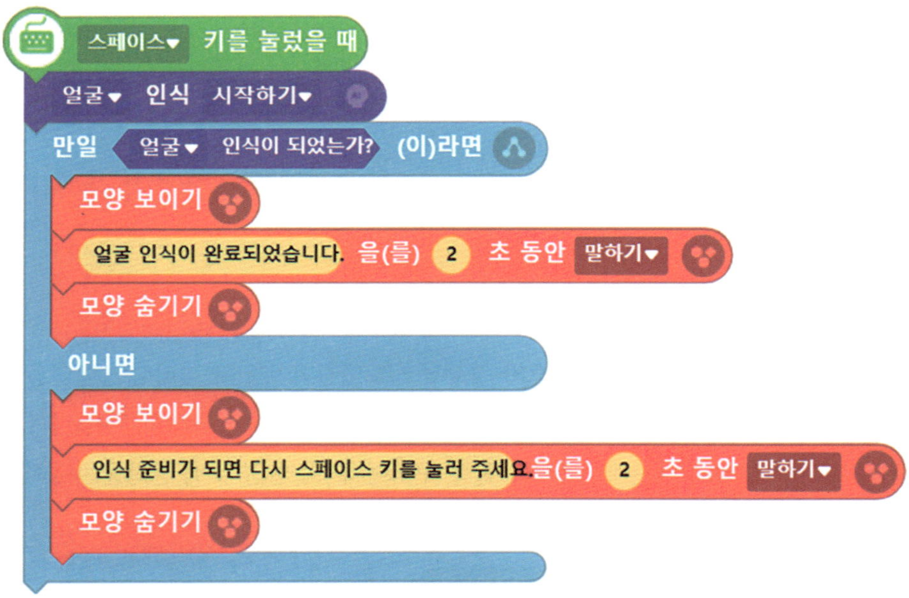

얼굴 인식을 통해 암호를 해제하는 코딩

1. 우선 오브젝트 두 가지를 추가한다. 엔트리봇 그림 아래의 + 아이콘을 클릭한 다음, '오브젝트 추가하기'에서 열쇠와 자물쇠 그림을 각각 불러온다.
또 활용할 것은 '속성' 탭에서 추가할 수 있는 신호인데, 우선 신호 추가하기 버튼을 눌러 '시작하기' 라는 신호를 하나 추가한다.

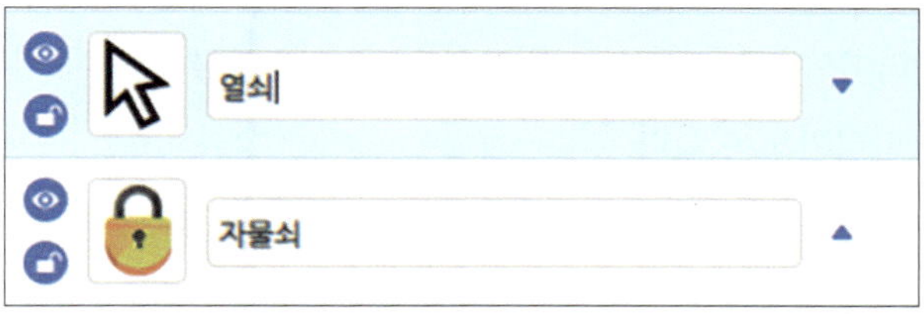

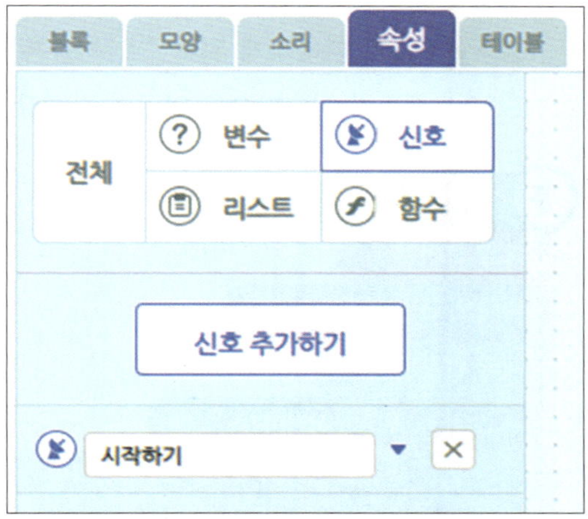

2. 엔트리봇에는 위와 같이 코딩한다. 시작하기 버튼을 클릭했을 때, 엔트리봇의 모양을 보이게 하고 '준비가 되었으면 스페이스 키를 누르세요.' 라고 말한다.

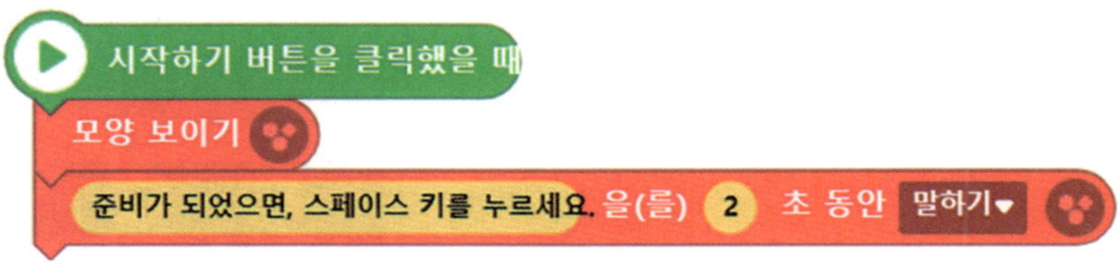

3. 스페이스 키를 눌렀을 때, '시작' 블록 꾸러미에서 위에서 추가했던 '시작하기' 신호를 보낸다. 그리고 엔트리봇의 모양은 숨겨 준다.

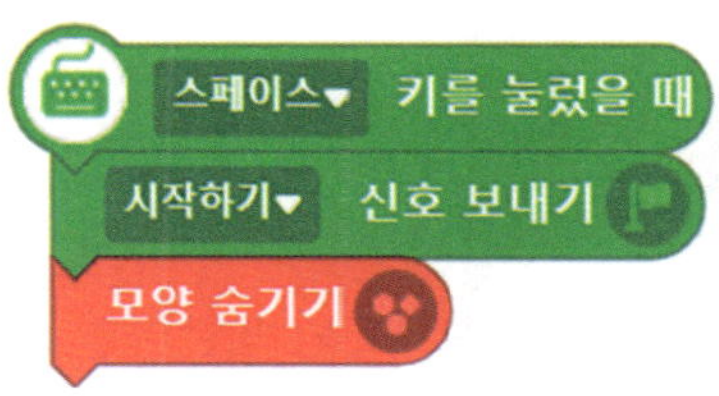

4 추가로, 열쇠와 자물쇠는 처음 시작했을 때에는 숨겨 준다. 열쇠와 자물쇠 오브젝트에 각각 오른쪽과 같이 코딩한다.

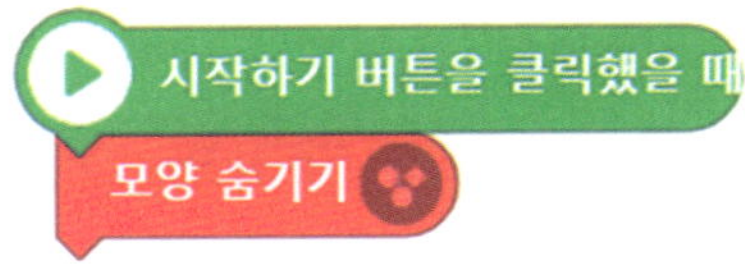

5 위 코딩은 '열쇠' 오브젝트에 해 준다. 우선 '시작하기' 신호를 받았을 때, 열쇠 모양이 나타나고 비디오 화면이 나타나며 얼굴 인식을 시작한다. 얼굴 인식이 되었을 경우 열쇠 오브젝트는 인식된 얼굴의 코의 x와 y 좌표로 따라가게 된다. '흐름' 블록 꾸러미의 [계속 반복하기] 블록을 사용해 얼굴 인식이 계속되고 오브젝트가 실시간으로 얼굴의 좌표값을 따라가도록 한다.

6 자물쇠 오브젝트는 시작했을 때 모양을 숨기고, 초기 위치와 크기를 설정한다.

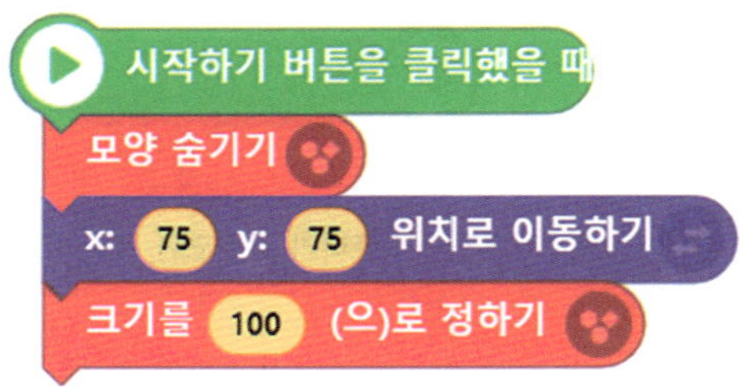

7 '시작하기' 신호를 받았을 때, 자물쇠 오브젝트의 모양이 보이게 되고 만약 열쇠 오브젝트와 닿는다면 모양이 바뀌도록 한다. 이때 '흐름' 블록 꾸러미의 [참이(가) 될 때까지 기다리기] 블록과 '판단' 블록 꾸러미의 [열쇠에 닿았는가?] 블록을 사용하도록 한다.
모양을 바꾼 후, '암호가 해제되었습니다.'를 말하도록 한다.

얼굴 인식을 이용하여 성별, 나이, 감정을 인식하는 코딩

얼굴인식을 이용하여 사람의 현재 상태를 알 수 있다.

1. 우선 기본 오브젝트인 엔트리봇에 비디오 투명도 효과 블록을 넣어 화면을 깨끗하게 해 준다. 비디오 화면 보이기 블록을 이용하여 하면을 켠 후, 얼굴을 인식하도록 한다.

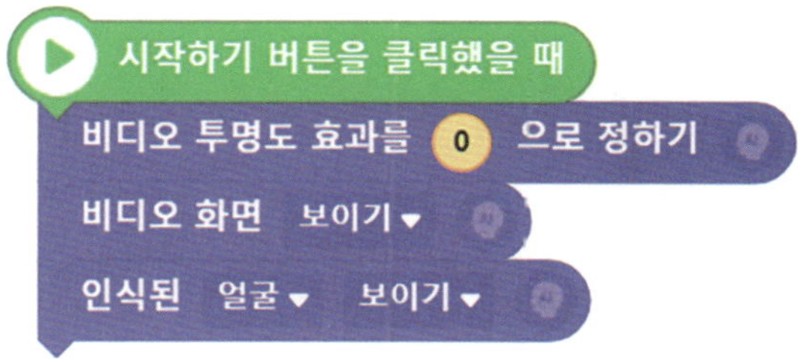

2. 계속 반복하기 블록을 추가한 다음 얼굴인식 시작하기 블록을 넣는다.

3. 엔트리 화면에 얼굴에 윤곽선이 그려지면서 얼굴을 인식하는 화면을 확인할 수 있다.

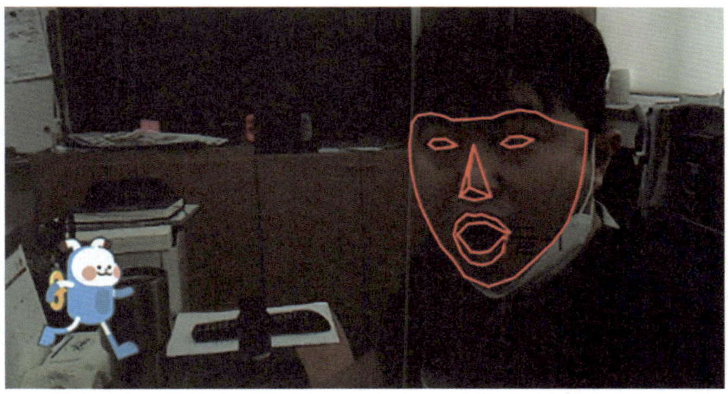

4. 1번째 얼굴의 성별 블록과 말하기 블록을 결합하고 2초 기다리기 블록을 추가한다. 이는 2초마다 성별을 측정하기 위해서 필요하다.

5 비디오 화면을 통해 얼굴의 성별을 인식하는 프로그램이 완성되었다.

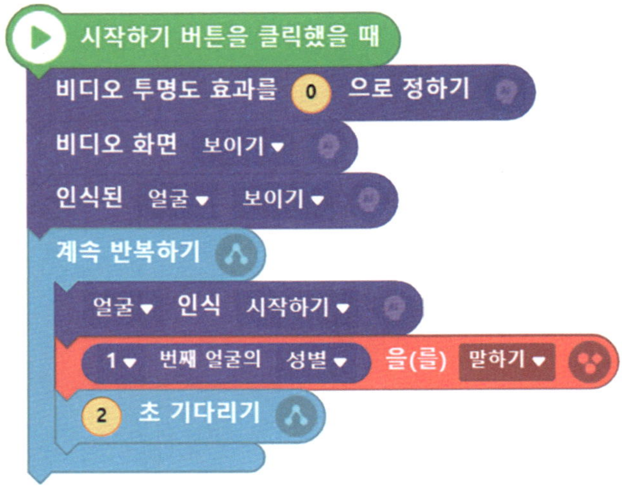

6 얼굴을 인식하여 성별, 나이, 감정을 말하는 프로그램을 만들 수 있다.

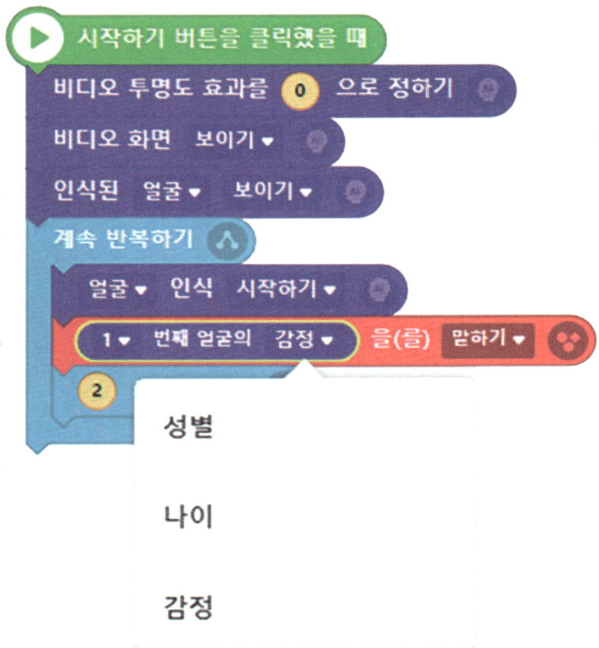

7 얼굴을 인식하여 성별은 남,녀로 인식이 가능하며, 대략적인 나이를 말해준다.
얼굴의 표정을 바꾸어 감정을 표시할 수 있으며, 행복, 분노, 화남, 무표정 등 다양한 표정을 읽을 수 있다.

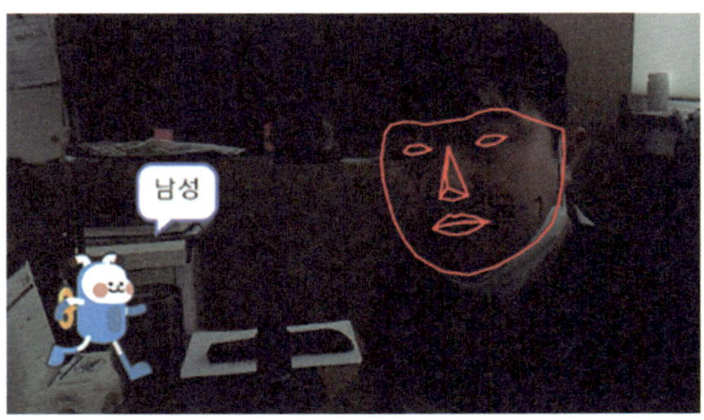

▶ 성별을 인식하는 화면

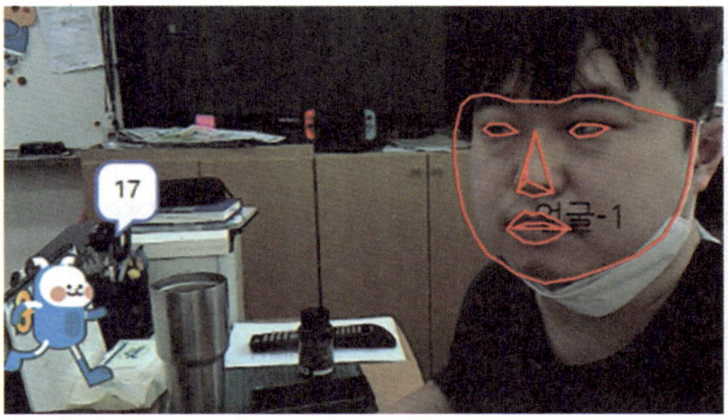

▲ 나이를 인식하는 화면

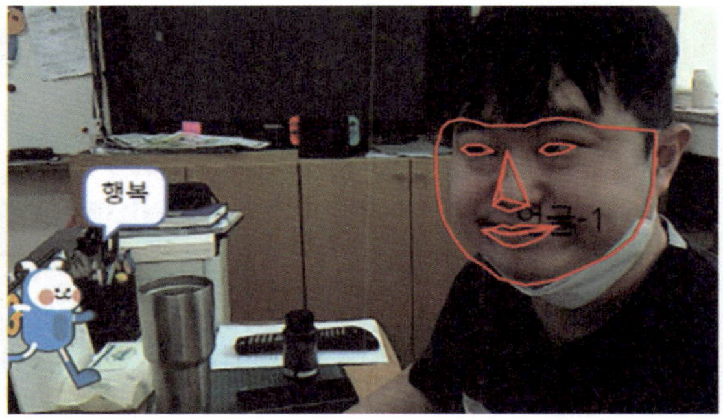

▲ 감정을 인식하는 화면

얼굴 인식을 이용하여 사랑스러운 눈 만들기

얼굴인식을 이용하여 하트가 눈을 따라다니도록 만들 수 있다.

1. 우선 기본 오브젝트인 엔트리봇에 비디오 투명도 효과 블록을 넣어 화면을 깨끗하게 해 준다. 비디오 화면 보이기 블록을 이용하여 하면을 켠 후, 얼굴을 인식하도록 한다.

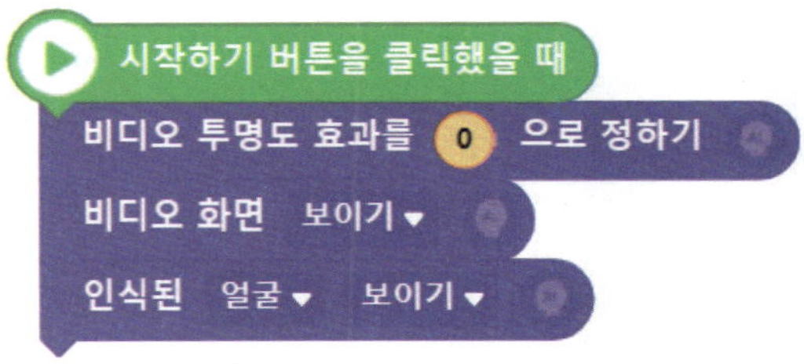

2. 오브젝트 추가하기 버튼을 눌러 '하트'모양 오브젝트를 추가한다.

3. '하트' 오브젝트의 크기를 자신의 눈 크기 만큼 줄인다. 그리고 하트 오브젝트를 클릭하여 코딩을 시작한다. 시작하기 버튼을 클릭하였을 때 블록과 '흐름'블록 꾸러미에서 [계속 반복하기 블록]을 가져온다. 그리고 '움직임' 블록 꾸러미에서 [x:0 y:0 위치로 이동하기]블록을 가져온다.

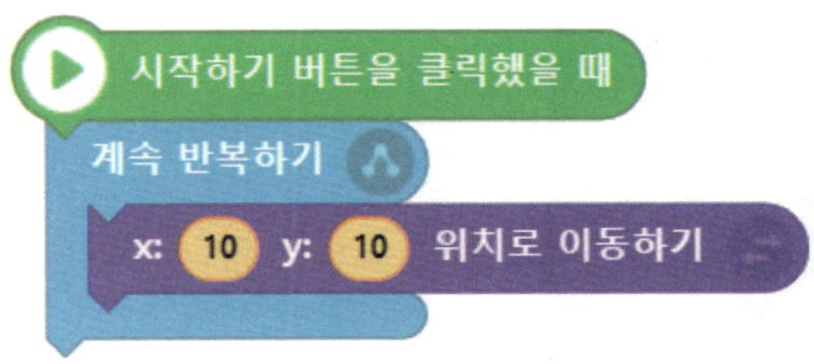

4 '인공지능'블록 꾸러미에서 [1번째 얼굴의 왼쪽눈의 x좌표] 블록을 2개 가져와 x, y 좌표 위치 이동하기 블록에 넣어준다.
이때 x와 y좌표를 서로 일치하게 넣어준다.

5 같은방식으로 '하트' 오브젝트를 추가한다음 이번에는 '오른쪽 눈'으로 변경하여 코딩을 해준다.

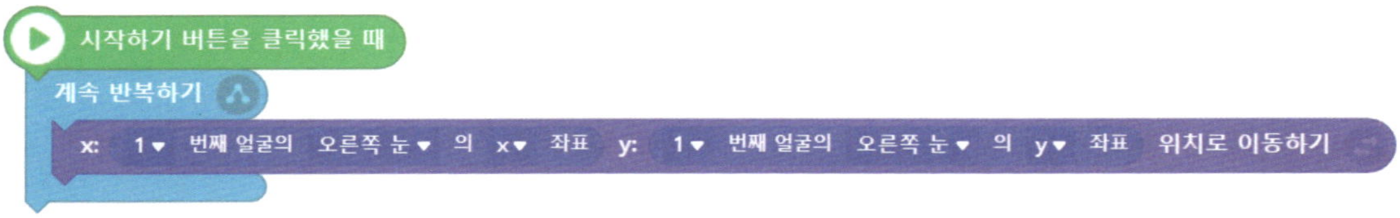

7 하트 오브젝트가 눈을 인식하여 따라다니도록 하여 사랑스러운 눈을 만들었다.

7 같은방식으로 눈 이외의 코, 입 등에도 코딩하여 나를 따라다니는 다양한 오브젝트를 만들 수 있다.

8 완성된 작품은 저장하기 버튼을 이용하여 엔트리에 저장된다.
내컴퓨터에 저장하기 버튼을 누르면 ent 파일이 만들어진다.

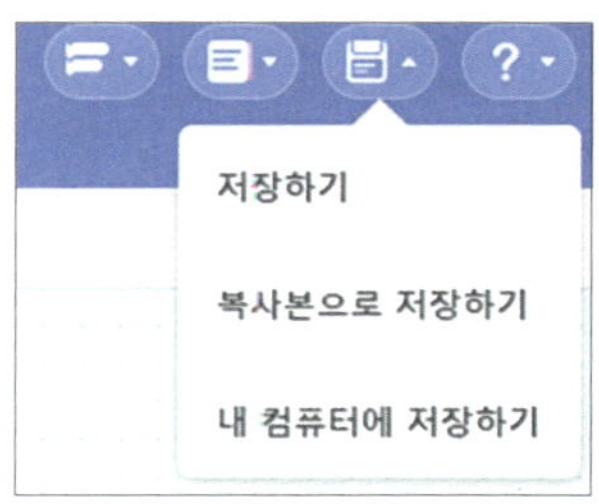

9 저장된 작품을 불러올 때는 온라인상에 저장된 작품을 불러오는 방법과, 내 컴퓨터에 다운받은 저장파일을 불러오는 방법이 있다.

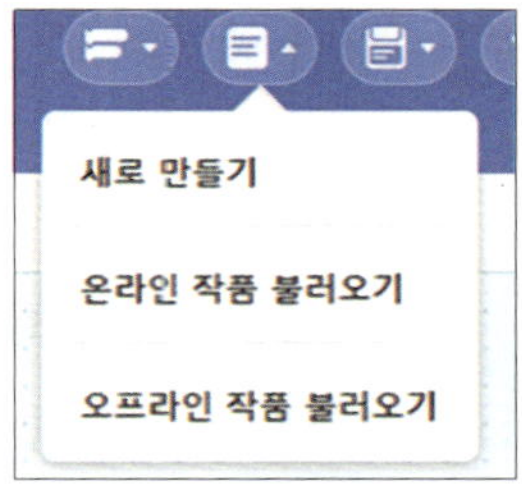

다음은 사물을 인식하는 코딩을 해 보도록 한다. 엔트리에서 인식할 수 있는 사물은 사람, 자전거, 자동차, 오토바이 등 80여 가지이며, 인공지능 학습에 따라 추가될 예정이다. 이 중 다양한 데이터를 학습하여 인식률이 높은 사람, 자전거, 고양이를 인식해 암호를 푸는 것을 목표로 하였다.

1 우선 기본 오브젝트인 엔트리봇 외에 자전거, 고양이, 사람 오브젝트를 추가한다.

2 속성 탭의 신호에 '사람', '고양이', '자전거'를 추가하고, 각각의 사물 인식이 완료되었을 때 사용할 변수 '인식 완료' 도 함께 추가한다.

3 엔트리봇에 위와 같이 코딩한다. 시작하기 버튼을 클릭했을 때, 우선 인식 완료 변수를 숨긴다. 비디오 화면을 보이게 한 후, 엔트리봇이 인식할 수 있는 사물에 대해 말하고 엔트리봇의 모양을 숨긴다.

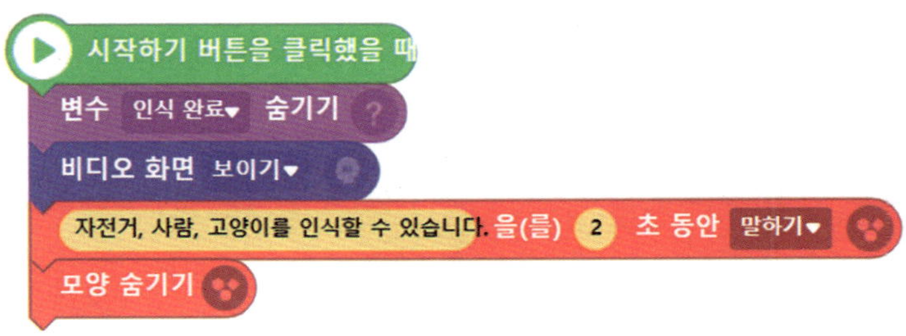

4 엔트리봇이 사람, 고양이, 자전거를 각각 인식할 수 있도록 코딩해 준다. 우선 사람 인식을 시작하고, 인식된 사람의 수가 설정한 수와 같아졌다면 '사람' 신호를 보내고, 코드를 멈춘다. 그렇지 않다면 [계속 반복하기] 블록을 이용해 인식을 반복해서 하도록 한다.
고양이, 자전거도 위와 같은 방식으로 코딩하며, 오브젝트에 맞는 신호를 보내 준다.

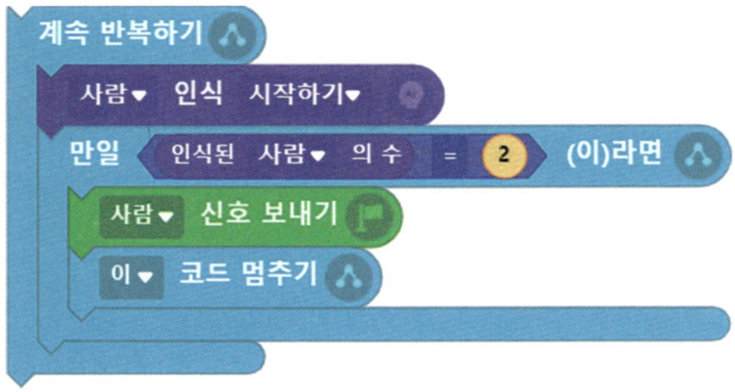

5 사람, 고양이, 자전거 오브젝트 각각은 처음 시작하기 버튼을 클릭했을 때는 모양을 숨겨 준다.

6 '사람'. '고양이', '자전거'는 각각 신호를 받았을 때, 오브젝트의 모양을 보이고 '인식 완료' 변수값을 1만큼 추가한다.

7 위와 같이 인식 완료 변수값을 각 오브젝트에서 모두 얻었을 경우, 변수의 값은 3이 된다. 이 때 엔트리봇이 다시 나타나서 '사람, 자전거, 고양이가 모두 인식되었습니다.' 라는 말을 하고, 모든 코드는 멈추게 된다.

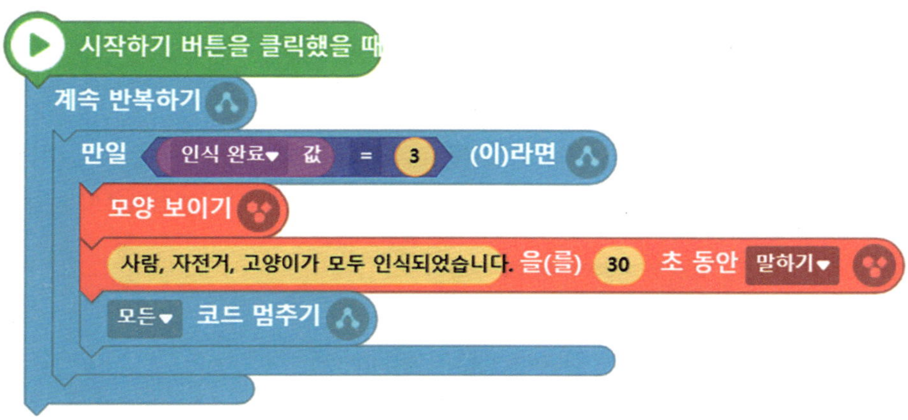

3-2 주요 기능 및 공유

현재 사용할 수 있는 엔트리의 인공지능과 관련된 기능은 지속적으로 업데이트할 예정이다. 엔트리 웹사이트와 포스트에서 제공하고 설명해 주는 다양한 기능을 활용하여 인공지능과 관련된 코딩을 자유롭게 진행하고, 이 작품들을 공유해 학생들이 적극적으로 인공지능에 대한 학습을 진행할 수 있다.

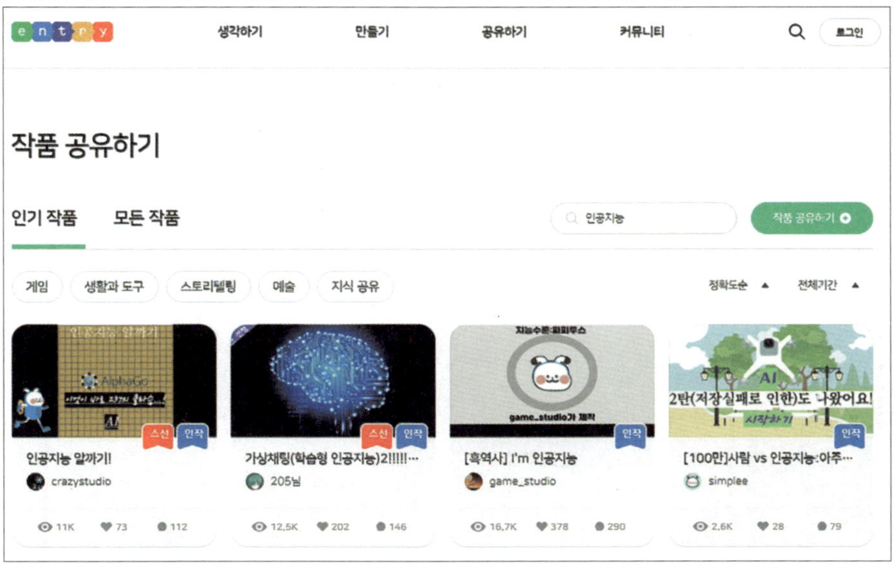

엔트리 웹사이트의 '공유하기' – '작품 공유하기'를 통해 다양한 인공지능 블록을 이용해 만든 작품을 통해 학습하고, 직접 만든, 또는 학생들이 만든 작품을 업로드해 보자.

CHAPTER

2

텍스트 분류 인공지능 모델 응용(1)

CHAPTER 2

텍스트 분류 인공지능 모델 응용(1)

Session 01 생각으로 자율주행자동차를 조종한다

Session 02 챗봇으로 대한민국을 홍보한다

학습 목표

- 텍스트를 입력으로 받아 분류하는 간단한 인공지능 머신러닝 프로그램을 만들 수 있다.
- 클래스에 텍스트를 입력하여 인공지능 모델을 학습시키면 새롭게 입력되는 텍스트를 자동으로 분류하는 과정을 이해할 수 있다.
- 프로그래머가 규칙을 만들어 적용하는 일반 프로그램과 머신러닝을 활용하는 인공지능 프로그램과의 차이점을 이해할 수 있다.

본 장은 엔트리의 인공지능 블록 중 텍스트 분류 블럭을 활용하여 텍스트를 분류하는 과정을 이해할 수 있다.

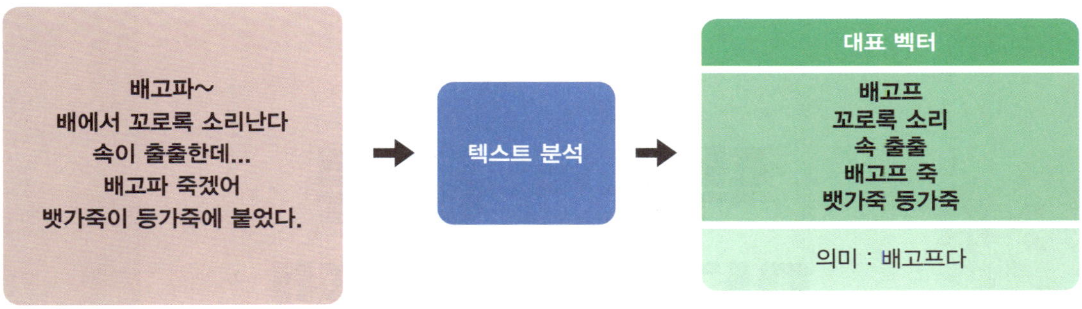

텍스트 데이터는 여러가지 방법으로 분석해 볼 수 있다. 그 중, 엔트리의 텍스트 분류는 분류의 방법을 통해 일련의 텍스트 데이터를 어떻게 묶어 나누어 볼 수 있는지 분석한다. 이 과정을 수행하기 위해서는 개별 용어마다 특정 범주에서 차지하는 비율, 특정 문맥이나 문장 등에서 차지하는 비율을 모두 계산해야 하는 등 인간의 머리로는 학습에 한계가 있다. 따라서 이를 컴퓨팅 파워를 활용해 학습하도록 하고, 이 과정을 머신 러닝(machine learning)이라 부른다.

자동 분류의 처리 과정

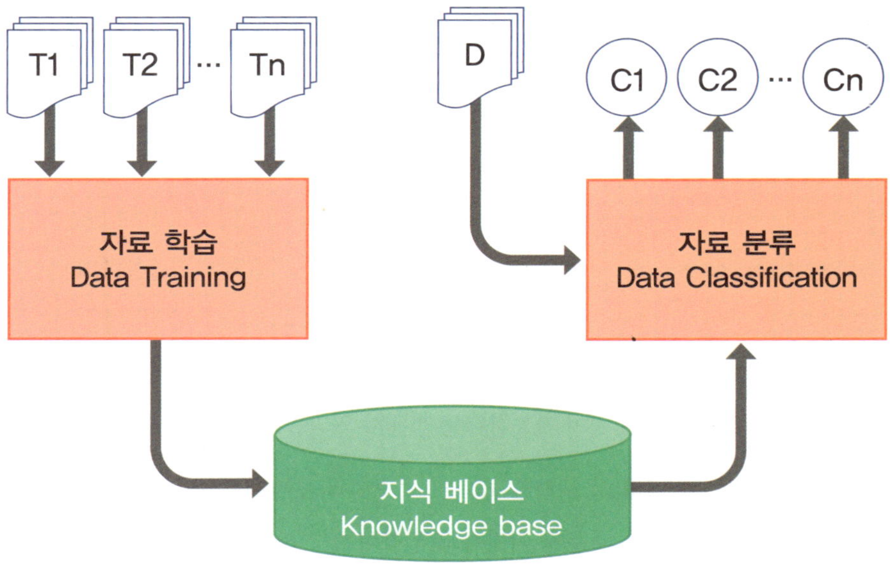

엔트리의 텍스트 분류는 클래스에 학습 데이터로 입력한 텍스트를 학습시키면 새롭게 입력되는 텍스트를 가장 확율이 높은 클래스로 분류하는 모델이다. 모델이 학습할 텍스트는 직접 작성하거나 txt, csv 파일로 업로드할 수 있다.

Session 01

생각으로 자율주행 자동차를 제어한다

자율주행자동차는 사람이 직접 운전하지 않아도 자동으로 주행할 수 있는 자동차 (self-driving car, autonomous vehicle, driverless car, robo-car)를 의미한다. 카메라로 주위의 환경을 인식하여 목적지를 지정하는 것만으로 자율주행이 가능하며 국방과 산업 현장에서 이미 실용화되고 있다. 최근에는 국내외 여러 연구팀에서 살아있는 신경세포의 신호를 전달할 수 있는 인공 시냅스 구현 실험에 성공했으며 이것은 인간의 뇌와 기계가 상호작용(Brain Machine Interface)이 가능하다는 점에서 의의를 갖는다.

본 주제에서는 자율주행자동차에 우리의 생각을 추가로 입력하여 조종해보고자 한다. 주변 여건상 생각을 바로 자율주행자동차에 입력할 수 없기 때문에 머릿속의 생각이 전기신호로 만들어져 텍스트로 변환됐다고 가정하고 프로그래밍을 할 것이다.

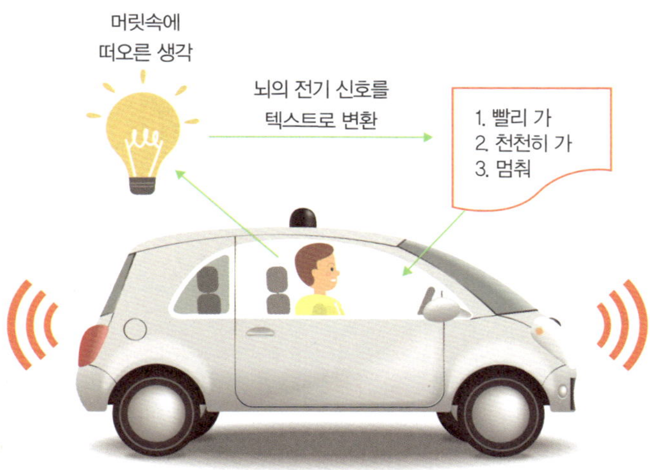

자율주행자동차는 목적지를 입력하면 스스로 주변을 인지하면서 교통신호에 따라 목적지까지 운행할 수 있다. 사용자가 시간이 촉박하여 빨리 가고 싶거나 주변 경치를 보면서 천천히 가고 싶을 때나 긴박한 상황으로 멈춰야 할 순간에는 반응하지 못한다. 이런 상황에는 사람이 직접 제어해야만 한다.

그림에서 보는 것처럼 자율주행자동차에 전달하는 사람의 생각을 “빨리 가”, “천천히 가”, “멈춰” 세 가지로 한정할 것이며 생각에 따라 움직이도록 하는 자동차 제어 프로그램을 두 가지 방법으로 구현할 것이다. 첫 번째, 인공지능을 활용하지 않고 프로그래머가 직접 규칙을 만들어 적용하는 방법과 두 번째, 인공지능의 머신러닝을 적용하는 방법을 모두 구현해 보고 두 방법의 차이를 알아보고자 한다.

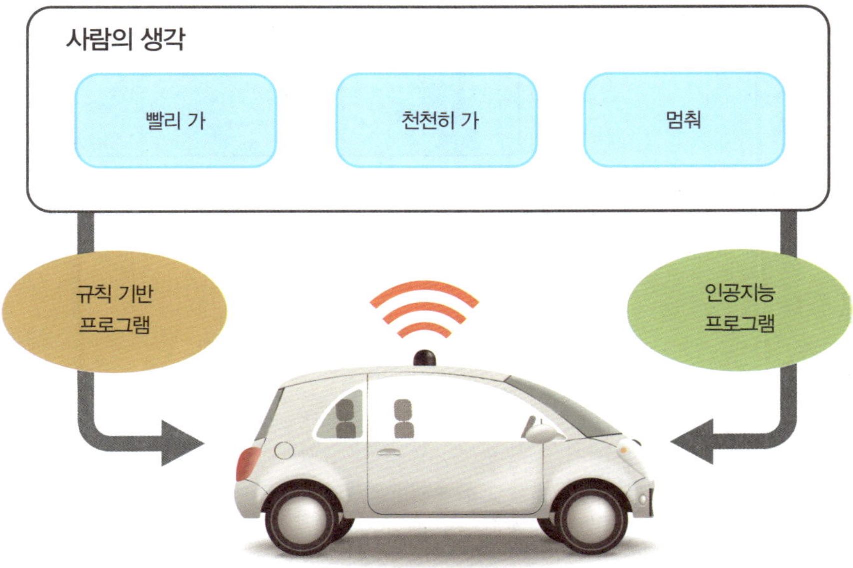

1-1 자율주행자동차 모양 만들기

1 만들기 메뉴의 작품 만들기를 선택한다.

❷ 만들기 메뉴의 작품 만들기를 선택한다.

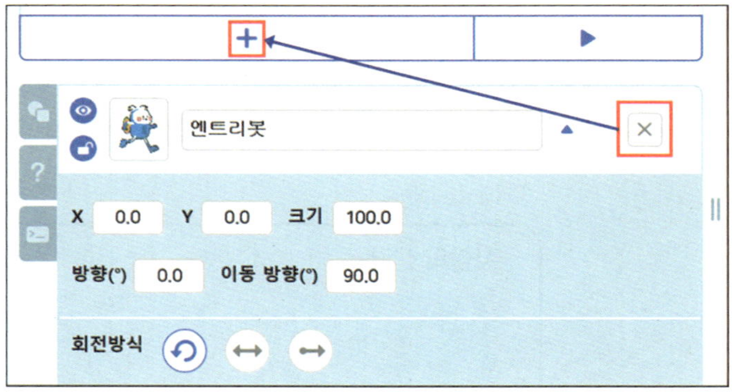

❸ 만들기 메뉴의 작품 만들기를 선택한다.

❹ 자율주행자동차가 실행화면에 들어온 것을 확인한다.

❺ 블록 탭의 오른쪽에 있는 모양 탭을 누르고 모양 추가하기 버튼을 눌러 자율주행자동차를 하나 더 가져온다. 이렇게 세 번을 더 반복하여 모양 탭에 자율주행자동차 5개를 불러온다. 또는 자율주행자동차_1에 마우스를 대고 오른쪽 버튼을 누르면 나타나는 부메뉴 중에서 복제를 선택한다. 이 과정을 4번 반복하여 자율주행자동차 5개를 불러온다.

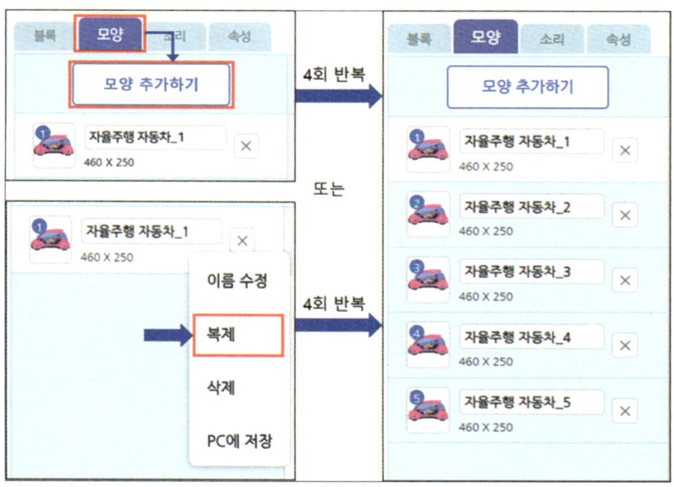

6 달리는 자동차 모양을 만들기 위해 자율주행자동차 모양을 조금씩 변형시킨다. 자율주행자동차_1은 그대로 두고 나머지 오브젝트(자율주행 자동차_2부터 자율주행 자동차_5까지)의 바퀴 모양과 형태를 편집한다.

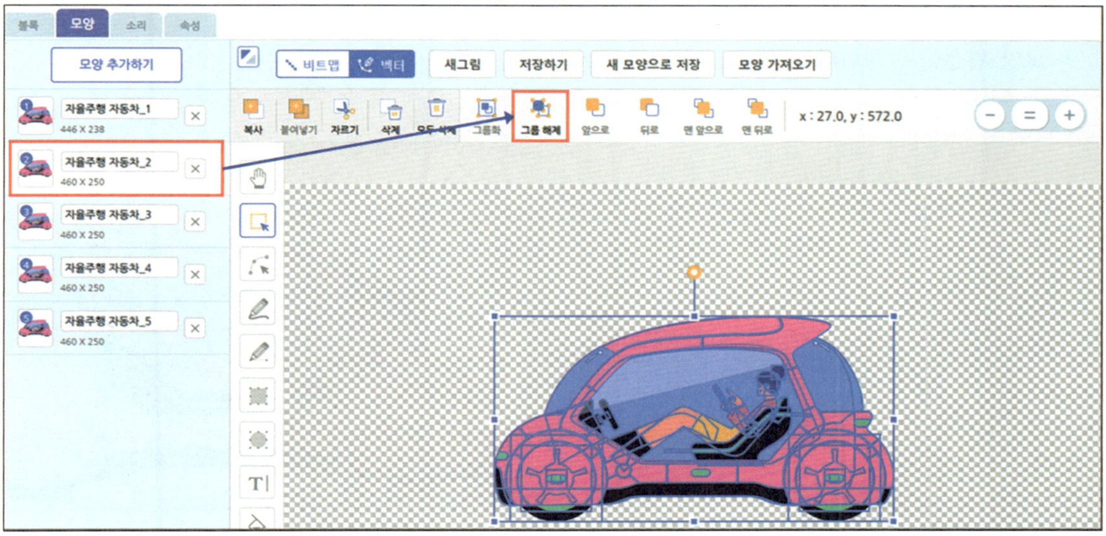

자율주행자동차_2를 선택하고 그룹 해제 메뉴를 눌러 그림을 편집할 수 있는 상태로 만든다.

7 자율주행자동차의 밑 부분만 선택하고 그룹해제를 누른다. 이렇게 하면 앞바퀴와 뒷바퀴를 별도로 편집할 수 있다.

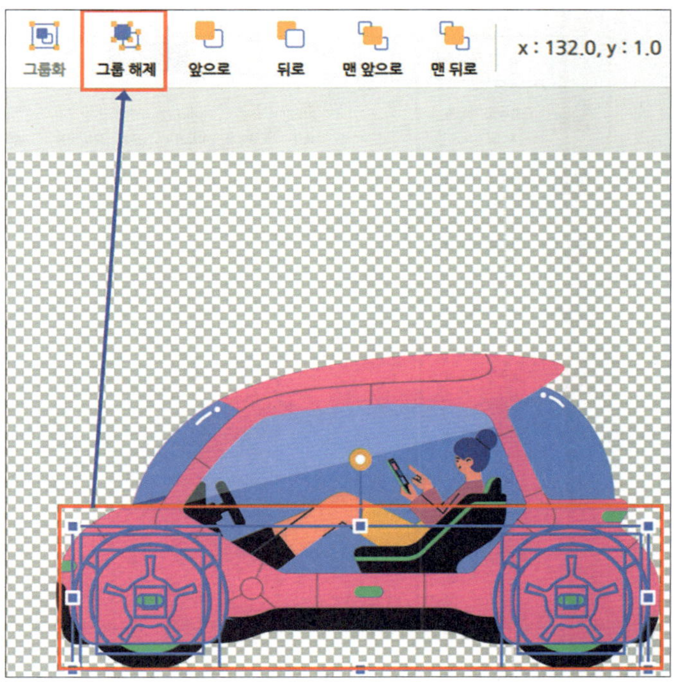

8 자율주행자동차가 달리면서 앞쪽의 턱을 넘어가는 것처럼 보이도록 앞바퀴만 선택하고 위쪽 화살표(▲)를 몇 번 눌러 바퀴를 위쪽으로 올린다. 적당히 올린 후에 저장하기 버튼을 눌러 모양 편집을 완성한다.

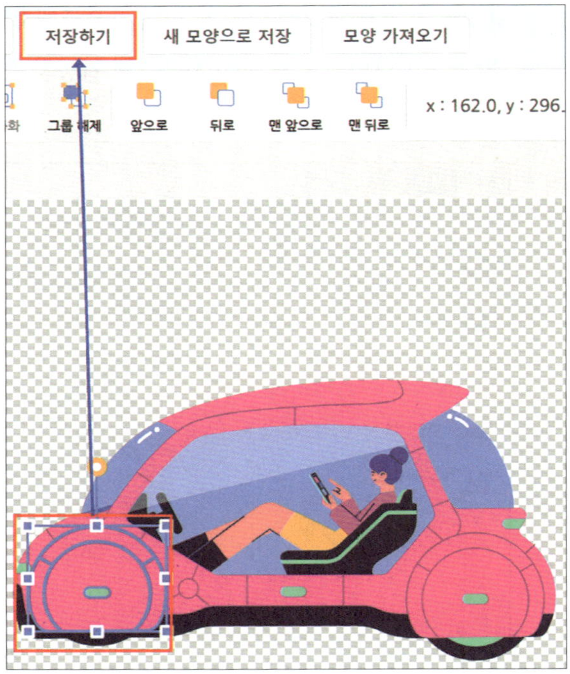

9 자율주행자동차_3을 선택하고 그룹해제를 하여 7)번 8)번과 같은 방법을 적용한다. 이번에는 뒷바퀴를 올리고 저장하기 버튼을 눌러 모양 편집을 완성한다.

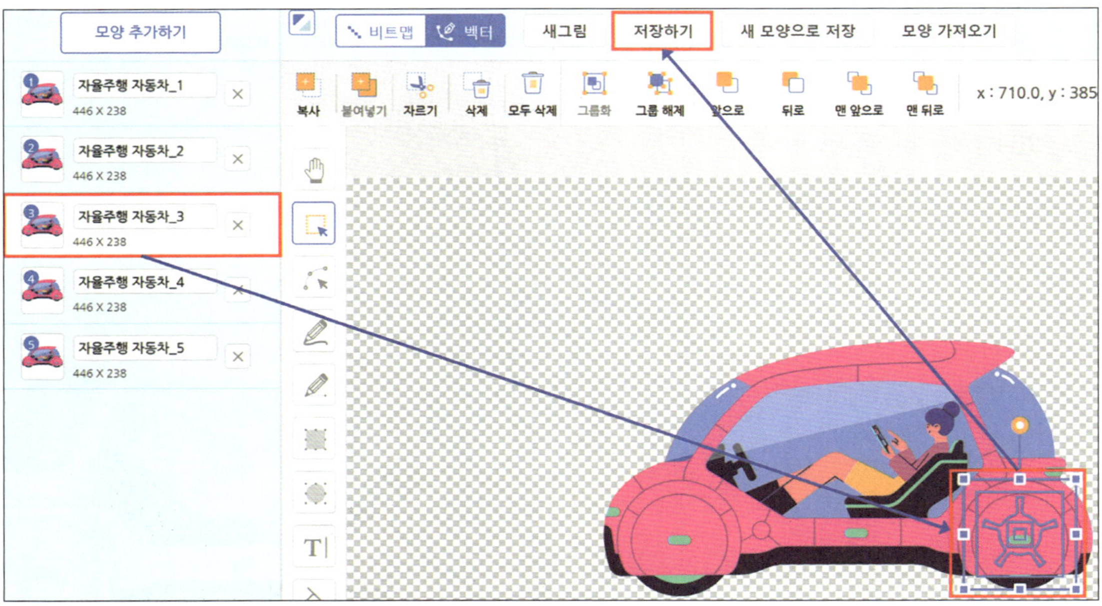

10 자율주행자동차_4를 선택하고 그룹해제를 하여 8)번 9)번과 같은 방법을 적용한다. 이번에는 앞바퀴와 뒷바퀴를 모두 올리고 저장하기 버튼을 눌러 모양 편집을 완성한다.

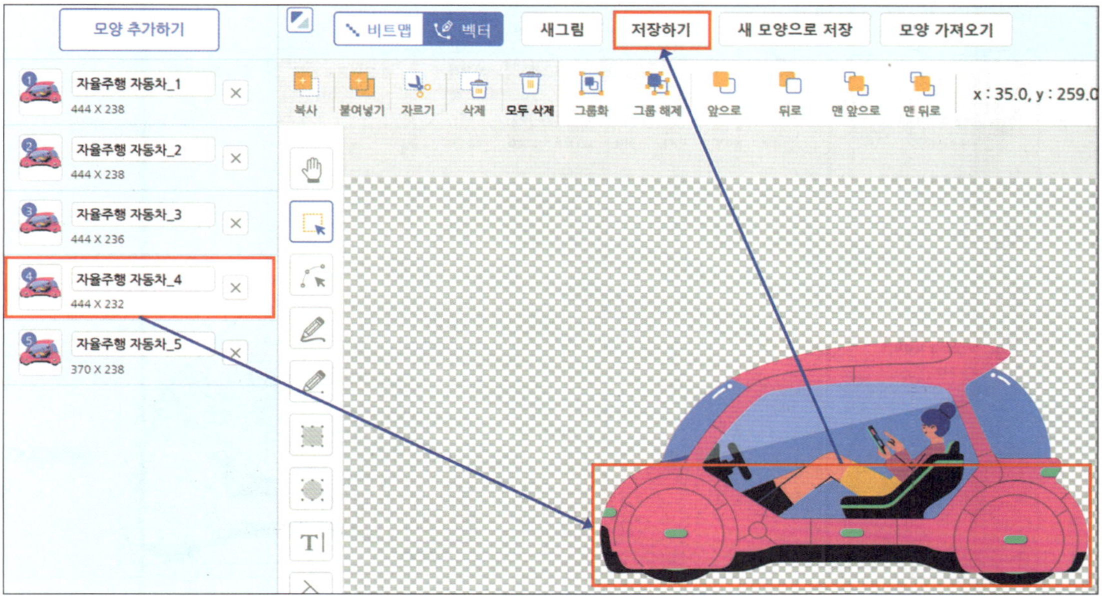

11 자율주행자동차_5를 선택하고 선택 그물망으로 자동차 전체를 지정한다.

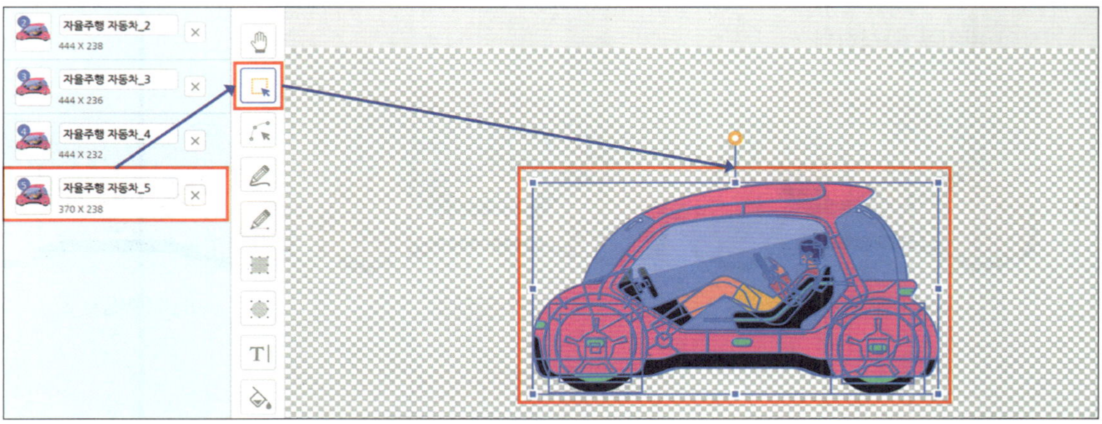

12 선택된 자동차의 오른쪽 점을 마우스로 클릭하여 자동차의 폭을 약간 좁게 만든다. 애니메이션에서 보는 것처럼 자동차의 정지하는 모습을 만들기 위한 것으로 폭을 조금만 줄여 놓고 저장하기 버튼을 눌러 모양 편집을 완성한다.

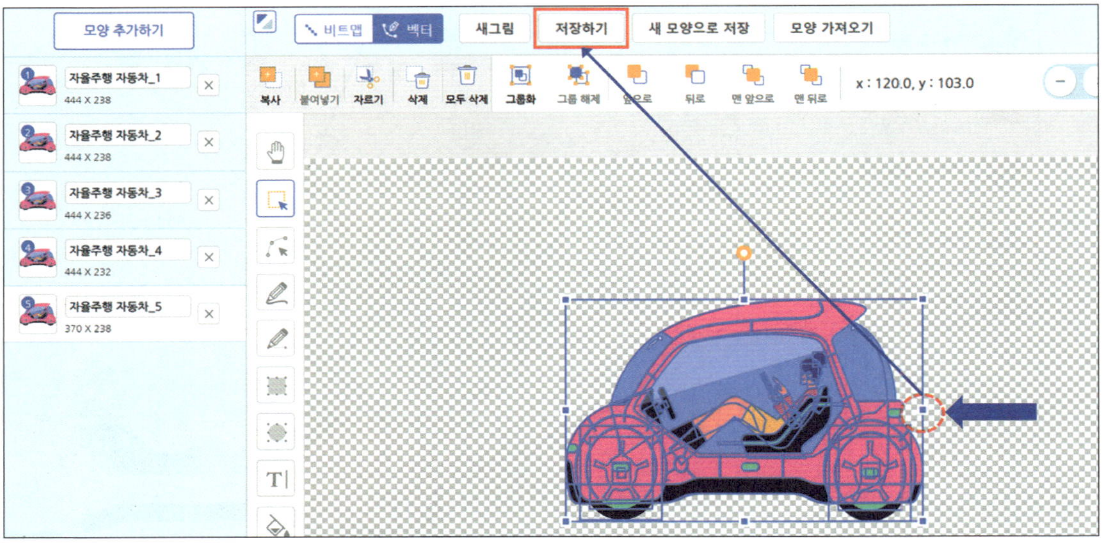

13 선택된 자동차의 오른쪽 점을 마우스로 클릭하여 자동차의 폭을 약간 좁게 만든다. 애니메이션에서 보는 것처럼 자동차의 정지하는 모습을 만들기 위한 것으로 폭을 조금만 줄여 놓고 저장하기 버튼을 눌러 모양 편집을 완성한다.

▲ 자율주행자동차_1

▲ 자율주행자동차_2

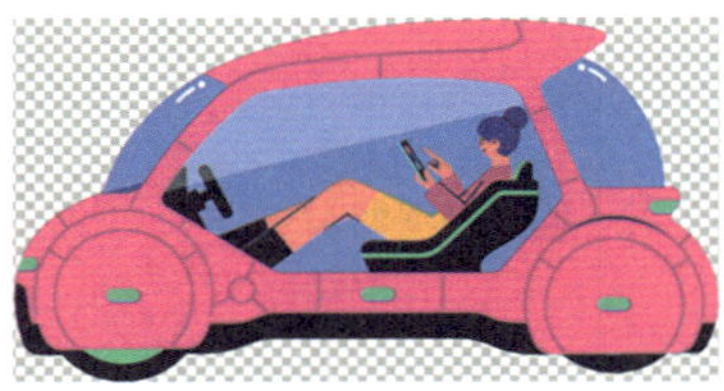
▲ 자율주행자동차_3

▲ 자율주행자동차_4

▲ 자율주행자동차_5

자율주행자동차 5개의 모양이 조금씩 다른 것을 볼 수 있다. 1~4번까지는 바퀴의 모양이 다르고 5번은 자동차 폭이 약간 줄어든 것을 알 수 있다. 이 모양을 번갈아 가면서 보여주면 자동차가 달리고 있는 것처럼 보일 수 있다. 실제 프로그래밍에서는 1~4번 모양 변화로 자동차의 속도를 표현하며 정지했을 때의 움직임은 5번과 1번의 모양 변화를 이용한다.

1-2 규칙을 적용하여 프로그래밍 하기

자율주행자동차를 계속 달리게 하는 상태에서 사람의 생각을 추가할 때에는 마우스를 클릭하여 뇌신호가 변환된 텍스트를 입력하도록 한다. 입력할 수 있는 명령어는 “빨리 가”, “천천히 가”, “멈춰” 세 가지 경우이며 이때 동작할 수 있는 프로그램을 만들어 보고자 한다. 아래 그림은 생각으로 움직이는 자율주행자동차 알고리즘 순서도이다.

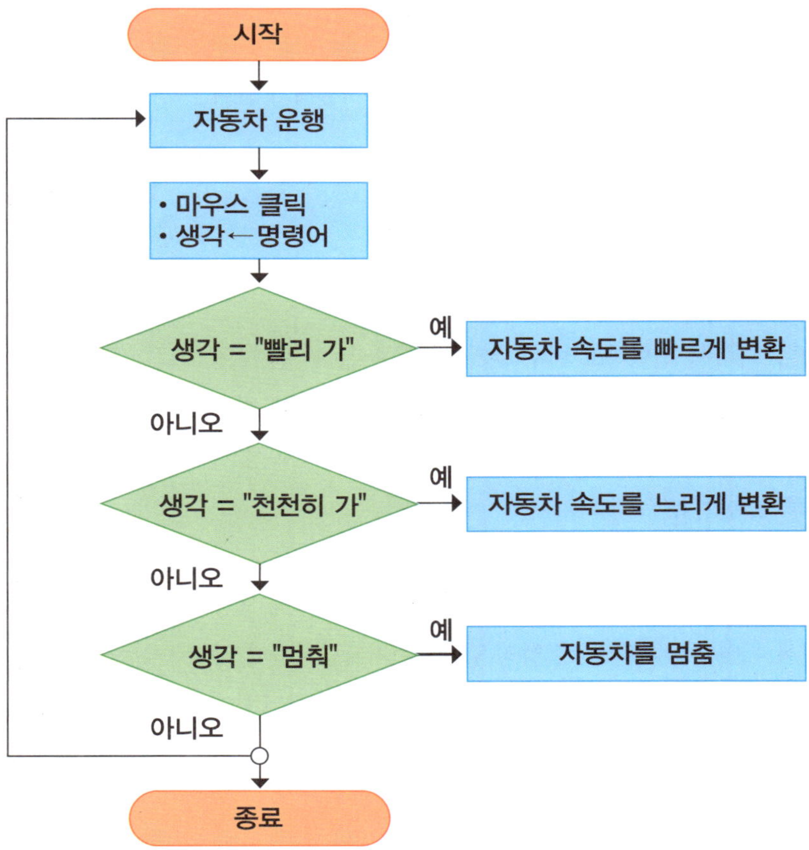

1 우선 모양 탭에서 블록 탭으로 전환한다. 시작 범주에 있는 시작하기 버튼을 클릭했을 때를 가져오고 흐름 범주에 있는 세 번째 블록 계속 반복하기를 가져와 시작하기 버튼을 클릭했을 때 밑에 붙인다.

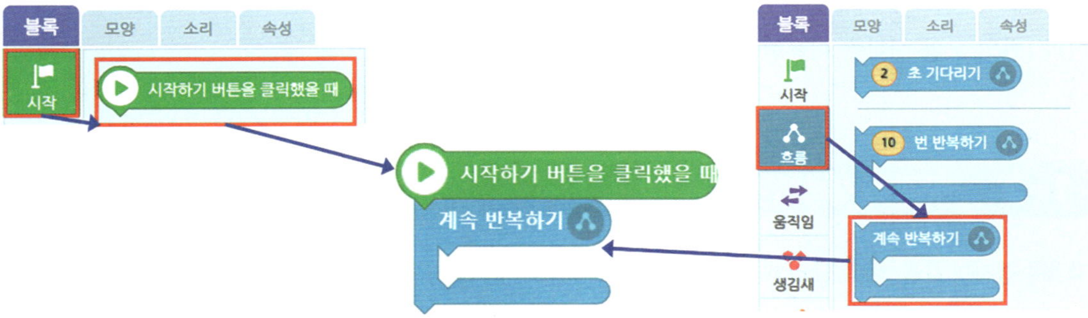

2 탭의 맨 오른쪽에 있는 속성 탭으로 이동한다. 우선 신호 메뉴를 선택하고 신호 추가하기를 누른 뒤 신호 이름으로 "운행하기"를 입력하고 확인 버튼을 누른다.

이 작업은 순서도 처음 단계에 나오는 자동차 운행을 만들기 위한 것으로 자율주행자동차 모양 4개를 적절히 결합하여 자동차가 달리는 것처럼 보이도록 만든다.

3 속성 탭의 변수 메뉴를 선택하고 변수 추가하기를 누른 뒤 변수 이름으로 "생각"을 입력하고 확인 버튼을 누른다. 같은 방법으로 변수 추가하기를 하여 "기다림시간" 변수를 하나 더 만들고 변수 속성 기본 값을 0.5로 설정한다.

"생각" 변수는 자동차에 지시하는 명령어를 저장하는 공간으로 사용하며 "기다림시간" 변수는 자동차가 빨리 가고 천천히 갈 때 모양이 변환되면서 지연되는 시간으로, 빨리 갈 때는 기다림시간이 짧고 천천히 갈 때는 상대적으로 기다림시간이 길어진다. 프로그램에서 천천히 갈 때는 기다림시간이 0.5초이며 빨리 갈 때는 기다림시간을 0.2초로 설정하였다.

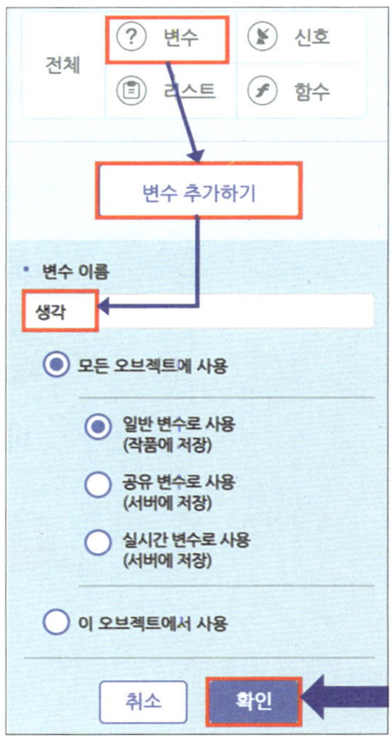

4 우선 모양 탭에서 블록 탭으로 전환한다. 시작 범주에 있는 시작하기 버튼을 클릭했을 때를 가져오고 흐름 범주에 있는 세 번째 블록 계속 반복하기를 가져와 시작하기 버튼을 클릭했을 때 밑에 붙인다.

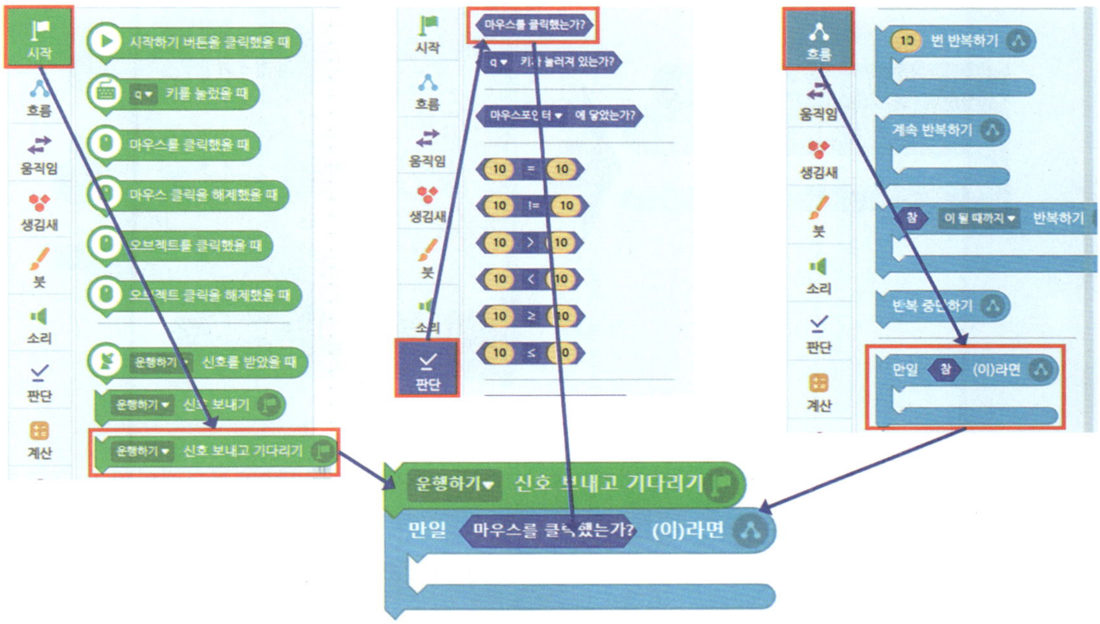

5 텍스트로 입력된 생각 값에 따라 기다림시간 변수 값을 조정한다.

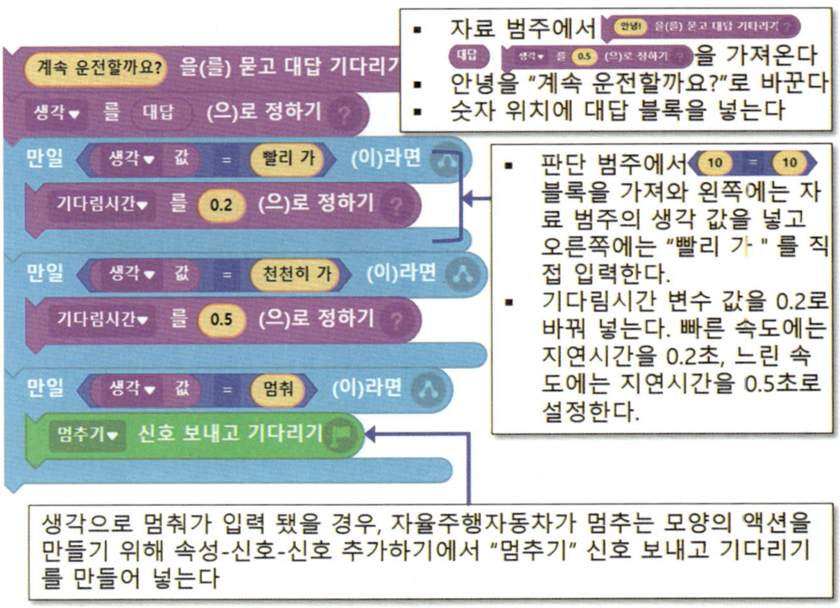

6 이전 단계인 5)에서 만든 블록을 단계 4)에서 만든 블록에 끼워 넣는다.

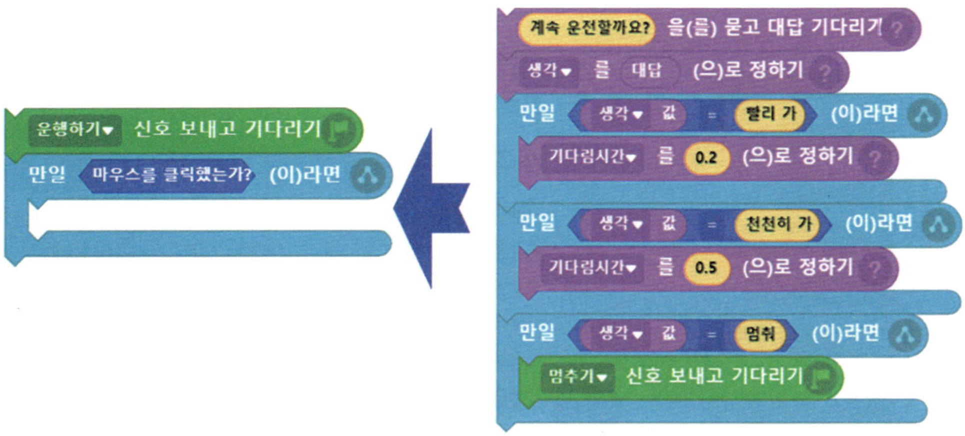

7 이전 단계인 6)에서 만든 블록전체를 단계 1)에서 만든 블록에 끼워 넣어 프로그램의 주요 구조를 완성한다.

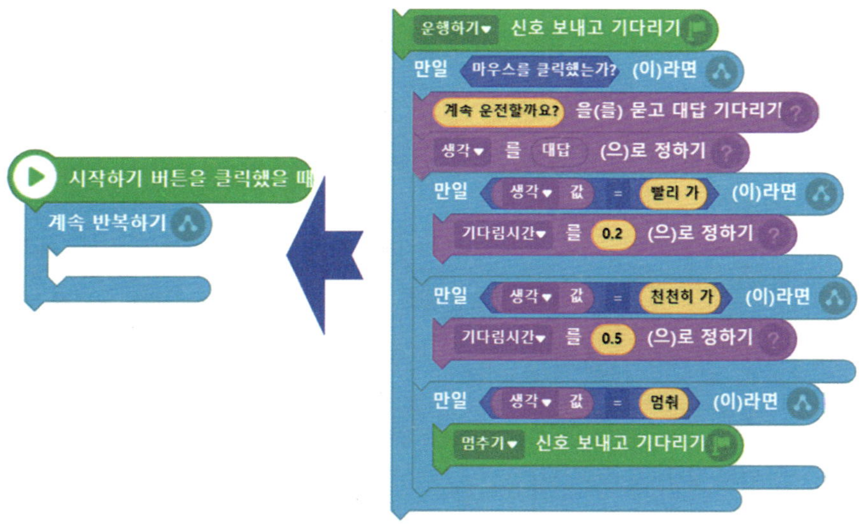

8 운행하기 신호를 받았을 때 프로그램을 만들기 위해 우선 생김새 범주에서 모양으로 바꾸기 블록을 가져오고 흐름 범주에서는 (2)초 기다리기 블록을 가져와 붙인다.

모양으로 바꾸기 블록에서는 자율주행자동차_1로 선택하며 (2)초 기다리기 블록의 값은 자료 범주에서 기다림시간 값을 드래그하여 넣는다.

9 같은 방법으로 (자율주행자동차_2)모양으로 바꾸기, (기다림시간)초 기다리기 블록을 붙여 나가는데 자율주행자동차_4까지 반복하여 넣는다. 이렇게 하는 반복 작업이 번거롭다면 블록 복사하기 기능으로 비슷한 유형의 코딩을 쉽게 만들 수 있다. 복사를 원하는 블록의 맨 위에 마우스를 대고 오른쪽 버튼을 누르면 주요 기능이 나타나는데 여기서 코드 복사&붙여넣기를 선택하면 된다.

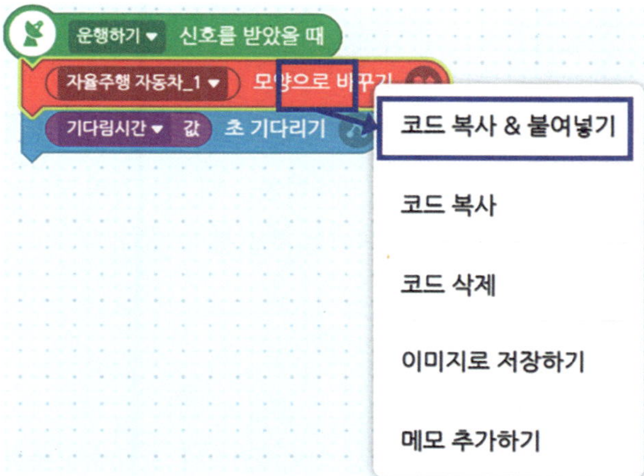

10 마지막 멈추기 신호를 받았을 때 프로그램을 만들기 위해 우선 생김새 범주에서 모양으로 바꾸기 블록을 가져오고 흐름 범주에서는 (2)초 기다리기 블록을 가져와 붙인다.

자율주행자동차 모양을 길이가 짧아진 자율주행 자동차_5로 설정하고 1초 후에 자율주행 자동차_1로 바꾸면 주행 중 브레이크를 밟고 정지한 느낌을 준다.

11 프로그램 테스트

"빨리 가"를 입력하여 자동차의 모양바꾸기 속도가 빨라진 것을 볼 수 있다.

"멈춰"를 입력하였을 때 자동차의 모양이 축소됐다 복원되는 것을 볼 수 있다.

"빨리가"를 입력하였으나 인식하지 못하고 이전 명령어대로 움직이고 있다. 이전 명령어가 "천천히 가"였으면 계속해서 자율주행자동차는 천천히 진행한다. 띄어쓰기를 안하면 인식이 되지 않는다.

1. 명령어의 철자를 틀리거나 띄어쓰기를 잘못하면 인식하지 못하여 오브젝트가 명령어대로 동작하지 않는다.
2. 학습한 명령어 보다 길게 또는 더 짧게 쓰면 인식하지 못한다. 예를 들어 "더 빨리 가", "빨리", "천천히" 등을 인식하지 못한다.
3. 명령어를 같은 뜻의 다른 표현으로 입력하면 인식하지 못한다. 예를 들어 "정지" 나 "스톱"을 멈춰로 해석하지 못한다.

그럼 이런 문제를 어떻게 해결할 수 있을까? 규칙을 더 확장하면 될까?

명령어로 나올 수 있는 문구를 더 만들어 넣으면 동작이 가능하다. 규칙을 더 많이 만들어 넣으면 어느 정도 가능할 수도 있지만, 사람마다 사용하는 단어와 말투가 다르고 새로운 단어와 표현이 지속적으로 만들어지기 때문에 단순히 사용할 문구를 확장하여 규칙에 넣는 것만으로는 문제가 완전히 해결되지 않는다.

인공지능의 머신러닝이 이 문제의 해결방안을 제시한다.

1-3 머신러닝을 활용하여 프로그래밍 하기

1. 머신러닝을 활용하는 프로그래밍의 첫 번째 단계로 인공지능 범주에서 인공지능 모델 학습하기 버튼을 누른다. 학습할 모델을 분류:텍스트로 선택하고 화면 맨 아래의 학습하기 버튼을 눌러 학습 단계로 들어간다.

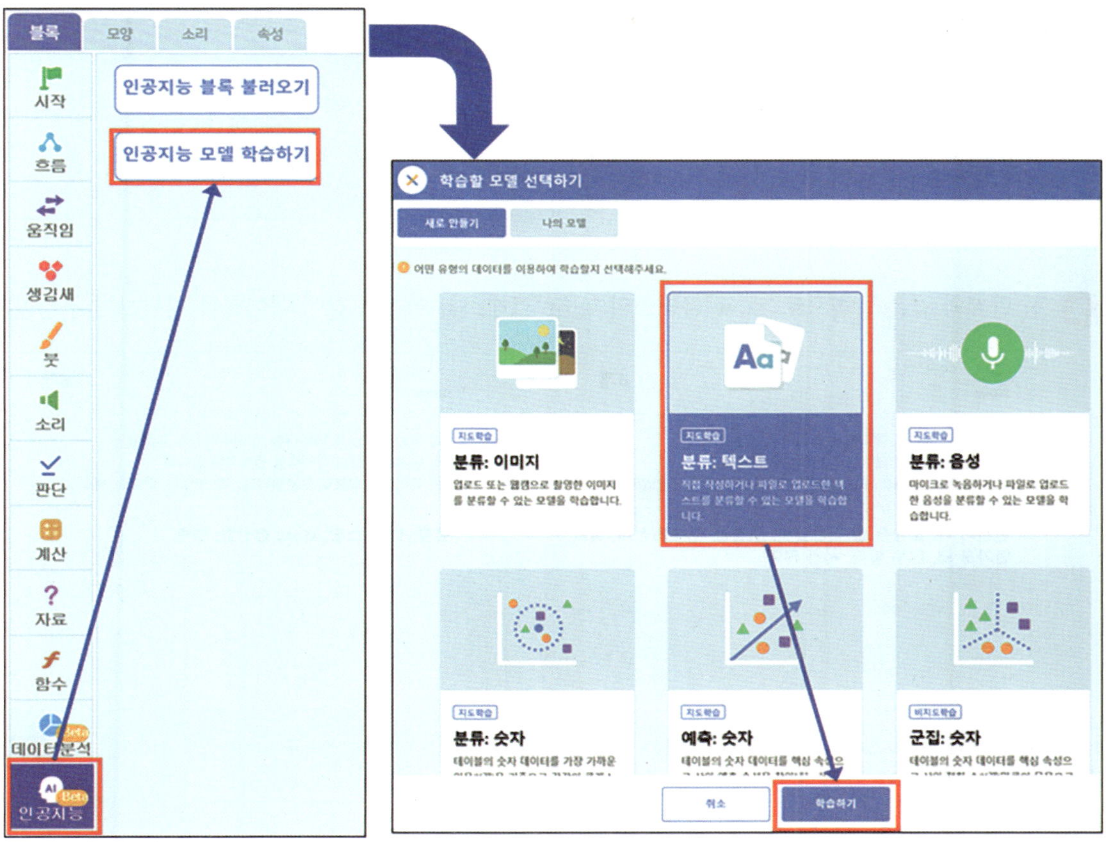

2 새로운 이름을 입력하는 창에 프로그램의 의미에 적합한 이름을 부여한다. 편의상 현재 이름을 "자율주행자동차에 전달하는 생각"으로 입력하고 클래스1의 이름은 "fast"로 정하였다. 클래스1이란 분류 범주를 의미하며 본 주제의 프로그램 분류 범주는 "빨리 가", "천천히 가", "멈춰"로 모두 3개이다. 이미 만들어 본 규칙기반 프로그램과 구분하기 위해 클래스 이름을 "fast", "slow", "stop"으로 한다.

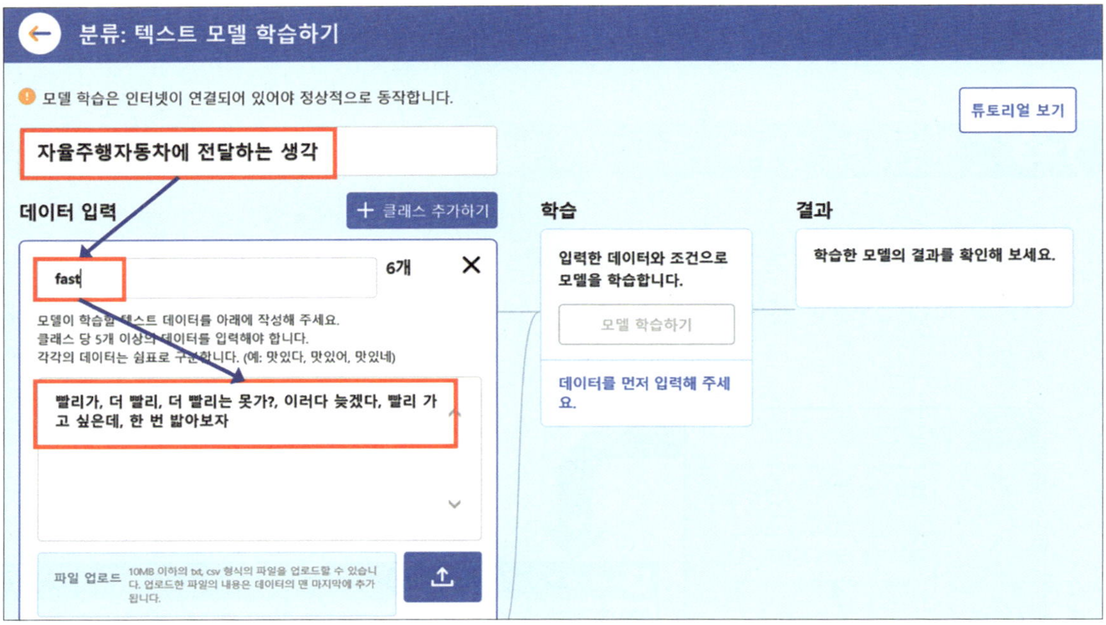

3 전 단계와 같은 방법으로 "slow"클래스와 "stop"클래스를 아래와 같이 데이터를 입력하여 구성한다.

4 입력된 데이터를 대상으로 머신러닝 모델을 학습시킨다. 모델 학습하기 버튼을 누르면 모델 학습이 진행되고 데이터의 크기에 따라 처리 시간의 차이가 있을 수 있다. 현재 데이터의 양으로는 바로 결과 단계로 넘어간다.

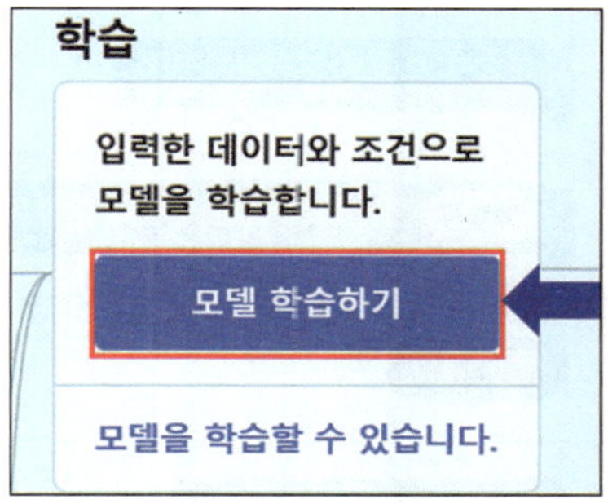

5 결과 단계는 학습된 모델을 확인하는 단계로 텍스트를 입력하고 분류 결과를 바로 확인할 수 있다. 빈칸에 텍스트를 쓰고 입력하기 버튼을 누르면 텍스트와 클래스간의 유사도를 확인할 수 있다. "이럼 늦어"를 넣고 테스트한 결과 fast클래스에 가장 높은 확률로 분류된 것을 볼 수 있다.
참고로 "이럼 늦어"는 학습데이터로 사용하지 않았으며 "이러다 늦겠다"는 학습에 사용하였다.

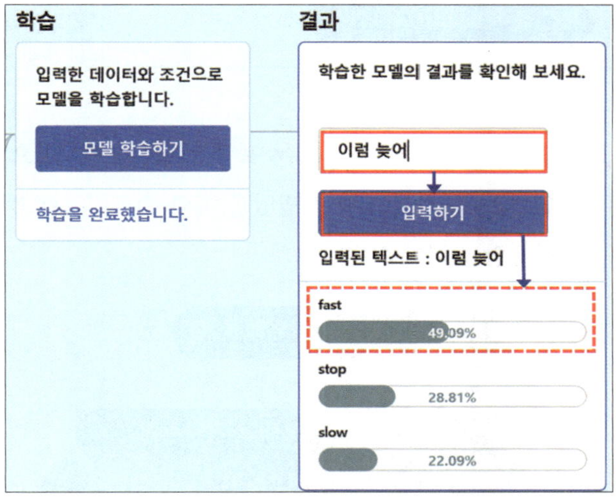

6 적용하기 버튼을 누르면 엔트리 화면으로 돌아오고 인공지능 범주에 새로운 블록이 추가된 것을 확인할 수 있다. 새로운 블록의 기능은 다음과 같다.

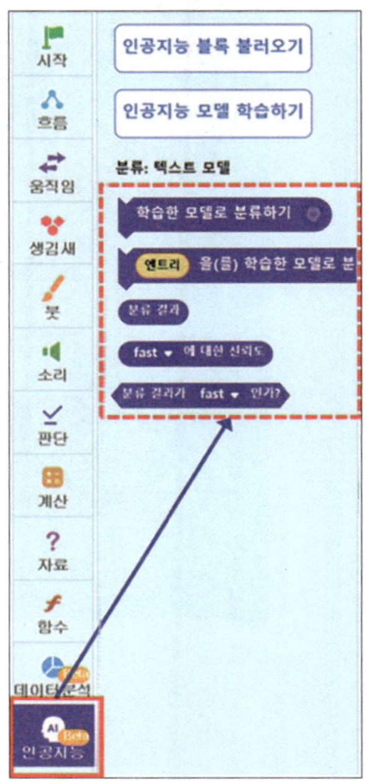

블록	설명
학습한 모델로 분류하기	입력된 데이터를 학습했던 모델로 분류하기
엔트리 을(를) 학습한 모델로 분류하기	( )안에 입력된 데이터를 학습했던 모델로 분류하기
분류 결과	입력된 데이터를 학습모델로 인식한 클래스 이름
fast ▾ 에 대한 신뢰도	입력된 데이터를 fast 클래스로 인식하는 신뢰도 값
분류 결과가 fast ▾ 인가?	입력된 데이터를 인식한 클래스가 fast 이면 1, 그렇지 않으면 0

7 모델학습 결과를 활용하는 프로그램은 규칙기반으로 프로그래밍한 결과물을 활용하면 쉽게 구현할 수 있다. 운행하기 신호를 받았을 때와 멈추기 신호를 받았을 때 블록은 그대로 둔 채 아래와 같이 몇 개 블록만 교체하면 된다.

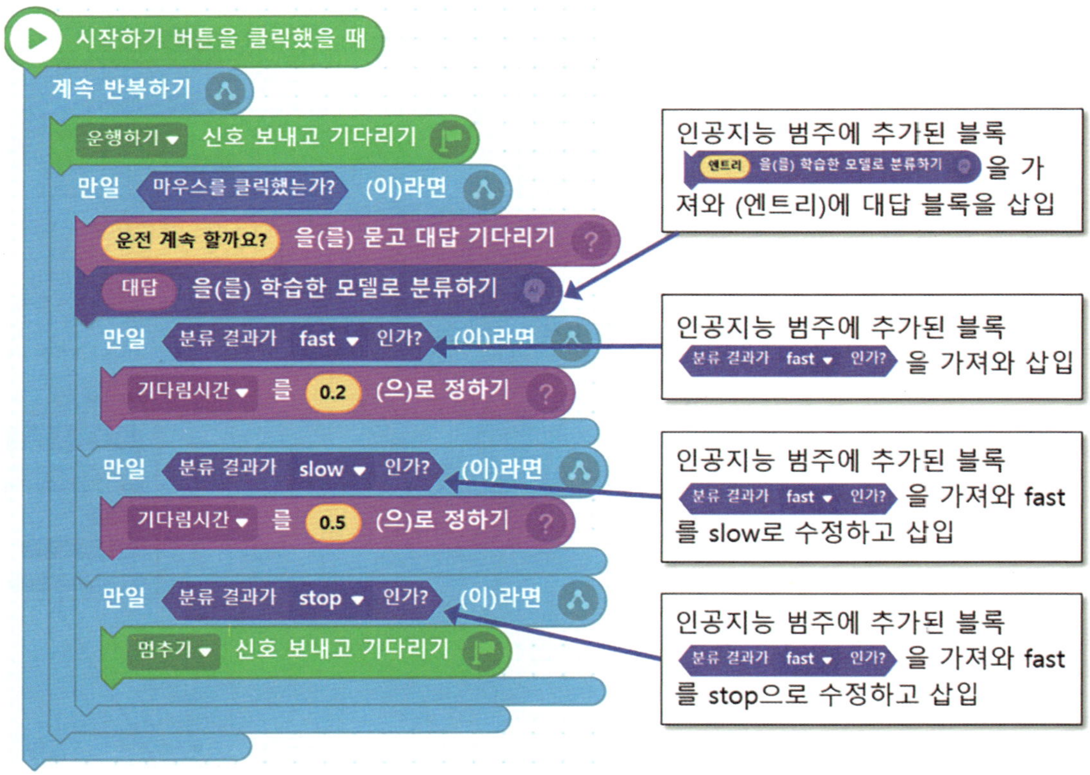

8 학습 데이터로 사용하지 않은 텍스트를 입력하여 프로그램 테스트를 실시한다.

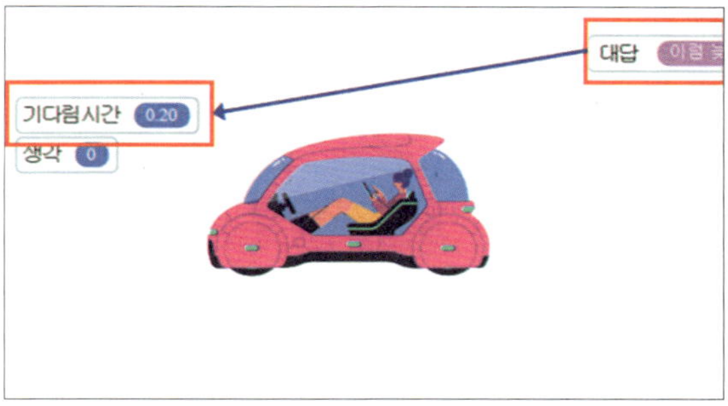

▲ "이렴 늦어"를 입력하였을 때 기다림시간이 0.2초로 짧아진 것을 볼 수 있다.

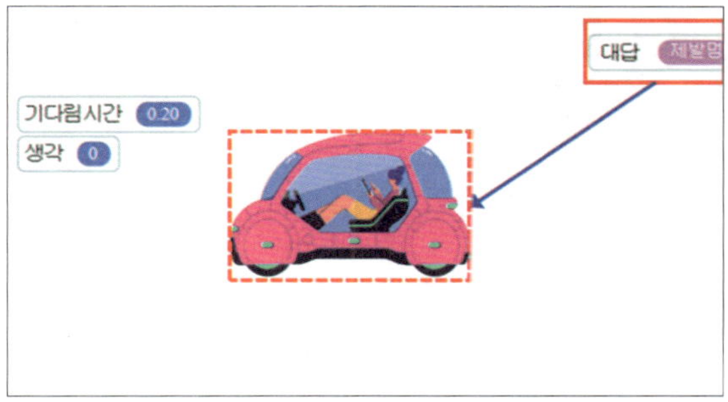

▲ "제발멈춰"를 입력하였을 때 자동차의 도양이 축소됐다 복원되는 것을 볼 수 있다.

Session 02

챗봇으로 대한민국을 홍보한다

2-1 대한민국 홍보 챗봇의 기능

SNS(Social Network Service)나 언론을 통해 한국의 K-문화가 세계적인 관심을 끌고 있다는 사실을 모두 공감하고 있다. 본 주제에서 만들고자 하는 챗봇은 한국을 홍보하기 위한 챗봇으로 외국인이 한국의 날씨나 음식, 가볼만한 곳 등을 물었을 때 간단히 답해 줄 수 있는 단순한 기능을 가진 챗봇이다.

모든 질문과 답변은 한국어로 통용된다고 가정하였다. 요즘은 자동 번역기가 제공되는 곳이 많기 때문에 번역기를 통해 들어온 한국어 질문에 한국어로 답변해주는 챗봇이다.

우선 챗봇이 사용자의 요구를 유도하기 위한 질문을 시작하면 사용자는 자신의 요구를 번역기를 통한 텍스트로 입력한다. 챗봇은 입력된 요구사항을 분석하여 해당서비스로 연결하거나 챗봇이 직접 요구를 분석하여 다음 대화로 넘어가는 구조를 취하고 있다. 이 과정을 세분화하여 간단한 작업흐름도로 나타내면 다음과 같이 도식화할 수 있다.

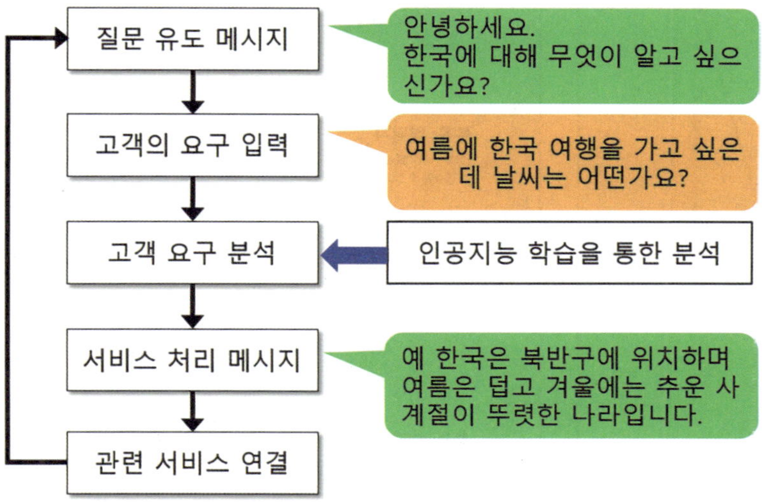

2-2 챗봇 구현

1. 만들기 메뉴의 작품 만들기를 선택한다.

2. 엔트리 블록 탭에서 인공지능 범주의 인공지능 모델 학습하기 버튼을 눌러 학습모델 선택 단계로 들어간다.

❸ 학습 모델 선택에서는 분류:텍스트를 선택하고 학습하기 버튼을 눌러 텍스트 학습을 시작할 수 있도록 한다.

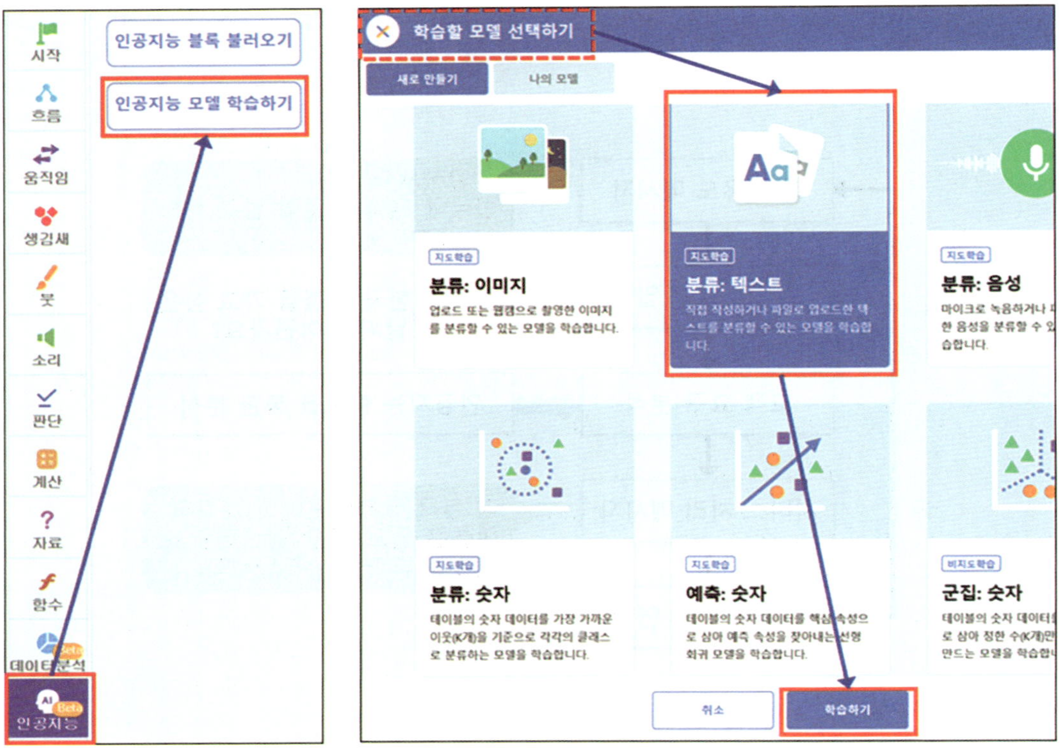

❹ 모델 학습을 위한 이름으로는 "한국 홍보 챗봇"이라고 입력한다. 한국 홍보용 챗봇의 목적이 문화, 날씨, 음식, 지리 4가지를 소개하는 것이기 때문에 클래스의 이름도 이와 일치시키도록 한다. 클래스1의 이름은 "문화"로 하고 외국인이 관심을 보이는 문화와 관련된 데이터를 입력한다. 클래스2의 이름은 "날씨"로 하고 날씨를 묻는 질문 데이터를 모아 입력한다.

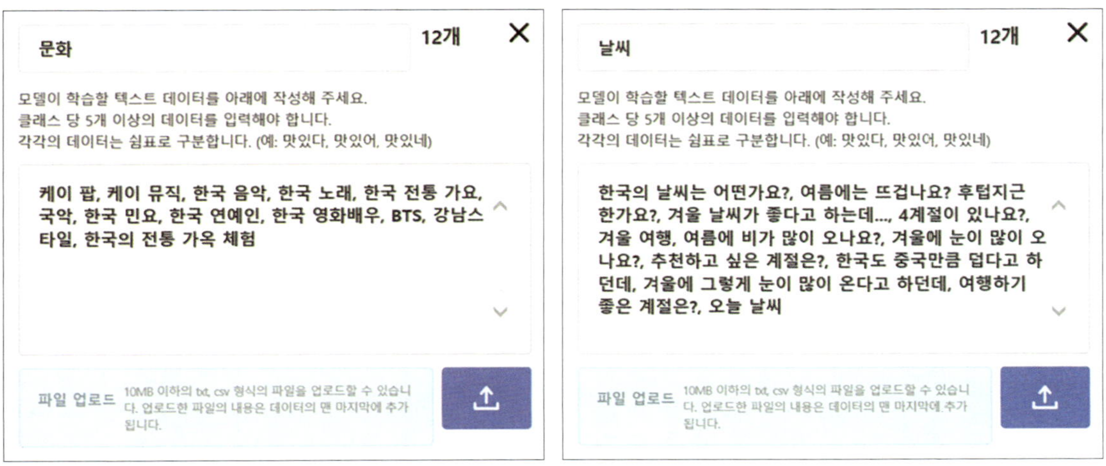

5 클래스3의 이름은 "음식"으로 하고 한국 음식에 대한 질문들을 모아 데이터 집합을 구성한다. 같은 방법으로 클래스4의 이름은 "지리"로 하고 한국 관광을 위한 질문을 모아 데이터 집합을 구성한다.

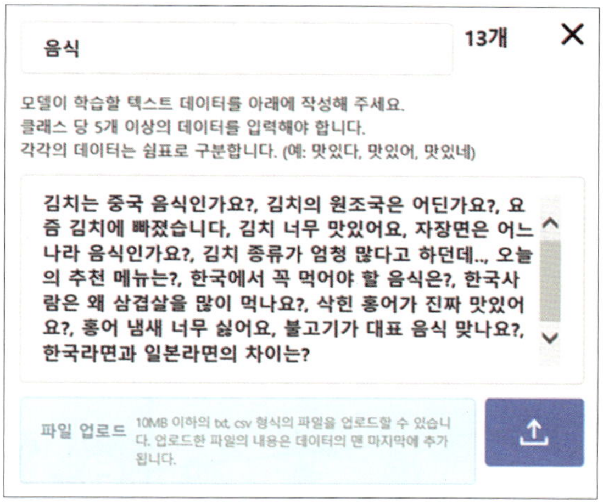

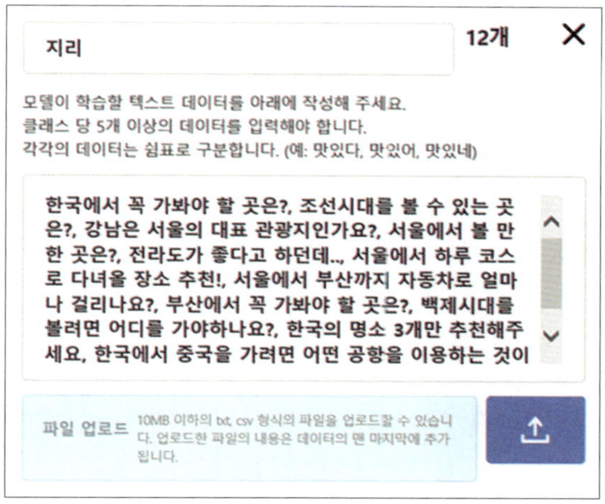

6 모든 클래스의 학습 데이터를 구성한 후에는 모델 학습하기 버튼을 눌러 수집된 학습 문서를 대상으로 모델 학습을 수행한다. 모델 학습이 끝나면 결과 창에 텍스트를 입력하고 모델 학습 결과를 확인해 본다.

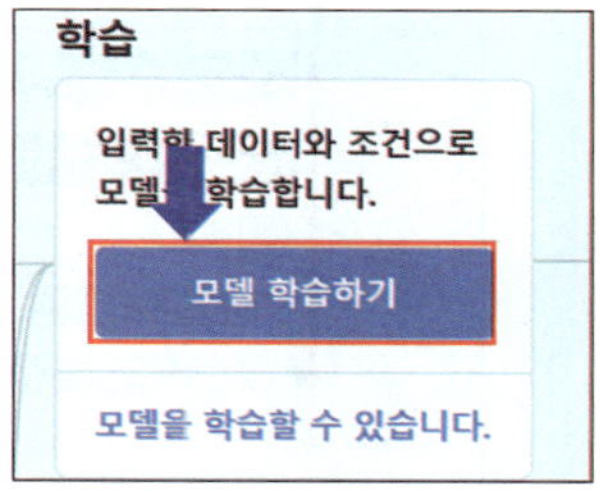

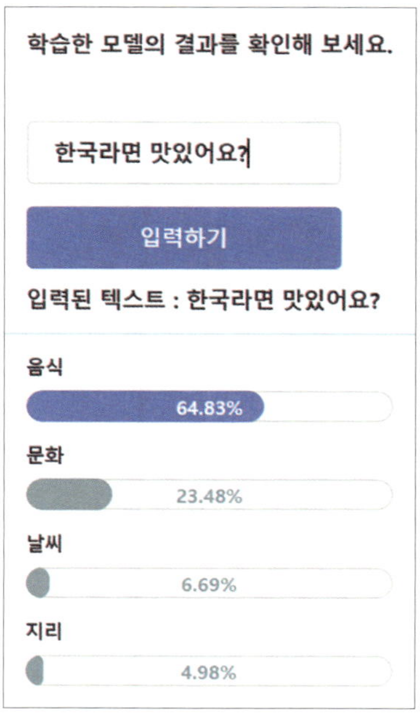

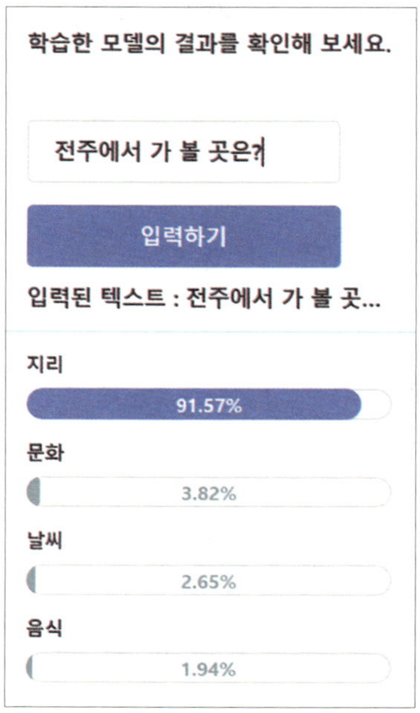

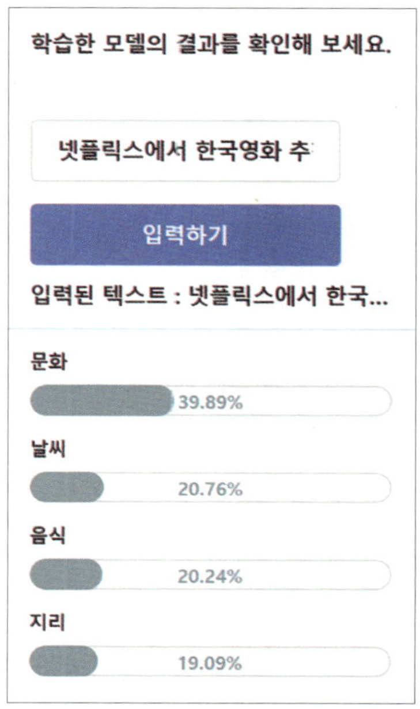

테스트 결과, 입력된 텍스트가 모두 해당 범주로 인식되는 것을 볼 수 있다. 모델 학습 결과에서 입력된 텍스트는 학습에 사용된 데이터는 사용하지 않고 유사 텍스트를 입력하여 확인한 것이다.

7 화면 밑에 있는 적용하기 버튼을 눌러 학습된 결과를 프로그램에서 사용할 수 있도록 하고 엔트리 편집 화면으로 돌아온다.

8 우선 블록 탭의 인공지능 범주에 새로운 블록이 생겼는지 확인하고 프로그램에서 사용할 오브젝트를 가져온다. 챗봇 오브젝트로는 엔트리봇 범주에서 얼굴 묶음을 가져오며 한국을 궁금해 하는 외국인으로는 사람 범주에서 산책하는 사람을 가져온다.

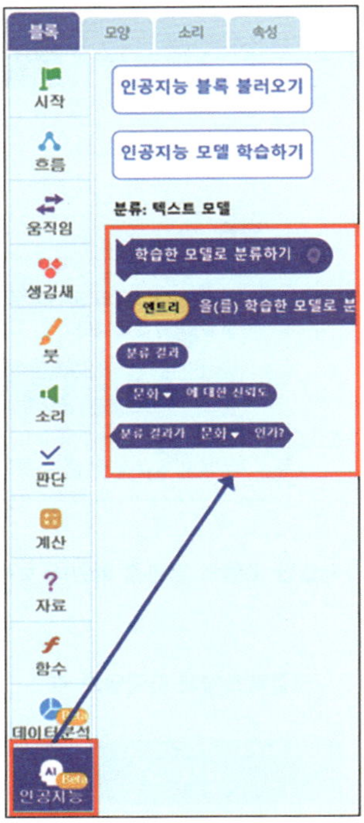

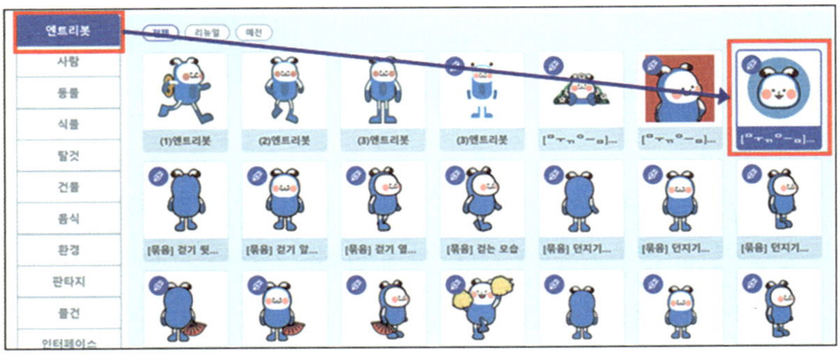

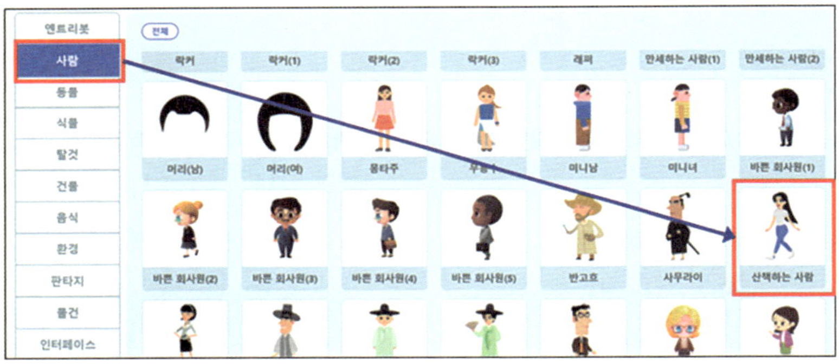

9 모델 학습이 끝나고 오브젝트가 선택됐으므로 이제는 2-2 작업 흐름도를 보면서 엔트리의 적절한 블록을 선택하여 프로그래밍한다. 우선 자료 범주에서 변수 질문을 만든다. 다음으로 속성 탭에서 [신호]-[신호추가하기]를 누르고 신호 이름으로 외국인질의라고 입력한 후 확인 버튼을 누른다.

10 묻고 대답 기다리기와 대답 블록을 가져와 안녕 자리에 "안녕하세요. 한국에 대해 무엇이 알고 싶으신가요?"를 넣고 질문 변수 값으로 대답 블록을 넣어 붙인다.

11 신호를 받았을 때 블록은 단순하다. 외국인 오브젝트를 선택하고 질문을 4초 동안 말하기를 하면 된다.

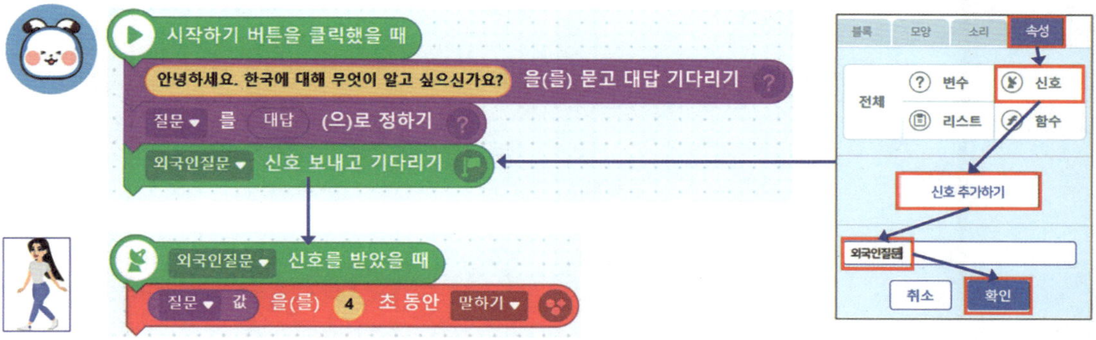

12 외국인 질문을 분석하는 과정은 다음과 같다. 질문을 학습된 모델로 분류하고 분류 결과대로 신호를 보내고 처리하면 된다. 이 블록을 앞 단계 11)번 블록 밑에 붙이면 프로그램은 완성된다. 챗봇에게 계속해서 물어보고 답하는 과정을 반복하려면 블록 전체를 무한 반복에 넣으면 된다.

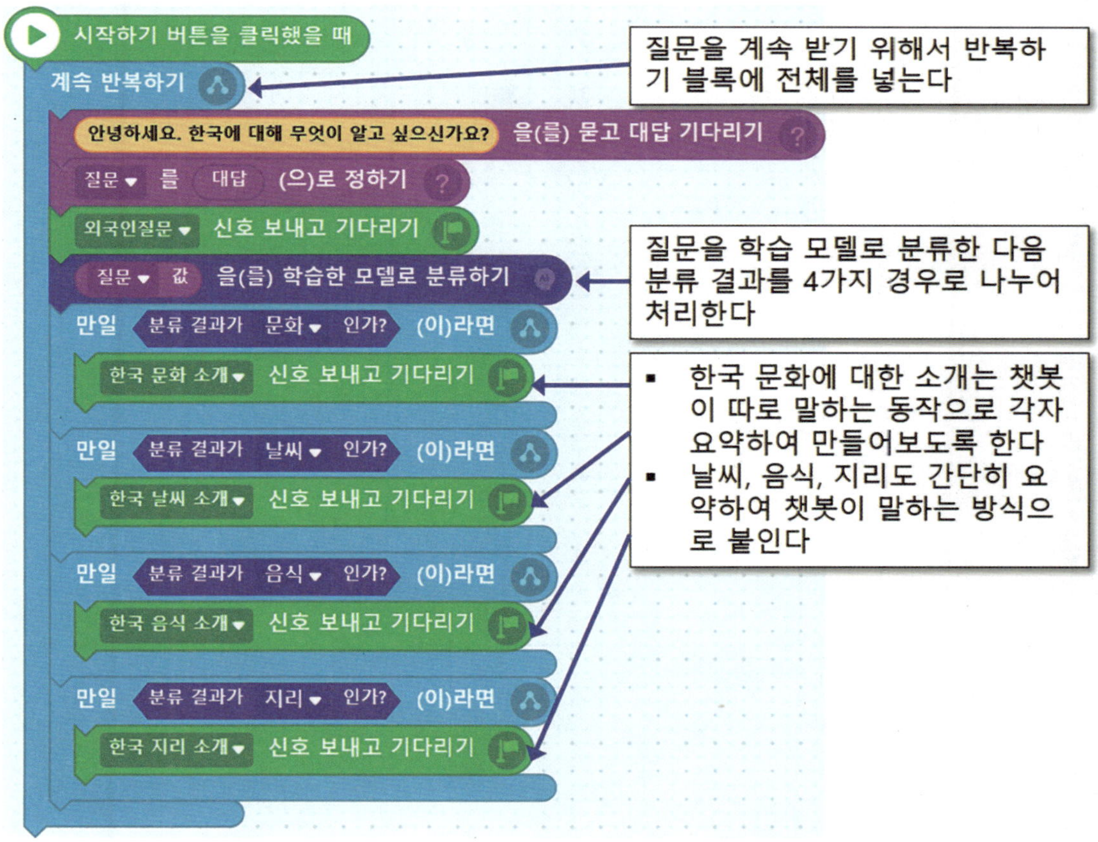

CHAPTER

3

텍스트 분류 인공지능 모델 응용(2)

CHAPTER 3

텍스트 분류 인공지능 모델 응용(2)

Session 01 고운 말 자판기

Session 02 동물분류 다섯 고개

학습 목표

텍스트 분류 모델을 개발하여 다양한 인공지능 응용 프로그램을 만들 수 있다.

최근 다양한 기업체에서는 고객상담을 위해 인공지능 챗봇을 활용하고 있다. 챗봇의 기본 원리는 고객이 입력하는 텍스트를 받아 각 텍스트가 무엇을 요구하는지 상황을 분류하고 각 상황에 맞는 답변을 제공하는 것이다.

텍스트 분류 모델은 금칙어(비속어나 욕설 등) 차단에도 효과적으로 사용되고 있다. 기존의 금칙어 차단이 금칙어 데이터 베이스와 입력된 텍스트를 1:1로 비교하여 금칙어 데이터 베이스에 존재하는 금칙어만 차단할 수 있었다. 반면에 인공지능을 활용한 금칙어 차단 모델은 능동적으로 사용자의 텍스트를 판단하여 차단할 수 있어 더욱 효과적으로 활용할 수 있다.

엔트리에서도 이와 같이 텍스트를 받아 미리 정해놓은 분류 기준에 따라 적절한 반응을 할 수 있는 인공지능 서비스를 제공하고 있다. 엔트리에서 제공하는 텍스트 분류 인공지능 모델 활용하기 위해서는 다음과 같은 절차가 필요하다.

텍스트 데이터를 분류할 분류기준 설정하고 클래스 설정

↓

분류한 클래스별 데이터 입력

↓

데이터 입력 후 인공지능 모델학습

↓

학습된 인공지능 모델을 인공지능을 활용하여 텍스트 분류

entry

Session 01

고운 말 자판기

학습 목표

입력받은 텍스트에 비속어나 욕설이 포함된 경우 고운 말 사용을 권유하는 고운 말 자판기를 제작할 수 있다.

문제해결 상황

엔트리봇은 친구들과 게임에서 대화를 하던 중 친구들이 아무렇지 않게 욕설을 사용하는 것을 보고 마음이 아팠어요. 우리말에는 비속어나 욕설보다는 아름답고 고운 말이 너무 많았기 때문이죠. 그래서 욕설이나 비속어가 포함된 글을 입력하면 고운 말 사용을 권유하는 자판기를 만들어 보고 싶었어요.

문제해결 방법

우리가 온라인 상에서 사용하는 말(텍스트 입력)이 고운 말인지 나쁜 말인지 판별하기 위해 고운 말 자판기에 판별하고 싶은 말을 입력한다. 인공지능의 클래스를 고운 말, 나쁜 말로 설정하고 고운 말에 다양한 고운 말 데이터를 입력하고, 나쁜 말에는 나쁜 말 데이터를 입력하여 학습시킨다. 입력된 말이 고운 말과 나쁜 말 중 하나로 분류된다. 예를 들어 고운 말을 입력했을 때 0.5(50%) 초과의 값이 나오면 인공지능은 입력된 말을 고운 말로 분류한다. 이 프로그램에서는 신뢰도를 높이기 위해 0.6(60%) 이상인 경우에 알맞은 반응을 보이도록 한다.

학습준비물

인터넷에 연결할 수 있는 PC 또는 노트북, 스피커

데이터 수집 아이디어

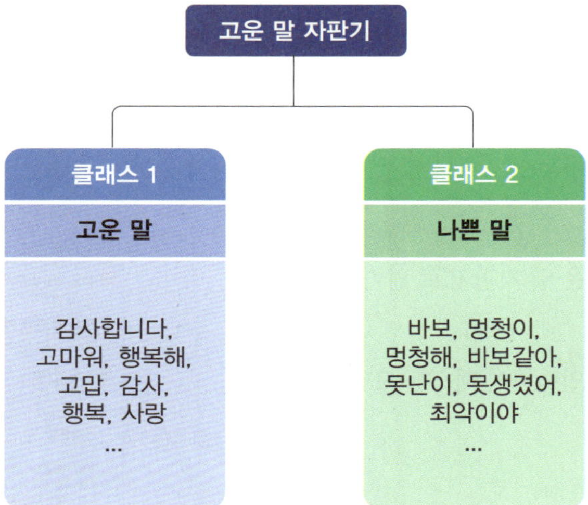

1-1 인공지능 모델 학습하기

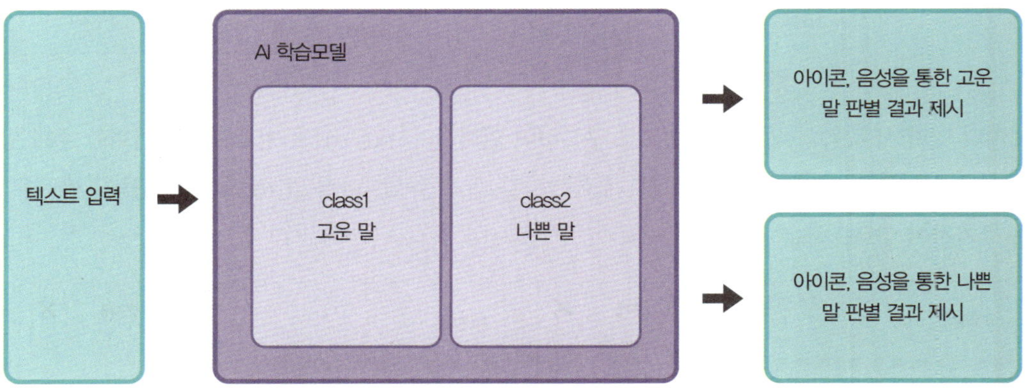

본 주제에서는 학생들이 비속어나 욕설의 의미를 잘 알지 못한 채로 습관적으로 사용하는 것을 막기 위하여 자신이 자주 사용하는 말을 자판기에 입력했을 때 고운 말인지 비속어인지를 판별해 고운 말 사용을 권유하는 프로그램을 제작하고자 한다.

엔트리 프로그램에서 [인공지능] 카테고리의 [인공지능 모델 학습하기]를 클릭하여 학습할 모델 선택하기 화면으로 들어간다. '분류:텍스트'를 선택한 후 [학습하기]를 클릭하여 텍스트 모델 학습하기로 들어간다.

1 엔트리 프로그램에서 [인공지능] 카테고리의 [인공지능 모델 학습하기]를 클릭하여 학습할 모델 선택하기 화면으로 들어간다. '분류:텍스트'를 선택한 후 [학습하기]를 클릭하여 텍스트 모델 학습하기로 들어간다.

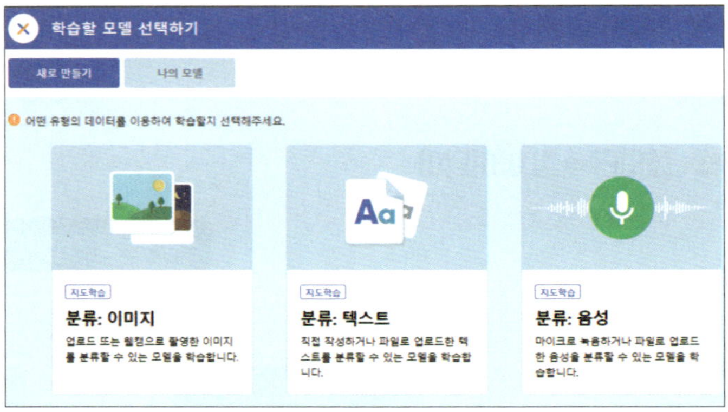

2 텍스트 모델 이름을 '고운 말 자판기'로 입력한다.
클래스 1은 '고운 말'
클래스 2는 '나쁜 말'로 입력하여 텍스트 모델을 만든다.

3 데이터 입력 시 각각의 데이터는 쉼표로 구분하여 입력한다. txt, csv를 업로드하여 입력할 수도 있다. 추후 고운 말 자판기 모델을 더욱 정교하게 학습시킬 때 고운 말, 나쁜 말 txt파일을 만들어 새로운 단어들을 추가하여 업로드하는 것이 좋다.

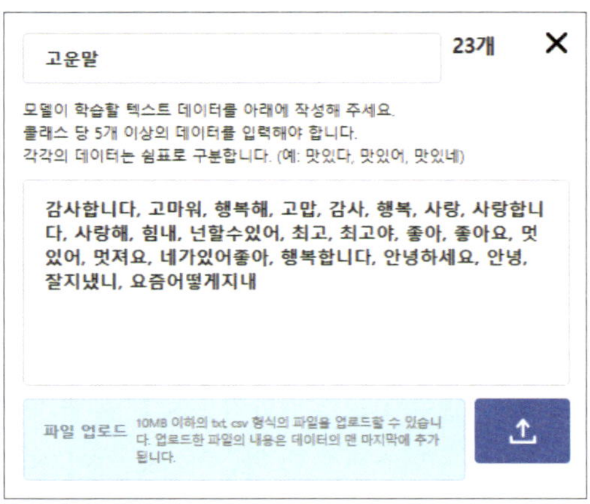

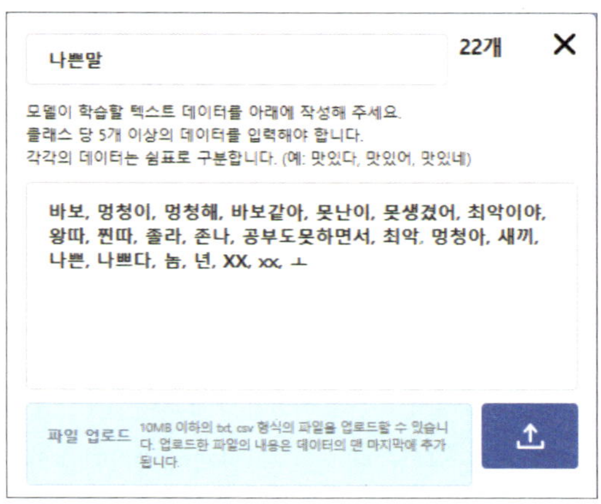

여기서 입력한 데이터는 다음과 같다.

고운 말	감사합니다, 고마워, 행복해, 고맙, 감사, 행복, 사랑, 사랑합니다, 사랑해, 힘내, 넌할수있어, 최고, 최고야, 좋아, 좋아요, 멋있어, 멋져요, 네가있어좋아, 행복합니다, 안녕하세요, 안녕, 잘지냈니, 요즘어떻게지내
나쁜 말	바보, 멍청이, 멍청해, 바보같아, 못난이, 못생겼어, 최악이야, 왕따, 찐따, 졸라, 존나, 공부도못하면서, 최악, 멍청아, 새끼, 나쁜, 나쁘다, 놈, 년, XX, xx, ㅗ

4 [모델 학습하기]를 클릭하여 입력한 데이터와 조건으로 모델을 학습한다.

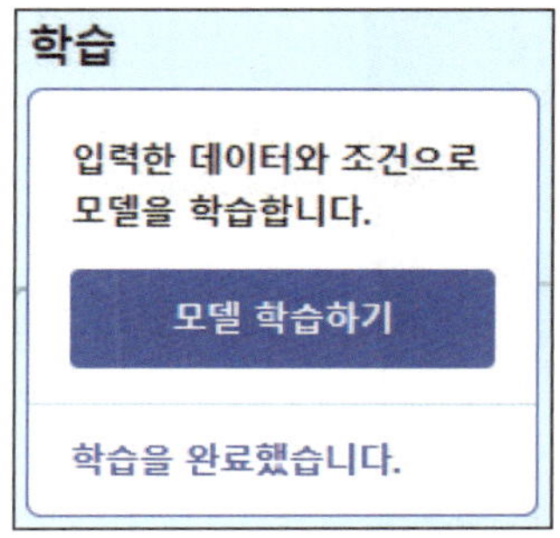

5 결과 화면에서 '고맙습니다'라고 입력하고 결과를 테스트한다. '고맙습니다'는 데이터는 수집데이터에 입력되지 않은 것이다.

결과 화면은 확률상 고운 말70.06%로 출력되었다.

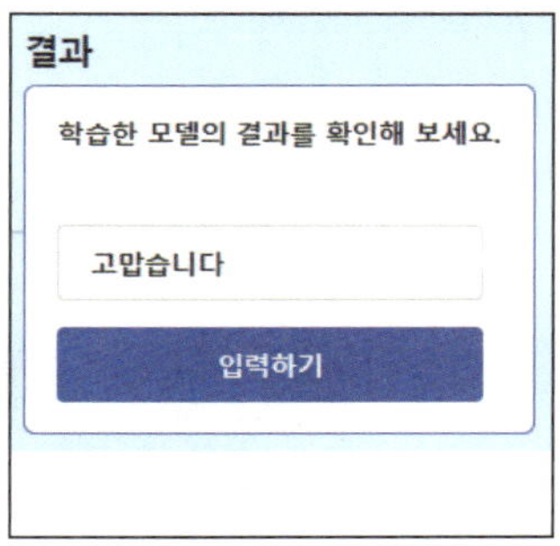

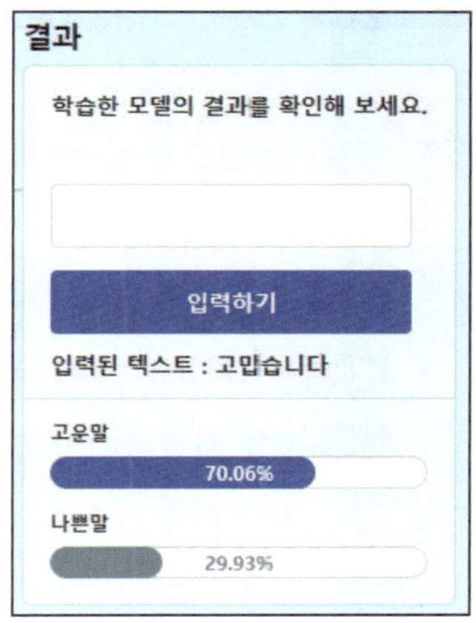

6 각 클래스에 입력되지 않은 "귀여워", "예쁘다"와 같은 단어는 신뢰도를 확신하기에 애매한 반응을 보였다. 이는 추후 텍스트 데이터를 보완해 주어야 함을 의미하고, 자판기에서 이와 같은 결과에 어떤 반응을 보이게 만들지 생각해 두어야 한다.

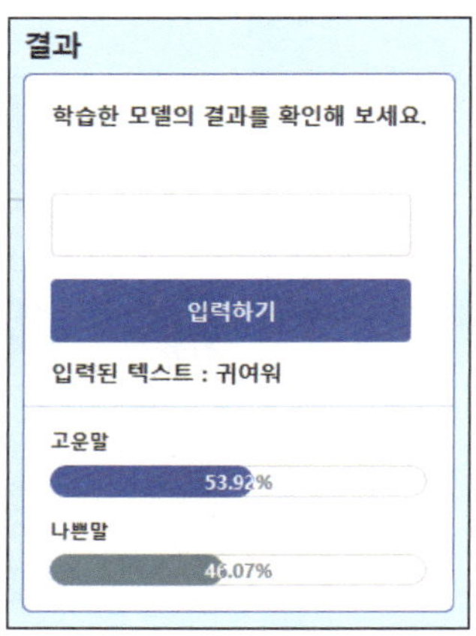

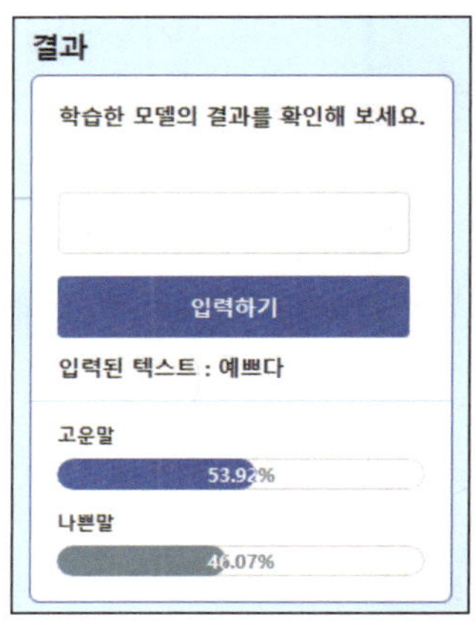

7 [적용하기] 버튼을 클릭한 후 엔트리 블록 탭의 [인공지능] 카테고리에 다음의 블록들이 생성되었는지 확인한다.

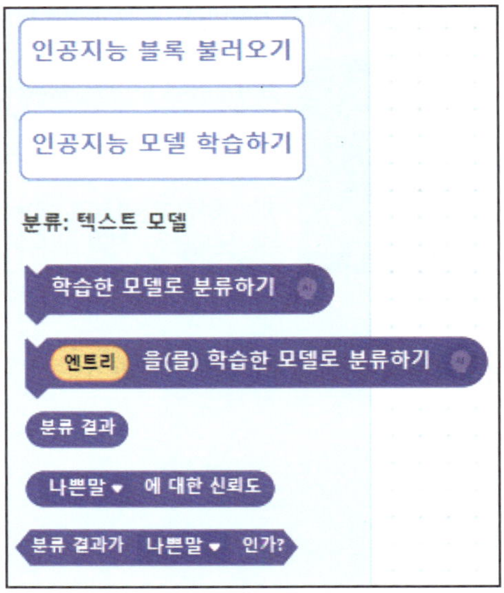

1-2 장면 구성하기

1 엔트리 오브젝트를 다음과 같이 불러온다.

배경 에서 '교실(2)'

엔트리봇 에서 '(3)엔트리봇'

물건 에서 '자동판매기'를 배치한다.

2 고운 말, 나쁜 말을 인공지능이 판별하여 결과를 보여주기 위하여 인터페이스 에서 좋아요(4), 나빠요(1)을 선택하여 자판기 화면에 배치한다.

1-3 엔트리 프로그래밍

1. [인공지능] 카테고리에서 [인공지능 블록 불러오기] 를 선택한 후 '읽어주기' 메뉴를 이용하여 고운 말 자판기가 어떤 역할을 하는지 음성으로 알려주도록 한다.

2. 아래와 같이 읽어주기 블록이 생긴다.

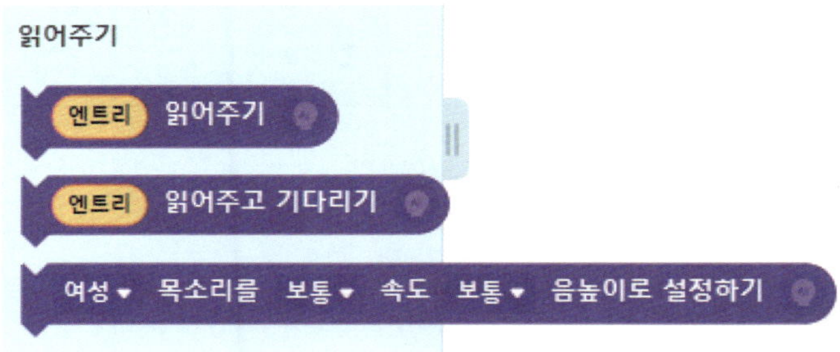

3. ['엔트리' 읽어주기] 블록을 가져다 둔 후 엔트리봇이 고운 말 자판기에 대하여 설명하도록 아래와 같이 코딩한다.

4 엔트리봇의 설명이 끝나면 고운 말 자판기가 작동하도록 '자판기시작'이라는 신호를 만든다. 또한 판별이 끝난 후 자판기에 고운 말인지 나쁜 말인지 아이콘을 보여주기 위하여 '고운 말사용', '나쁜 말사용'의 신호를 만든다.

신호를 만들기 위해 다음과 같이 [속성]탭으로 이동하여 [신호]를 선택하고 [신호 추가하기] 버튼을 클릭하여 위의 신호 3가지를 만들어둔다.

5 신호 추가가 완료되었으면 아래와 같이 ['자판기시작'신호보내기] 블록을 추가한다.

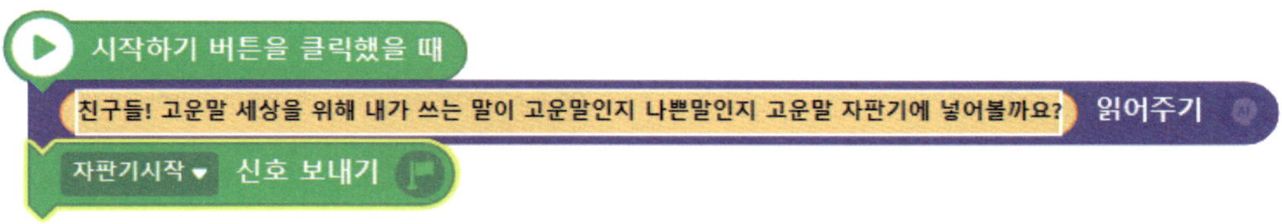

6 자동판매기를 선택한 후 ['자판기시작' 신호를 받았을 때]를 입력하여 고운 말 자판기를 시작시키고, 텍스트 입력을 받을 수 있도록 [자료] 카테고리에서 ['안녕'을(를) 묻고 대답 기다리기] 블록을 추가한다. '안녕'을 '고운 말인지 나쁜 말인지 확인할 텍스트를 입력해주세요.'로 변경하여 텍스트 입력을 기다린다.

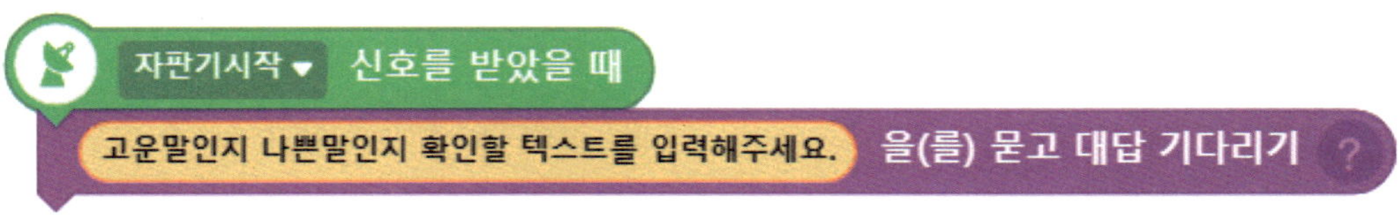

7 입력받은 텍스트를 인공지능에게 판별시키기 위하여 [자료] 카테고리의 [대답]을 선택하고, [인공지능]의 ['엔트리'을(를) 학습한 모델로 분류하기] 블록을 이용하여 다음과 같이 추가한다.

8 입력받은 텍스트가 나쁜 말 신뢰도가 60%를 넘었을 때 나쁜 말로 판별하고 '나쁜 말 멈춰! 고운 말을 사용해주세요.'라는 답변을 하고 자동판매기 화면에 '싫어요' 아이콘이 나타나도록 다음과 같이 코드와 ['나쁜 말 사용' 신호 보내기] 블록을 추가한다. 이때 판별도는 100%일 때 1로 나타나기 때문에 60%이면 0.6으로 표현해 주어야한다.

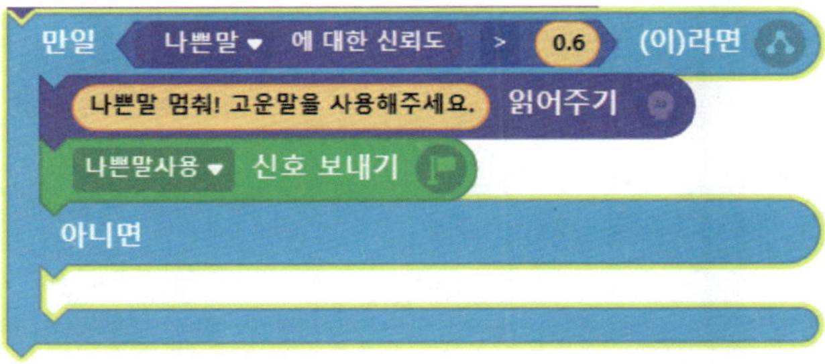

9 나쁜 말이 아닌 경우에는 고운 말인지를 판별해 주기 위하여 [아니면] 블록 속에 다음과 같이 고운 말의 신뢰도가 60%를 넘었을 때 고운 말로 판별하도록 '고운 말을 사용하는 참 예쁜 입이네요'를 읽어주도록 코딩하고, '좋아요' 아이콘이 나타날 수 있도록 ['고운 말사용' 신호 보내기]블록을 추가한다.

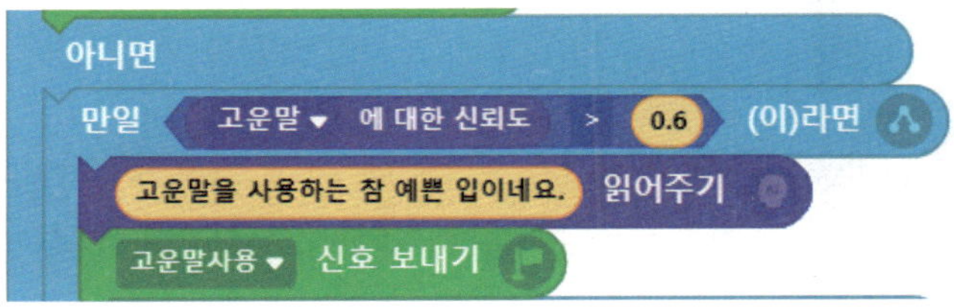

10 인공지능이 고운 말, 나쁜 말인지 판별할 수 없는 경우가 나오는 경우를 대비하여 [아니면] 블록에 ['고운 말을 사용하는 학교가 되도록 저를 더 학습시켜 주세요' 읽어주기] 블록을 추가한다.

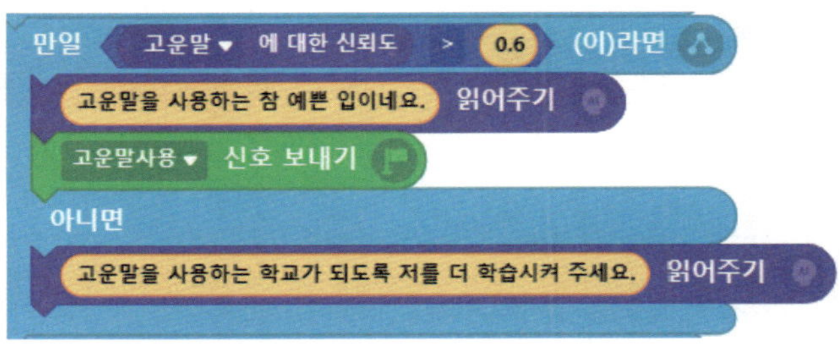

⑪ 자동 판매기의 전체 코드는 다음과 같다.

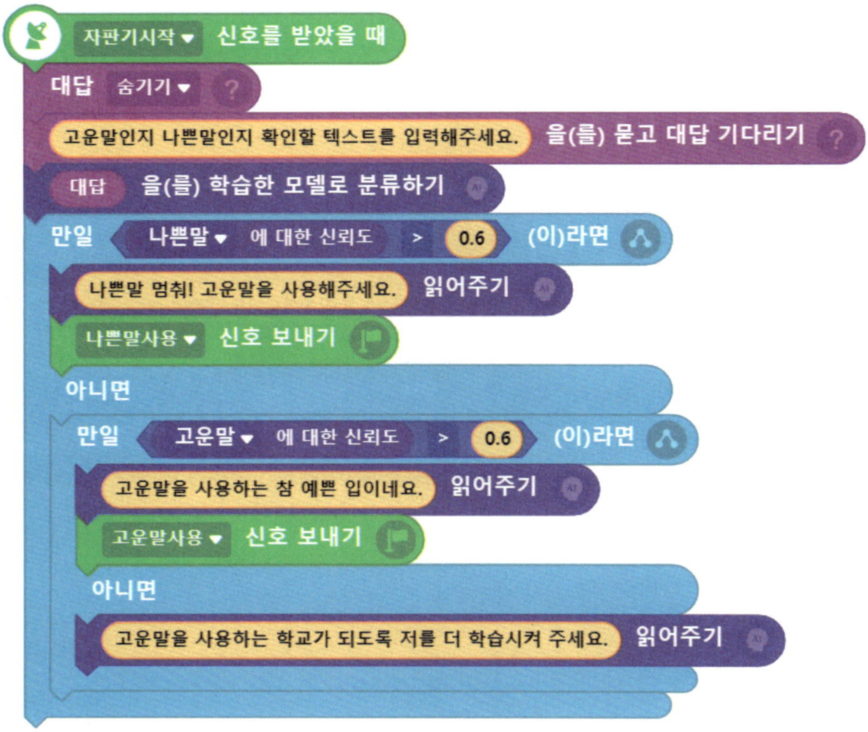

⑫ 처음 고운 말 자판기가 시작할 때 '대답', '좋아요', '나빠요'가 보이지 않도록 숨기기 블록을 사용하여 숨기고 '고운 말신호'를 받았을 때 '좋아요' 아이콘이, '나쁜 말신호'를 받았을 때 '나빠요' 아이콘이 나타나도록 각각 다음과 같이 코딩한다.

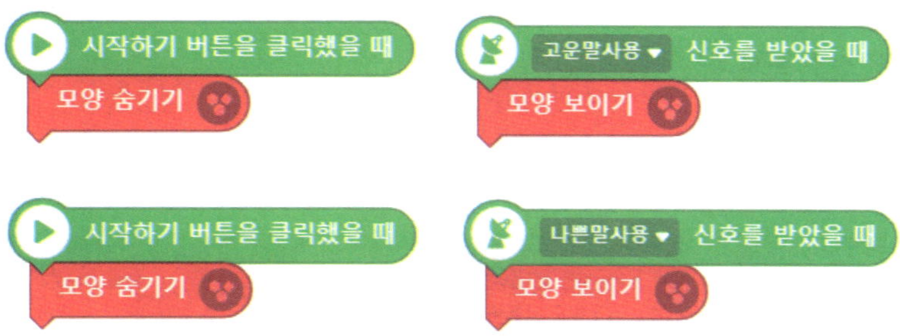

Session 02 동물 찾기 다섯 고개

학습 목표

질문에 대한 답변을 분석하여 사용자가 생각하는 동물을 찾도록 하는 인공지능 모델을 제작할 수 있다.

문제해결 상황

엔트리봇은 얼마 전 자신이 생각한 인물을 맞히는 인공지능 누리집을 알게 되었습니다. 엔트리봇은 인공지능이 어떻게 내가 생각한 인물을 맞혔을까? 너무 궁금했습니다. 어떻게 하면 내가 생각한 것을 맞히는 인공지능을 만들 수 있을까요?

문제해결 방법

먼저 동물찾기 다섯 고개에 사용할 동물들을 선정한다. 각 동물의 이름을 클래스로 설정한 후 동물의 특징을 입력한다. 각 동물의 특징을 묻는 질문을 화면에 제시하고 사용자가 생각한 동물에 맞는 답변을 한다. 예를 들어 "어디에 사세요?" 라는 질문에 "바다", "바다입니다", "바다지", "바다에 살아요", "바다 속" 등의 입력이 들어와도 "바다"로 분류되어 상어, 문어 등의 바다 동물의 텍스트 분류 인식률이 높아지게 된다. 텍스트 분류 인식률이 일정 이상을 보이는 동물에게는 1점을 부여하고, 다섯 가지 질문을 마치면 점수가 가장 높은 동물을 정답으로 제시한다. 오류가 발생하는 경우를 고려하여 적절한 답변을 제공한다.

학습준비물

인터넷에 연결할 수 있는 PC 또는 노트북

데이터 수집 아이디어

엔트리봇은 얼마 전 자신이 생각한 인물을 맞히는 인공지능 누리집을 알게 되었습니다. 엔트리봇은 인공지능이 어떻게 내가 생각한 인물을 맞혔을까? 너무 궁금했습니다. 어떻게 하면 내가 생각한 것을 맞히는 인공지능을 만들 수 있을까요?

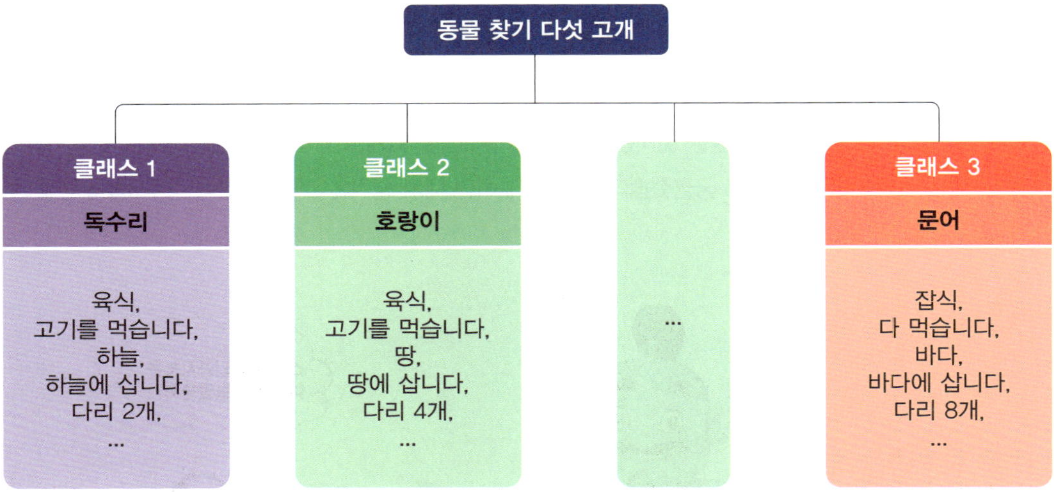

2-1 인공지능 모델 학습하기

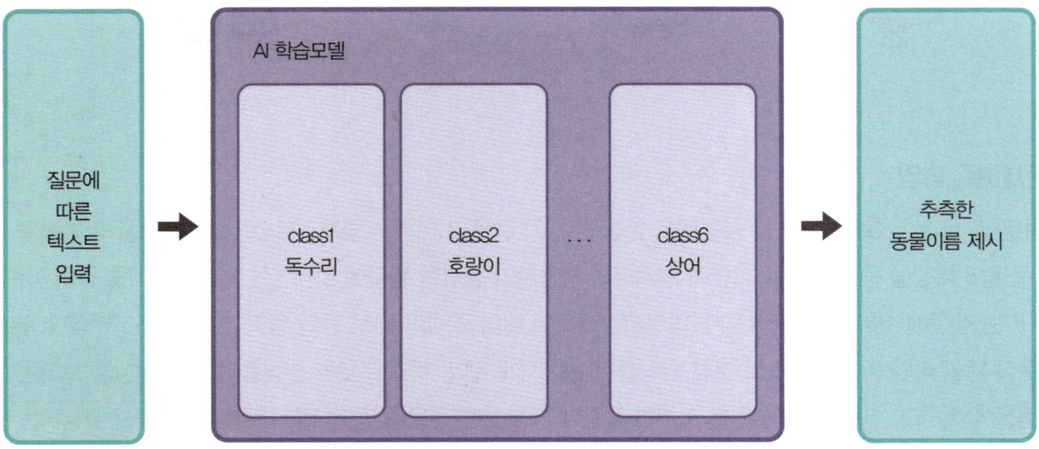

인터넷 스무고개의 원리를 생각해보며 각 질문의 답변에 따라 동물의 점수를 매겨 생각한 동물을 찾아주는 프로그램을 제작하고자 한다.

본 프로그램에서는 6가지 동물로 동물의 가지 수를 제한하였으며 다음과 같이 인공지능을 설정한다.

텍스트 모델 이름은 '동물 찾기 다섯 고개'로 입력한 후 다음과 같이 클래스명을 정하여 샘플 데이터를 입력한다.

클래스1	독수리	날아다닙니다, 날개가있습니다, 공중, 낮에놀아요, 낮에움직여요, 다른동물을잡아먹습니다,하늘, 육식, 2개, 무늬없음, 낮, 하늘에서삽니다, 육식동물입니다, 무늬가없습니다, 낮에활동합니다, 다리가2개입니다, 다른동물을먹어요, 다른동물을공격합니다, 고기를좋아해요, 고기를먹습니다, 고기가주식입니다
클래스2	호랑이	네발로걷습니다, 땅, 달려다닙니다, 다른동물을잡아먹습니다, 밤에활동해요, 밤에움직여요, 밤에놀아요, 발이4개입니다, 육지, 육식, 4개, 줄무늬, 밤, 육지에서삽니다, 육식동물입니다, 줄무늬가 있습니다, 밤에활동합니다, 다리가4개입니다, 초원에서볼수있습니다, 달리기, 달리기를잘해요, 다른동물을먹어요, 다른동물을공격합니다, 고기를좋아해요, 고기를먹습니다, 고기가주식입니다
클래스3	문어	골고루먹습니다, 낮에놀아요, 낮에움직여요, 바다에서볼수있습니다, 바다, 잡식, 8개, 무늬없음, 낮, 바다에서삽니다, 잡식동물입니다, 무늬가없습니다, 낮에활동합니다, 다리가8개입니다, 낮에움직여요, 헤엄쳐다닙니다, 수영을잘합니다, 수영을잘해요, 골고루먹어요
클래스4	기린	낮에놀아요, 낮에움직여요, 초원에서볼수있습니다, 달리기를잘해요, 풀을좋아해요, 풀이주식입니다, 육지, 초식, 4개, 점무늬, 낮, 육지에서삽니다, 초식동물입니다, 점무늬가 있습니다, 낮에활동합니다, 다리가4개입니다, 4발로걸어다닙니다, 풀을먹어요
클래스5	박쥐	밤에놀아요, 밤에다녀요, 밤에움직여요, 골고루먹습니다, 날개가있습니다, 날아다닙니다, 동굴, 동굴에서생활합니다, 동굴에집이있습니다, 하늘, 잡식, 2개, 무늬없음, 밤, 하늘에서삽니다, 잡식동물입니다, 무늬가없습니다, 밤에활동합니다, 다리가2개입니다, 동굴에살아요, 날아다닙니다, 날개가있습니다
클래스6	상어	수영을잘합니다, 수영을잘해요, 물에삽니다, 밤에놀아요, 밤에움직여요, 물에서볼수있습니다, 골고루먹습니다, 골고루먹어요, 바다, 잡식, 0개, 무늬 없음, 밤, 바다에서삽니다, 잡식동물입니다, 무늬가없습니다, 밤에활동합니다, 다리가0개입니다, 다리가없습니다, 헤엄쳐다닙니다, 수영

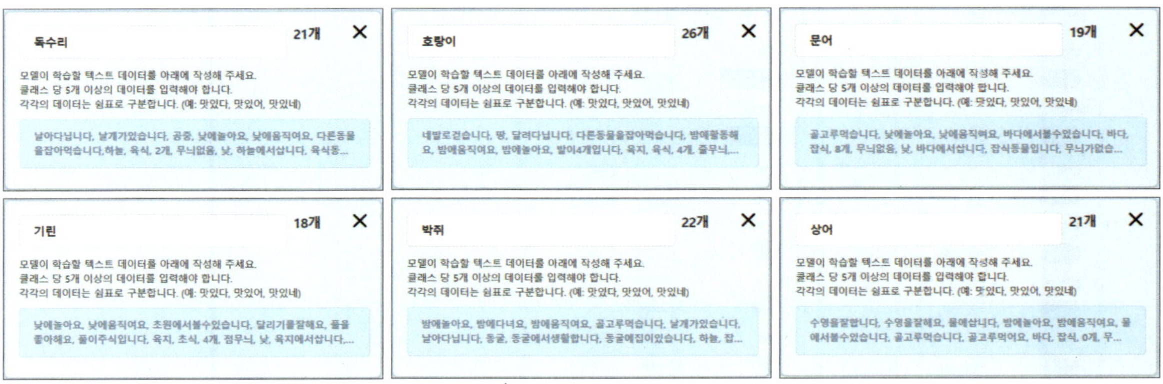

1 [모델 학습하기]가 완료되면 텍스트에 '바다, 하늘, 육지'를 각각 입력한다.

2 특성에 따라 대체적으로 20% 이상의 값이 나오는 것을 확인할 수 있다. 추후 프로그래밍할 때 20% 이상의 값에 점수를 부여한다.

다리의 개수를 묻는 질문에는 학습 결과가 좋지 못한 것을 알 수 있다. 이는 숫자를 인식하지 못하기 때문이라 생각되며, 숫자를 글자로 둘, 넷, 여덟으로 대신하면 결과 값이 높아지는 것을 알 수 있다.

2-2 장면 구성하기

제시된 동물 중 하나를 선택하는 장면에서부터 각 질문에 대한 화면을 하나씩 만들어야 하므로 다양한 장면이 사용된다. 하지만 질문1부터 질문5까지의 화면은 같은 화면에 타이틀만 바뀌므로 쉽게 구성할 수 있다.

글상자를 추가하기 위해서는 [오브젝트 추가] – [글상자] 탭으로 이동하여 글꼴과 글자모양을 선택하고, 글상자의 내용을 입력하여 사용한다.

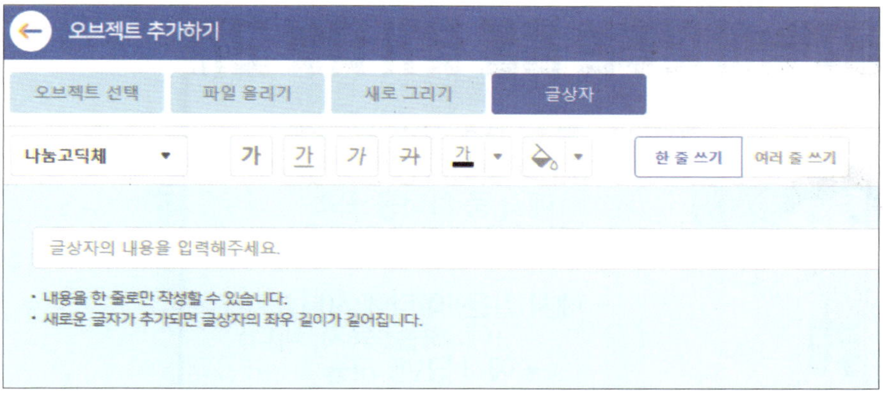

각 장면의 구성을 보면 다음과 같다.

장면이름	시작
오브젝트	[배경] 해변가 [오브젝트] 어린이(1), 상어(1), 문어(1), 박쥐(3), 독수리(2), 사나운 호랑이, 기린 [글상자] 인공지능이 맞추는 동물 찾기 다섯 고개
화면구성	

장면이름	설명서
오브젝트	[배경] 해변가 [오브젝트] 어린이(1) [글상자] 인공지능이 맞추는 동물 찾기 다섯 고개 [글상자] 질문이 나타나면 질문 옆의 예시 중 하나를 골라 생각한 동물에 맞게 답해주세요. *예시 질문) 어디에 사나요?(예: 하늘, 육지, 바다) *예시 답변) 하늘
화면구성	
장면이름	질문1
오브젝트	[배경] 해변가 [오브젝트] 어린이(1) [글상자] 사는 곳에 대한 질문
화면구성	

질문2 ~ 질문5는 질문1을 복사하여 [글상자]의 내용만 수정하여 사용한다. 각 질문에 사용하는 블록 역시 질문의 내용만 변경되므로 먼저 질문1의 프로그래밍을 완료한 후에 장면을 복제하여 사용하면 효율적이다.

각 질문 장면의 [글상자] 내용은 다음과 같다.

장면	글상자 내용
질문2	먹이에 대한 질문
질문3	다리 개수에 대한 질문
질문4	무늬에 대한 질문
질문5	활동 시간에 대한 질문

장면이름	결과
오브젝트	[배경] 해변가 [오브젝트] 어린이(1) [글상자] 인공지능이 찾아낸 결과
화면구성	

2-3 엔트리 프로그래밍

1 각 동물의 점수를 부여하기 위하여 [속성] 탭의 [변수] – [변수 추가하기] 버튼을 클릭한다.

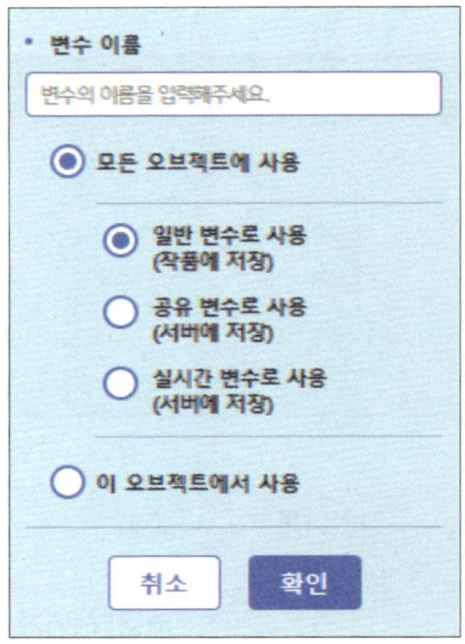

2 변수 이름을 각가 상어, 기린, 박쥐, 호랑이, 문어, 독수리로 입력하여 동물 변수를 만들어준다.

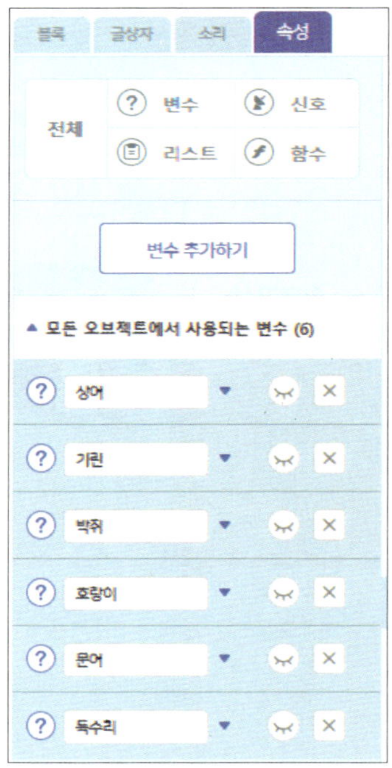

3 [시작] 장면에서 [어린이] 오브젝트를 선택한 후 다음과 같이 ['대답']숨기기 블록을 이용하여 대답을 숨기고, 각각의 동물 변수의 초기값이 0이 되도록 프로그래밍한다.

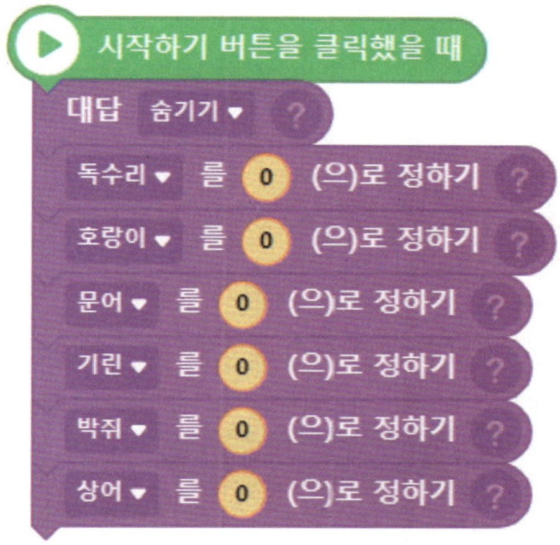

4 [동물 찾기 다섯 고개]의 설명을 위해 다음과 같은 블록을 추가하여 화면의 동물 중 하나를 마음 속으로 생각하도록 한다.

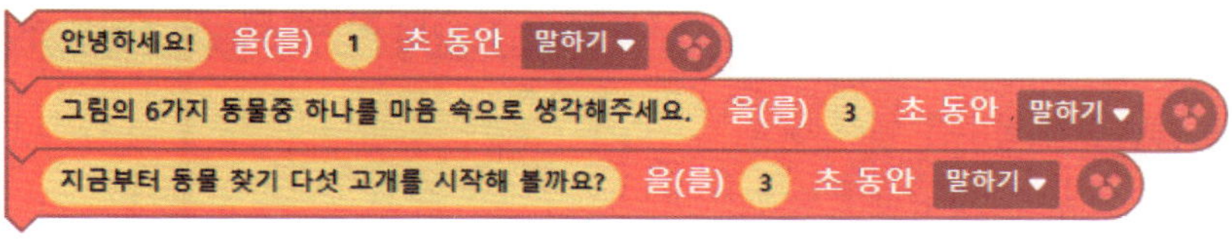

5 설명이 끝나면 보다 정확한 결과가 나올 수 있게 질문에 대한 답변의 설명이 나오는 [설명서] 장면으로 이동하도록 ['설명서' 시작하기] 블록을 추가한다.

6 [설명서] 장면으로 이동하여 [어린이] 오브젝트를 선택한 후 [장면이 시작되었을 때]의 블록을 추가하고 그 아래 [주의 사항]을 알려주도록 블록을 추가한다.

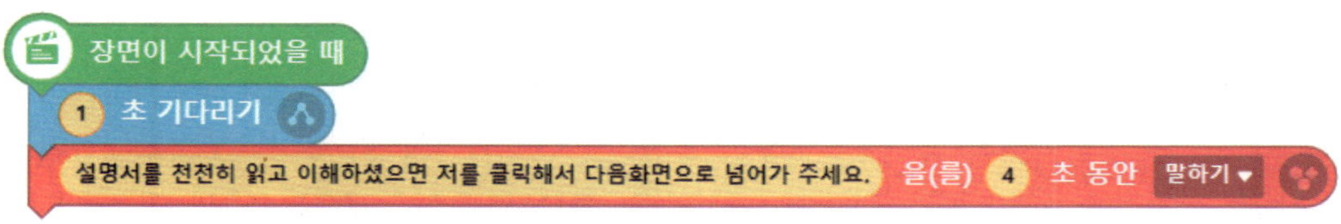

7 [어린이] 오브젝트를 클릭했을 때 질문을 받을 수 있도록 프로그래밍 한다.

8 [질문1] 화면으로 이동하여 [어린이]를 선택한 후 [장면이 시작되었을 때] 블록을 추가하고 첫 번째 질문을 묻고 대답 기다리기 블록을 추가한다. 그 아래 [대답] 블록과 [인공지능] 카테고리의 ['엔트리'을(를) 학습한 모델로 분류하기] 블록을 이용하여 질문에 대한 답변을 인공지능이 해석하도록 한다.

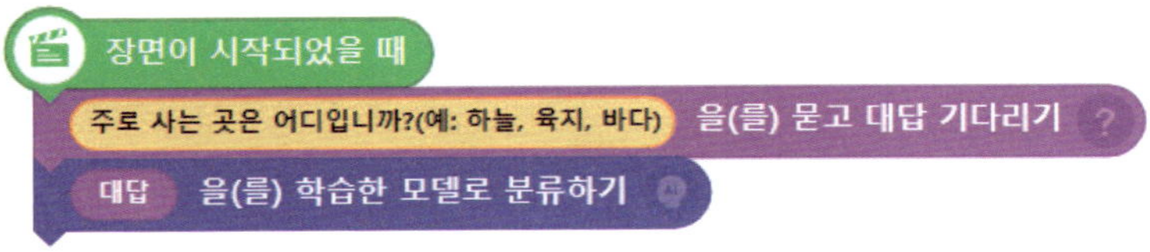

9 [만일 ~이라면] 블록을 이용하여 인공지능이 판별한 값이 0.2(20%)보다 크면 점수 1점을 더하도록 프로그래밍한다. 이렇게 하면 질문의 답에 따라 각 동물변수에 점수를 매길 수 있게 된다. 먼저 인공지능의 ['상어'에 대한 신뢰도] 블록을 이용하여 다음과 같이 블록을 구성한다.

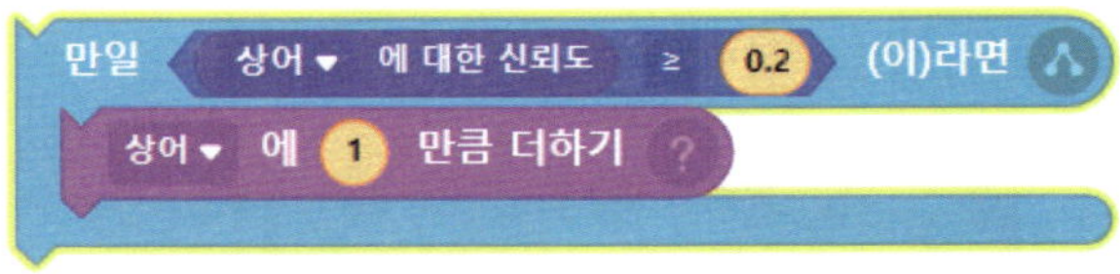

10 구성한 블록에 오른쪽 마우스를 클릭한 후 [코드 복사 & 붙여넣기]를 이용하여 블록을 붙여 넣어 다음과 같이 프로그램을 완성한다.

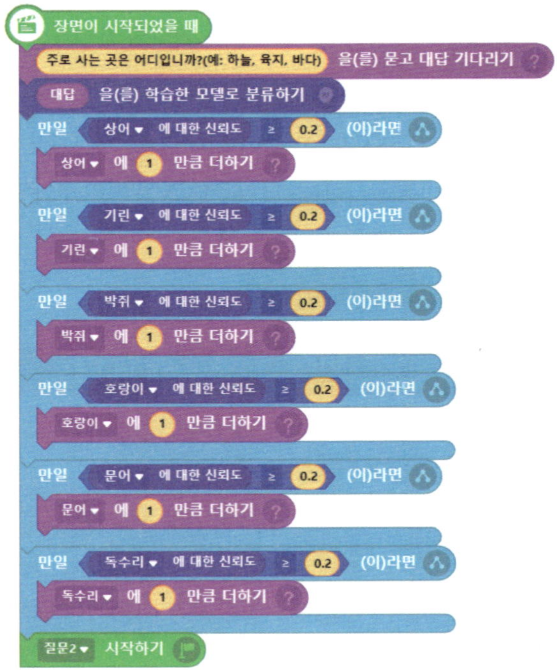

⑪ [질문1] 장면 탭을 선택하여 오른쪽 마우스를 클릭하고 [복제하기]를 이용하여 같은 장면을 4개 복제한다. 각 장면의 이름을 [질문2], [질문3], [질문4], [질문5]로 설정하고 ['엔트리' 묻고 대답 기다리기] 블록에 아래와 같이 질문을 바꿔 입력한다.

장면	질문 블록
질문2	먹이는 무엇입니까?(예: 초식, 육식, 잡식) 을(를) 묻고 대답 기다리기
질문3	다리가 몇 개 입니까?(예: 0개, 2개, 4개, 8개) 을(를) 묻고 대답 기다리기
질문4	몸에 무늬가 있습니까?(예: 점무늬, 줄무늬, 무늬 없음) 을(를) 묻고 대답 기다리기
질문5	주로 활동하는 시간은 언제입니까?(예: 밤, 낮) 을(를) 묻고 대답 기다리기

⑫ 각 질문 장면 블록 하단에 ['장면' 시작하기] 블록을 추가하여 다음 질문이 있는 장면으로 이동하게 한다.

⑬ [결과] 장면에서 [어린이] 오브젝트를 선택하여 결과 발표 메시지를 보여준 후 각 동물 변의 점수가 3점 이상이면 정답을 말하도록 다음과 같이 프로그래밍한다. 여기서는 상어 변수 값에 따른 결과를 먼저 입력한다.

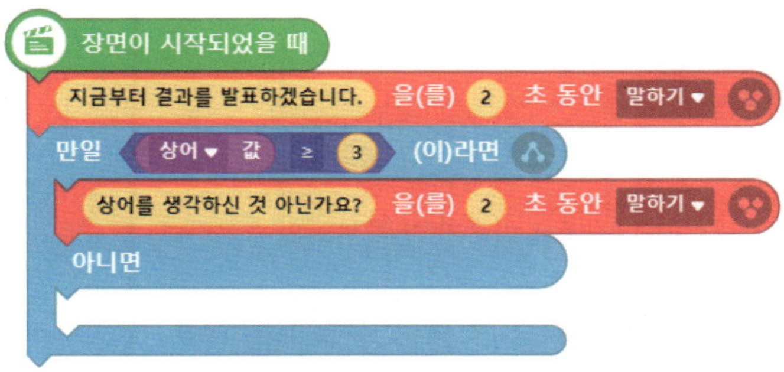

14 여기에서 [만일 ~(이)라면 아니면] 블록을 활용한 이유는 인공지능이 판별하지 못하는 예외의 상황(예를 들어 모든 동물의 점수가 3점 미만일 경우)이 발생하였을 때 해당 상황에 적절한 메시지를 출력하기 위해서이다. [만일 아니면] 블록을 이용하여 [아니면] 블록에 다음과 같이 프로그래밍한다.

15 인공지능이 오답을 말했을 경우를 대비해 블록 마지막에 다음과 같은 블록을 추가한다.

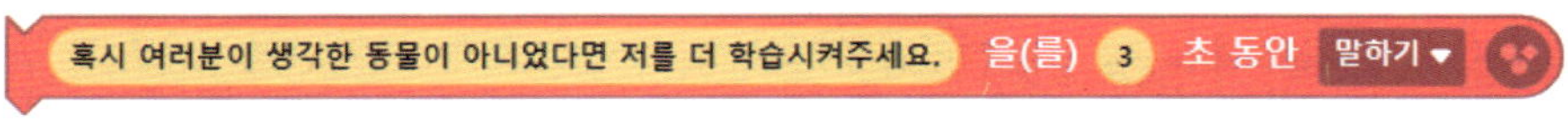

동물 찾기 다섯 고개에 사용된 전체코드는 다음과 같다.

시작 화면 - 어린이

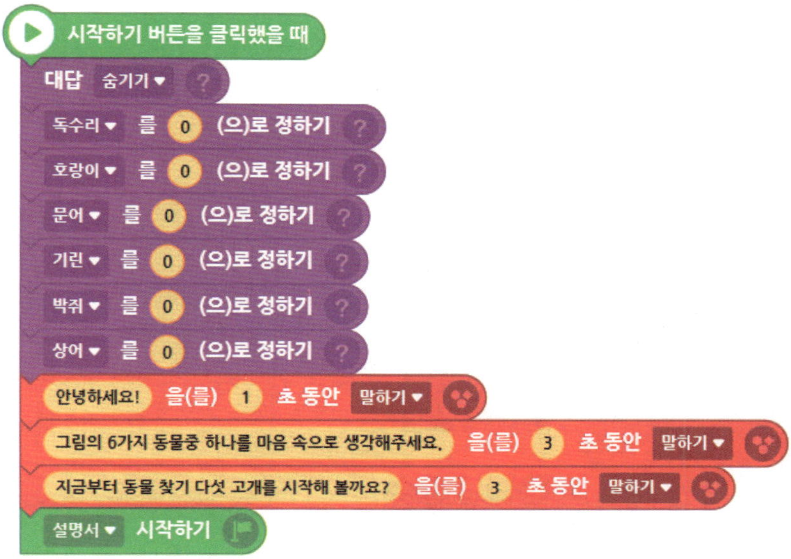

설명서 화면 - 어린이

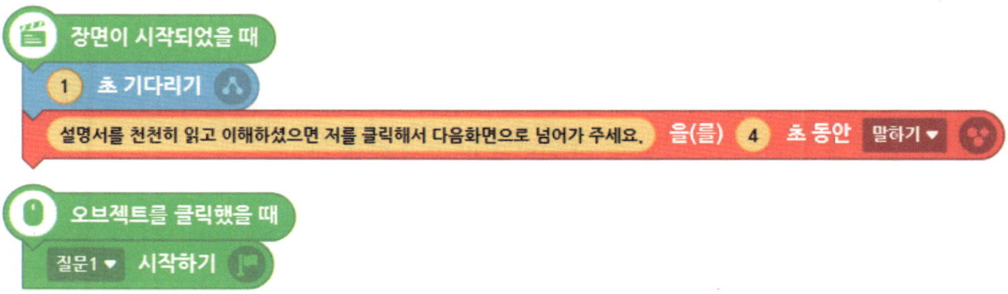

설명서 화면 - 어린이

*질문 화면에 따라 처음 시작되는 "묻고 대답 기다리기 블록"의 질문 내용을 변경하고 답변이 끝나면 다음 질문으로 이동하도록 프로그램의 마지막에 "장면 시작하기" 블록을 변경한다.

결과 - 어린이

정리

지금까지 입력받은 텍스트를 학습된 인공지능 모델을 활용하여 텍스트를 분류하는 예제를 살펴보았다. 예제를 통해 사용자가 입력한 텍스트를 인공지능이 어떻게 분류해내는지 원리에 대해 알아보았고, 이를 응용하면 인터넷에서 사용되는 욕설이나 비속어를 걸러내어 청정한 인터넷을 만들 수 있다는 것을 이해할 수 있었다. 또한 다섯 고개 프로그램은 사용자의 응답에 따라 인공지능과 사람과의 소통의 가능성을 보여주었다. 이는 챗봇을 이용하여 상담 등의 서비스에 인공지능을 활용할 수 있다는 것을 의미한다. 위의 예제 프로그램에서 익힌 내용을 생활속에 적용하여 더욱 멋진 프로그램을 개발하기를 기대해본다.

과 제

고운 말 나쁜 말 자판기에서 인공지능이 나쁜 말로 판별한 단어를 고운 말로 바꿔 주거나 바꿔 쓸 수 있는 단어를 제시하는 프로그램을 구상해 보자.

CHAPTER

4

이미지 분류 인공지능 모델 응용(1)

CHAPTER 4

이미지 분류 인공지능 모델 응용(1)

Session 01 내가 가장 좋아하는 과일

Session 02 하고 싶은 운동 제안하기

학습 목표

인터넷에서 다양한 이미지를 수집하여 클래스에 맞게 분류하고, 엔트리를 활용하여 영어 교과에 적용할 수 있는 인공지능 모델을 학습시킬 수 있다.

"엔트리에 사용되는 이미지 분류 기계학습"

이미지

업로드 또는 웹캠으로 촬영한 이미지로 모델을 학습합니다.

- 이미지 분류 기계학습이란? 이미지 데이터를 수집한 후, 인공지능에게 이미지 데이터를 학습시켜 인간이 원하는 기능을 수행하도록 하는 기술이다.
- 인공지능에게 데이터 제공 시 분류 기준에 따라 데이터를 제공하여 학습시킬 수 있다.
- 이미지 데이터 제공 방식에는 카메라를 활용한 '촬영 방식'과 저장된 이미지 파일을 올리는 '업로드 방식'이 있다.

촬영 방식	업로드 방식
카메라로 이미지를 촬영하여 인공지능이 학습할 이미지 데이터 확보	학습시킬 이미지 파일을 수집한 후, 이미지 파일을 업로드시켜 인공지능이 학습할 이미지 데이터 확보
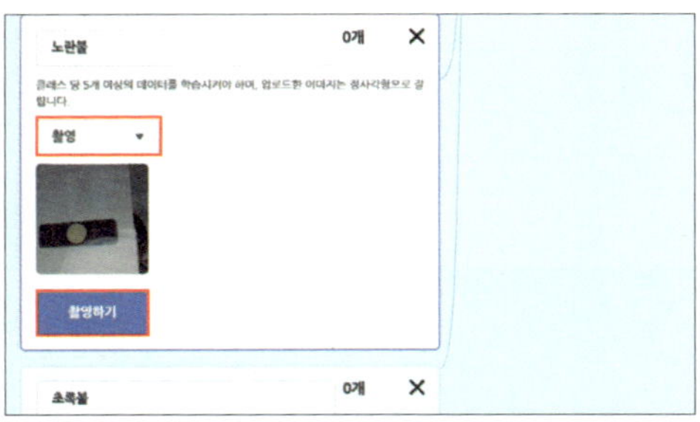	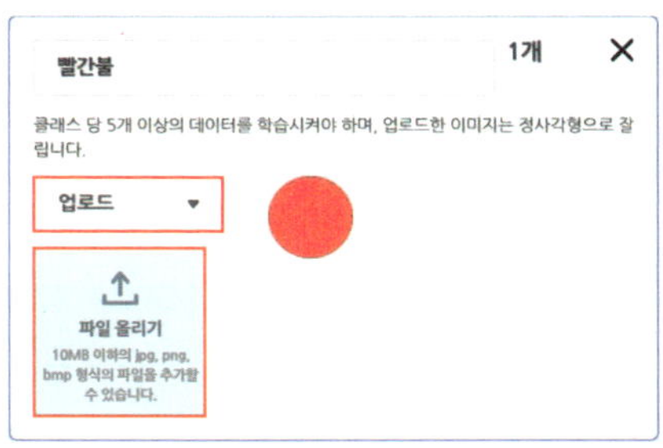
카메라(웹캠) 필요	jpg, png, bmp 형식의 이미지 파일 필요

entry Session 01

내가 가장 좋아하는 과일

5~6학년 영어 교과는 학생들이 "What's your favorite subject?"와 같이 가장 좋아하는 것을 묻고 답할 수 있도록 구성되어 있다. 과일은 학생들에게 친숙하면서도 표현하기 쉬운 대상으로, 학생들은 인터넷에서 과일 사진을 수집하거나 직접 과일 그림을 그려 이미지 분류 인공지능 모델에 사용할 수 있다. 이미지 분류 인공지능 모델을 통하여 엔트리봇이 가장 좋아하는 과일을 영어로 물었을 때 이미지로 대답할 수 있는 프로그램을 만들어 보고자 한다.

학습 목표

자신이 가장 좋아하는 과일을 그림으로 그려 영어로 대답하는 인공지능 모델을 만들 수 있다.

학습준비물

종이, 연필, 채색도구, 카메라 등

데이터 수집 아이디어

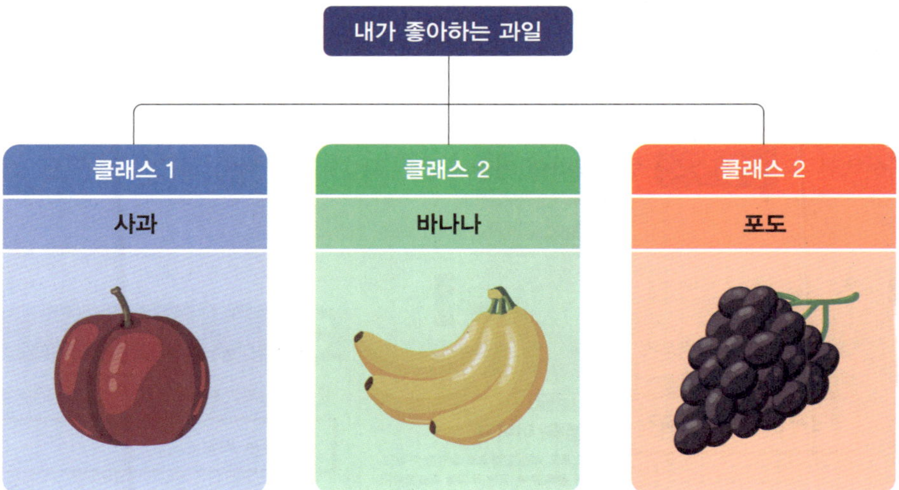

▲ (검색어 참고 예시) #사과, #바나나, #포도, #과일, #과일 색깔, #좋아하는 과일

1-1 인공지능 모델 학습하기

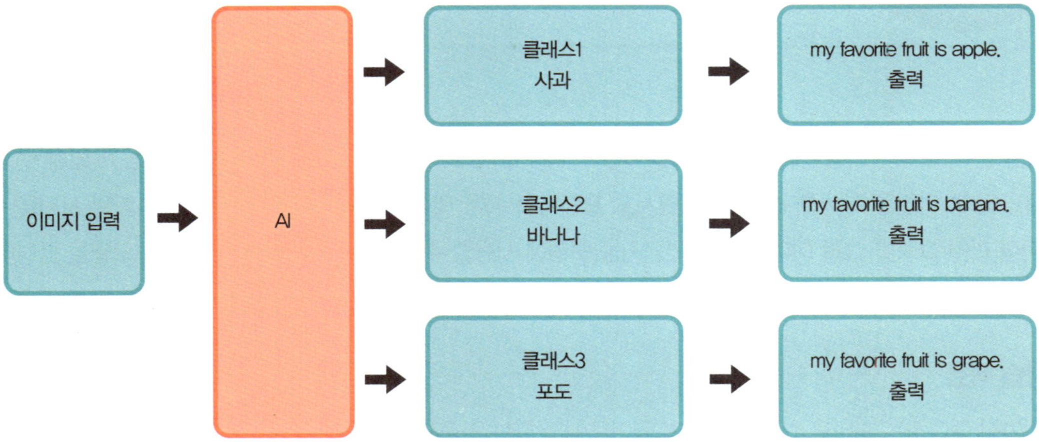

본 주제에서는 엔트리봇의 질문에 자신이 가장 좋아하는 과일을 그림으로 그려 업로드하면 영어로 대답해 주는 인공지능 모델을 제작하고자 한다. 엔트리의 이미지 분류 모델은 업로드한 이미지 데이터로 학습을 하여 새로운 이미지 데이터를 입력했을 때 가장 가까운 분류 결과를 알려준다. 클래스마다 7개 정도의 이미지 파일로 학습을 하면 인식률이 85% 이상 되는 인공지능 모델을 만들 수 있다.

1. 엔트리 프로그램에서 [인공지능 모델 학습하기]를 클릭하여 학습할 모델 선택하기 화면으로 간다. 그리고 '분류:이미지'를 선택한 후 [학습하기]를 클릭하여 이미지 모델 학습하기로 간다.

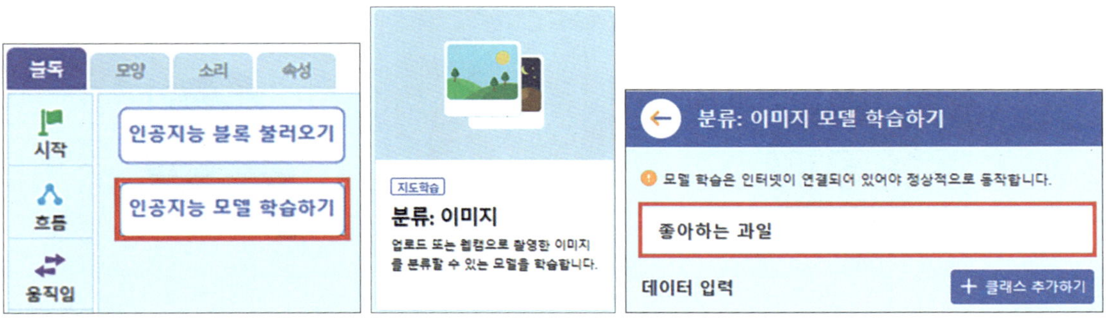

2 인공지능 모델의 이름을 '좋아하는 과일'로 입력한다. 클래스 추가하기 버튼을 클릭하여 아래의 3가지 클래스를 생성하고, 클래스 1은 '사과', 클래스 2는 '바나나', 클래스 3은 '포도'로 이름을 입력한다.

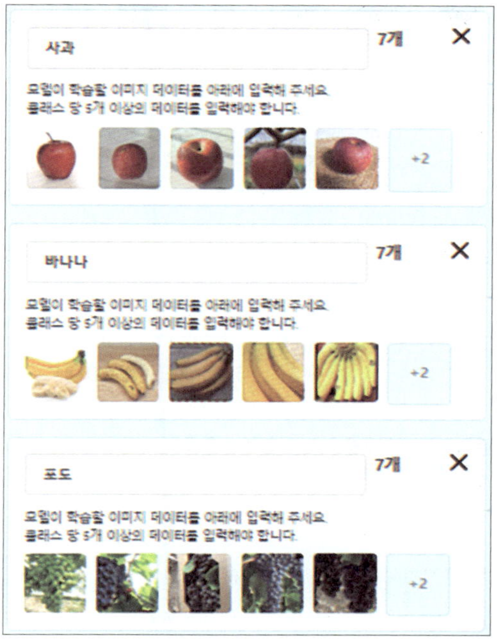

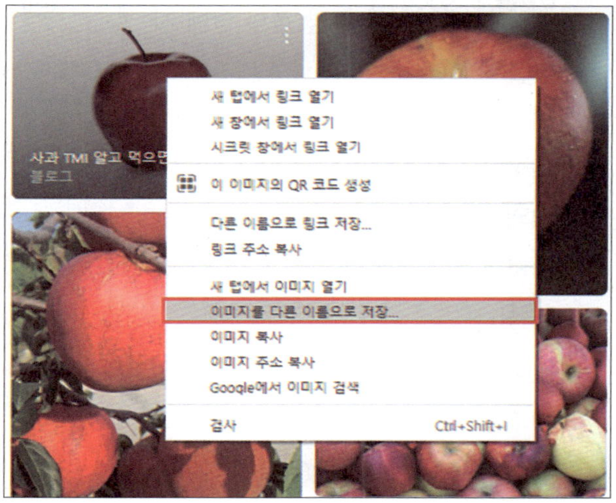

3 이미지 파일을 찾기 위해 인터넷 검색창에 '사과'(예시)를 이미지 검색하여 어떤 사진을 저장할지 선택한다. 저장하고자 하는 사진에 마우스를 대고 오른쪽 버튼을 클릭하면 '이미지를 다른 이름으로 저장'할 수 있다.

이미지를 저장할 때는 jpg 형식의 이미지 파일로 저장해야 하며, 각 클래스의 이름을 미리 폴더로 생성해두면 편리하다.

파일명은 '사과1'과 같이 알아보기 쉬

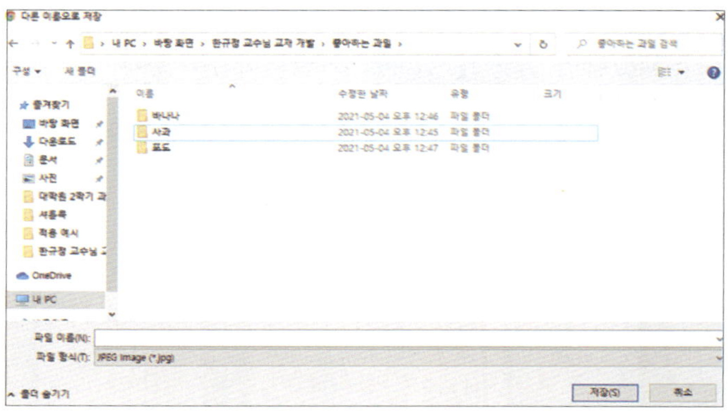

운 것으로 입력하는 것이 좋으며, 이미지를 수집할 때는 사과의 특징을 잘 나타낼 수 있는 사진들로 수집하는 것이 인식률을 높이는 데 효과적이다.

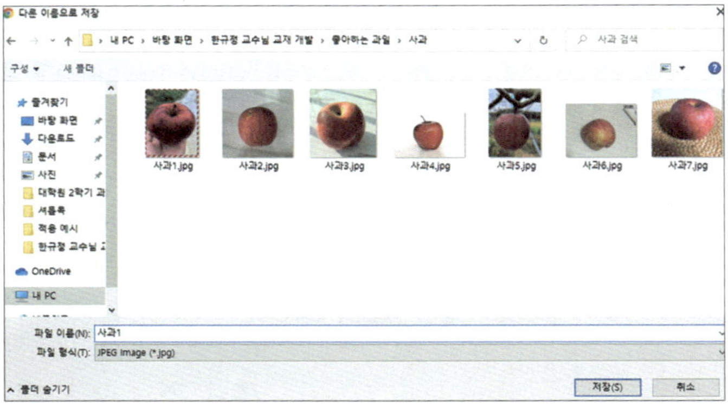

3 위와 같은 방법으로 3개의 클래스에 7개씩 사진을 찾아 해당 폴더 안에 사진을 저장한다.

저장한 사진들을 각 클래스에 이미지 데이터로 입력할 때는 '파일 올리기'를 선택하여 해당 폴더의 사진들을 드래그하면 한꺼번에 파일들을 업로드할 수 있다.

'사과' 클래스에 7개의 사진이 모두 입력되었다면, '바나나' 클래스와 '포도' 클래스에도 같은 방법으로 이미지 파일을 입력한다.

모든 클래스에 이미지 데이터가 입력되었다면 [모델 학습하기] 을 클릭하여 입력한 데이터와 조건으로 모델을 학습한다.

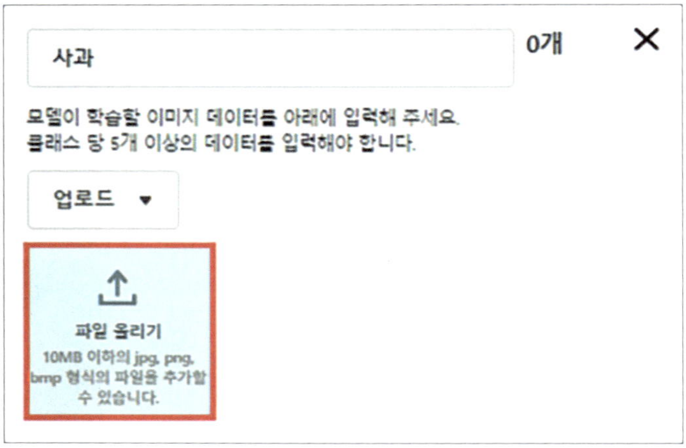

4 '학습을 완료했습니다.'라는 메시지를 확인하고, 결과 창에서 저장한 예시 사진 하나를 업로드하여 인공지능 모델의 학습 결과를 테스트한다. 예시 사진은 수집한 이미지 데이터 중 하나를 선택하거나 그림과 같은 새로운 이미지 데이터를 수집하여 결과를 확인할 수 있다.

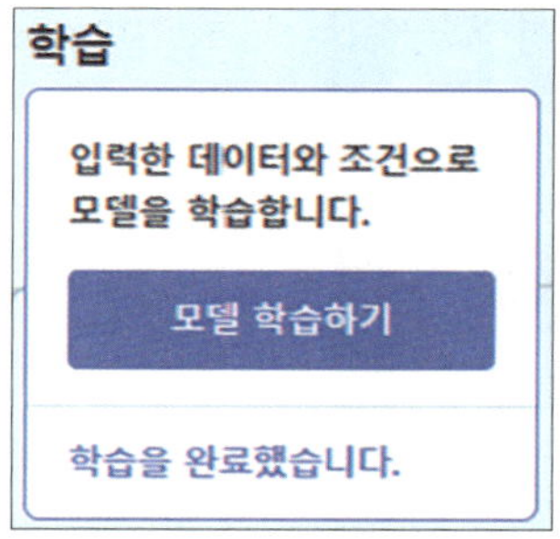

5 결과 화면은 업로드한 이미지 데이터에 따라 다양한 인식 결과와 인식률을 보여줄 수 있다. 이미 학습한 이미지 데이터를 업로드하면 인식률 100%로 정확한 분류 결과가 나온다. 반면, 새로운 이미지 데이터를 업로드하면 인식률이 100%보다는 낮은 수준으로 분류 결과가 나온다.

마지막으로, 엔트리 블록 탭의 에 다음의 블록들이 생성되었는지 확인한다.

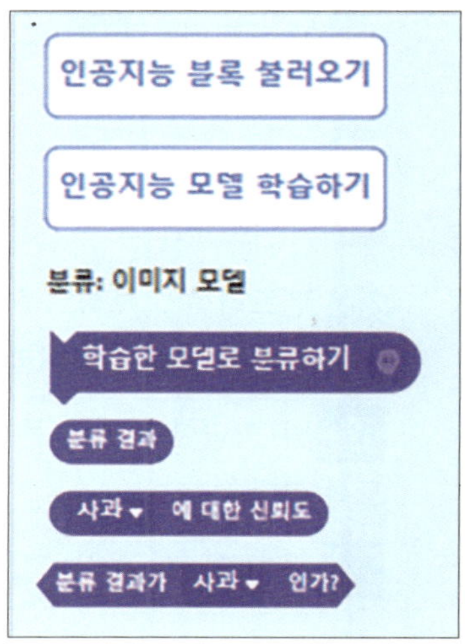

1-2 엔트리 코딩하기

① 오브젝트 추가하기

실행 화면 하단에 있는 [+] 버튼을 눌러 검색창에 '사과', '바나나', '포도'를 검색한 후 하나씩 오브젝트를 추가한다.

다시 오브젝트 추가 화면에서 [엔트리봇]을 클릭하고, '좋아 엔트리봇'을 추가한다.

전체 화면을 오른쪽과 같이 옮기고 크기를 조절한 후 배치한다.

▲ 질문하는 엔트리봇

▲ 대답하는 엔트리봇

▲ 과일 오브젝트

② 신호 만들기

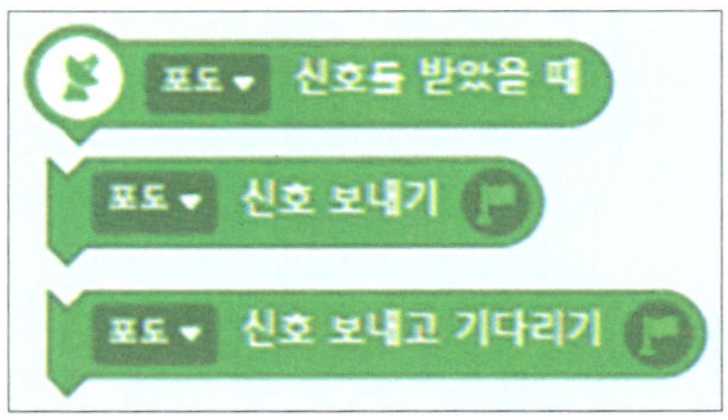

[속성] 의 [신호]에서 '신호 추가하기'를 클릭하여 '사과', '바나나', '포도' 신호를 하나씩 추가한다.

엔트리 블록 탭의 [시작]에 오른쪽과 같은 블록들이 생성되었는지 확인한다.

③ 질문하는 엔트리봇 코드 구성하기

기본 엔트리봇 오브젝트를 클릭하여 [생김새]의 '안녕!을 4초 동안 말하기' 블록을 가져오고, 대사를 바꾸어 좋아하는 과일을 영어로 물어본다.

[인공지능]의 '학습한 모델로 분류하기' 블록을 추가하여 학생의 대답을 이미지 데이터 입력으로 받을 수 있도록 한다.

[흐름]의 '만일~(이)라면' 블록을 가져와 조건에 따라 다른 신호를 보내도록 한다. 우선 분류 결과가 사과

인지 판별하고, 아니면 분류 결과가 바나나인지 판별하며, 모두 아니면 분류 결과가 포도인 것으로 판별한다. 신호는 시작의 '신호 보내기' 블록을 이용하여 사과, 바나나, 포도 중 하나의 신호를 보낸다.

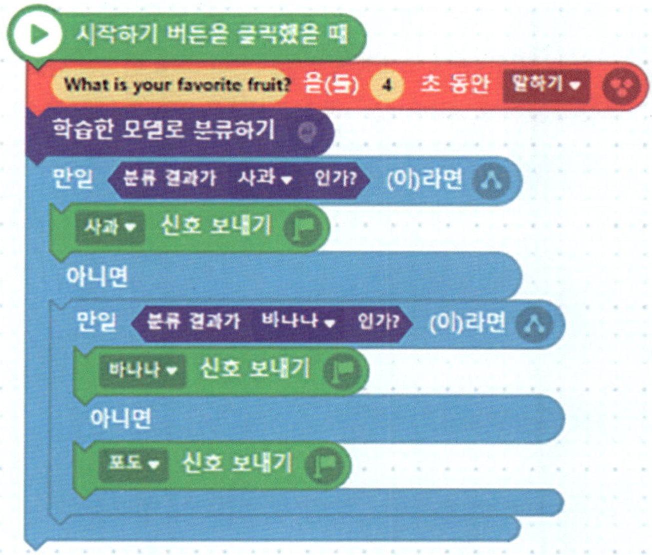

4 대답하는 엔트리봇 코드 구성하기

좋아 엔트리봇 오브젝트를 클릭하여 질문하는 엔트리봇의 신호에 따라 다른 결과를 나타내도록 코드를 구성한다.

시작의 '신호를 받았을 때' 블록과 생김새의 '안녕!을 4초 동안 말하기' 블록을 3번 추가하여 신호가 사과이면 apple을, 바나나이면 banana를, 포도이면 grape를 넣어 영어로 대사를 완성한다.

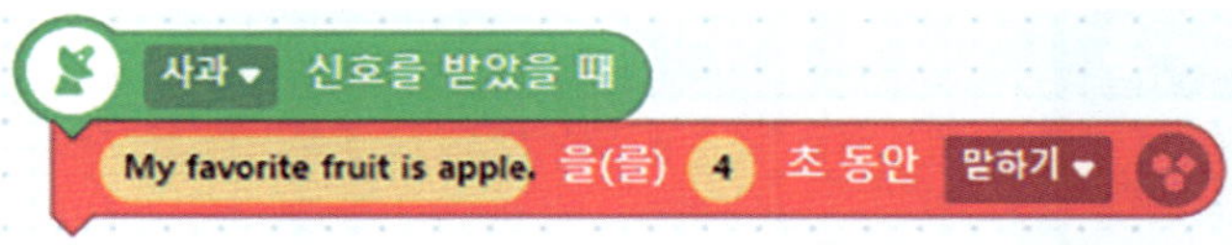

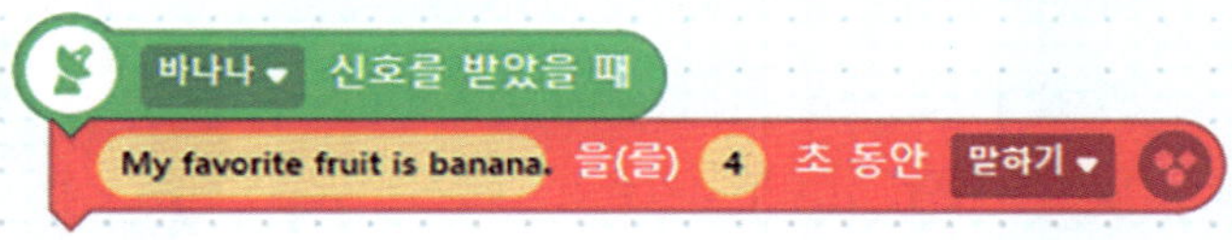

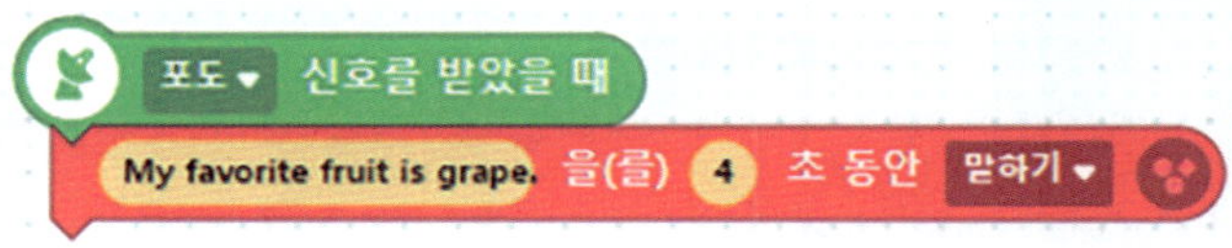

5 과일 오브젝트 코드 구성하기

입력한 이미지 데이터의 분류 결과에 따라 해당하는 과일 오브젝트는 모양을 보이고, 다른 과일 오브젝트는 모양을 숨긴다.

먼저 바나나 오브젝트를 클릭하여 바나나 신호를 받았을 때는 모양을 보이고, 사과 또는 포도 신호를 받았을 때는 모양을 숨기도록 코드를 구성한다.

같은 방법으로 사과 오브젝트를 클릭하여 사과 신호를 받았을 때는 모양을 보이고, 바나나 또는 포도 신호를 받았을 때는 모양을 숨기도록 코드를 구성한다.
마찬가지로 포도 오브젝트를 클릭하여 포도 신호를 받았을 때는 모양을 보이고, 사과 또는 바나나 신호를 받았을 때는 모양을 숨기도록 코드를 구성한다.

1-3 엔트리 실행하기

① 좋아하는 과일 그림 그리기

학생들이 미술 등의 교과를 활용하여 자신이 좋아하는 과일 그림을 그리고 색칠할 수 있도록 한다. 단, 미리 학습한 인공지능 모델에 적용하여 결과를 확인하는 것이 목적이므로 사과, 바나나, 포도 중 하나의 그림을 그릴 수 있도록 지도한다.

② 사과 그림을 입력하기

실행 화면 하단에 있는  버튼을 눌러 인공지능 모델의 학습과 오브젝트 코딩이 바르게 되었는지 확인한다.
실행 버튼을 클릭하면 질문하는 엔트리봇이 "What is your favorite fruit?" 이라고 질문한다.

이에 대답하기 위해 데이터를 입력하는 창이 뜨고, '파일 올리기'를 통해 자신의 그림을 이미지 파일로 업로드할 수 있다.

미리 저장한 사과 그림을 업로드하고 '적용하기'를 클릭하면 대답하는 엔트리봇이 "My favorite fruit is apple."라고 대답한다. 또한, 과일 오브젝트 중 사과 오브젝트만 모양이 보이고 다른 오브젝트는 보이지 않는다.

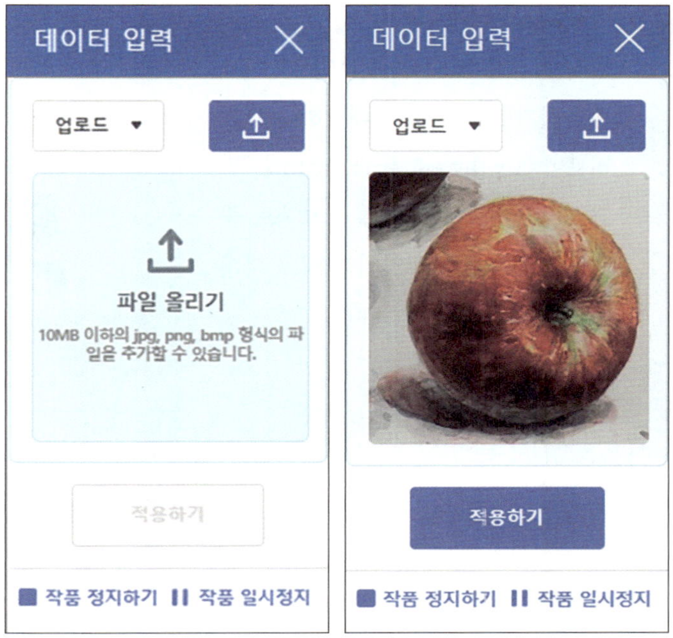

❸ 바나나 그림을 입력하기

미리 저장한 바나나 그림을 업로드하고 '적용하기'를 클릭하면 대답하는 엔트리봇이 "My favorite fruit is banana."라고 대답한다. 또한, 과일 오브젝트 중 바나나 오브젝트만 모양이 보이고 다른 오브젝트는 보이지 않는다.

4 포도 그림을 입력하기

미리 저장한 포도 그림을 업로드하고 '적용하기'를 클릭하면 대답하는 엔트리봇이 "My favorite fruit is grape."라고 대답한다. 또한, 과일 오브젝트 중 포도 오브젝트만 모양이 보이고 다른 오브젝트는 보이지 않는다.

entry Session 02

하고 싶은 운동 제안하기

3~4학년 영어 교과는 학생들이 "Let's play soccer."와 같이 친구에게 같이 하고 싶은 운동을 제안할 수 있도록 구성되어 있다. 스포츠 중 구기 종목은 학생들에게 친숙하면서도 표현하기 쉬운 대상으로, 학생들은 인터넷에서 농구공, 야구공, 셔틀콕 등의 사진을 수집하거나 직접 학교에 있는 공을 카메라로 촬영하여 이미지 분류 인공지능 모델에 사용할 수 있다. 이미지 분류 인공지능 모델을 통하여 자신이 하고 싶은 운동에 필요한 공 모양을 사진으로 촬영하고, 번역 기능을 활용하여 친구에게 영어로 운동을 제안할 수 있는 프로그램을 만들어 보고자 한다.

학습 목표

자신이 하고 싶은 운동에 필요한 공의 사진을 촬영하고, 인공지능 모델 학습에 적용하여 하고 싶은 운동을 영어로 제안할 수 있다.

학습준비물

카메라, 스마트기기 등

데이터 수집 아이디어

▲ (검색어 참고 예시) #축구공, #농구공, #야구공, #셔틀콕, #공 모양, #하고 싶은 운동

1-1 인공지능 모델 학습하기

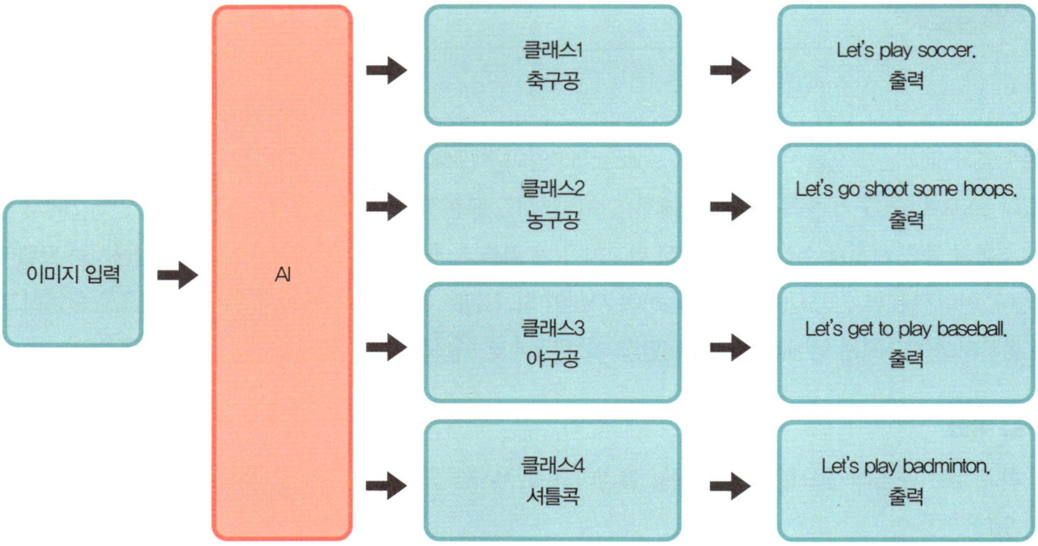

본 주제에서는 어떤 운동을 할지 묻는 친구의 질문에 대해 촬영한 공의 사진을 활용하여 영어로 제안해주는 인공지능 모델을 제작한다.

1. 엔트리 프로그램에서 `인공지능 모델 학습하기` 를 클릭하여 학습할 모델 선택하기 화면으로 간다. 그리고 '분류:이미지'를 선택한 후 `학습하기` 를 클릭하여 이미지 모델 학습하기로 간다.

2 인공지능 모델의 이름을 '공 모양'으로 입력한다. 클래스 추가하기 버튼을 클릭하여 아래 4가지 클래스를 생성하고, 클래스 1은 '축구공', 클래스 2는 '농구공', 클래스 3은 '야구공', 클래스 4는 '셔틀콕'으로 이름을 입력한다.

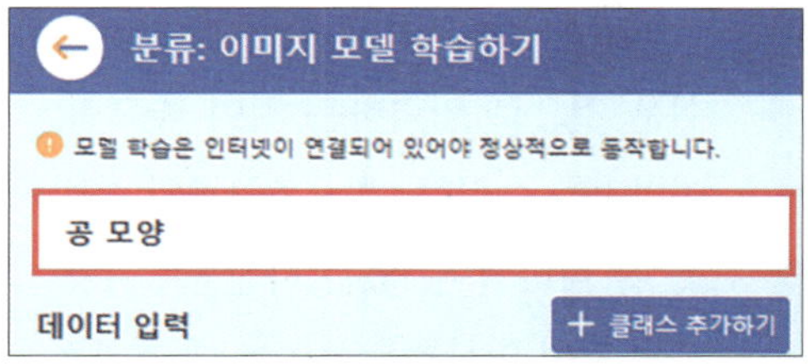

3 이미지 파일을 찾기 위해 인터넷 검색창에 '축구공'(예시)을 이미지 검색하여 어떤 사진을 저장할지 선택한다. 저장하고자 하는 사진에 마우스를 대고 오른쪽 버튼을 클릭하면 '이미지를 다른 이름으로 저장'할 수 있다.

이미지를 저장할 때는 jpg 형식의 이미지 파일로 저장해야 하며, 각 클래스의 이름을 미리 폴더로 생성해두면 편리하다.

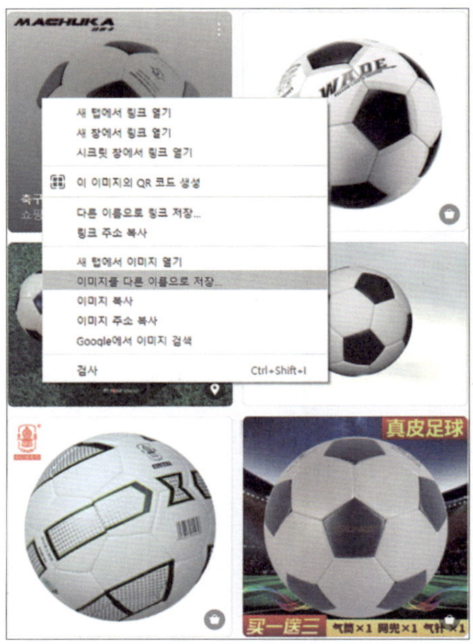

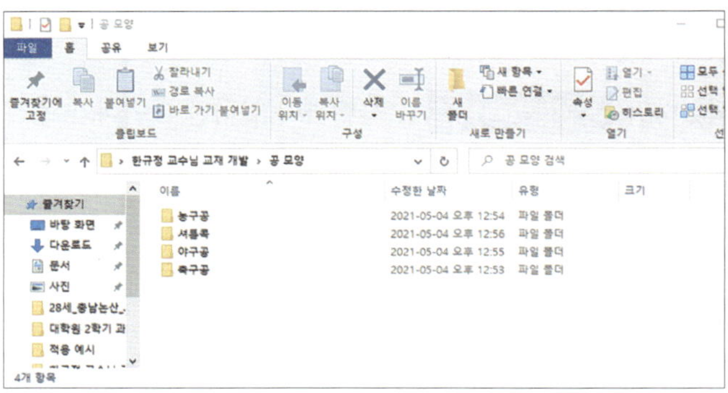

4 파일명은 '축구공1'과 같이 알아보기 쉬운 것으로 입력하는 것이 좋으며, 이미지를 수집할 때는 축구공의 특징을 잘 나타낼 수 있는 사진들로 수집하는 것이 인식률을 높이는 데 효과적이다.

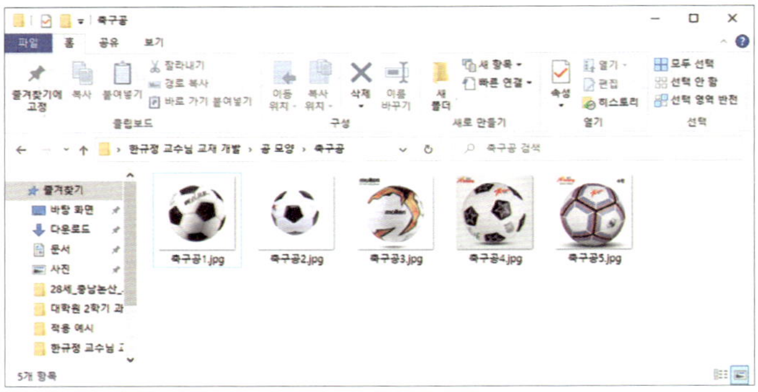

5 위와 같은 방법으로 4개의 클래스에 5개씩 사진을 찾아 해당 폴더 안에 사진을 저장한다.
저장한 사진들을 각 클래스에 이미지 데이터로 입력할 때는 '파일 올리기'를 선택하여 해당 폴더의 사진들을 드래그하면 한꺼번에 파일들을 업로드할 수 있다.
'축구공' 클래스에 5개의 사진이 모두 입력되었다면, '농구공', '야구공', '셔틀콕' 클래스에도 같은 방법으로 이미지 파일을 입력한다.

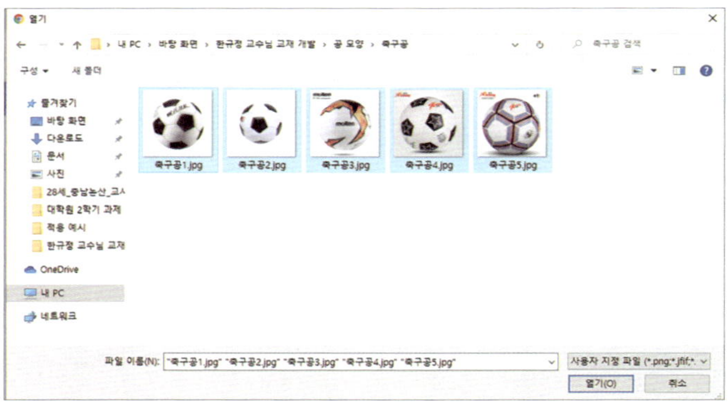

6 모든 클래스에 이미지 데이터가 입력되었다면 모델 학습하기 을 클릭하여 입력한 데이터와 조건으로 모델을 학습한다.

7 '학습을 완료했습니다.'라는 메시지를 확인하고, 결과 창에서 사진을 업로드하여 인공지능 모델의 학습 결과를 테스트한다.
첫 번째 방법은 기존에 수집한 이미지 데이터 중 예시 사진으로 하나를 선택하는 방법이다. 두 번째 방법은 본인이 직접 공을 촬영하여 새로운 사진을 추가하여 확인하는 방법이다.

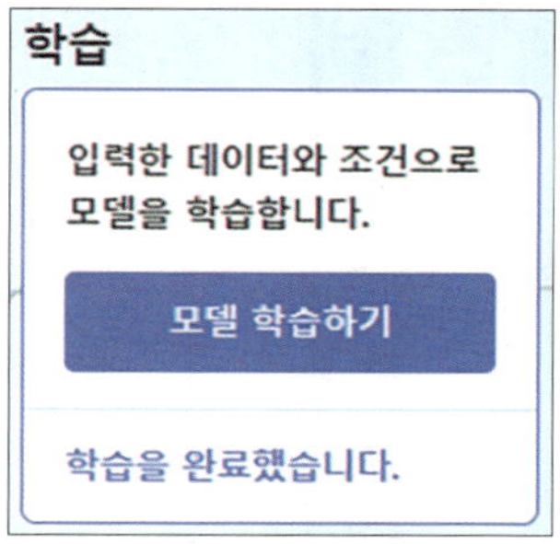

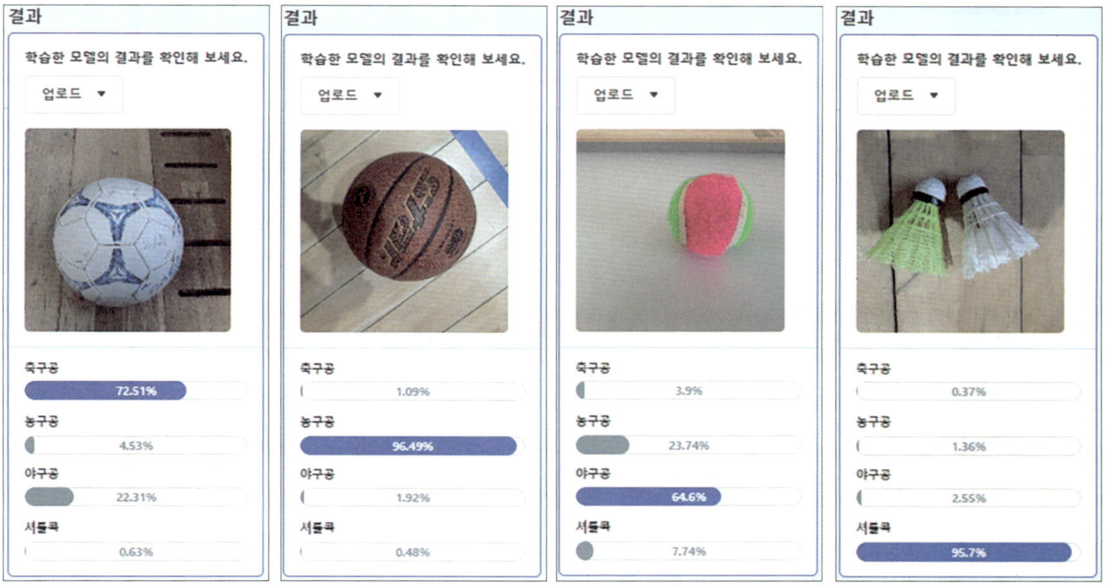

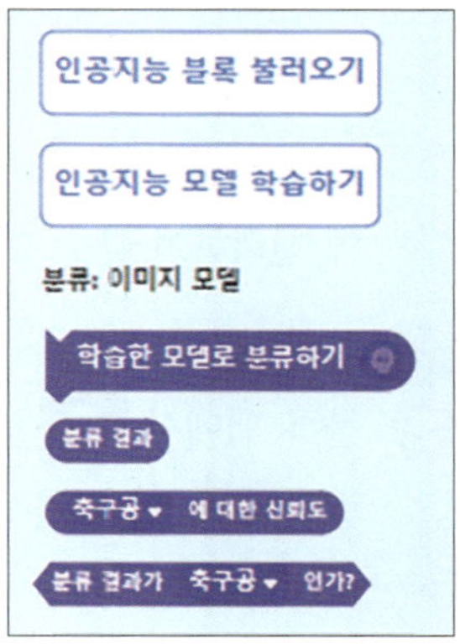

8 업로드한 사진에 따라 다양한 인식 결과와 인식률이 결과 화면에 나타나며, 대부분 60% 이상의 수준의 정확도를 보여준다.

9 마지막으로, 엔트리 블록 탭의  에 위와 같은 블록들이 생성되었는지 확인한다.

1-2 엔트리 코딩하기

❶ 장면과 오브젝트 추가하기

실행 화면 하단에 있는 [+] 버튼을 누르고 오브젝트 선택에서 [사람] 오브젝트 하나를 추가한다. (예– 소년3)

장면1의 화면을 오른쪽과 같이 배치하고, 실행 화면 상단에 [+] 버튼을 눌러 장면2, 장면3, 장면4, 장면5를 추가한다.

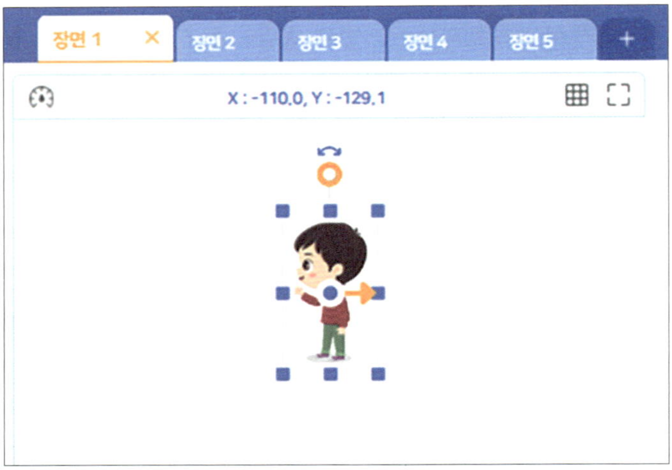

장면2(축구)	장면3(농구)	장면4(야구)	장면5(배드민턴)

운동장, 축구공1	농구코트 옆 벤치, 농구공	야구장, 야구공	실내체육관, 셔틀콕

추가된 장면을 하나씩 클릭하여 배경 오브젝트와 공 모양 오브젝트를 추가한다.

'오브젝트 추가하기'에서 [검색창]에 위 표의 오브젝트 이름을 각각 검색하면 해당 장면에 선택하여 넣을 수 있다.

❷ 블록 탭에서 [인공지능]을 선택하여 [인공지능 블록 불러오기]를 클릭한다. 오른쪽 그림과 같은 번역 블록 모음을 추가하면 코드를 작성할 때 이 블록들을 사용할 수 있다.

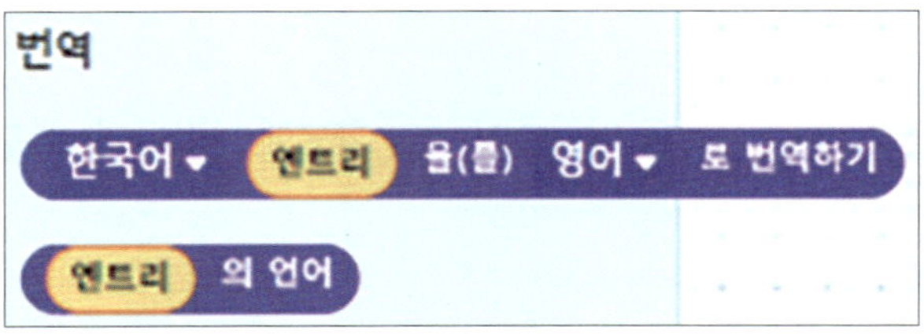

③ 장면1 코드 작성하기

오브젝트(예- 소년3)를 클릭하여 생김새의 '안녕!을 4초 동안 말하기' 블록을 가져오고, 어떤 운동을 할지 물어보는 대사로 바꾼다.

인공지능의 '학습한 모델로 분류하기' 블록을 추가하여 학생의 대답을 이미지 데이터 입력으로 받을 수 있도록 한다.

흐름의 '만일~(이)라면' 블록을 가져와 조건에 따라 다른 장면을 시작하도록 한다. 우선 분류 결과가 축구공인지 판별하고, 아니면 분류 결과가 농구공인지 판별하며, 그것도 아니면 분류 결과가 야구공인지 판별한다. 모두 아니면 분류 결과가 셔틀콕인 것으로 판별한다.

장면은 시작의 '장면 시작하기' 블록을 이용하여 분류 결과에 따라 장면2/장면3/장면4/장면5가 나오도록 코딩한다.

④ 장면2 ~ 장면5 코드 작성하기

장면2부터 장면5는 장면1에서의 분류 결과에 따라 해당하는 장면으로 전환되도록 한다. 따라서 각 장면의 공 모양 오브젝트를 클릭하여 시작의 '장면이 시작되었을 때' 블록을 첫 코드로 작성한다. 그리고 생김새의 '안녕!을 4초 동안 말하기' 블록을 가져와 각 장면에 어울리는 대사로 수정한다. 대사를 수정할 때는 인공지능의 '한국어를 영어로 번역하기' 블록을 활용하여 입력되는 한국어를 인공지능이 영어로 번역하여 말하도록 한다.

장면2	장면이 시작되었을 때 한국어 ▾ 축구 하자. 을(를) 영어 ▾ 로 번역하기 을(를) 4 초 동안 말하기 ▾
장면3	장면이 시작되었을 때 한국어 ▾ 농구 하자. 을(를) 영어 ▾ 로 번역하기 을(를) 4 초 동안 말하기 ▾
장면4	장면이 시작되었을 때 한국어 ▾ 야구 하자. 을(를) 영어 ▾ 로 번역하기 을(를) 4 초 동안 말하기 ▾
장면5	장면이 시작되었을 때 한국어 ▾ 배드민턴 하자. 을(를) 영어 ▾ 로 번역하기 을(를) 4 초 동안 말하기 ▾

1-2 엔트리 코딩하기

1 학교에 있는 공 사진 촬영하기

학생들이 체육 등의 교과 시수를 활용하여 자신이 하고 싶은 운동에 필요한 공 사진을 카메라로 촬영하도록 한다. 단, 미리 학습한 인공지능 모델에 적용하여 결과를 확인하는 것이 목적이므로 축구공, 농구공, 야구공, 셔틀콕 중 하나의 사진을 찍도록 지도한다.

❷ 축구공 사진을 입력하기

실행 화면 하단에 있는  버튼을 눌러 인공지능 모델의 학습과 오브젝트 코딩이 바르게 되었는지 확인한다.

실행 버튼을 클릭하면 오브젝트가 "우리 어떤 운동 할까?"라고 질문한다.

이에 대답하기 위해 데이터를 입력하는 창이 뜨고, '파일 올리기'를 통해 자신의 사진을 이미지 파일로 업로드할 수 있다.

미리 저장한 축구공 사진을 업로드하고 '적용하기'를 클릭하면 장면2로 전환되며 축구공 오브젝트가 "축구 하자."를 번역하여 "Let's play soccer." 라고 대답한다.

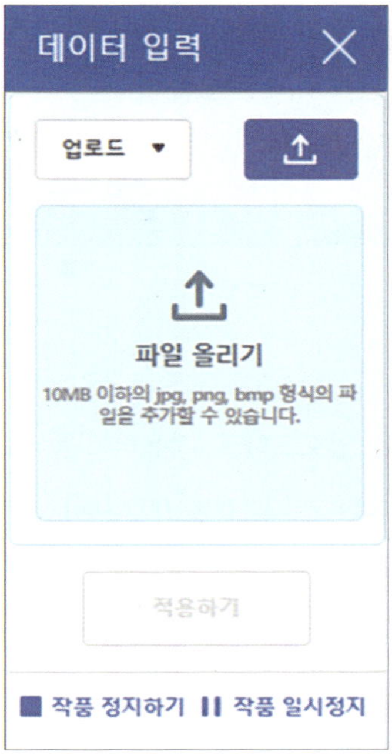

③ 농구공 사진을 입력하기

미리 저장한 농구공 사진을 업로드하고 '적용하기'를 클릭하면 장면3로 전환되며 농구공 오브젝트가 "농구 하자."를 번역하여 "Let's go shoot some hoops."이라고 대답한다.

영어 교과서에서는 "Let's play basketball."이라는 표현으로 가르치고 있지만, 학생들은 이러한 번역 기능을 사용해보며 동일한 한국어 문장을 여러 가지 영어 표현으로 말할 수 있다는 점을 배울 수 있다.

④ 야구공 사진을 입력하기

미리 저장한 야구공 사진을 업로드하고 '적용하기'를 클릭하면 장면4로 전환되며 야구공 오브젝트가 "야구 하자."를 번역하여 "Let's get to play baseball."이라고 대답한다.

영어 교과서에서는 "Let's play baseball."이라는 표현으로 가르치고 있지만, 학생들은 이러한 번역 기능을 사용해보며 인공지능을 활용한 언어 번역 프로그램이 가장 좋은 영어 표현을 알려주지 않을 때도 있다는 점을 배울 수 있다.

5 셔틀콕 사진을 입력하기

미리 저장한 셔틀콕 사진을 업로드하고 '적용하기'를 클릭하면 장면5로 전환되며 셔틀콕 오브젝트가 "배드민턴 하자."를 번역하여 "Let's play badminton."이라고 대답한다.

CHAPTER

5

이미지 분류 인공지능 모델 응용(2)

CHAPTER 5

이미지 분류 인공지능 모델 응용(2)

Session 01 서예가 한석봉 따라잡기

Session 02 이 암석의 정체는 무엇일까?

학습 목표

이미지 분류 인공지능 학습모델을 활용한 프로그램을 만들어 교과 학습(미술, 과학)에 활용할 수 있다.

현 교육과정에 도입할 수 있는 인공지능의 영역은 다양한데, 그 중에서도 이미지 분류 인공지능 모델은 그 활용의 여지가 많다. 예를 들면, 시각적인 특징을 관찰하고 분류, 분석 등을 통하여 지식을 내재화해야하는 미술 교과에서 색상이나 명암과 채도에 대한 인식, 그림에 활용된 표현법의 구분 활동 등을 할 수 있다. 미술 사조의 변화도 그림체의 변화를 추적하면 얼마든지 유의미한 학습 효과를 이끌어 낼 수 있다. 나아가 관찰을 통한 체계적인 지식 구축을 중시하는 과학 교과에서는 동, 식물의 생김새에서 비롯된 정보의 분류나 토양, 암석의 종류를 구분하는 지질학적 활동 등 여러 가지 영역에서 이미지 분류 인공지능을 활용할 수 있다.

이번 챕터에서는 붓글씨와 암석을 구분하는 인공지능을 제작함으로써 이미지 분류 인공지능의 활용법을 알아보자.

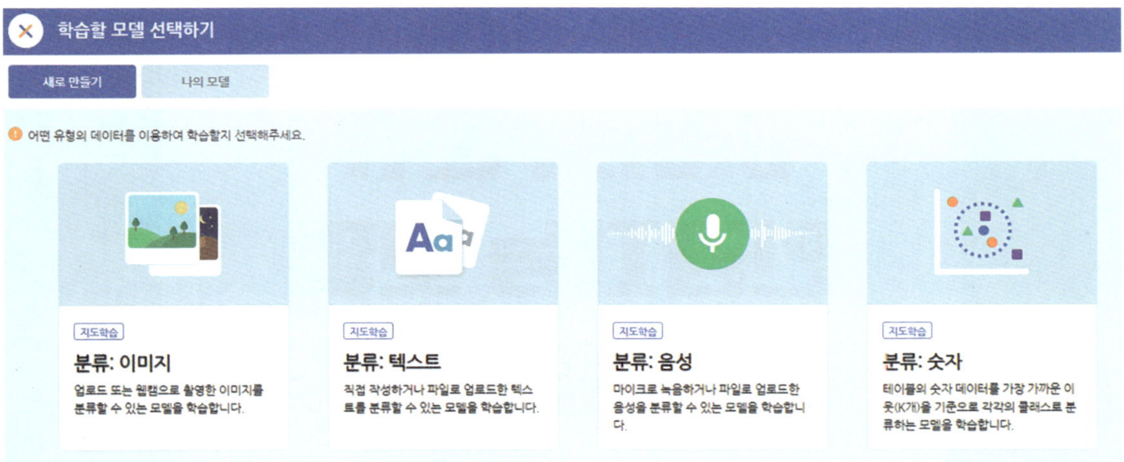

Session 01

서예가 한석봉 따라잡기

근래에는 사용자의 필체를 인식하여 디지털 문자로 전환해주는 기능이 탑재된 태블릿이 출시되고 있다. 숫자나 한글, 영문, 중국어, 일본어 등을 가리지 않고 컴퓨터가 인식할 수 있는 데이터로 전환하는 인공지능이 동작한다고 볼 수 있다. 우리가 직접 이러한 인공지능 모델을 만들어 보자.

학습 목표

인공지능 이미지 분류 모델을 이용하여 궁서체와 판본체를 판별하는 프로그램을 만들 수 있다.

* 참고 : 2015개정 교육과정 기준, 궁(서)체는 6학년 교육과정, 판본체는 4학년 교육과정에서 다룸.

암석 이름	궁(서)체	판본체
개요	궁서체 혹은 궁체로 불리며, 조선시대에 궁녀들이 쓰던 한글 서체. 조선 중기 이후 한글의 생활화가 활발해지면서 궁중에서도 글을 쓰고 베끼는 직책이 필요하게 되었고, 서체 연구의 필요성을 느끼게 되면서 조형미, 실용성, 독창성을 고려하여 만들어짐.	목판인쇄와 활판인쇄에서 많이 사용한데서 이름이 붙여진 서체. 비석이나 활자를 조각할 때 유리하게 사용하였으나, 붓글씨로 쓰기가 불편하여 문제점이 많았고, 점차 궁서체 등의 다른 서체에 밀려나게 됨.
특징	한글을 보다 빠르고 유연하게 쓰기 위해 사용됨.	쓸 때 글씨가 반듯하고 획이 굵음.
사진	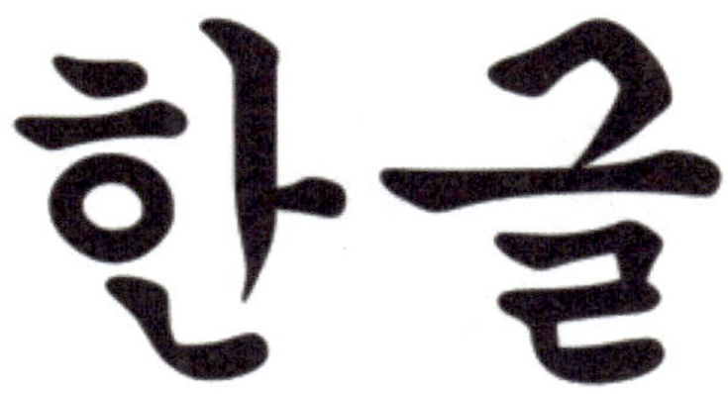	

학습준비물

웹캠이 설치된 PC(노트북)

데이터 수집 아이디어

내가 좋아하는 과일

클래스 1	클래스 2
궁서체	판본체
궁서체 글씨 사진1 궁서체 글씨 사진2 궁서체 글씨 사진3 :	판본체 글씨 사진1 판본체 글씨 사진2 판본체 글씨 사진3 :

▲ 붓글씨, #이미지 인식, #지도학습, #분류 학습

1-1 인공지능 모델 학습하기

1 이미지 모델 학습을 위한 데이터 입력하기

프로그램을 통해 붓글씨 판별에 사용할 모델을 학습시킨다. 궁서체와 판본체 각각의 이미지 데이터를 확보하기 위해 예시 이미지를 촬영하거나 가지고 있는 이미지를 업로드한다.

이미지 모델 학습을 위한 데이터 입력 학습된 데이터가 많을수록 프로그램의 정확도가 높아지니 최대한 많은 데이터를 입력한다.

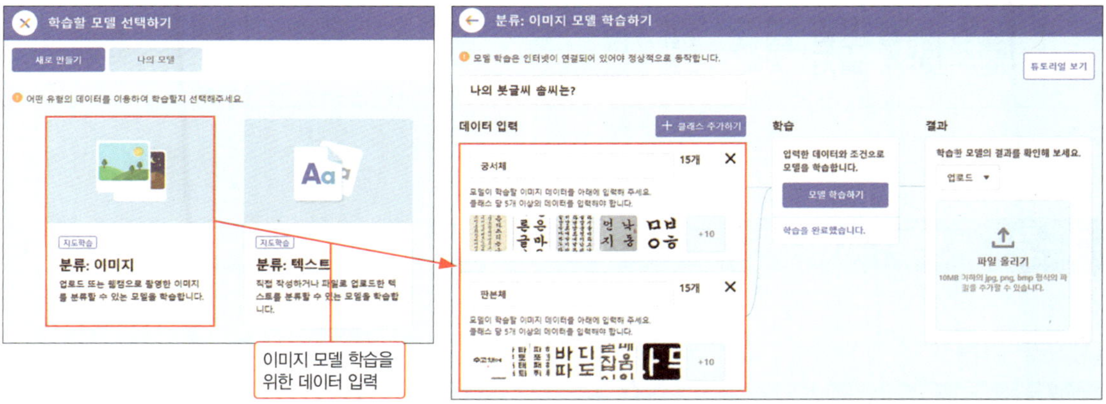

2 이미지 모델 학습하기

입력한 이미지 데이터를 인공지능에 학습시키기 위해 [모델 학습하기]를 실행한다. 데이터의 양이 많을수록 시간이 오래 걸린다.

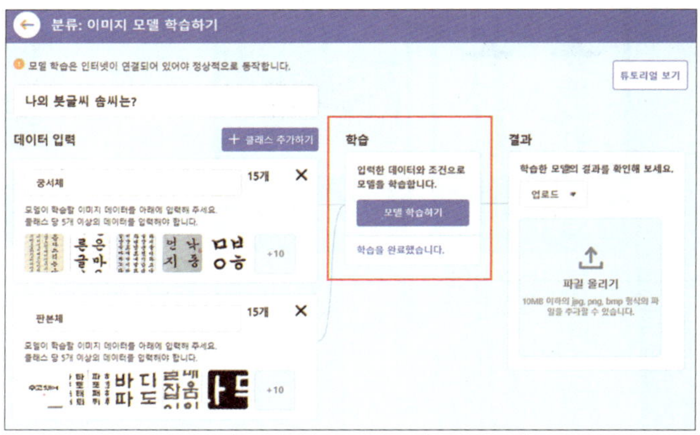

② 이미지 모델 학습 결과 확인하기

이미지 데이터를 학습한 모델이 제대로 된 결과를 출력하는지 결과에 이미지를 촬영하거나 파일을 업로드하고 확인한다. 결과에 따라 정확도를 높이기 위해 추가로 이미지 데이터를 입력하여 학습시킨다.

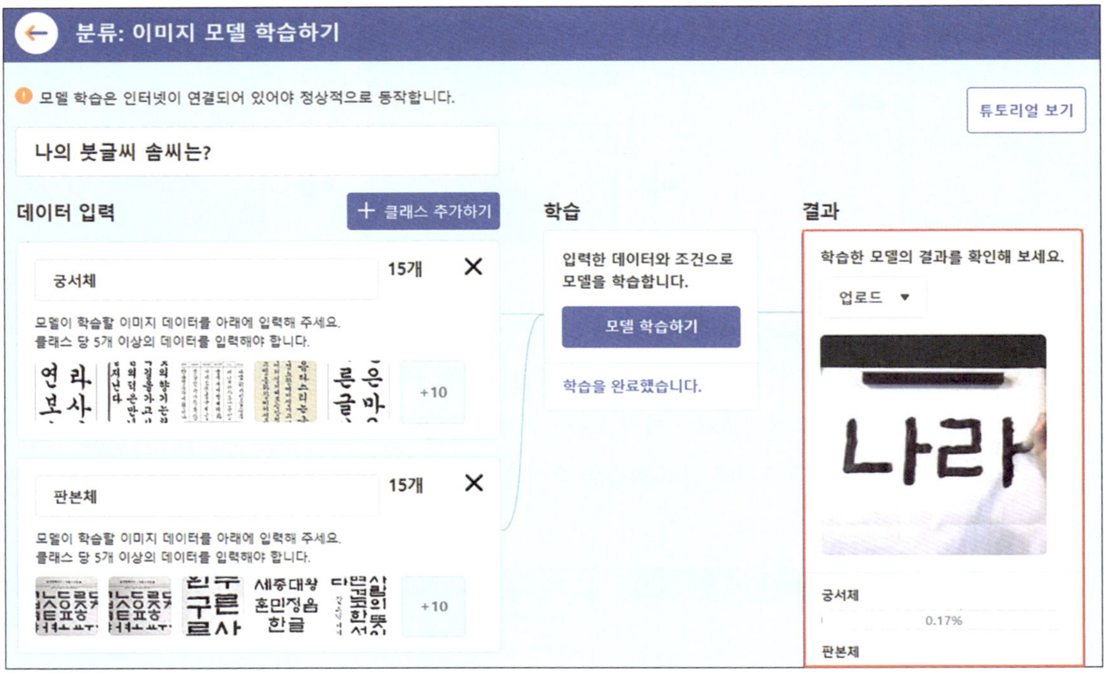

1-2 엔트리 코딩하기

(1) 코딩 준비하기

필요한 오브젝트	주요 명령어
 선비 모습  근정전 배경	분류 결과가 판본체 ▾ 인가? 분류 결과가 궁서체 ▾ 인가? 학습한 모델로 인식하기

(2) 비디오 인식 프로그래밍하기

① 촬영된 이미지를 판별하기

프로그램이 시작된 후 붓글씨 작품 인식을 위해 [시작] 카테고리의 [시작하기 버튼을 클릭했을 때]블록과 [생김새] 카테고리의 [을(를) 말하기]블록을 연결하고 '붓글씨 솜씨를 보여주시게' 문구를 입력한다.

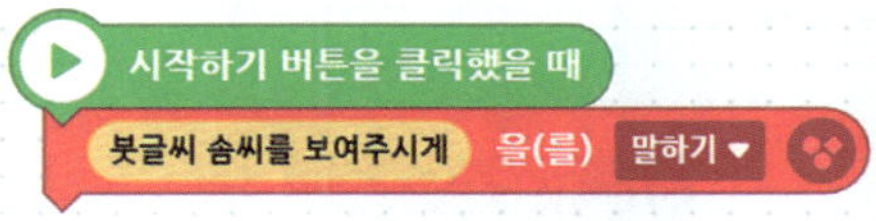

② 인식된 이미지가 '궁서체'인지 '판본체'인지에 따라 선비의 반응 나타내기

촬영된 이미지를 판별하기 위해 [인공지능] 카테고리에서 [학습한 모델로 인식하기]블록을 연결하고, 촬영된 이미지가 궁서체인지 판본체인지에 따라 문구가 다르게 출력되게 하며 선비의 이미지를 부채 든 선비의 이미지로 바꾼다.

> ✖ 주의
> '오브젝트를 클릭했을 때' 코드는 반드시 오브젝트를 클릭한 상태에서 입력하도록 한다.

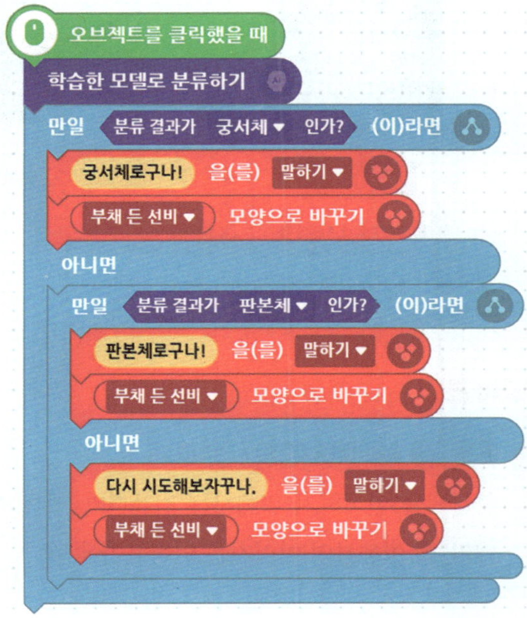

③ 이미지가 입력되지 않거나 판별이 완료되면 다시 실행 안내하기

이미지가 입력되지 않거나 붓글씨 판별이 완료되면 '선비' 오브젝트를 클릭하여 프로그램을 처음부터 다시 실행할 수 있도록, [인공지능] 카테고리에서 [학습한 모델로 인식하기]블록을 연결한다.

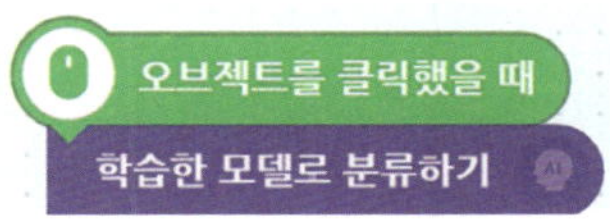

④ [시작하기] 버튼을 클릭하여 붓글씨 작품을 촬영해보며 인공지능(AI)이 궁서체와 판본체를 바르게 판별하는지 확인해본다.

1-3 기능 요약 (완성된 프로그램 살펴보기)

완성된 붓글씨 판별 프로그램을 실행해보자.

▲ 완성 프로그램 : http://naver.me/501c3PND

붓글씨 판별 프로그램의 실행과정

1 프로그램 실행하여 이미지 인식하기

붓글씨를 인식하기 위해서는 컴퓨터가 웹캠(카메라)을 이용하여 이미지를 인식하여야 한다.

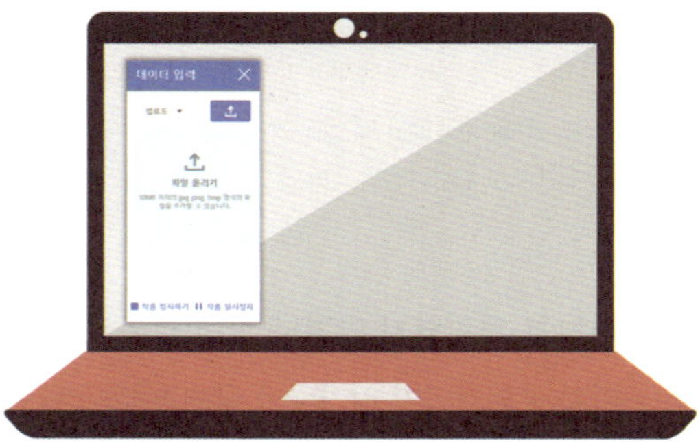

2 촬영한 이미지가 어떤 글씨체 인지 알아보기

인공지능은 촬영된 이미지가 궁서체인지 판본체인지를 기존의 학습된 모델을 이용하여 구별한다.

3 판별된 결과를 화면에 출력하기

만약 촬영한 이미지가 궁서체로 판별되면 선비가 "궁서체로군" 이라고 말하고 판본체로 판별되면 "판본체로군"이라고 말하며, 선비가 부채를 손에 들고 웃음을 짓는 모습으로 바뀐다.

4 이미지가 입력되지 않을 경우 대응하기

만약 이미지가 입력되지 않으면 선비가 "다시 시도해보자꾸나" 라고 말하고, 선비가 부채를 손에 들고 웃음을 짓는 모습으로 바뀐다.

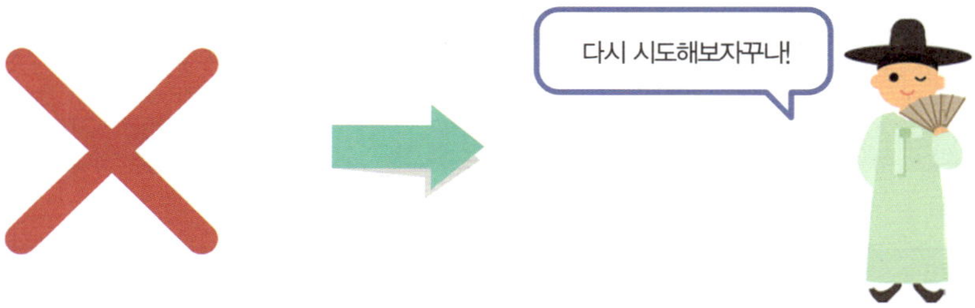

5 붓글씨를 궁서체와 판본체로 판별해주는 프로그램 완성하기

만약 이미지가 입력되지 않으면 선비가 "다시 시도해보자꾸나" 라고 말하고, 선비가 부채를 손에 들고 웃음을 짓는 모습으로 바뀐다.

1-4 실습 과제

기본

1. [보기]를 참고하여 붓글씨 판별 프로그램 알고리즘 완성하기

보기	부채 든 선비 / 학습한 모델 / 궁서체 / 판본체 / 프로그램

프로그램 시작

"붓글씨 솜씨를 보여주시게" 라고 말하기

오브젝트를 클릭했을 때

(   )로 인식하기

만약 인식한 결과가 (   ) 클래스 라면

"궁서체로구나!" 라고 말하기

선비를 (   ) 모습으로 바꾸기

만약 인식한 결과가 (   ) 클래스 라면

"판본체로구나!" 라고 말하기

선비를 (   ) 모습으로 바꾸기

이미지가 인식되지 않으면 " 다시 시도해보자꾸나" 라고 말하며
선비를 (   )모습으로 바꾸기

2. 완성된 붓글씨 판별 프로그램 작동 테스트 및 수정하기

1 인공지능 학습에 활용된 것 이외의 궁서체 사진을 프로그램에 입력하여 프로그램이 정상적으로 작동하는 지 확인해 봅시다.

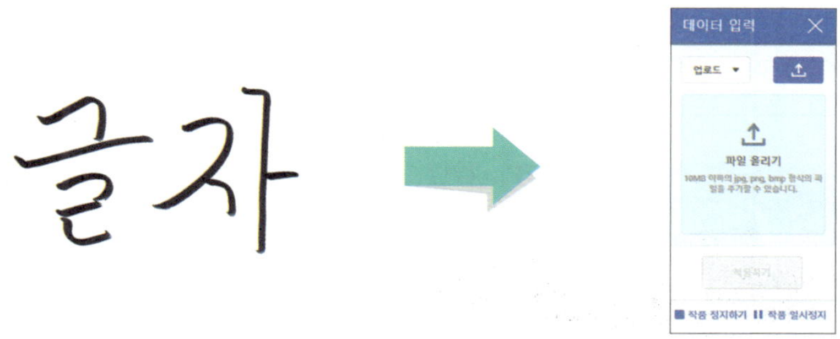

1 인공지능 학습에 활용된 것 이외의 판본체 사진을 프로그램에 입력하여 프로그램이 정상적으로 작동하는 지 확인해 봅시다.

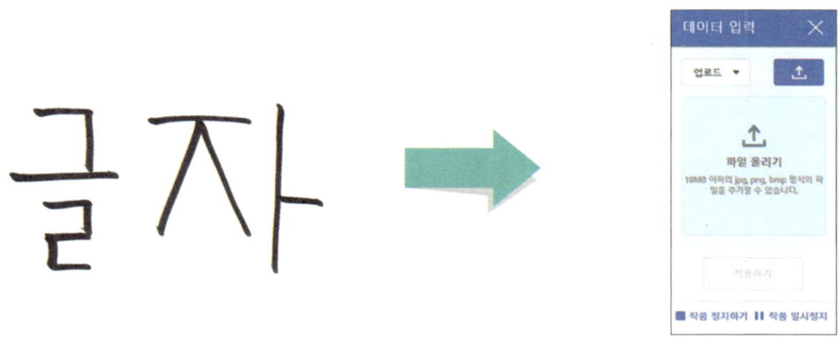

1 프로그램이 정상적으로 작동하지 않는다면 알고리즘의 단계별로 다시 차분히 확인해 봅시다.

심화

1. 붓글씨 판별 인공지능 프로그램을 응용하여 필요에 맞게 수정하기

① 궁서체, 판본체 판별시 문구 대신 소리로 알리기

궁서체, 판본체를 판별할 때 문구로만 안내되면 화면을 보아야지만 확인할 수 있다. 이번에는 아래의 기능을 참고하여 소리로 확인하도록 해보자.

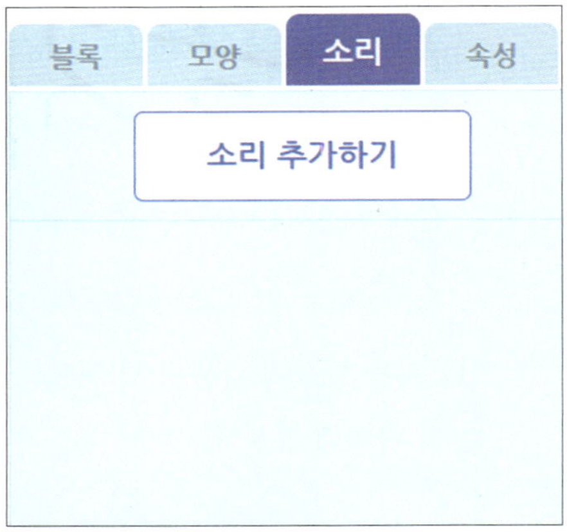

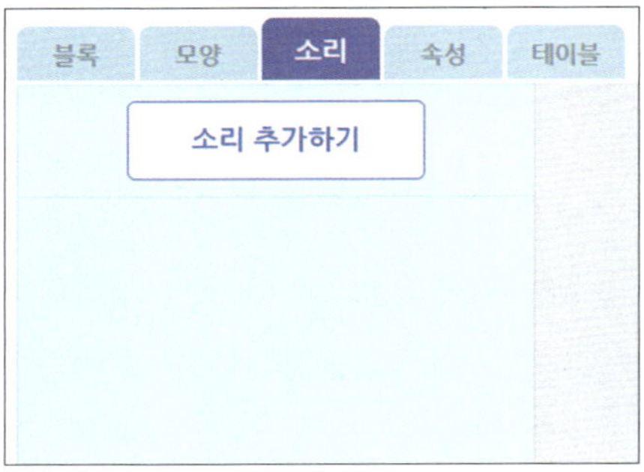

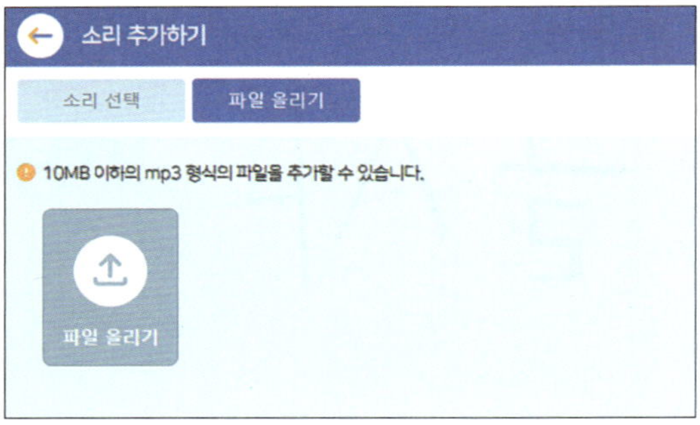

• 알고리즘 수정 계획하기 •

② 궁서체, 판본체 외의 글씨체를 구분하는 프로그램 만들기

궁서체, 판본체 외에 다른 글씨체를 구분하는 프로그램도 만들 수 있을까?

• 알고리즘 수정 계획하기 •

2. 붓글씨 판별 인공지능 프로그램을 응용하여 새로운 프로그램 만들기

이미지 학습 모델을 이용하여 한글과 영어를 구분하는 프로그램을 만들어 보자.

• 알고리즘 직접 짜보기 •

정리

아래의 명령어를 살펴보고 어떤 프로그램인지 설명하기

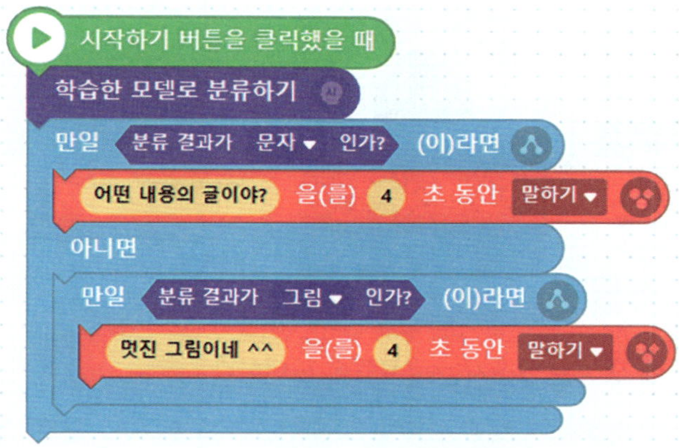

안내

1. 엔트리 비디오 인식 기능 활용 방법

① 엔트리에서 인공지능 블록 추가하기

인공지능 블록을 생성하기 위해 [블록]에서 [인공지능] 카테고리를 선택한 후 [AI블록 불러오기]를 클릭합니다.

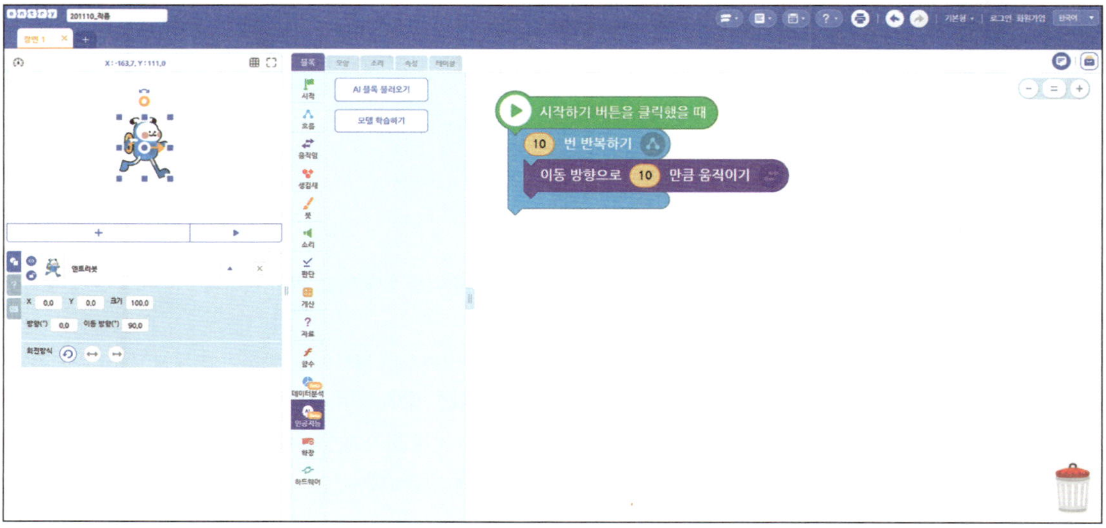

2 AI블록 가운데 [비디오 감지] 를 선택한 후 추가하기를 클릭한다.

3 [인공지능] 카테고리에 생성된 인공지능 블록들을 확인한다.

2. 이미지 모델 학습 블록 살펴보기

학습한 모델로 분류하기	작품을 실행하였을 때 이미지 데이터를 입력하는 창이 나타나 이미지를 직접 촬영하거나 업로드 할 수 있다.
분류 결과	학습한 모델이 분류한 결과 값을 알려주는 블록이다. 말하기 블록에 넣어 분류 결과를 화면에 보여주거나 판단 블록이나 계산 값에 넣어 사용이 가능하다.
궁서체 ▾ 에 대한 신뢰도	클래스의 신뢰도를 %로 보여준다. 신뢰도가 높을수록 새롭게 입력된 데이터가 특정 클래스로 정확하게 분류된다는 것을 알 수 있다.
분류 결과가 궁서체 ▾ 인가?	이미지 인식 결과 값을 참/거짓으로 확인할 수 있다.

3. 엔트리 비디오 인식이 되지 않아요!

1. 엔트리에서 비디오 인식을 통해 사람의 얼굴을 인식하기 위해서는 카메라가 연결된 컴퓨터에서 카메라 기능 사용에 대한 설정 허용이 필요하다
   인터넷 브라우저의 설정을 변경해 카메라 사용을 허용해야 한다. Chrome 브라우저의 경우, 작품 만들기 페이지에서 주소 표시줄 오른쪽의 카메라 아이콘을 클릭하거나 '설정 〉 개인정보 및 보안 〉 사이트 설정 〉 카메라' 에서 엔트리 사이트의 카메라 사용을 허용해야 사용이 가능하다.

2. 얼굴인식이 제대로 되는지 확인하기 위해 다음과 같은 활동을 먼저 진행한다.
   엔트리에서 비디오가 연결되어 있는지 확인하는 프로그램이다. 이 프로그램을 실행을 통해 카메라가 제대로 인식되는지를 확인해야 한다.

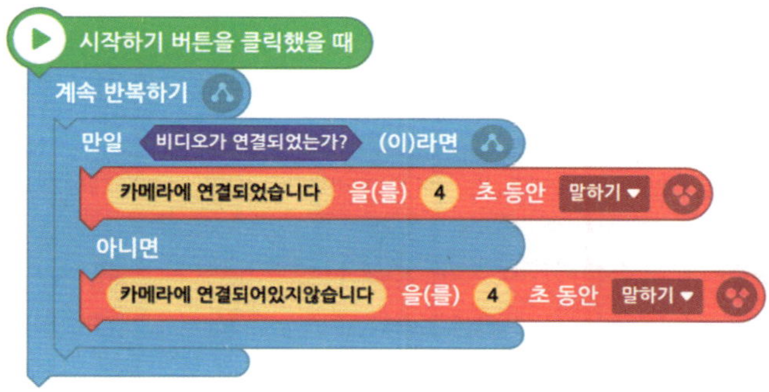

entry Session 02

이 암석의 정체는 무엇일까?

암석은 생성된 환경에 따라 그 모습이 결정되는데, 경험이 부족한 학생의 입장에서 암석을 구별하는 것은 쉽지 않다. 사전적 정의의 화강암은 '흰색 또는 엷은 회색을 띤다. 닦으면 광택이 나는데, 단단하고 아름답다.'이고, 현무암은 '검은색이나 검은 회색을 띠고 기둥 모양인 것이 많으며, 입자가 미세하고 치밀하여 바탕이 단단하다.'이다. 인공지능이 암석의 겉보기 특징을 파악하여 여러분이 화강암과 현무암을 구별하는데 도움을 줄 수 있지 않을까? 우리가 직접 이러한 인공지능 모델을 만들어 보자.

학습 목표

인공지능 이미지 분류 모델을 이용하여 화강암과 현무암을 구별하는 프로그램을 만들 수 있다.

* 참고 : 2015개정 교육과정 기준, 화강암과 현무암은 4학년 교육과정에서 다룸.

암석 이름	화강암	현무암
발견되는 장소	화산 활동이 있었던 지역에서 쉽게 찾아볼 수 있으며, 우리 나라의 현무암 지역으로는 제주도 주상절리, 포천시 한탄강 유역, 울릉도, 독도 등이 있음.	과거에 지진과 같은 지각변동이 있었던 지역에서 쉽게 찾아 볼 수 있으며, 대표적인 화강암 지역은 금강산과 설악산이 있음.
색깔	회색에 가까운 밝은 색	검은색에 가까운 어두운 색
촉감	거칠거칠함	거칠거칠하
알갱이의 크기	눈으로 구별할 수 있는 크기	매우 작음
그 외 특징	밝은 바탕에 짙은 회색의 알갱이와 반짝이는 알갱이가 섞여 있음	표면에 크고 작은 구멍이 있음 (화산 가스가 빠져나간 흔적)
사진		

학습 목표

웹캠이 설치된 PC(노트북)

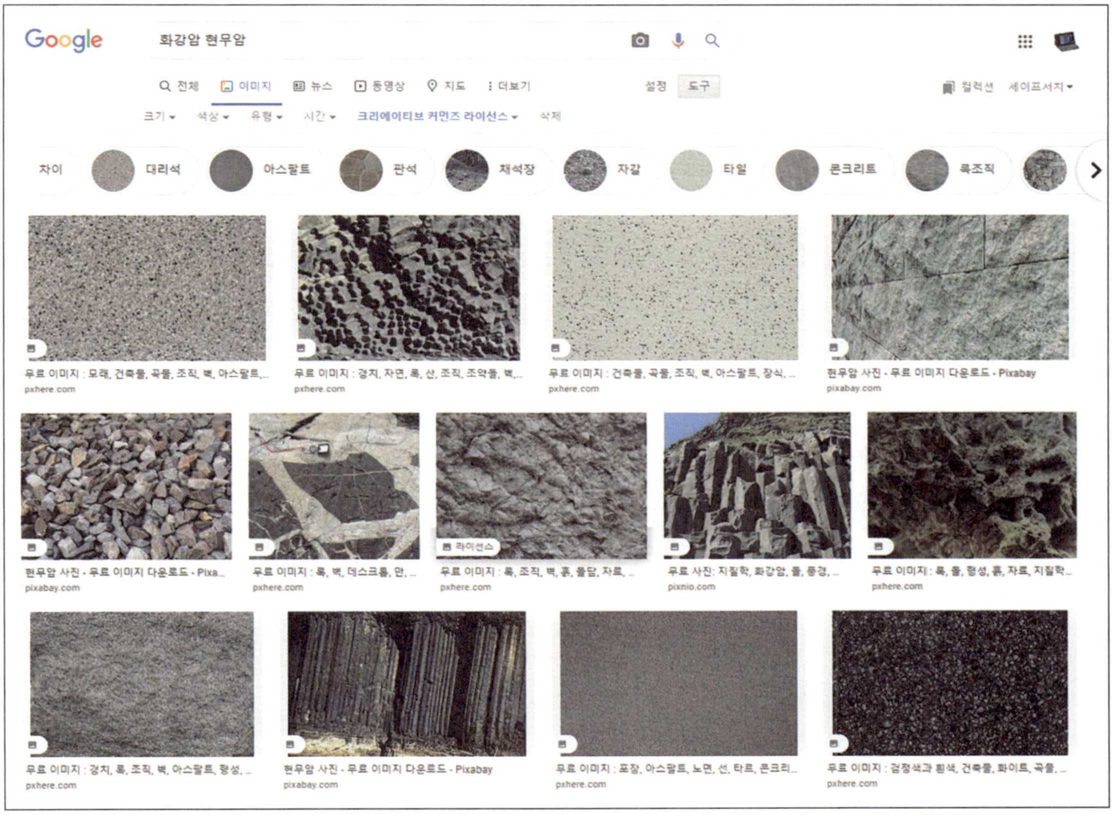

데이터 수집 아이디어

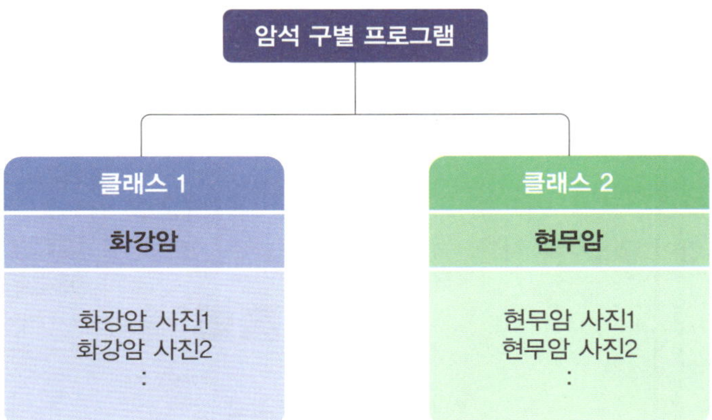

▲ (#화강암, #현무암, #암석, #이미지 인식, #지도학습, #분류 학습

1-1 인공지능 모델 학습하기

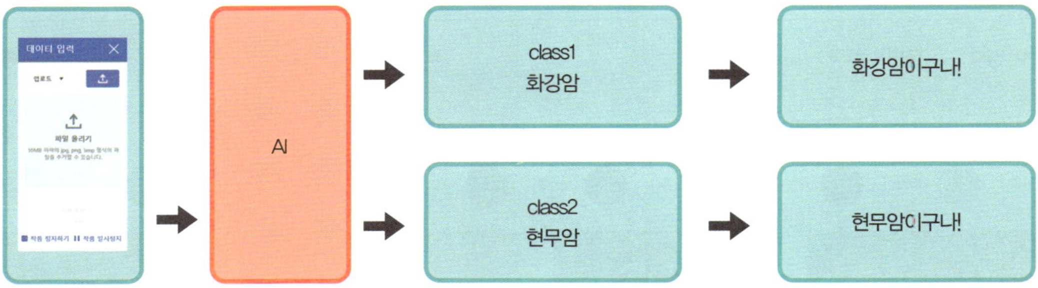

❶ 이미지 모델 학습을 위한 데이터 입력하기

프로그램을 통해 암석 구별에 사용할 모델을 학습시킨다. 화강암과 현무암 각각을 위한 이미지 데이터를 확보하기 위해 예시 이미지를 촬영하거나 가지고 있는 이미지를 업로드한다. 학습된 데이터가 많을수록 프로그램의 정확도가 높아지니 최대한 많은 데이터를 입력한다.

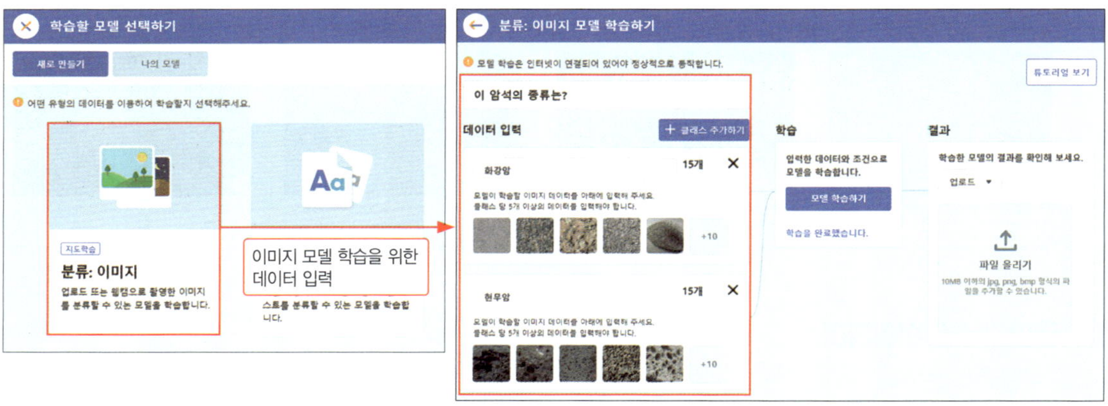

❷ 이미지 모델 학습하기

입력한 이미지 데이터를 인공지능에 학습시키기 위해 [모델 학습하기]를 실행한다. 데이터의 양이 많을수록 시간이 오래 걸린다.

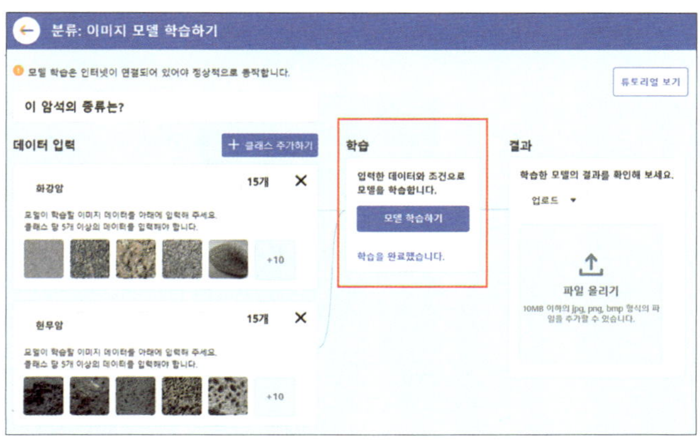

3 이미지 모델 학습 결과 확인하기

이미지 데이터 학습된 모델이 제대로 된 결과가 나오는지 결과에 이미지를 촬영하거나 파일을 업로드하고 확인한다. 결과에 따라 정확도를 높이기 위해 추가로 이미지 데이터를 입력하여 학습시킨다.

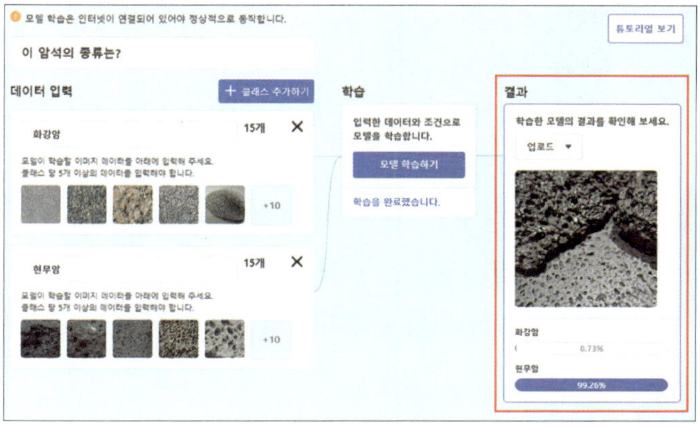

1-2 엔트리 코딩하기

(1) 코딩 준비하기

필요한 오브젝트	주요 명령어
	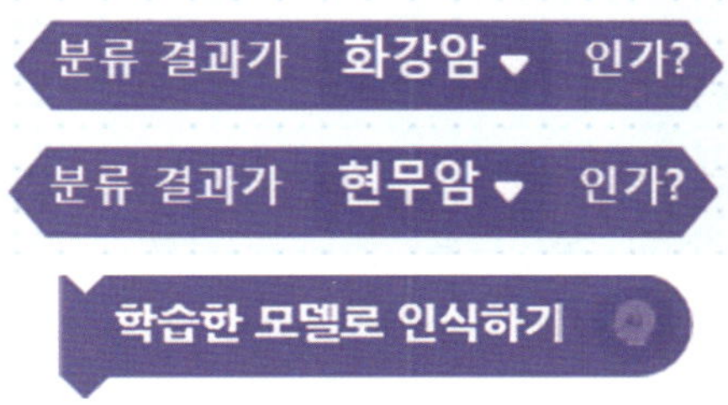

(2) 비디오 인식 프로그래밍하기

1 촬영된 이미지를 판단하기

프로그램이 시작된 후 암석 인식을 위해 [시작] 카테고리의 [시작하기 버튼을 클릭했을 때]블록과 [생김새] 카테고리의 [을(를) 말하기]블록을 연결하고 '이 암석의 종류는 무엇일까?' 문구를 입력한다.

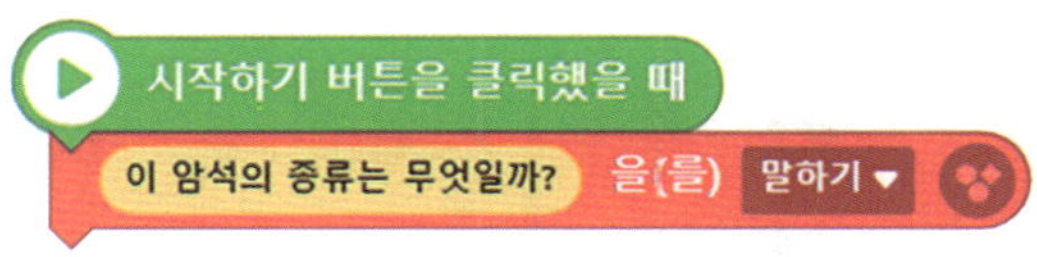

2 인식된 이미지가 '화강암'인지 '현무암'인지에 따라 선생님의 반응 나타내기

촬영된 이미지를 판단하기 위해 [인공지능] 카테고리에서 [학습한 모델로 인식하기]블록을 연결하고, 촬영된 이미지가 화강암인지 현무암인지에 따라 알맞은 문구가 출력된 뒤 박사님의 이미지를 손 든 박사님의 이미지로 바꾼다.

✖ 주의

'오브젝트를 클릭했을 때' 코드는 반드시 오브젝트를 클릭한 상태에서 입력하도록 한다.

3 이미지가 입력되지 않거나 판별이 완료되면 다시 실행 안내하기

이미지가 입력되지 않거나 암석 구별이 완료되면 '박사님'을 클릭하여 프로그램을 처음부터 다시 실행할 수 있도록, [인공지능] 카테고리에서 [학습한 모델로 인식하기]블록을 연결한 점에 주목한다.

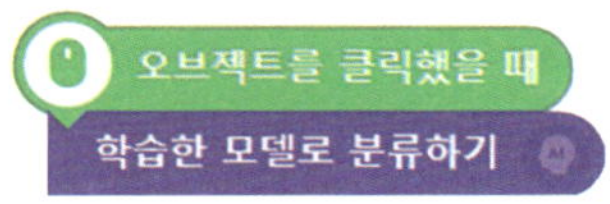

4 [시작하기] 버튼을 클릭하여 암석을 촬영해보며 인공지능(AI)이 화강암과 현무암을 바르게 구별하는지 확인해본다.

1-3 기능 요약 (완성된 프로그램 살펴보기)

완성된 암석 구별 프로그램을 실행해보자.

▲ 완성 프로그램 : http://naver.me/xbwSFOwL

암석 구별 프로그램의 실행과정

① 프로그램 실행하여 이미지 인식하기

암석을 인식하기 위해서는 컴퓨터가 웹캠(카메라)을 이용하여 이미지를 인식하여야 한다.

② 인공지능은 촬영된 이미지가 화강암인지 현무암인지를 기존의 학습된 모델을 이용하여 구별한다.

❸ 판별된 결과를 화면에 출력하기

만약 촬영한 이미지가 현무암으로 인식되면 박사님이 "현무암이구나!" 이라고 말하고 화강암으로 인식되면 "화강암이구나!"이라고 말하며, 박사님이 손을 내미는 모습으로 바뀐다.

❹ 이미지가 입력되지 않을 경우 대응하기

만약 이미지가 입력되지 않으면 박사님이 "암석을 구분해보자." 라고 말하고, 박사님이 팔을 내미는 모습으로 바뀐다.

❺ 암석을 화강암과 현무암으로 구별해주는 프로그램 완성하기

손을 내민 박사님을 클릭하면, 프로그램을 처음부터 다시 실행한다.

1-4 실습 과제

기본

1. [보기]를 참고하여 암석 구별 프로그램 알고리즘 완성하기

보기	손 내민 박사님 / 학습한 모델 / 화강암 / 현무암 / 프로그램

프로그램 시작

"이 암석의 종류는 무엇일까?" 라고 말하기

오브젝트를 클릭했을 때

(　　　　)로 인식하기

만약 인식한 결과가 (　　　　) 클래스 라면

"화강암이구나!" 라고 말하기

박사님을 (　　　　) 모습으로 바꾸기

만약 인식한 결과가 (　　　　) 클래스 라면

"현무암이구나!" 라고 말하기

박사님을 (　　　　) 모습으로 바꾸기

이미지가 인식되지 않으면 "암석을 구분해보자" 라고 말하며
박사님을 (　　　　) 모습으로 바꾸기

2. 완성된 암석 구별 프로그램 작동 테스트 및 수정하기

1 인공지능 학습에 활용된 것 이외의 실제 화강암 사진을 프로그램에 입력하여 프로그램이 정상적으로 작동하는지 확인해 봅시다.

1 인공지능 학습에 활용된 것 이외의 실제 현무암 사진을 프로그램에 입력하여 프로그램이 정상적으로 작동하는지 확인해 봅시다.

1 프로그램이 정상적으로 작동하지 않는다면 알고리즘의 단계별로 다시 차분히 확인해 봅시다.

심화

1. 암석 구별 인공지능 프로그램을 필요에 맞게 수정하기

① 화강암, 현무암 구별 시 문구 대신 나의 목소리로 알리기

화강암, 현무암을 구별할 때 문구로만 안내되면 화면을 보아야지만 확인할 수 있다. 이번에는 아래의 기능을 참고하여 나의 목소리로 확인하도록 해보자.

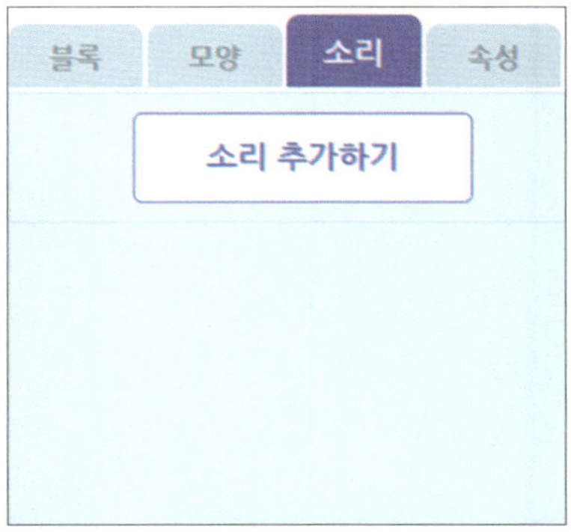

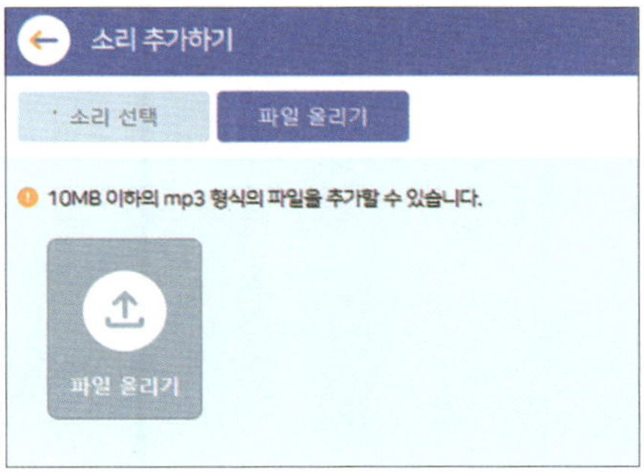

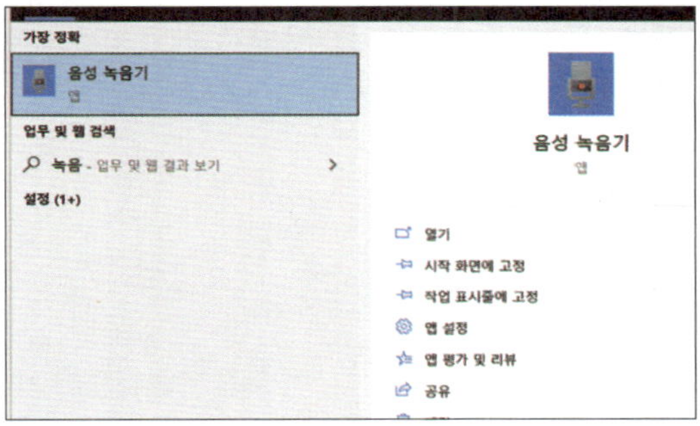

• 알고리즘 수정 계획하기 •

② 화강암, 현무암 외의 암석을 구분하는 프로그램 만들기

화강암, 현무암 외에 다른 암석을 구분하는 프로그램도 만들 수 있을까?

· 알고리즘 수정 계획하기 ·

2. 암석 구별 인공지능 프로그램을 응용하여 새로운 프로그램 만들기

이미지 학습 모델을 이용하여 비슷한 동물을 구분하는 프로그램을 만들어 봅시다.

• 알고리즘 직접 짜보기 •

정리

아래의 명령어를 살펴보고 어떤 프로그램인지 설명하기

프로그램 설명

느낀 점

안내 엔트리 오디오 인식 기능 활용 방법

1 엔트리에서 인공지능 블록 추가하기

인공지능 블록을 생성하기 위해 [블록]에서 [인공지능] 카테고리를 선택한 후 [AI블록 불러오기]를 클릭합니다.

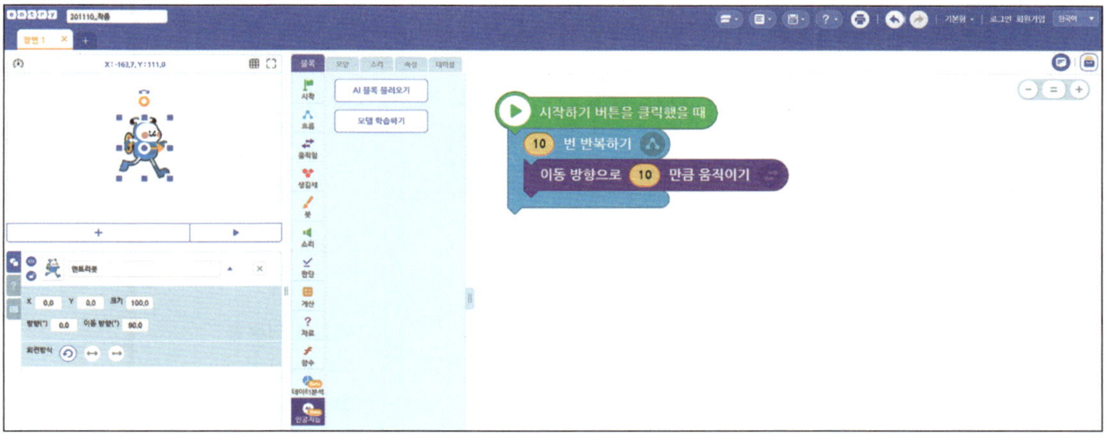

2 AI블록 가운데 [오디오 감지] 를 선택한 후 추가하기를 클릭한다.

3 [인공지능] 카테고리에 생성된 인공지능 블록들을 확인한다.

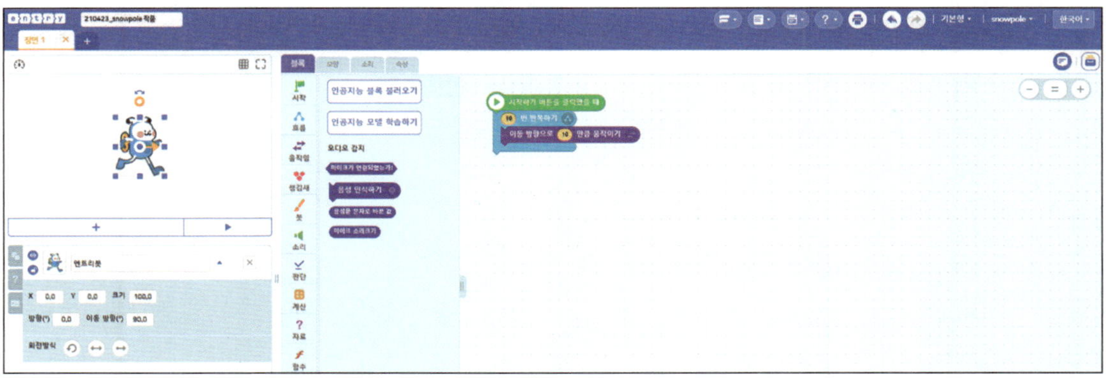

이미지 모델 학습 블록 살펴보기

블록	설명
학습한 모델로 분류하기	작품을 실행하였을 때 오디오 데이터를 입력하는 창이 나타나- 오디오 파일을 직접 촬영하거나 업로드 할 수 있다.
분류 결과	학습한 모델이 분류한 결과 값을 알려주는 블록이다. 말하기 블록에 넣어 분류 결과를 화면에 보여주거나 판단 블록이나 계산 값에 넣어 사용이 가능하다.
강아지소리 ▾ 에 대한 신뢰도	클래스의 신뢰도를 %로 보여준다. 신뢰도가 높을수록 새롭게 입력된 데이터가 특정 클래스로 정확하게 분류된다는 것을 알 수 있다.
분류 결과가 강아지소리 ▾ 인가?	오디오 파일 인식 결과 값을 참/거짓으로 확인할 수 있다.

엔트리 비디오 인식이 되지 않아요!

1 엔트리에서 오디오 인식을 통해 음성을 인식하기 위해서는 마이크가 연결된 컴퓨터에서 마이크 기능 사용에 대한 설정 허용이 필요해요.

인터넷 브라우저의 설정을 변경해 카메라 사용을 허용해야 한다. Chrome 브라우저의 경우, 작품 만들기 페이지에서 주소 표시줄 오른쪽의 카메라 아이콘을 클릭하거나 '설정 〉 개인정보 및 보안 〉 사이트 설정 〉 마이크' 에서 엔트리 사이트의 마이크 사용을 허용해야 사용이 가능하다.

2 오디오가 제대로 되는지 확인하기 위해 다음과 같은 활동을 먼저 진행한다. 엔트리에서 오디오가 연결되어 있는지 확인하는 프로그램이다. 이 프로그램의 실행을 통해 마이크가 제대로 인식되는 지를 확인해야 한다.

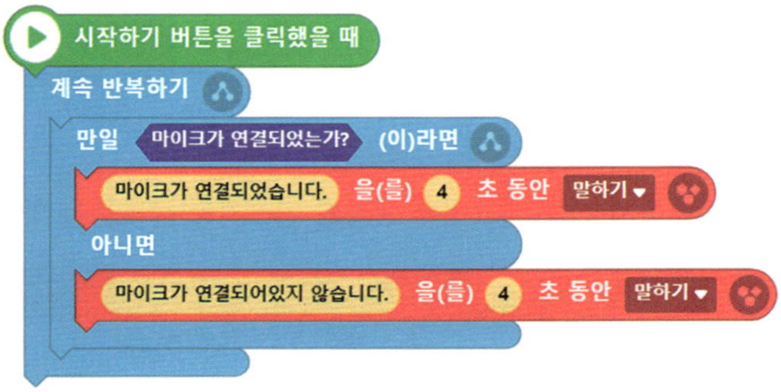

MEMO

CHAPTER

6

음성 분류 인공지능 모델 (1)

CHAPTER 6

음성 분류 인공지능 모델(1)

Session 01 잘자라 우리 아가

Session 02 모두 안녕하신가요?

학습 목표

음성 분류 인공지능 모델을 개발하여 다양한 인공지능 응용 프로그램을 만들 수 있다.

엔트리에서 제공하고 있는 음성 분류 인공지능 모델 기능은 사용자가 설정한 분류에 따라 마이크로 녹음하거나 파일로 업로드한 음성을 인식할 수 있도록 모델을 만들고 학습 할 수 있는 기능을 제공하고 있다.

일반적으로 인공지능에서 음성을 인식하여 정해놓은 분류에 해당되는지 알아보는 형태는 입력되는 음성 자료(오디오 감지)를 기본적으로 텍스트로 옮기는 형태가 있으며, 자연어 처리과정에서 사람이 의사소통을 위해 사용하는 언어를 분석하여 이해하고 처리하는 기술을 적용할 수 있다. 엔트리의 음성 분류 인공지능 모델 기능은 분류에 맞게 사운드 파형을 분석하여 정확도를 표시할 수 있는 기능을 제공한다.

엔트리에서 제공하는 음성 분류 인공지능 모델을 활용하기 위해서는 다음과 같은 절차가 필요하다.

첫째, 사용자가 엔트리에서 제작하고자 하는 응용프로그램에 활용될 분류의 범주를 설정하는 작업이 필요하다.

둘째, 분류 범주가 정해지고 나면 해당 분류 범주에 포함되는 실제 음성 데이터(사운드)를 업로드하거나 녹음하는 형태로 제공하는 작업이 필요하다. 즉 해당 분류범주에 해당되는 좋은 데이터를 수집할 수 있도록 해야 분석과정에서도 좋은 결과를 얻을 수 있다.

셋째, 분류에 맞게 수집된 데이터에 대한 모델 학습이 필요하다. 인공지능 모델 학습을 통해서 실제 다양한 음성 데이터(사운드)를 입력하였을 때 정확도를 높일 수 있다.

넷째, 학습된 모델을 기반으로 엔트리 응용프로그램을 제작하는 것이다. 이 과정에서는 문제해결을 위한 방법을 순서대로 생각해보는 프로그래밍 방법이 필요하다. 또한 프로그램 제작을 위해 알고리즘을 만들고 만든 알고리즘을 명령어 블록들을 사용하여 프로그램으로 구현하는 과정이 필요하다. 또한 실행과 테스트 과정에서 발견한 개선점을 다시 프로그램에 반영하고 다양한 사용자들과 의견을 나누고 공유하는 활동도 요구된다.

Session 01

잘자라 우리 아가

생후 12개월 미만의 어린 아기를 재우는 것은 참으로 다양한 기술을 필요로 한다. 이번 세션에서는 아이가 잠들기 위한 좋은 소리들을 수집하고 미리 분류한 범주의 소리를 인공지능 모델이 분석하여 확인함으로써 가상의 아기가 포근하게 잘 수 있는 환경을 만들어 주도록 한다.

학습 목표

인공지능 음성 분류 모델 가상의 아기가 잘 수 있는 환경을 구축하여 구현할 수 있다.

학습 준비물

음성 녹음이 가능한 PC 또는 노트북

데이터 수집 아이디어

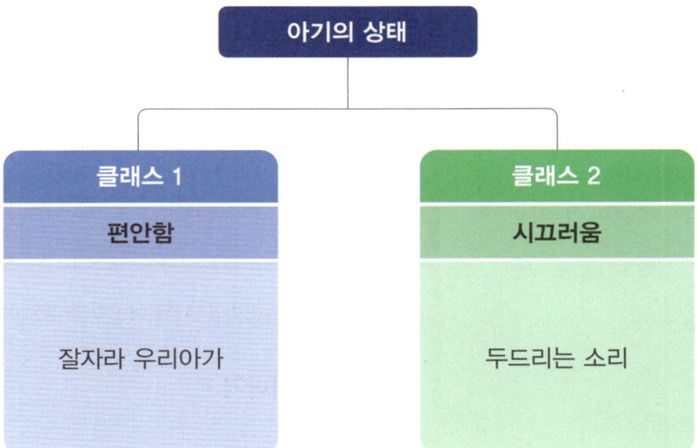

1-1 인공지능 데이터 수집

인공지능이 입력된 음성을 인식하기 위해서 가장 중요한 것은 좋은 데이터를 수집할 수 있도록 하는 것이다. 이를 위해 엔트리 인공지능 서버처리의 부하를 줄이기 위해 편안함, 시끄러움 키워드로 대표되는 2개의 분류 범주로 구성하고 각각의 범주에 맞는 음성 데이터를 녹음하여 입력한다.

프로그램 제작에 필요한 음성 데이터는 사용자가 직접 녹음하거나 별도의 사운드 자료를 통해서 만들 수 있다. 인공지능 모델을 구성하기 위한 데이터 수집에서 중요한 것은 데이터의 품질이며 컴퓨터의 입장에서 구별하기 쉬운 데이터를 만들어 주는 것이 좋은 결과를 얻을 수 있는 방법임을 생각해 보아야한다. 편안함으로 정의된 키워드 범주에 포함되는 사운드 파일을 시끄러운 소리로 구성된 데이터들로 채워나가면 나중에 모델 학습이 완료되어 결과를 얻을 때 정반대의 결과를 얻을 수 있으니 이에 대한 고민이 필요하다.

1. 먼저 엔트리 프로그램에서 를 클릭하여 다음과 같이 분류: 음성 유형의 데이터 학습모델을 선택한다.

2. 다음으로 음성 모델 학습하기 화면에서 음성 모델 학습 이름을 설정한다.

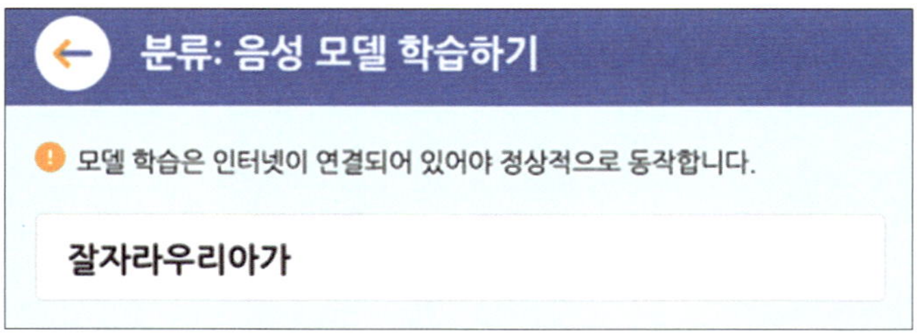

1-2 데이터 분류 및 테스트

1 데이터 입력을 위해서 분류 범주인 키워드를 입력하고 다음과 같이 녹음 버튼을 눌러서 실제 음성 데이터 샘플들을 입력하도록 한다. 데이터 입력 길이는 3초이며 음성 데이터를 녹음한 후 재생버튼을 눌러서 데이터의 품질이 좋은지 확인해야 한다. 또한 최소 5개 이상의 데이터 샘플을 녹음하여 인공지능 모델학습에 유용하게 사용할 수 있는 환경을 만들어야 한다. 먼저 '편안함' 클래스를 생성하고 음성 데이터를 입력하도록 한다.

2 다음으로 클래스 추가하기 버튼을 눌러서 '시끄러움' 클래스를 추가하고 다음과 같이 음성 데이터를 녹음하도록 한다.

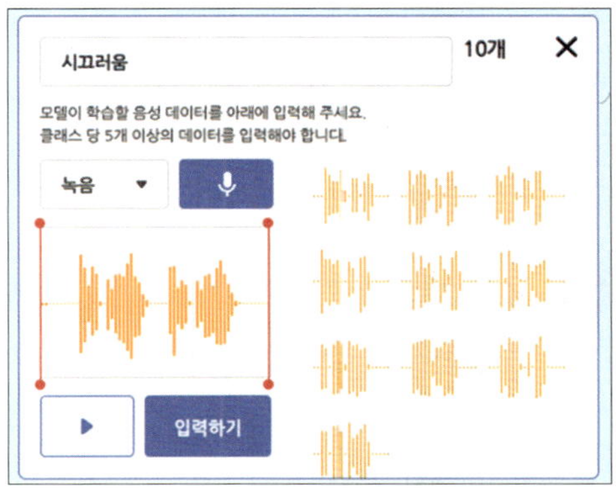

2 '편안함', '시끄러움' 클래스별로 샘플 음성 데이터가 각각 5개 이상 녹음되었으면 학습단계에서 모델 학습하기 버튼을 클릭하여 인공지능 음성 분류가 가능하도록 학습모델을 제작한다. 학습을 완료하는 데까지는 엔트리 서버의 상황에 따라 다소 시간이 걸릴 수 있으므로 인터넷 연결환경이 유지될 수 있도록 확인해야 하고 모델 학습결과를 확인하기 위한 음성 데이터 녹음 테스트를 해 보도록 한다.

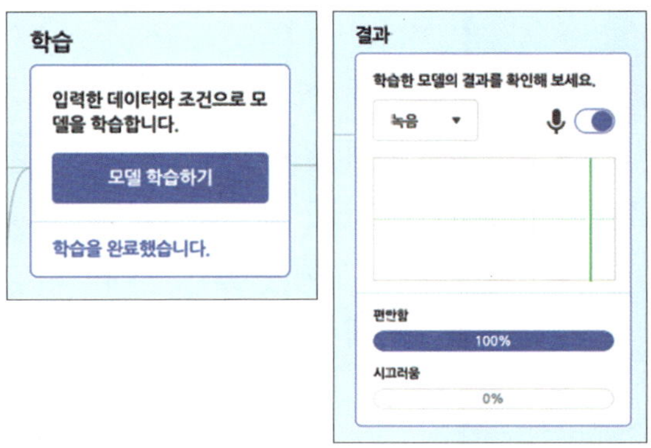

1-3 엔트리 프로그래밍

엔트리 프로그램 제작을 위해서 필요한 절차들을 순서대로 생각해보면 다음과 같다.

먼저 제작 목적에 맞는 기능을 생각해보고 구현하기 위한 방법들을 컴퓨팅사고의 문제분해 절차에 따라서 마인드맵 등의 방법으로 세부적으로 생각해 보아야 한다.

다음으로 프로그램 디자인을 통해서 기능 구현에 필요한 오브젝트 배치와 구성 환경 등에 대해서 생각해야 한다. 실제 엔트리 프로그램은 일반적인 블록형 프로그램으로 오브젝트에 종속되어 있는 블록들을 어떻게 구성하고 연결하는가에 대한 고민이 제일 중요하다.

따라서 오브젝트에서 구현되는 기능별 블록들을 배치하고 이를 연결할 수 있는 알고리즘을 제작한다. 또한 알고리즘에 따라 실제 필요한 블록의 기능을 이해하고 이것을 이벤트 중심으로 연결하는 것이 알고리즘에서 추상화된 절차를 실제 블록 프로그래밍으로 전이하는 과정인 것이다.

블록 프로그래밍 과정에서 앞서 제작한 인공지능 학습모델을 연결하고 이를 실행하기 위한 테스트 과정이 필요하며 이 과정을 통해서 보다 프로그램을 정교하게 제작하고 일반화할 수 있도록 한다.

요약하면 필요한 기능을 생각하고 적합한 프로그램을 디자인한 다음 만들어진 인공지능 학습모델을 연결하여 블록 프로그램으로 완성하며 최종적으로 테스트를 통해 발견된 수정사항이나 개선사항을 반영하여 제작하는 단계로 진행하면 된다.

이제 실제 블록 프로그래밍 과정을 통해 따라해 보면 다음과 같다.

1. 첫째, 필요한 기능에 대해서 생각해 보면 다음과 같다. 주제에서 제시하고 있는 아기를 재우기 위해서는 사용자가 음성으로 녹음한 결과 데이터 분석 결과에 따라서 아기의 얼굴 모양을 변하게 하는 간단한 프로그램을 작성하는 것이다. 음성 데이터 분석 결과가 '편안함' 클래스에 해당된다면 아기의 모습은 눈을 감고 자고 있는 모양을 설정하고 '시끄러움' 클래스에 해당된다면 아기의 모습은 화난 표정을 짓게 할 수 있는 기능을 구현하도록 한다.

2. 둘째, 프로그램 디자인에서는 아기의 표정 변화를 위해 필요한 아기의 모양이 필요하다. 또한 프로그램의 사실성을 높여주기 위해서 엔트리 모양 추가 하기 메뉴에서 배경을 하나 선택하도록 한다.

3. 또한 실제 아기의 얼굴을 만들어 주기 위해서 오브젝트 추가하기에서 사람 메뉴의 '얼굴모양'을 선택하여 3가지 모습의 아기 얼굴을 만들어 준다.

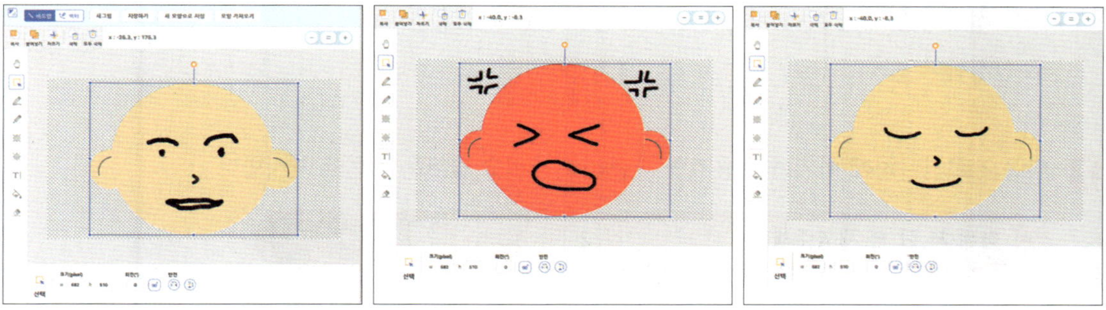

4. 교재에서 아기 얼굴의 모양 번호는 다음과 같이 일반, 화남, 평온 순으로 배치되었다.

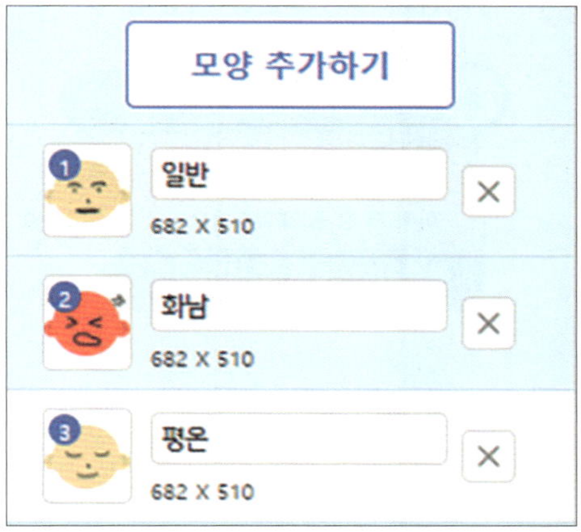

5. 그리고 아기 얼굴을 화면에 적절하게 배치하여 구성하였다.

6 셋째, 인공지능 학습모델과 연결부분으로 필요한 기능을 블록 프로그래밍으로 구현하는 단계이다. 먼저 아기의 상태를 정하기 위해서 시작 버튼을 클릭하면 평온한 모양으로 설정한다.

7 다음으로 간단하게 아기가 사용자의 응답을 기다리고 있다는 표현을 제시한다.

8 인공지능 학습모델을 적용한 블록을 다음과 같이 가져와서 결합한다.

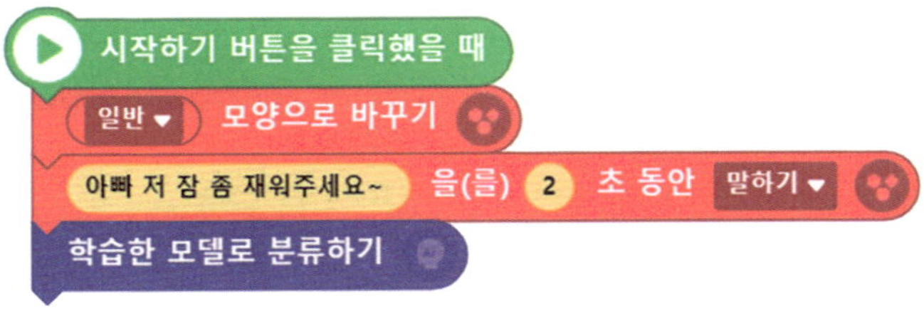

9 학습한 모델로 분류하기 블록은 실제 사용자의 컴퓨팅 환경에서 음성을 녹음하거나 사운드 데이터를 업로드하여 학습모델이 분류할 수 있도록 제공되는 블록이다. 이를 통한 결과값은 [분류 결과] 블록을 통해 클래스 이름을 말하게 할 수 있다. 또한 다음과 같이 정의된 클래스에 대한 신뢰도를 표시하게 할 수 있다.

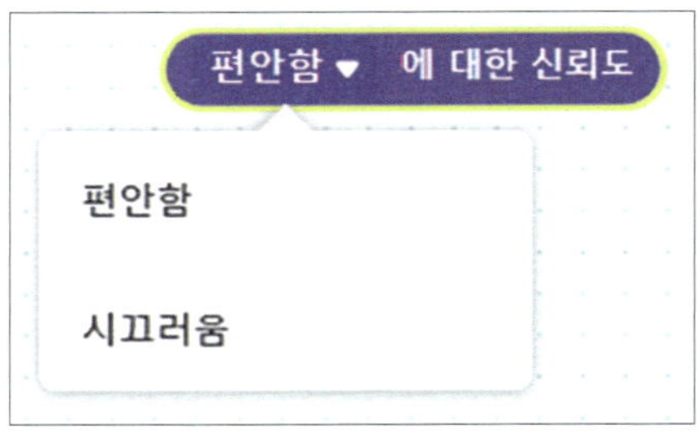

10 그리고 엔트리 프로그램에서 [분류 결과가 편안함 인가?] 블록을 통해서 분류결과 값에 대한 분류된 클래스 이름을 확인할 수 있는 기능도 제공한다.

간단하게 다음과 같이 분류 결과를 말할 수 있도록 프로그래밍한다.

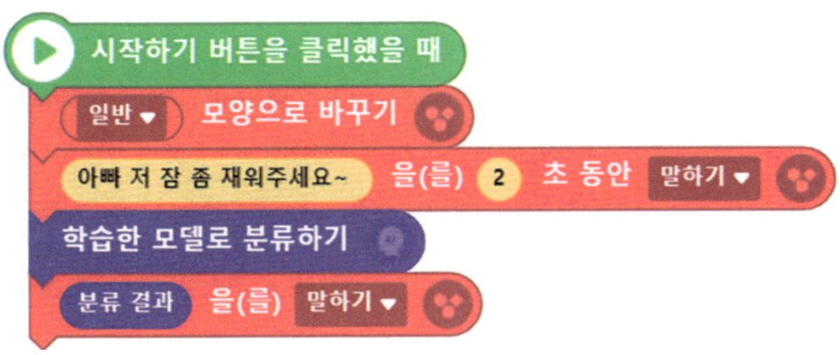

11 넷째, 테스트 및 개선 단계에서는 만들어진 프로그램을 테스트 해보고 개선사항에 대해서 확인하는 단계에 해당한다.
이제 실제 프로그램을 실행하여 확인하면 다음과 같은 화면이 나타난다.

12 잠시 기다리게 되면 음성 분류를 위한 데이터입력 창이 나타나며, 녹음을 선택하고 마이크 모양의 녹음 버튼을 클릭하여 테스트하고 싶은 클래스에 해당되는 데이터를 녹음하도록 한다. 녹음된 데이터를 재생 버튼을 클릭하여 들어보고 적용하기 버튼을 클릭하도록 한다.

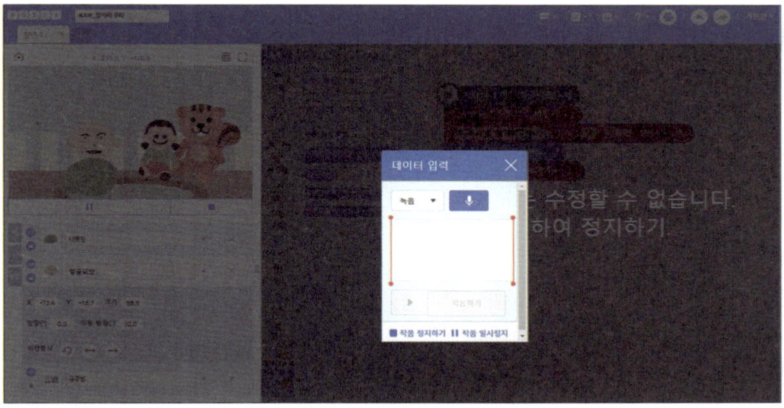

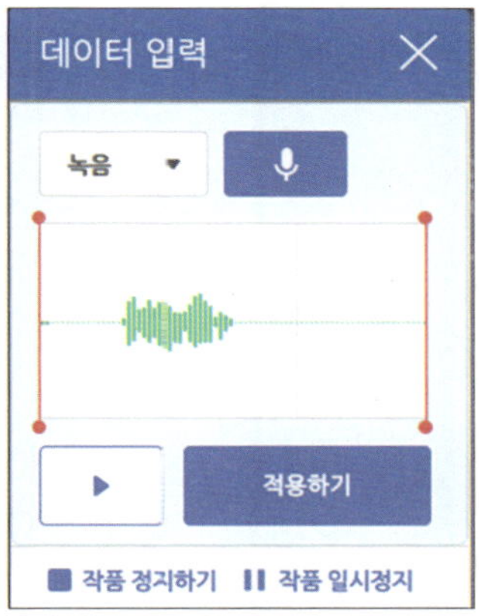

13 실제 다음과 같은 결과값을 얻을 수 있으나 해당 화면은 개선된 프로그램을 적용한 화면이다.

14 어떠한 부분이 개선되어 있는지 한 번 생각해보고 적어보도록 한다. 또한 자신이 생각한 방법을 적어본 내용을 다른 사람들과 공유하는 과정도 중요하다.

• 생각 노트 •

프로그래밍에서도 관찰하는 능력이 대단히 중요하며 속에 포함되어 있는 단계를 유추할 수 있는 역량을 기르는 것이 절차 중심의 컴퓨팅사고를 향상시키는 데 유용하다.

Session 02 모두 안녕하신가요?

2021년에도 여전히 코로나19로 인해서 우리의 일상 생활들이 위축되고 다양한 어려움 속에 처하있다. 이번 세션에서는 각국의 안녕을 바라는 의미에서 여러나라의 인사말을 음성 데이터로 분류하고 이것을 인식한 결과값을 기반으로 해당되는 언어를 처리할 수 있는 프로그램을 제작하고자 한다.

학습 목표

여러나라 인사말을 기반으로 한 인공지능 음성 분류 모델을 통해 다양한 조건의 프로그램을 만들 수 있다.

학습 준비물

음성 녹음이 가능한 PC 또는 노트북

데이터 수집 아이디어

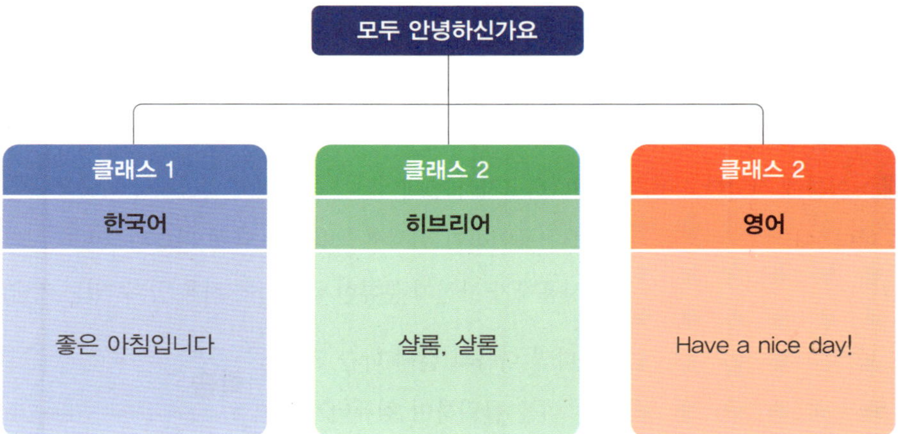

2-1 인공지능 데이터 수집

이전 세션에서와 마찬가지로 음성을 인식하기 위한 분류체계를 먼저 생성해야 한다. 이를 위해서 음성 학습 모델이름을 '모두 안녕하신가요?'라고 설정하였으며 데이터 입력을 위한 클래스는 크게 한국어, 히브리어, 영어 세가지로 분류하였다.

각각의 클래스 이름에 적합한 사용자가 입력하고자하는 데이터를 녹음하여 인공지능 학습모델을 위한 자료를 업로드하도록 한다. 다만 음성 분류 모델 보다 용이하기 위해서 녹음하는 음성 파일의 높낮이, 발음 방법 등을 고려하여 컴퓨터가 인공지능 모델 학습 후 사용자가 사전에 분류한 클래스에 적용 할 수 있는 기술이 필요하다.

클래스별로 입력한 데이터가 업로드되었다면 다음과 같이 학습 단계에서 모델 학습하기 버튼이 활성화된다. 이를 클릭하여 컴퓨터가 인공지능 모델 학습을 완료하게 되면 학습을 완료하였다고 표시된다.

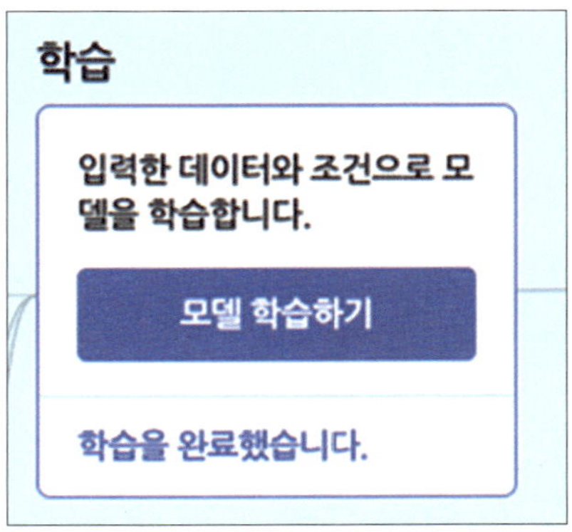

2-2 데이터 분류 및 테스트

사용자가 생성한 클래스별로 인공지능 학습모델이 잘 동작하는지 확인해 보기 위해서 다양한 음성 테스트를 녹음한 자료를 업로드하거나 실제 PC나 노트북 환경에서 녹음하여 테스트하면 다음과 같이 사전에 분류한 클래스별로 신뢰도를 제시해 주는 것을 확인할 수 있다.

2-3 엔트리 프로그래밍

이전 세션에서 간단하게 제작해본 프로그래밍의 과정을 다시 한번 생각해보면 다음과 같다.

첫째, 프로그램을 제작하는 목적에 적합한 구현 방법을 고려해야 한다. 이를 위해서 컴퓨팅사고 절차에 따라 제시된 문제해결 방법이나 생각한 문제해결 절차에 따라 보다 세부적인 단계로 구분하여 이를 명료화할 필요가 있다. 일반적으로 프로그래밍을 처음 접하는 사용자들은 제시된 문제의 복잡성을 고려하지 않고 직접적으로 블록형 프로그래밍으로 구현하려고 하나 이는 추후 실제 프로그래밍 테스트 과정에서 발생되는 문제를 해결하거나 새로운 기능을 추가하려고 할 때 세분화된 절차가 없이 머릿속 생각만으로 프로그래밍한다면 보다 정교하게 제작할 수 없을뿐더러 수정 또한 쉽지 않을 것이다. 따라서 엔트리의 오브젝트들과 연계되어 구현하고자 하는 기능에 맞는 이벤트들을 중심으로 해결해야 하는 과제들을 시각적으로 표현해 보는 과정이 대단히 중요한 것이다. 이를 위해 다음과 같은 온라인 기반의 마인드맵 프로그램(www.mir.dmup.com)들을 활용하여 구현하고자 하는 세부적인 기능별로 보다 구체화된 구현 방법들을 시각적으로 설계해 보는 학습이 중요하다.

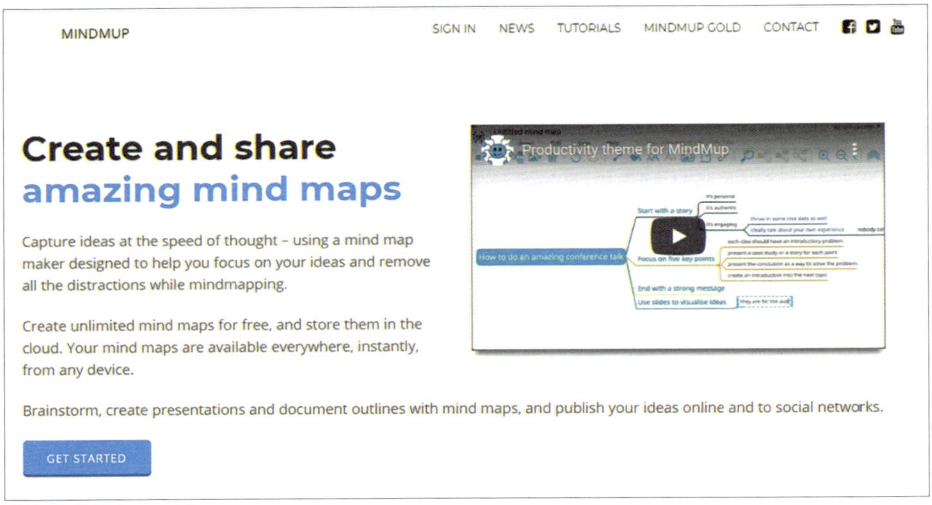

둘째, 인공지능의 음성 분류, 오디오 감지를 위한 좋은 데이터 품질을 확보하는 것이다. 이를 위해서는 음성 또는 사운드 파일에 대한 속성과 특징에 대해서 좀 더 많은 이해가 필요하다. 사운드 즉 소리는 주기적인 진동을 나타내는 것으로 높은 소리는 진동수가 높고 낮은 소리는 진동수가 낮은 특징을 가지고 있다. 또한 소리의 크기는 진폭과 연관이 있으며 진폭이 클수록 강도가 크다고 생각할 수 있다. 따라서 인공지능 모델이 사용자가 설정한 클래스 분류를 보다 정확하게 하기 위해서는 이러한 소리의 특성을 이해하고 차별화되는 데이터를 제공해야 할 필요가 있다.

셋째, 제시된 문제해결에 필요한 기능들을 생각할 때 엔트리에 추가되는 오브젝트에 따라서 어떻게 연결하고 구현할지에 대해서 고민해야 한다. 즉 일반적인 블록 프로그래밍의 기초단계에서는 오브젝트 기반의 프로그래밍을 주로 다루어 보며 하나의 오브젝트를 구성하고 있는 다양한 속성들을 제어하고 수정, 변경해 보는 학습들이 필요하다. 이를 보다 상세하게 설명하기 위해서 엔트리의 기본 오브젝트인 엔트리봇의 그림을 살펴보면 다음과 같다.

1 먼저 엔트리봇의 모양과 관련된 X, Y의 값으로 엔트리봇의 위치를 정할 수 있으며 크기값으로 엔트리봇 오브젝트의 크기를 변경할 수 있다. 또한 방향은 엔트리봇의 방향을 의미하며 이동 방향의 경우 엔트리봇의 X,Y 좌표를 기반으로 이동하게되는 방향을 의미한다. 이와 같이 하나의 오브젝트에는 실제 시각적으로 표현되는 모양에 대한 속성들이 다양하게 있으며 이러한 속성들은 결국 프로그래밍에서 다양한 이벤트와 연결되어 주요한 요소로 작용하는 것이다. 또한 엔트리 프로그램은 가장 상위 개념에서 장면을 추가하여 제어할 수 있고 엔트리봇 오브젝트는 블록, 모양, 소리, 속성의 각기 다른 탭이 있는데 모양탭에서 살펴보면 다양한 모양들을 추가하거나 변경할 수 있으며 모양들은 각각 번호를 가지고 있음을 알 수 있다.

2 같은 방법으로 소리탭에서 소리들도 소리 번호가 있음을 알 수 있다.

3 종합하면 오브젝트는 모양과 관련된 좌표, 크기, 방향, 이동 방향, 회전 방식, 모양 번호, 소리 번호와 함께 블록들을 통한 다양한 제어가 가능한 것이다. 특히 오브젝트에서 오브젝트간의 이벤트 제어를 위해서는 일반적으로 신호를 보내거나 변수를 통해 전달하게 된다.

이를 위해 간단한 프로그램을 한 번 살펴보도록 한다. 다음과 같이 2개의 오브젝트가 있다고 가정하고 왼쪽의 '엔트리봇'이 오른쪽의 '[묶음] 얼굴 스티커' 오브젝트에 닿을 때까지 이동하도록 한다.

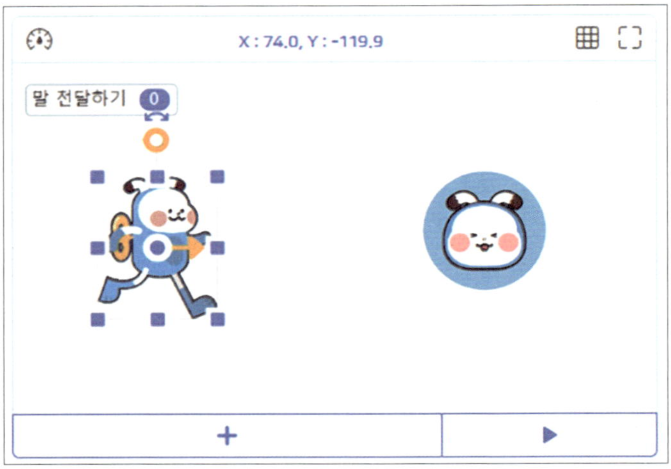

4 이를 위해 다음과 같이 프로그래밍 할 수 있다.

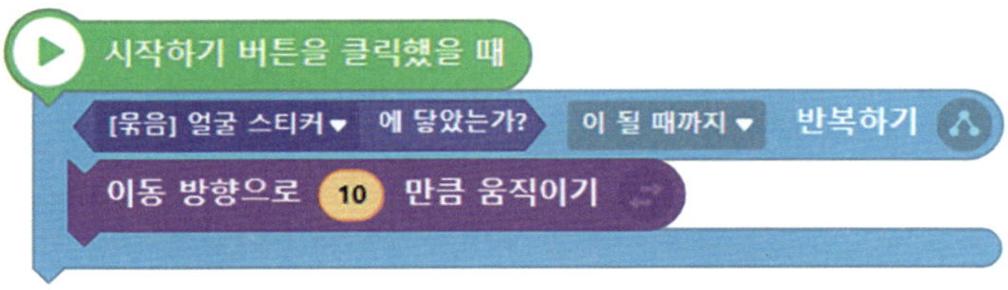

5 여기에서 '[묶음] 얼굴 스티커'에 값을 전달하기 위해서 새로운 변수인 '말 전달하기' 변수를 만들고 위의 이동절차가 실행이 완료되고 나면 '말 전달하기' 변수값에 '앗 너에게 닿았어' 값을 다음과 같이 입력해 준다.

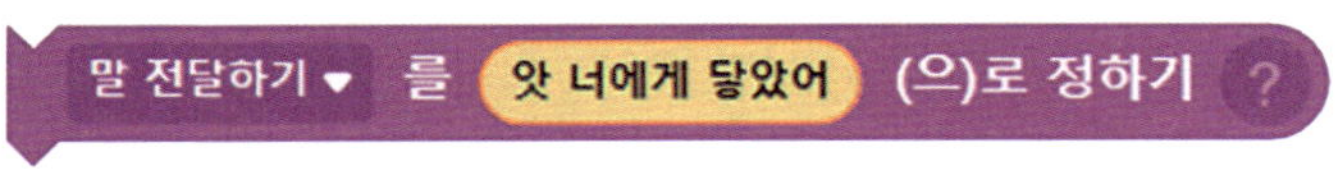

6 다음의 화면은 이를 실행한 결과 화면이다.

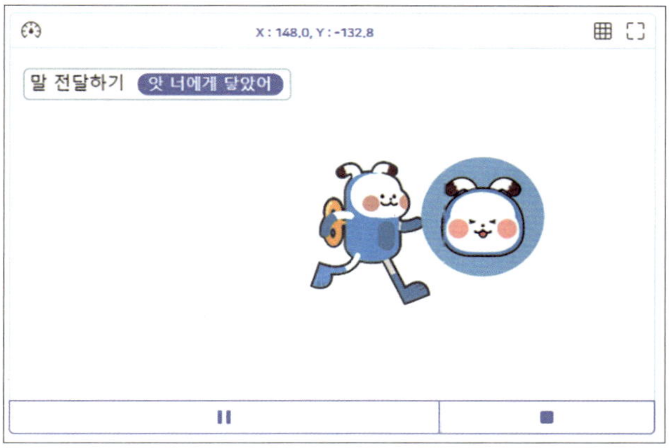

7 그렇다면 이제 '말 전달하기'변수에 저장되어 있는 값인 '앗 너에게 닿았어'를 '[묶음] 얼굴 스티커' 오브젝트에서 어떻게 표현할 수 있는지 생각해보면 다음과 같다.

프로그래밍으로 구현하는 방법은 다양하게 할 수 있는데 오브젝트를 변수로 제어하는 방법에 대해서 이해할 수 있도록 다음과 같이 설계하였다.

8 먼저 '[묶음] 얼굴 스티커' 오브젝트는 무한 반복하는 가운데 '말 전달하기' 변수에 값이 입력되기를 기다린다. 만약 '말 전달하기' 변수의 값에 '앗 너에게 닿았어' 글자가 입력되면 전체 글자수는 1보다 크게 될 것이다. 따라서 이 조건을 만족하는 경우 '말 전달하기' 변수값을 '[묶음] 얼굴 스티커'가 말하게 함으로써 '엔트리봇' 오브젝트에서 입력된 '말 전달하기' 변수에 저장된 값을 '[묶음] 얼굴 스티커' 오브젝트에게 전달할 수 있는 것이다.

이번 세션에서 요구하고 있는 다양한 언어의 음성을 인식하여 오브젝트에 추가된 모양들을 변경하고 변경된 모양 값에 따라 새로운 장면이 나타나는 프로그램을 만들어 보도록 한다.

먼저 오브젝트의 모양을 추가하기 위해서 모양 선택 화면에서 사람을 선택하고 다음과 같이 사용자가 원하는 3가지 모양을 선택한다.

9 교재에서는 다음과 같이 각각의 모양 번호에 따라 다음과 같이 모양의 이름을 정하였다.

10 먼저 간단하게 입력되는 대답 값을 기초로 오브젝트의 모양을 바꿀 수 있도록 하기 위해 다음과 같이 묻고 답하는 형태로 프로그램을 만들어 보도록 한다.

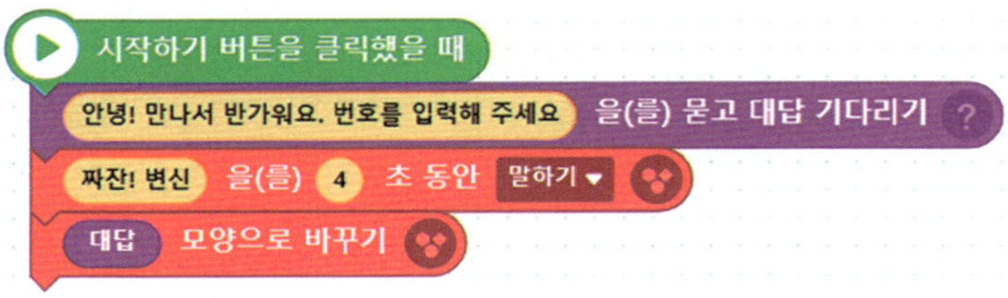

11 학습되어 있는 인공지능 모델을 테스트하기 위해 학습한 모델로 분류하고 분류 결과값을 간단한 텍스트로 결합하여 제시할 수 있도록 다음과 같이 블록을 추가하여 프로그래밍 한다.

⑫ 실행버튼을 클릭하면 다음과 같이 "만나서 반가워요. 번호를 입력해 주세요."라는 화면이 나타나면 번호를 입력한다.

⑬ 3이라고 입력하면 다음과 같이 3번째 모양으로 변경되는 것을 볼 수 있다. 또한 인공지능음성인식을 위해 '어떤 말로 해야할까요?'라고 표현하는 것을 확인할 수 있다.

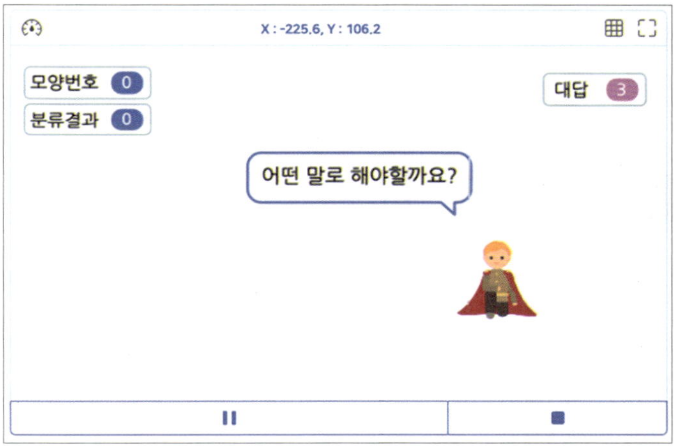

⑭ 블록이 실행되면 데이터 입력을 위한 창이 나타나게되며 녹음되어 있는 사운드 파일을 업로드하거나 사용자의 컴퓨터 환경에서 제공되는 녹음 도구를 사용하여 녹음할 수 있다.

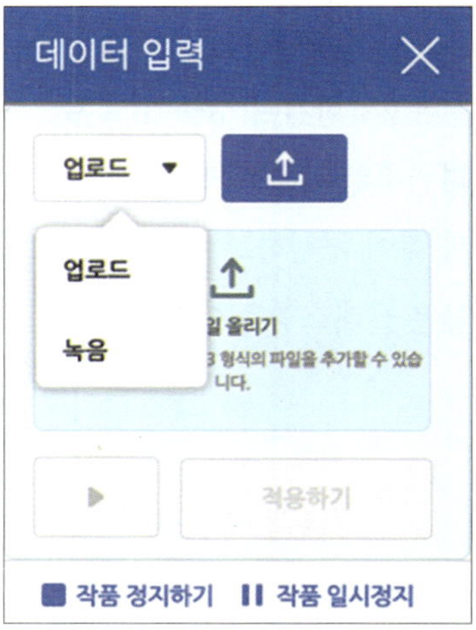

14 업로드하거나 녹음이 완료되면 다음과 같이 재생 버튼을 눌러서 녹음한 사운드 품질을 확인하고 적절한 부분을 영역으로 설정하여 적용하기 버튼을 클릭한다.

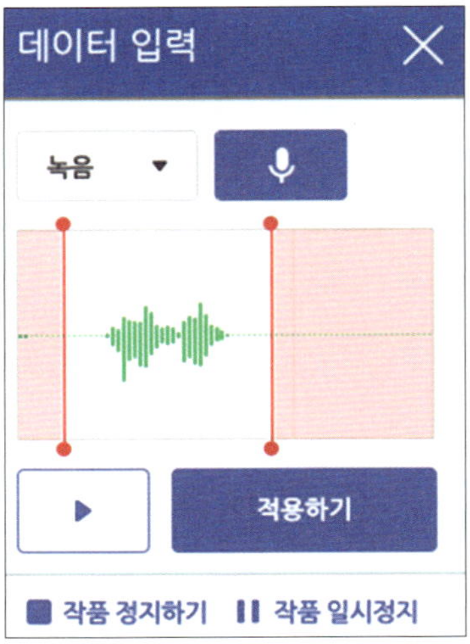

15 실제 실행해보면서 사용자의 데이터 품질과 학습된 모델의 분류 성능을 확인해보도록 한다.

2-4 프로그램 개선하기

프로그램 실행을 통해 다음과 같은 문제점 또는 개선사항에 대해 생각해 볼 수 있다.

사용자가 입력한 대답의 값이 번호의 범위가 1, 2, 3으로 정하였으나 실제 그렇게 입력이 되지 않을 수 있다. 이를 위해 범주를 벗어나는 경우에 대한 처리 부분이 필요하다. 이것을 어떻게 해결할 수 있을까?

다양한 방법들이 있으나 가장 일반적으로 조건문을 설정하여 다음과 같이 프로그래밍하는 방법을 생각해 볼 수 있다.

묻고답하기의 경우 입력되는 데이터 값은 '대답'이라는 임시변수에 저장되며 저장된 값을 사용자가 설정한 범위내의 값으로 제한할 수 있는 프로그램을 설계한다고 고려하면 다음과 같다. 조건문 블록을 사용하여 다음과 같이 구성하고 대답 변수에 입력되어 있는 값에 따라 대답결과 처리를 위한 새로운 변수에 사용자가 정해 놓은 클래스명을 대입시켜 구성해 볼 수 있다.

블록이 실행되면 대답값이 1, 2, 3 중의 하나가 될 때까지 묻고 대답 기다리기 블록 이하의 명령문들을 계속해서 실행하게 된다. 대답의 값이 1이라면 대답결과 변수값에는 '한국말'이 저장되고 대답의 값이 2라면 대답결과 변수값에는 '이스라엘말'이 저장된다. 상위 조건문에서 대답 변수에 입력되는 값은 1, 2, 3으로 제한하였으므로 대답 값이 1, 2가 아니라면 3의 경우가 된다. 따라서 이때 대답결과 변수의 값에는 '영어말'을 저장하게 된다.

이의 명령문은 모양을 변경하기 위해 간단하게 '짜잔! 변신'이라는 말을 해 주고 실제 입력된 '대답' 변수값의 모양번호로 오브젝트의 모양을 변경시킨다.

다음으로 변경된 모양번호에 맞는 언어로 이야기 하기 위해 실제 학습한 인공지능 음성인식 모델을 통해 사용자의 음성을 인식시키고 이에 대한 결과를 분석하여 분류 결과 변수에 저장하며 이를 오브젝트를 통해 이야기할 수 있도록 다음과 같이 프로그래밍 한다.

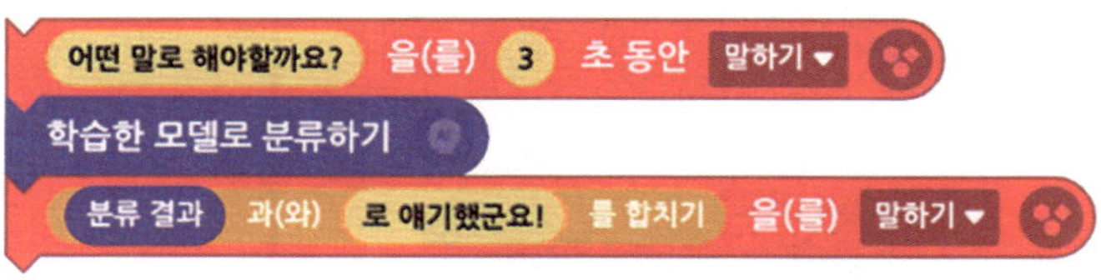

분류 결과의 클래스명에 따라 새로운 장면으로 시작하기 위해서 다음과 같이 해당 언어에 맞는 장면을 추가해 준다.

이를 구현하기 위해서 조건문을 사용하여 인공지능 학습모델의 인식결과에 따라 분기할 수 있도록 다음과 같이 구성한다.

실제 프로그램을 실행해보고 다양한 조건의 음성 데이터를 입력하여 사용자가 원하는 형태의 결과를 얻을 수 있는지 확인하도록 한다.

그렇다면 추가로 처음 입력한 대답 결과에 해당하는 사용자 음성 데이터 입력 결과값을 비교한다. 이에 두 개의 데이터가 동일하다면 앞서 설계한 내용대로 진행되게 할 수 있도록 프로그램을 변경하는 것이 필요하다. 따라서 다음과 같은 조건문을 추가로 구성하여 변경하도록 한다.

CHAPTER

7

음성분류 인공지능 모델 (2)

CHAPTER 7

음성분류 인공지능 모델(2)

Session 01 어디로 갈까요?
Session 02 무엇을 할까요?
Session 03 누구일까요?
Session 04 누가누가 잘 하나!

학습 목표

소리란 무엇인지 이해하고, 소리를 감지하는 인공지능 음성분류 모델을 개발하여 다양한 인공지능 응용 프로그램을 만들 수 있다.

소리의 떨림은 진동이라고도 하는데 일반적으로 [그림 1]과 같이 나타낼 수 있다.

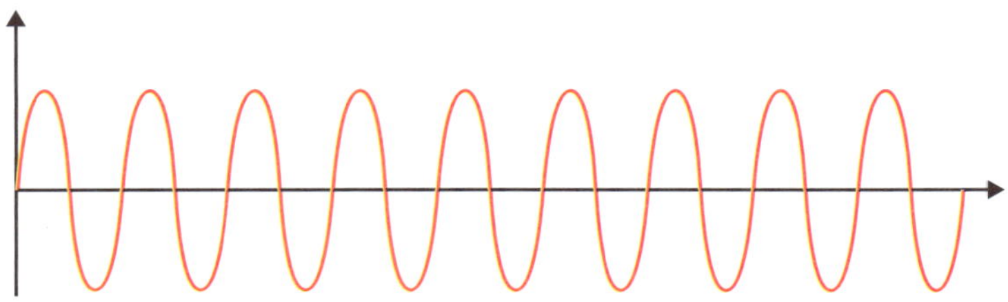

▲ [그림 1] 주파수로 나타낸 소리

큰 소리와 작은 소리

어떤 소리는 크게 들리고, 어떤 소리는 작게 들리는데 이는 소리의 크기 즉, 진폭이 다르기 때문이다. [그림 2]와 같이 큰 소리는 진폭이 크고, 작은 소리는 진폭이 작다.

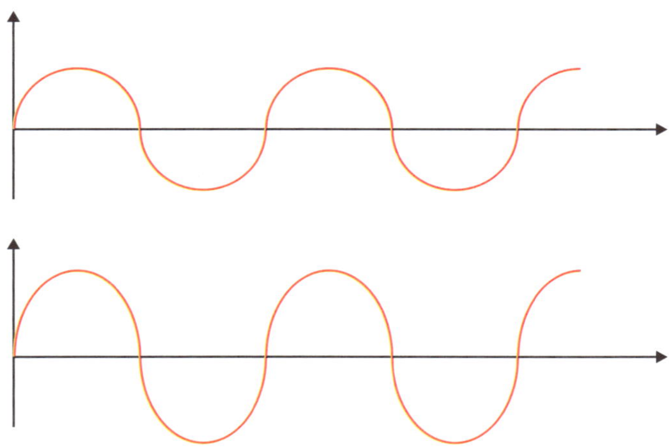

▲ [그림 2] 큰 소리와 작은 소리

높은 소리와 낮은 소리

일반적으로 여자의 목소리는 남자의 목소리보다 높은 소리가 나는데 이는 진동수가 다르기 때문이다. [그림 3]과 같이 높은 소리는 진동수가 크고, 낮은 소리는 진동수가 작다.

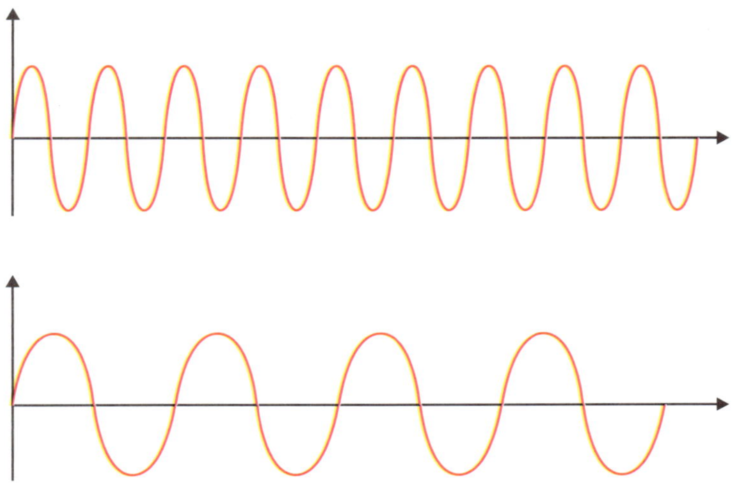

▲ [그림 3] 높은 소리와 낮은 소리

소리의 세기와 높낮이가 같아도 다르게 들리는데 소리의 음색이 다른 것으로 이는 소리의 파형이 다르기 때문이다. [그림 4][1]와 같이 소리를 내는 물체가 다르면 소리 파형이 다르다.

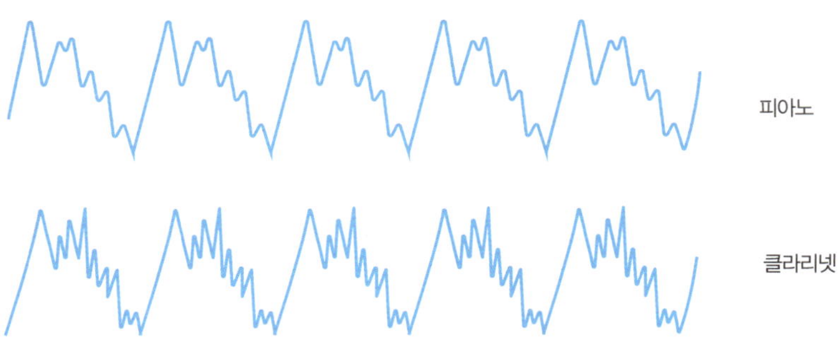

▲ [그림 4] 다양한 소리

[1] 소리는 무엇이며, 그 원리는? – 훤히 보이는 생활 속 오디오 기술 [https://terms.naver.com/entry.naver?docId=3339652&cid=58128&categoryId=58128]

이와 같이 다양한 요소로 소리가 다르게 들리는데 소리의 세기, 높낮이, 음색을 소리의 3요소라고 하며, 이는 사람이 소리를 구별하는데 사용되고, 인공지능이 소리를 구별하는데도 사용된다.

다음과 같은 소리를 소리의 3요소 관점에서 어떻게 구별할 수 있는지 생각해 보면 인공지능이 어떻게 소리를 분류할 수 있는지에 대하여 이해하는데 도움이 될 수 있다.

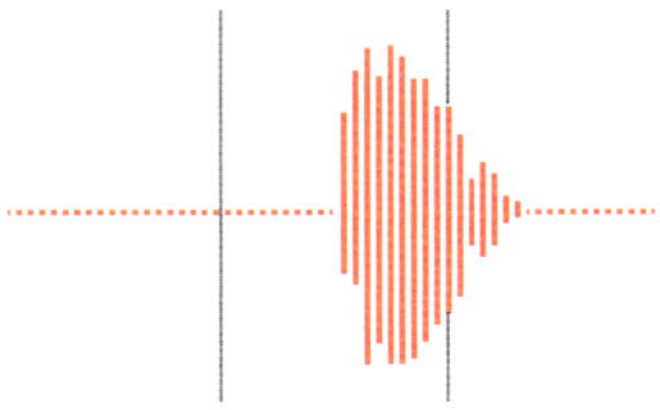

▲ 고양이 소리

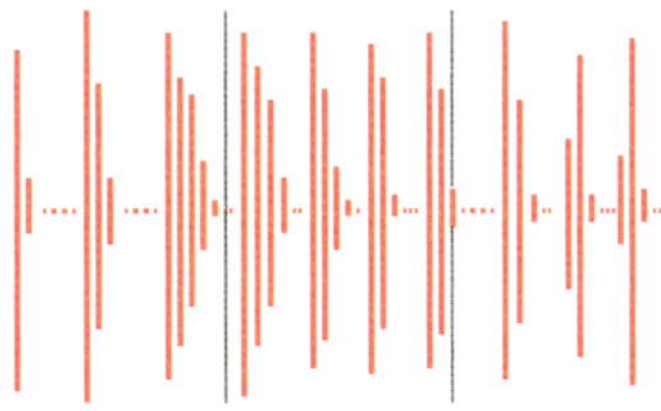

▲ 오리 소리

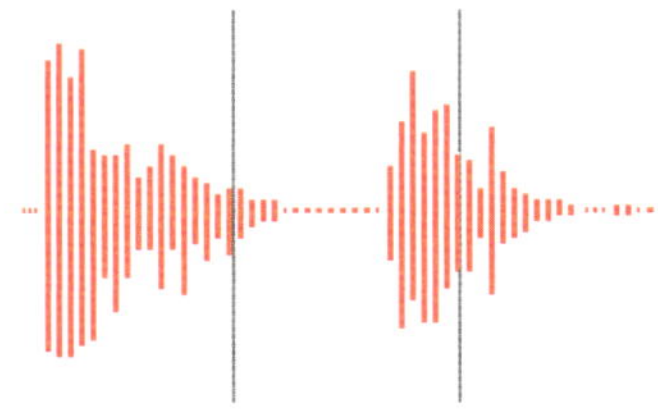

▲ 사자 소리

소리 즉, 오디오는 어떻게 저장할까요? 예부터 소리를 저장하기 위해서 많은 시도를 해왔으나 성공한 것은 최근의 일이다. LP 판과 같이 홈을 내어 소리를 저장하는 등 여러 방법을 사용하여 왔으나 컴퓨터와 디지털 기술의 발달로 인하여 현대에는 컴퓨터 파일로 저장하는 것이 일반화되었다. 소리를 저장하는 파일은 다양한 종류가 있는데 대표적인 것을 살펴보면 다음과 같다.

MP3

MP3는 동영상을 저장하는 파일 형식에서 소리를 저장하는 형식으로 개발된 것으로 MPEG Audio Layer-3을 줄여서 부르는 말이다. 원음에서 사람이 거의 들을 수 없는 부분을 잘라내서 파일의 용량을 줄임으로써 약간의 손실을 감수한다. 즉, 파일 크기가 작아지는 만큼 음질도 떨어진다고 볼 수 있다.

FLAC

FLAC은 대표적인 무손실 압축 방식으로 압축은 하지만 음질은 크게 떨어지지 않는다. FLAC은 Free Lossless Audio Codec을 줄여서 부르는 말이다. 음질은 상당히 좋지만 파일의 크기가 크다.

WAV

WAV는 CD에 저장된 음악 파일을 손실 없이 그대로 가져오는 방식으로 압축하지 않고 그대로 가져온 것으로 파일의 용량이 크다.

정리하면, WAV, FLAC, MP3의 순서대로 음질이 좋고 용량이 크다. 따라서, 상황에 따라 맞는 파일의 형식을 선택하면 될 것이다. 이 외에도 소리를 저장하는 다양한 파일 형식이 있다.

Session 01 어디로 갈까요?

사람의 말을 따라 행동하는 로봇이 나오는 영화를 본 적이 있나요? 예전에는 먼 미래의 이야기처럼 들렸지만 가까운 미래에 볼 수 있을지도 모른다. 하지만 지금도 실제로 움직이는 로봇이 아니어도 모니터 상에서는 캐릭터를 사람이 말하는 대로 움직이도록 프로그래밍할 수 있다. 이번 세션에서는 걸어가고 있는 엔트리봇을 사람이 말로 하는 지시에 따라 방향을 바꾸어 걸어가게 한다. 사람의 말을 인식하는 것은 엔트리 프로그램에서 제공하는 기능으로 별도의 학습을 필요로 하지 않는다.

학습 목표

소리 즉, 오디오 감지를 위한 인공지능 블록 블러오기 기능을 사용하여 사람의 말을 인식하는 프로젝트를 구현할 수 있다.

학습 준비물

- 음성 녹음이 가능한 PC 또는 노트북

데이터 수집 아이디어

- 음성 분류를 위한 오디오 감지 명령은 엔트리 프로그램에서 미리 학습된 명령으로 별도의 데이터를 수집하고 학습시키는 절차는 필요 없다.

1-1 음성 분류

사람의 말을 인식하기 위해서는 다양한 사람들의 말을 수집하고 이를 컴퓨터에게 학습시킬 필요가 있다. 사람의 말을 인식하는 것은 반드시 필요한 기능이며, 다양한 곳에서 사용할 수 있지만 이를 위하여 다양한 사람의 말을 수집하고 학습시키는 일은 매우 힘든 일이다. 다행히 엔트리를 비롯한 최근의 교육용 프로그래밍 도구에서는 미리 학습시킨 인공지능 블록을 제공한다. 즉, 사람의 말을 인식하기 위해서 별도로 사람의 말에 대한 데이터를 수집하고, 학습시킬 필요가 없으며 프로그래밍 도구에서 제공하는 명령을 사용하면 된다. 엔트리 프로그램에서 음성 인식 기능을 구현하기 위해서는 다음과 같은 절차에 따라 진행하면 된다.

❶ 엔트리 프로그램에서 를 클릭하여 오른쪽과 같이 “오디오 감지”를 선택한다. 단, AI 활용 블록은 인터넷이 연결되어 있어야 하므로 인터넷 연결 상태를 확인한다.

❷ “오디오 감지”를 선택하면 오른쪽과 같은 블록 명령을 사용할 수 있다.

❸ ‘음성 인식하기’ 명령을 사용하면 음성을 인식한 결과가 오른쪽과 같은 블록에 텍스트로 저장된다.

❹ 음성 인식 명령을 사용하기 위해서는 컴퓨터에 마이크가 연결되어 있어야 하는데 마이크가 연결되어 있는지의 판단과 마이크의 소리 크기를 알 수 있는 블록 명령은 오른쪽과 같다.

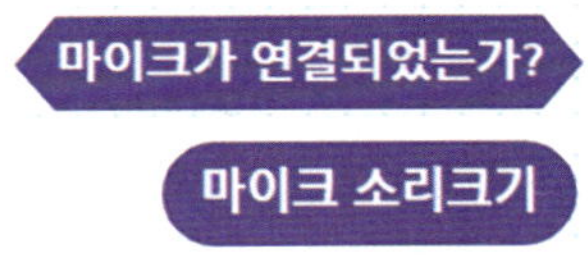

1-2 엔트리 코딩하기

앞에서 언급한 바와 같이 사람의 말을 인식하는 명령은 미리 학습된 명령 블록을 사용하면 된다. 즉, 인공지능 명령을 사용하기 위하여 데이터를 수집하고 학습할 필요가 없다.

“어디로 갈까요?” 프로젝트를 엔트리로 구현하는 절차는 다음과 같다.

1 배경으로 "공원(3)"을 선택하고, 사용하지 않을 "엔트리봇" 오브젝트는 삭제한다.

2 엔트리봇으로 분류된 오브젝트 모음에서 "(3)엔트리봇", "[묶음] 걷기 앞모습", "[묶음] 걷기 뒷모습", "[묶음] 걷기 옆모습"과 "다양한 표정 엔트리봇"을 찾아 추가한다.

3 신호로 "앞으로", "뒤로", "왼쪽으로", "오른쪽으로" 및 "중지"를 추가한다.

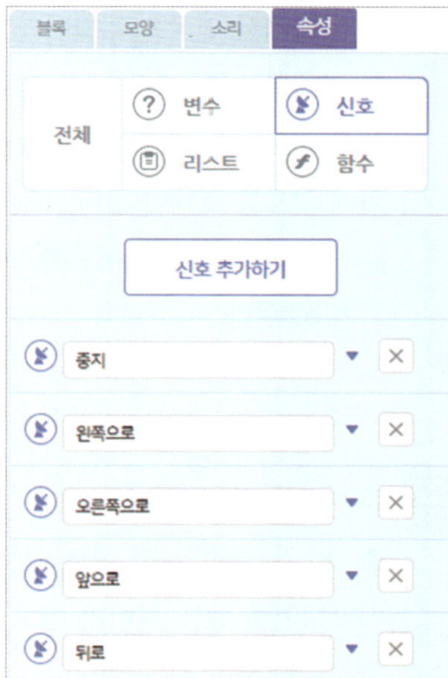

4 "(3)엔트리봇" 오브젝트는 프로젝트가 시작되면, 즉, 시작하기 버튼을 클릭했을 때 서 있는 엔트리봇이 보이며 어느쪽으로 갈지 말해달라고 안내하고, 사용자가 음성으로 명령하는 것을 기다린다. 이때, 안내하는 경우에는 모습을 보이고 다른 모습이 보이기 전에 보이지 않도록 한다.

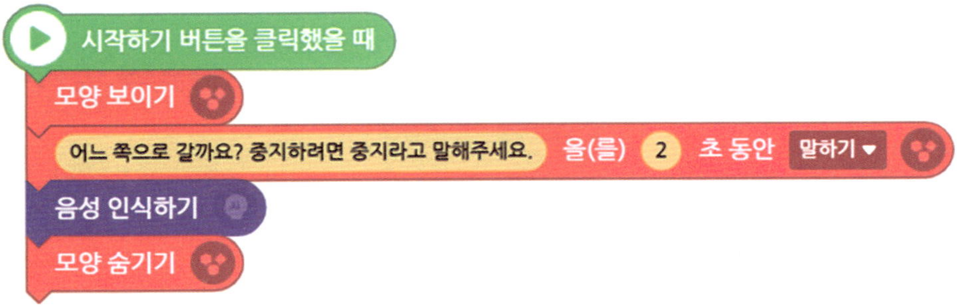

5 다음에는 음성으로 명령하면 엔트리 프로그램은 음성을 인식하여 그 명령에 따라 엔트리봇이 방향을 전환하여 걸어가게 한다. 단, 엔트리봇을 기준으로 명령을 수행하므로 엔트리봇이 앞을 보고 있는 상태에서는 "오른쪽으로"라는 명령에 대해서 엔트리봇은 화면 상에서 왼쪽으로 걸어가게 신호를 보내며, "왼쪽으로"라는 명령에 대해서는 화면 상에서 오른쪽으로 걸어가게 신호를 보내야 한다. 또한 서 있는 엔트리봇은 안 보이도록 "모양 숨기기"를 한다.

6 "[묶음] 걷기 앞모습", "[묶음] 걷기 뒷모습", "[묶음] 걷기 옆모습" 및 "다양한 표정 엔트리봇" 등의 오브젝트들은 프로젝트가 시작되었을 때는 보이지 않고 지정한 방향으로 걸어갈 때에만 보이도록 해야 한다. 따라서, 엔트리봇의 걸어가는 오브젝트들은 시작하기 버튼을 클릭했을 때에는 모양을 숨긴다.

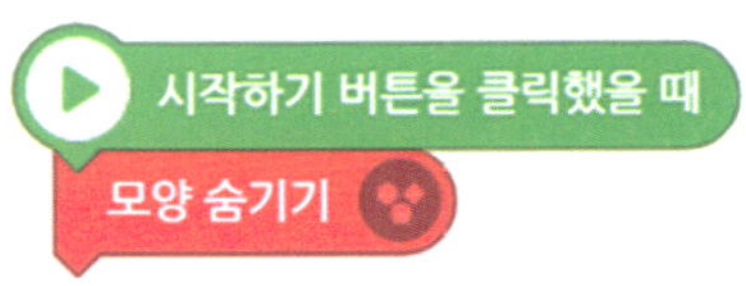

7 ““[묶음] 걷기 뒷모습” 오브젝트는 “뒤로”라는 신호를 받으면 뒤로 가는 모습을 보이고, 다음 모습으로 바꾸는 동작을 반복한다.

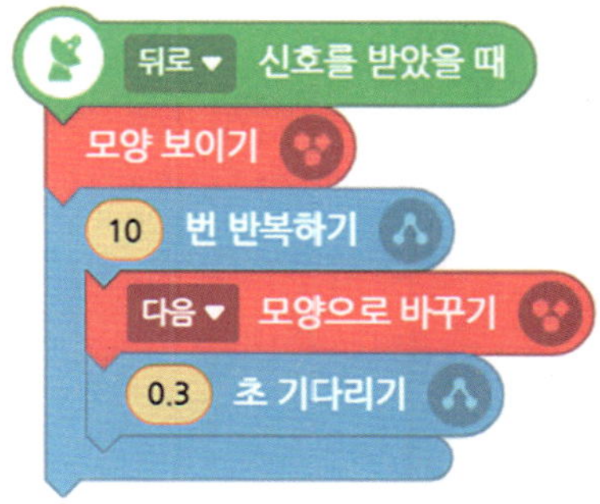

8 다음에는 어느 쪽으로 갈지 묻고 기다렸다가 명령하는 방향으로 걸어가도록 신호를 준다. 걷기 신호를 주기 전에 현재의 걷기 모습은 보이지 않도록 한다.

9 "[묶음] 걷기 앞모습" 오브젝트는 "앞으로"라는 신호를 받으면 앞을 보고 걸어가는 모습을 보이고, 다음 모습으로 바꾸는 동작을 반복한다.

10 다음에는 어느 쪽으로 갈지 묻고 기다렸다가 명령하는 방향으로 걸어가도록 신호를 준다. 또한, 현재의 걷기 모습은 보이지 않도록 한다.

❶❶ "[묶음] 걷기 옆모습" 오브젝트는 "오른쪽으로" 혹은 "왼쪽으로" 신호를 받으면 해당하는 방향으로 걷는 모습을 보여주는데 기본적으로는 앞으로 혹은 뒤로 걷는 모습과 비슷하다. 다만, 이 오브젝트에서 왼쪽으로 혹은 오른쪽으로 걷는 모습을 모두 구현해야 하므로 신호에 따라 다르게 코딩해야 하는데, 기본 방향은 화면 상에서 오른쪽이므로 왼쪽으로 걷는 모습을 구현하려면 좌우 모양을 뒤집는다. 방향 전환은 엔트리를 기준으로 회전하도록 신호를 보내도록 한다.

12 "다양한 표정 엔트리봇" 오브젝트는 "중지" 명령을 받게 되면 엔트리봇은 감사하다는 말과 함께 인사를 하고 프로젝트를 끝낸다.

정리

이 프로그램은 음성 인식의 결과가 텍스트로 저장되며 이후의 처리는 텍스트 기반으로 처리하는 것과 유사함을 보여준다. 따라서, 텍스트 기반의 프로그램이 이미 개발되어 있다면 음성 인식을 사용한 프로그램으로의 전환은 쉽게 이루어질 수 있다. 이 프로그램의 전체 프로그램은 다음과 같다.

전체 프로그램

오브젝트	프로그램
(3)엔트리봇 	

[묶음] 걷기 앞모습

[묶음] 걷기 뒷모습

[묶음] 걷기 옆모습 	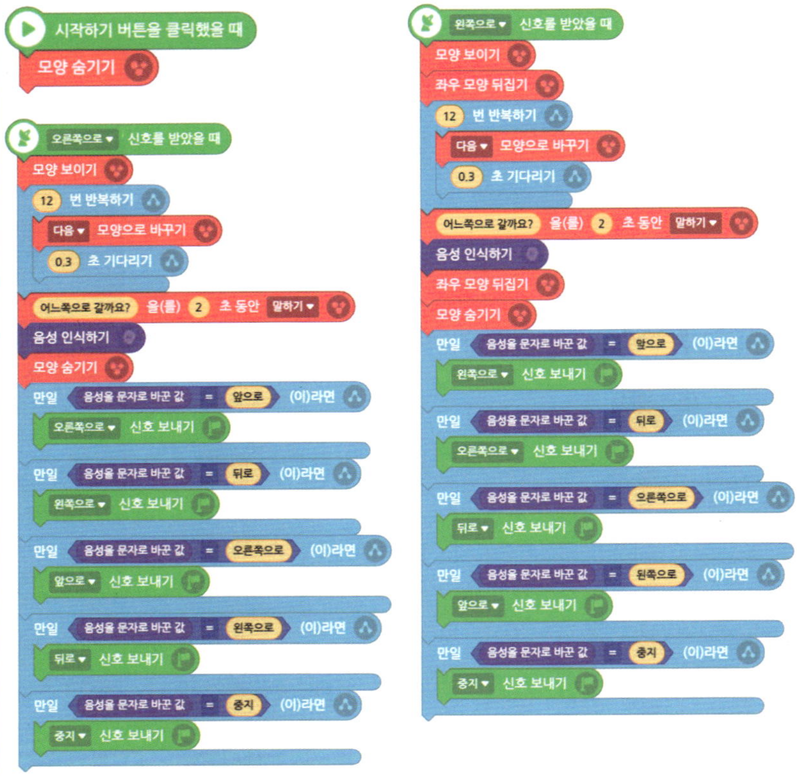
다양한 표정 엔트리봇 	

과 제

음성 명령에 따라 춤을 추는 아바타 프로그램을 작성해 보세요.

entry Session 02

무엇을 할까요?

사람들은 같은 의미라도 다양한 말로 사용한다. 즉, 앞으로 가도록 하는 명령을 어떤 경우에는 "앞으로"라고 하지만 어떤 경우에는 "전진"이라고 할 수도 있다. 이와 같이 다양하게 바뀌는 명령을 이해하기 위해서 인공지능의 능력을 사용할 수 있다. 음성 분류의 결과는 텍스트로 변환되므로 텍스트의 인공지능 모델 학습하기 기능을 사용하면 다양한 형태의 음성 명령에 대처할 수 있다. 이번 세션에서는 엔트리봇에게 음성으로 동작을 명령하는 데 텍스트의 인공지능 학습 기능과 결합하여 다양한 형태의 명령을 적절하게 수행하도록 한다. 앞의 예와 같이 음성 분류를 위한 별도의 데이터 수집 및 학습은 필요하지 않지만 다양한 형태의 텍스트 명령에 대처하기 위한 데이터 수집 및 학습은 필요하다.

학습 목표

- 음성 분류의 결과는 텍스트로 인식되며, 이는 텍스트 분류 기술을 적용할 수 있음을 이해할 수 있다.

학습 준비물

- 음성 녹음이 가능한 PC 또는 노트북

데이터 수집 아이디어

엔트리봇 동작

클래스	클래스	클래스	클래스	클래스
헤롱	펀치	바람 일으키기	점프	팔 휘젓기
헤롱헤롱, 정신 없어, 헤롱, 여기가 어디야, 아이구 머리야, 머리 아파	주먹을 뻗어, 강펀치, 펀치, 주먹을 앞으로, 원 투, 권투, 스트레이트	더워, 시원하게 해줘, 바람을 일으켜, 휙휙, 바람아 불어라	점프, 뛰어, 위로, 퐁퐁, 붕붕,	훠이훠이, 팔을 휘둘러, 저리 가, 오지 마, 워워

2-1 인공지능 데이터 수집

다양한 명령에 대처하기 위해서는 클래스에 해당하는 텍스트 데이터가 많을수록 좋다. 따라서 동작과 관련된 다양한 명령들을 데이터로 입력한다.

1 엔트리 프로그램에서 [인공지능 모델 학습하기]를 클릭하여 다음과 같이 "오디오 감지"를 선택한다.

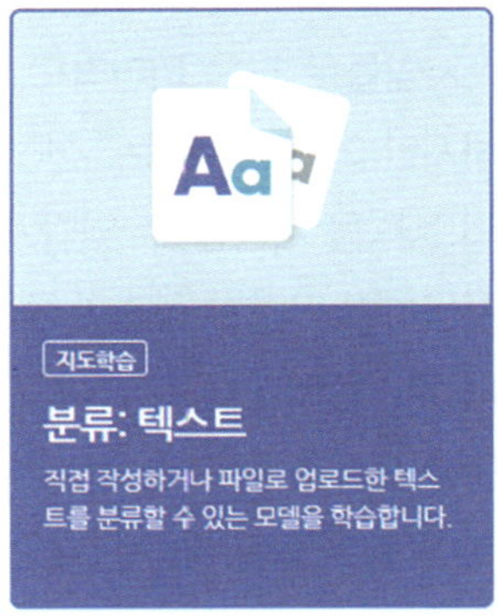

2 「분류:텍스트」 모델 학습하기 화면에서 모델 학습 이름을 오른쪽과 같이 "엔트리봇 동작"으로 설정한다.

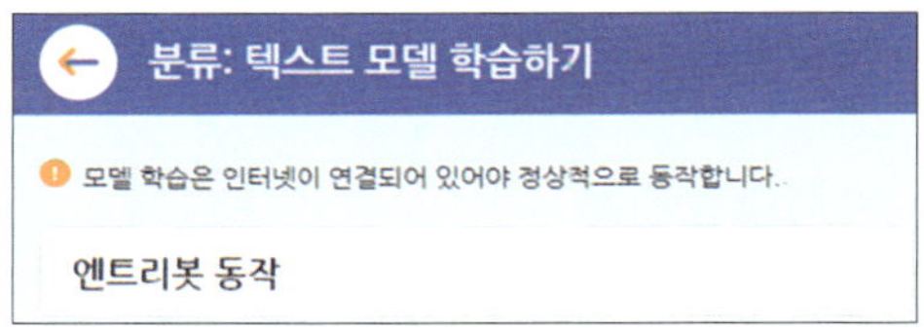

2-2 데이터 분류 및 테스트

1 데이터 입력을 위해서 분류 범주인 키워드를 입력하고 오른쪽과 같이 동작과 관련된 텍스트를 입력한다. 먼저, "헤롱" 클래스를 생성하고 관련된 텍스트 데이터를 입력한다.

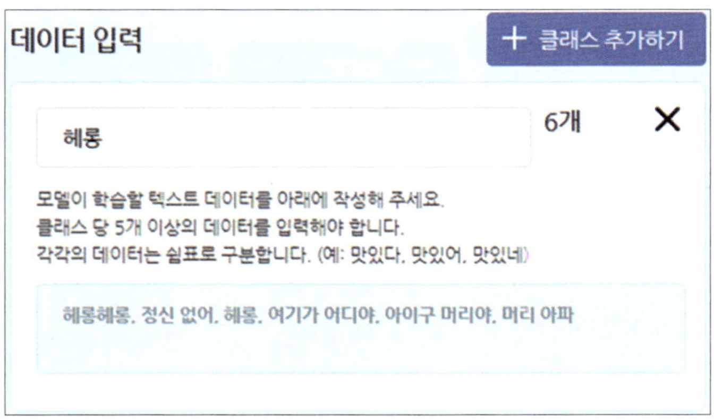

2 다음으로 "펀치" 클래스를 추가하고 관련된 텍스트 데이터를 입력한다.

3 나머지 "바람 일으키기", "점프" 및 "팔 휘젓기" 클래스에 대한 텍스트 데이터를 입력한다.

4 클래스 별로 텍스트 데이터를 각각 5개 이상 입력하였으면 학습 단계에서 모델 학습하기 버튼을 클릭하여 인공지능 텍스트 분류가 가능하도록 학습 모델을 제작한다.

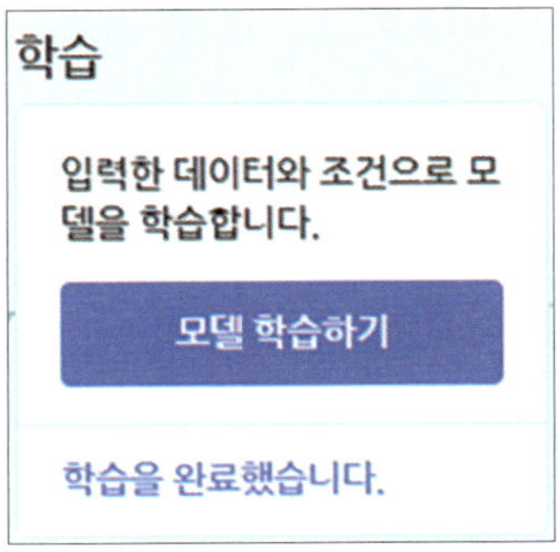

5 만들어진 모델의 학습 결과를 확인하기 위해서 다음과 같이 실제 텍스트 데이터를 입력하여 테스트한다. 테스트 결과는 분류된 클래스 별 정확도를 퍼센트 형태로 표시해준다.

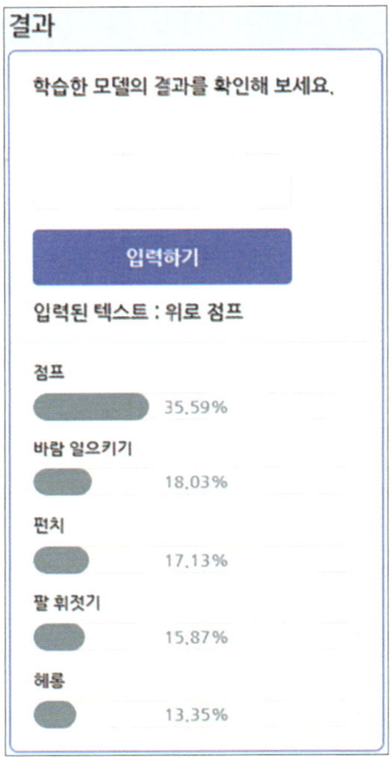

2-3 엔트리 코딩

사람의 말을 인식하는 명령은 미리 학습된 명령 블록을 사용할 수 있으나 다양한 명령에 대처하기 위해서는 음성 인식의 결과에 해당하는 텍스트에 대해서 기계 학습을 진행할 필요가 있다. "무엇을 할까요?" 프로젝트를 엔트리로 구현하는 절차는 다음과 같다.

1 "엔트리봇" 오브젝트를 삭제한다. 엔트리봇으로 분류된 오브젝트 모음에서 "(3)엔트리봇", "[묶음] 헤롱 앞모습", "[묶음] 펀치 옆모습", "[묶음] 팔 휘젓기 앞모습", "점프 앞모습" 및 "[묶음] 바람 일으키기 앞모습"을 찾아 추가한다.

2 신호로 "바람 일으키기!", "점프!", "팔 휘젓기!", "펀치!" 및 "헤롱!"을 추가한다.

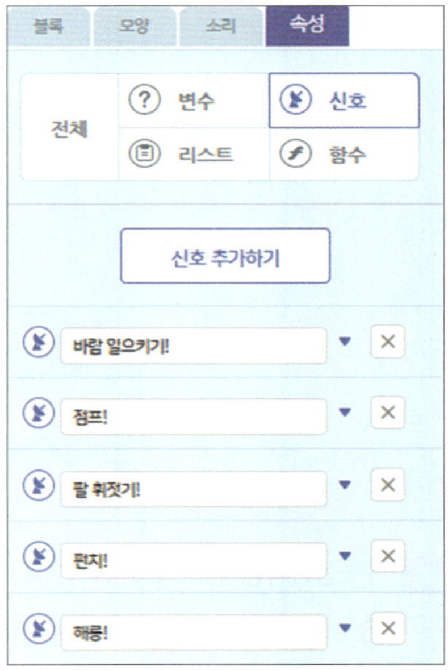

3 "(3)엔트리봇" 오브젝트는 프로젝트가 시작되면, 즉, 시작하기 버튼을 클릭했을 때 서 있는 엔트리봇이 "무엇을 할까요?"라고 음성으로 안내하며, 사용자가 음성으로 명령하는 것을 기다린다. 음성으로 명령하면 엔트리 프로그램은 음성을 인식하여 텍스트 형태로 결과를 저장한다. 그리고, 명령에 따라 관련된 동작을 수행한다. 이때 음성 명령이 동작과 관련되어 있는지를 텍스트 분류에 따라 수행한다. 즉, 분류 결과가 "헤롱"이면 엔트리봇이 "헤롱" 동작을 수행하도록 신호를 보낸다. 마찬가지로 분류 결과에 따라 "펀치", "팔 휘젓기", "점프" 및 "바람 일으키기" 동작을 하도록 신호를 보낸다. 엔트리봇이 관련 동작을 한 후에는 다시 서 있는 모습이 되어 명령을 기다리는 것을 반복한다.

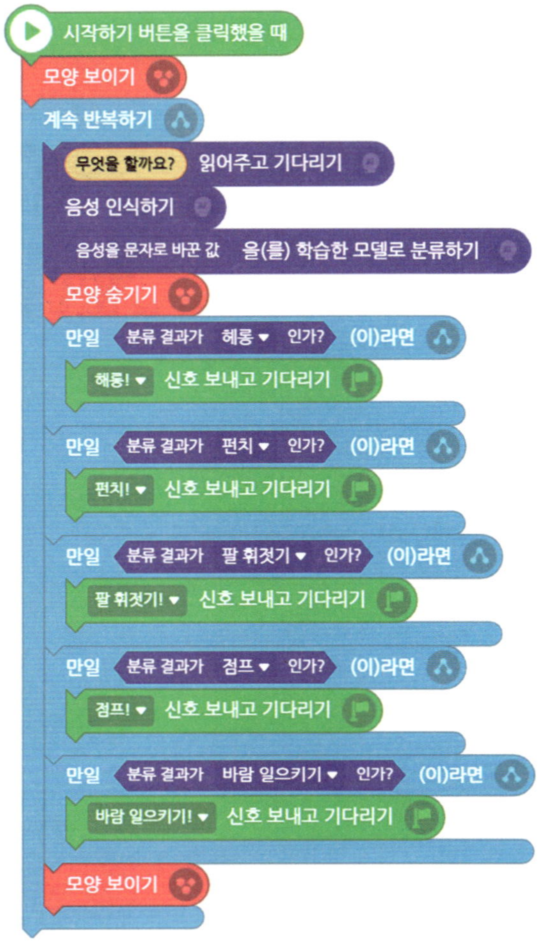

4 "[묶음] 헤롱 앞모습", "[묶음] 펀치 옆모습", "[묶음] 팔 휘젓기 앞모습", "[묶음] 점프 앞모습" 및 "[묶음] 바람 일으키기 앞모습" 등의 오브젝트들은 프로젝트가 시작되었을 때는 보이지 않고 지정한 동작을 하는 때에만 보이도록 해야 한다. 따라서, 엔트리봇이 다양한 동작을 하는 오브젝트들은 시작하기 버튼을 클릭했을 때에는 모양을 숨긴다.

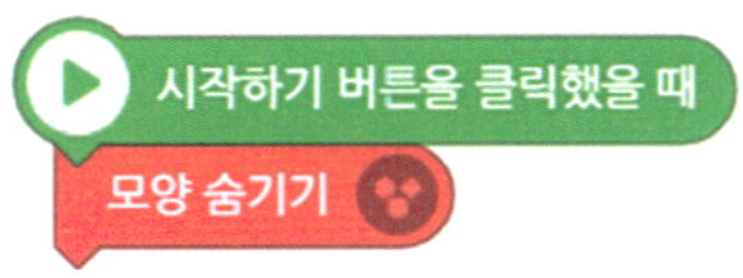

4 "[묶음] 헤롱 앞모습", "[묶음] 펀치 옆모습", "[묶음] 팔 휘젓기 앞모습", "[묶음] 점프 앞모습" 및 "[묶음] 바람 일으키기 앞모습" 등의 오브젝트들은 해당하는 신호를 받았을 때 모양을 보이고, 모양의 개수만큼 모양 바꾸기를 반복한다. 다음에는 모양을 숨긴다. 예를 들어, "[묶음]헤롱 앞모습" 오브젝트인 경우의 코드는 다음과 같다.

5 "[묶음] 펀치 옆모습", "[묶음] 팔 휘젓기 앞모습", "[묶음] 점프 앞모습" 및 "[묶음] 바람 일으키기 앞모습" 오브젝트인 경우에 「헤롱! 신호를 받았을 때」에 해당하는 블록은 각각 「펀치! 신호를 받았을 때」, 「팔 휘젓기! 신호를 받았을 때」, 「점프! 신호를 받았을 때」 및 「바람 일으키기! 신호를 받았을 때」로 대체한다. 또한, 「헤롱 앞모습_1」에 해당하는 블록은 「펀치 옆모습_1」, 「팔 휘젓기 앞모습_1」, 「점프 앞모습_1」 및 「바람 일으키기 앞모습_1」로 대체한다.

정리

음성 인식의 결과가 텍스트로 저장되는 것이라면 텍스트 분류 기술을 적용할 수 있음을 의미한다. 따라서, 이 프로그램은 음성 분류와 텍스트 분류 기술을 함께 사용하여 좀 더 다양한 형태의 프로그램을 만들 수 있음을 보여준다. 사람이 음성으로 명령할 때 다양한 단어를 사용할 수 있게 되어 현실에서도 잘 사용할 수 있는 프로그램을 만들 수 있음을 체험할 수 있다. 이 프로그램의 전체 프로그램은 다음과 같다.

전체 프로그램

오브젝트	프로그램

(3)엔트리봇

```
시작하기 버튼을 클릭했을 때
모양 보이기
여성 ▾ 목소리를 보통 ▾ 속도 보통 ▾ 음높이로 설정하기
계속 반복하기
    무엇을 할까요? 읽어주고 기다리기
    음성 인식하기
    음성을 문자로 바꾼 값 을(를) 학습한 모델로 분류하기
    모양 숨기기
    만일 분류 결과가 혜롱 ▾ 인가? (이)라면
        혜롱! ▾ 신호 보내고 기다리기
    만일 분류 결과가 펀치 ▾ 인가? (이)라면
        펀치! ▾ 신호 보내고 기다리기
    만일 분류 결과가 팔 휘젓기 ▾ 인가? (이)라면
        팔 휘젓기! ▾ 신호 보내고 기다리기
    만일 분류 결과가 점프 ▾ 인가? (이)라면
        점프! ▾ 신호 보내고 기다리기
    만일 분류 결과가 바람 일으키기 ▾ 인가? (이)라면
        바람 일으키기! ▾ 신호 보내고 기다리기
    모양 보이기
```

[묶음] 바람 일으키기 앞모습

```
시작하기 버튼을 클릭했을 때
모양 숨기기
```

```
바람 일으키기! ▾ 신호를 받았을 때
모양 보이기
바람 일으키기 앞모습_1.svg ▾ 모양으로 바꾸기
8 번 반복하기
    1 초 기다리기
    다음 ▾ 모양으로 바꾸기
모양 숨기기
```

[묶음] 팔 휘젓기 앞모습

```
시작하기 버튼을 클릭했을 때
모양 숨기기
```

```
점프! ▾ 신호를 받았을 때
모양 보이기
점프 앞모습_1.svg ▾ 모양으로 바꾸기
8 번 반복하기
    1 초 기다리기
    다음 ▾ 모양으로 바꾸기
모양 숨기기
```

<table>
<tr><td>[묶음] 펀치 옆모습
</td><td>
</td></tr>
<tr><td>[묶음] 펀치 옆모습
</td><td>
</td></tr>
<tr><td>[묶음] 헤롱 앞모습
</td><td>
</td></tr>
</table>

과 제

엔트리 프로그램과 연결될 수 있는 로봇을 다양한 음성 명령으로 조종할 수 있도록 프로그래밍해 보세요.

entry

Session 03

누구일까요?

우리는 동물의 울음소리를 들으면 어떤 동물인지 알 수 있다. 이것은 동물마다 울음소리의 음색이 다르기 때문인데 인공지능도 울음소리를 듣고 어떤 동물인지 구별할 수 있다. 이번 세션에서는 다양한 동물의 울음소리를 인공지능 모델이 분석함으로써 어떤 동물의 울음소리인지 알아낼 수 있도록 한다.

학습 목표

동물의 울음소리를 인공지능 음성 분류 모델로 학습시켜 어떤 동물 울음소리인지 알아내는 프로젝트를 구현할 수 있다.

학습 준비물

음성 녹음이 가능한 PC 또는 노트북

데이터 수집 아이디어

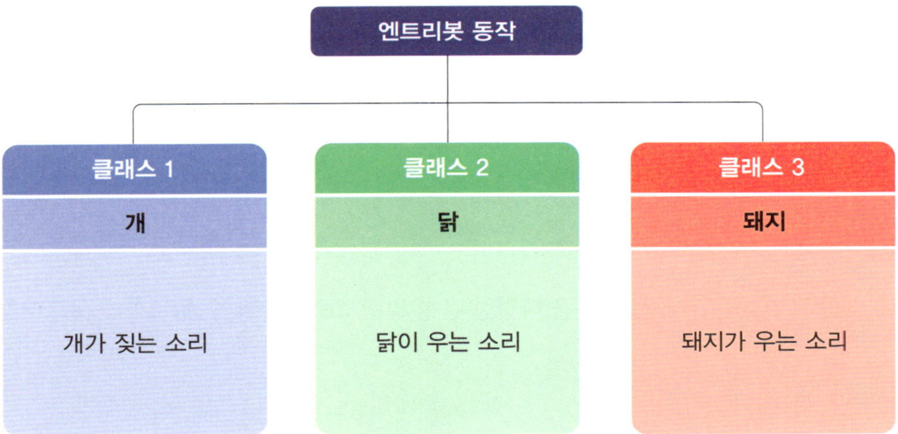

3-1 인공지능 데이터 수집

인공지능이 효과적으로 소리를 분류하기 위해서는 많은 소리 데이터를 수집하여 입력하는 것이 좋다. 동물의 울음 소리는 다양한 방법으로 수집할 수 있으며 친구들과 함께 협력하는 것도 좋은 방법이다. 일반적으로 동물 울음소리는 녹음하여 파일로 업로드하게 되는데 엔트리 프로그램에서는 MP3 파일을 사용한다. 엔트리 프로그램에서의 소리 데이터는 3초 이상이어야 하며, 하나의 클래스에 적어도 5개 이상의 데이터가 필요하다.

1. 엔트리 프로그램에서 [인공지능 모델 학습하기]를 클릭하여 다음과 같이 「분류: 음성」 유형의 데이터 학습모델을 선택한다.

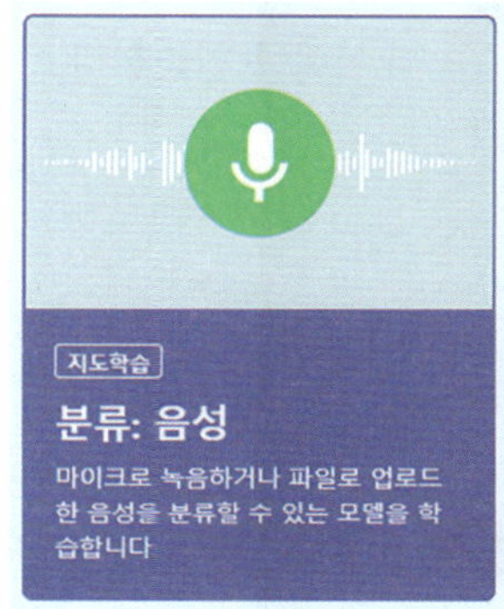

2. 음성 모델 학습하기 화면에서 모델 학습 이름을 "동물 울음소리"로 설정한다.

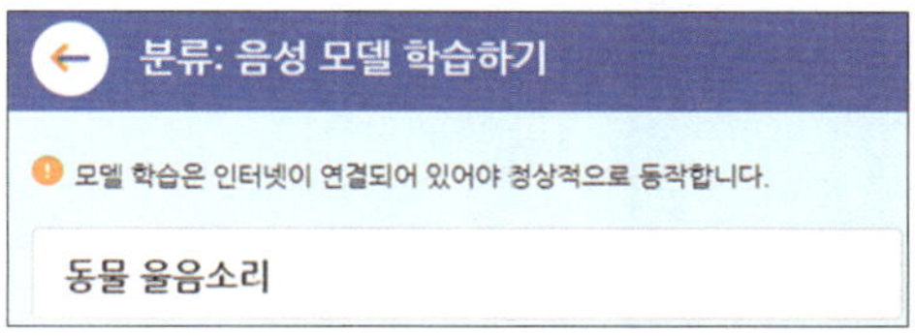

3-2 데이터 분류 및 테스트

1. 데이터 입력을 위해서 분류 범주인 키워드를 입력하고 소리 데이터를 업로드하여 입력한다. 데이터 입력 길이는 3초이며 최소 5개 이상의 소리 데이터를 입력한다. 먼저 "개" 클래스를 추가하고 소리 데이터를 입력한다.

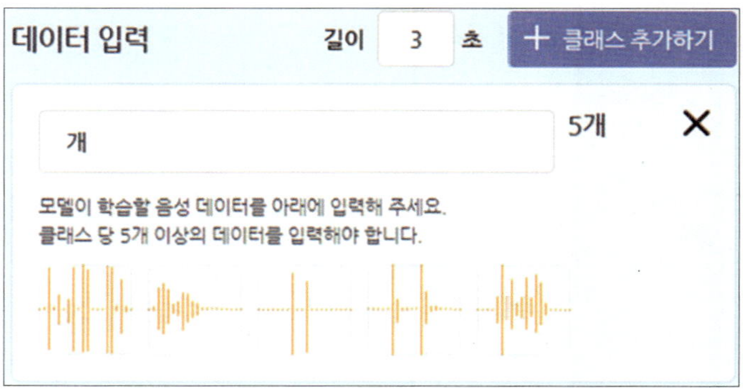

2 다음으로 "닭" 클래스를 추가하고 소리 데이터를 입력한다.

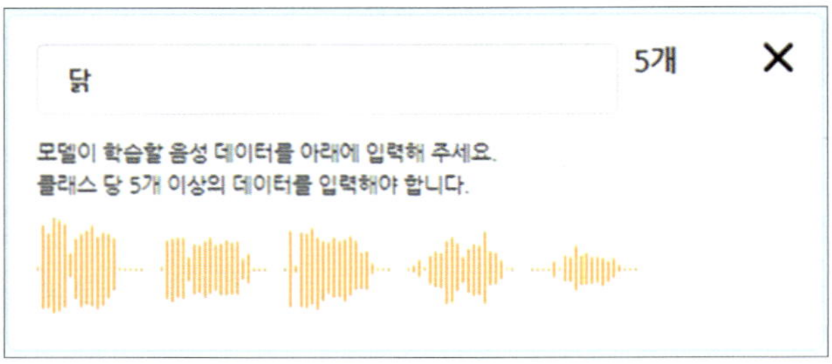

3 마지막으로 "돼지" 클래스를 추가하고 소리 데이터를 입력한다.

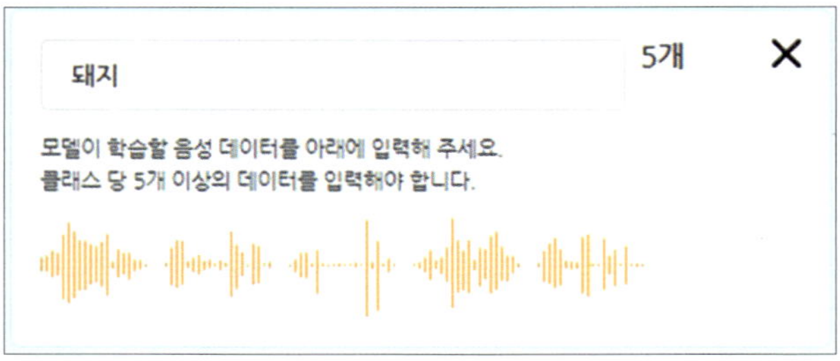

4 클래스 별로 소리 데이터를 각각 5개 이상 입력하였으면 학습 단계에서 모델 학습하기 버튼을 클릭하여 인공지능 음성 분류가 가능하도록 학습 모델을 제작한다.

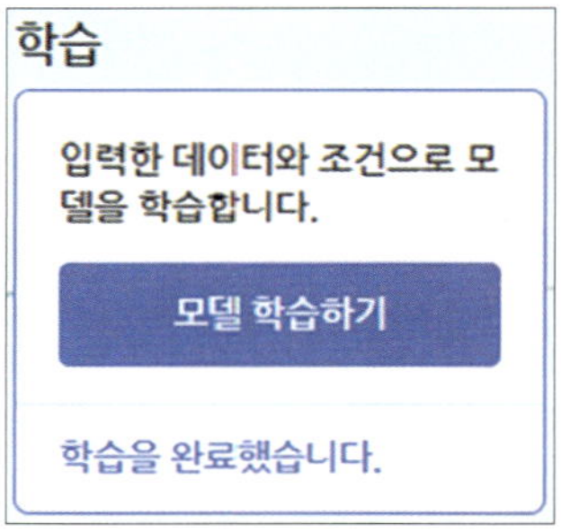

5 만들어진 모델의 학습 결과를 확인하기 위해서 동물의 울음소리를 업로드하여 테스트한다. 테스트 결과는 분류된 클래스별 정확도를 퍼센트 형태로 표시해준다.

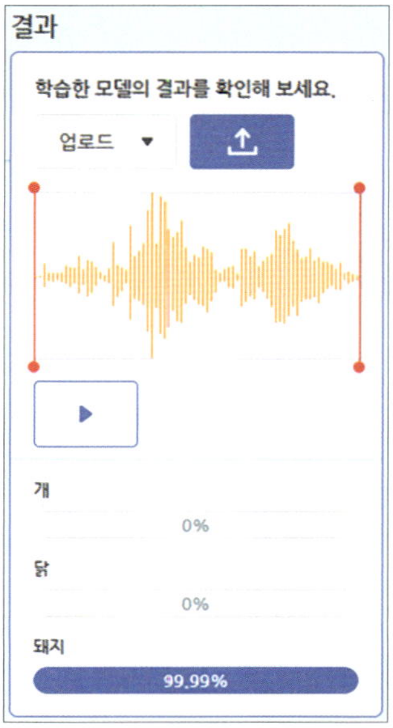

3-3 엔트리 코딩

어떤 동물의 울음소리인지 알아내는 "누구일까요?" 프로젝트를 엔트리로 구현하는 절차는 다음과 같다.

1. 동물로 분류된 오브젝트 모음에서 "수탉", "돼지" 및 "강아지" 등의 오브젝트를 찾아 추가한다.

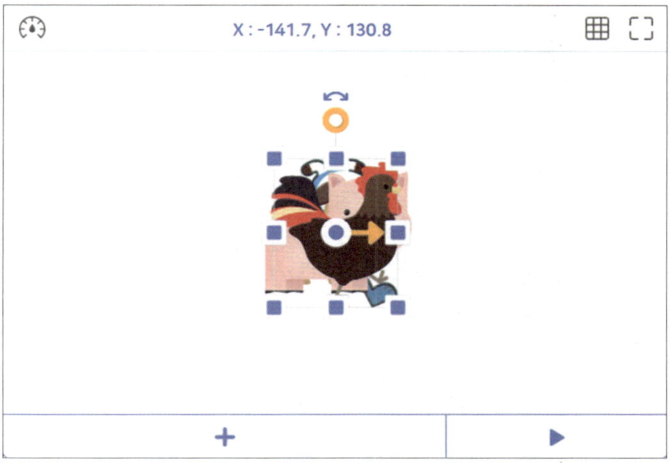

2. 신호로 "닭!", "돼지!", 및 "강아지!"를 추가한다.

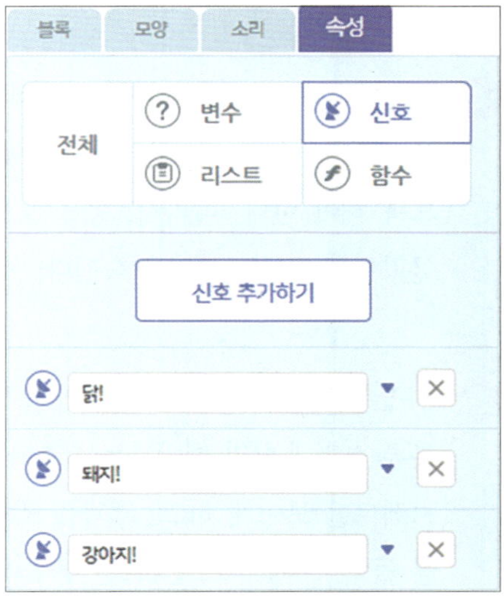

3. "엔트리봇" 오브젝트는 프로젝트가 시작되면, 즉, 시작하기 버튼을 클릭했을 때 프로젝트에 대하여 안내하며, 소리가 난 동물 울음소리를 학습한 모델로 분류한다. 분류 결과에 따라 해당하는 동물을 보여주며 결과를 말하도록 신호를 보낸다.

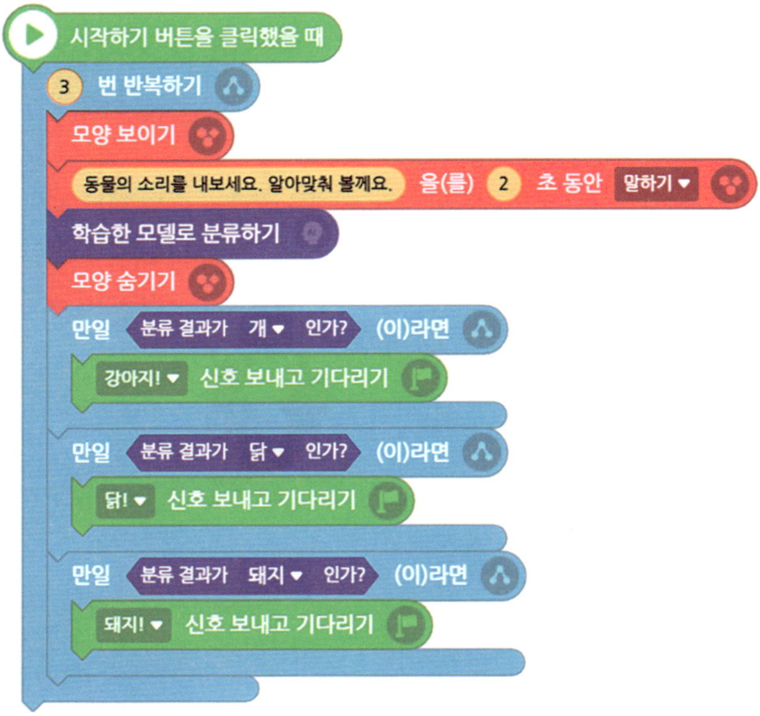

4 "수탉", "돼지" 및 "강아지" 오브젝트들은 프로젝트가 시작되었을 때는 보이지 않고 분류한 결과에 따라 해당하는 동물이 보이도록 해야 한다. 따라서, 동물 오브젝트들은 시작하기 버튼을 클릭했을 때에는 모양을 숨긴다.

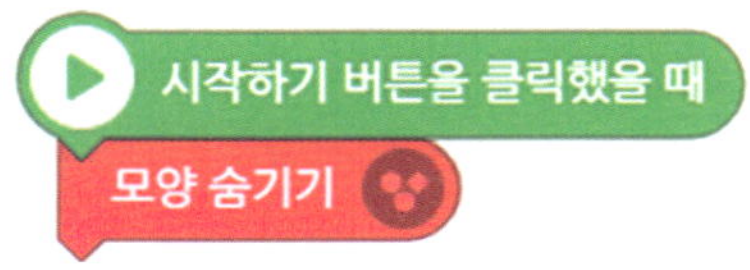

5 "수탉", "돼지" 및 "강아지" 오브젝트들은 분류 결과에 따라 해당하는 신호가 오면 오브젝트를 보이게 하고, 결과를 말한다. 예를 들어, "수탉" 오브젝트인 경우의 코드는 오른쪽과 같다.

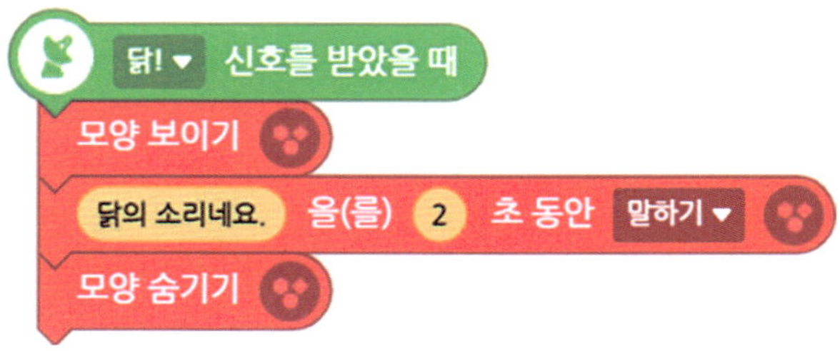

6 "돼지"와 "강아지" 오브젝트인 경우에는 「닭! 신호를 받았을 때」블록을 각각 「돼지! 신호를 받았을 때」와 「강아지! 신호를 받았을 때」로 대체하고, "닭의 소리네요." 라고 말하는 문자열 대신에 각각 "돼지 소리네요."와 "강아지 소리네요."를 입력한다.

정 리

이 프로그램을 통하여 소리 데이터를 수집해서 학습시키면 인공 지능은 그와 유사한 소리가 입력되었을 때 그 소리가 무엇인지를 알아낼 수 있다. 또한, 소리 데이터 학습의 체험을 통하여 현재 인공 지능 기술의 한계점을 인식할 수도 있다. 이 프로그램의 전체 프로그램은 다음과 같다.

전체 프로그램

<table>
<tr><th>오브젝트</th><th>프로그램</th></tr>
<tr><td>엔트리봇
</td><td>
</td></tr>
<tr><td>강아지
</td><td>
</td></tr>
<tr><td>돼지
</td><td>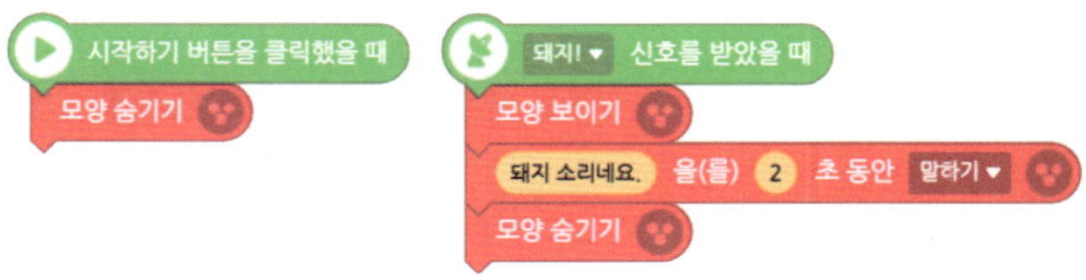
</td></tr>
</table>

수탉

과 제

우리 주위에서 들을 수 있는 여러 소리를 수집한 후에 센서에 의해 입력되는 소리를 듣고 어떤 상황인지 알아내는 프로그램을 작성해 보세요.

Session 04 누가누가 잘 하나!

여러분들은 동물의 울음소리를 얼마나 잘 흉내낼 수 있나요? 누가 동물의 울음소리를 가장 비슷하게 흉내낸다고 생각하세요? 누가 더 비슷하게 흉내내는지 인공지능으로 학습한 모델을 사용하면 알 수 있어요. 여러분이 흉내내는 동물의 울음소리가 얼마나 비슷한지 알아내는 프로그램을 만들어 봅시다.

학습 목표

동물의 울음소리를 인공지능 음성 분류 모델로 학습시켜 흉내내는 울음소리가 얼마나 비슷한지 판단하는 프로젝트를 구현할 수 있다.

학습 준비물

음성 녹음이 가능한 PC 또는 노트북

데이터 수집 아이디어

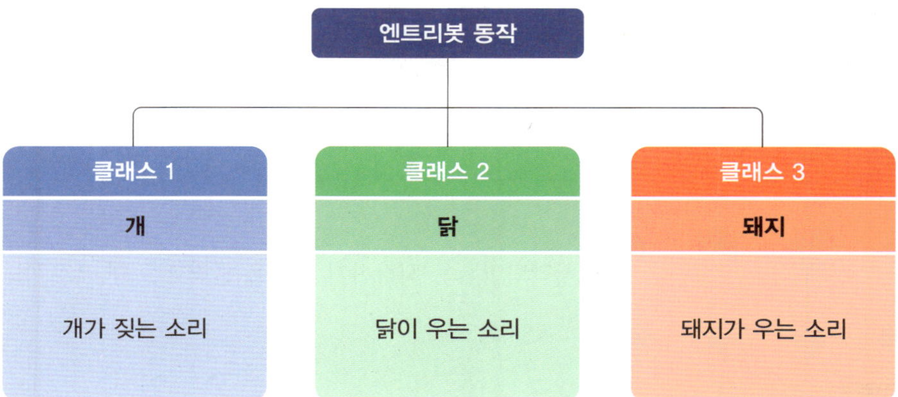

4-1 인공지능 데이터 수집

이번 주제에서는『세션 3. 누구일까요?』프로젝트에서 학습한 인공지능 모델을 사용한다. 이와 같이 비슷한 프로젝트인 경우에 학습 모델이 같다면 다른 프로젝트와 공유하는 것이 가능하다.

4-2 엔트리 코딩

지정한 동물의 울음소리를 흉내내는 소리가 얼마나 비슷한지 알아내는 "누가누가 잘 하나?" 프로젝트를 엔트리로 구현하는 절차는 다음과 같다.

1. 동물로 분류된 오브젝트 모음에서 "수탉", "돼지" 및 "강아지" 등을 찾아 추가한다.

2. "엔트리봇" 오브젝트는 프로젝트가 시작되면, 즉, 시작하기 버튼을 클릭했을 때 프로젝트에 대하여 안내한다.

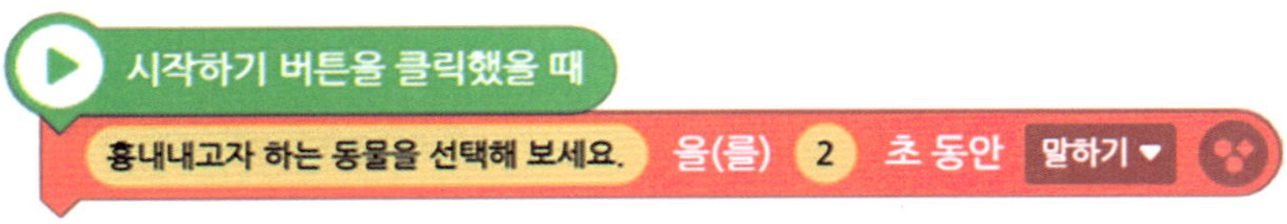

3 "수탉", "돼지" 및 "강아지" 오브젝트들을 클릭하면 사용자의 흉내내는 소리를 입력받아 그 소리가 해당하는 동물의 울음소리와 얼마나 비슷한지 판단한다. 본 예제에서는 신뢰도가 0.5 이상이면 매우 비슷한 것으로 판단하고, 0.3 이상이면 비슷한 것으로 판단하였다. 만약 신뢰도가 0.3 미만이면 비슷하지 않은 것으로 판단하여 판단 결과를 말하였다. 예를 들어, "수탉" 오브젝트의 코드는 다음과 같다.

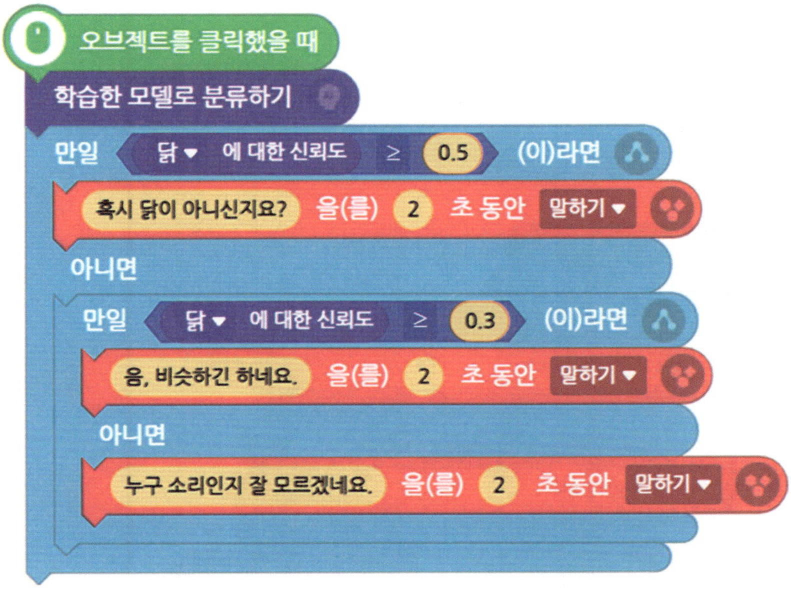

4 "돼지"와 "강아지" 오브젝트인 경우에는 「닭▼에 대한 신뢰도」를 각각 「개▼에 대한 신뢰도」와 「돼지▼에 대한 신뢰도」로 대체하고, "혹시 닭이 아니신가요?"라고 말하는 문자열 대신에 "혹시 개가 아니신가요?"와 "혹시 돼지가 아니신가요?"로 입력한다.

정리

인공 지능으로 학습시키고 인식하는 결과는 신뢰도가 퍼센트로 표현된다. 이 프로그램을 통하여 입력된 소리 데이터가 어떤 클래스에 얼마나 정확하게 일치하는가를 알 수 있게 되어 현실적으로 결과를 인정하려면 신뢰도가 어느 정도 되어야 하는가를 생각하도록 할 수 있다. 또한, 학습시킨 모델은 다른 프로그램에서도 공유할 수 있음을 이해할 수 있다. 이 프로그램의 전체 프로그램은 다음과 같다.

전체 프로그램

오브젝트	프로그램
엔트리봇 	시작하기 버튼을 클릭했을 때 흉내내고자 하는 동물을 선택해 보세요. 을(를) 2 초 동안 말하기 ▾
강아지 	오브젝트를 클릭했을 때 학습한 모델로 분류하기 만일 개 ▾ 에 대한 신뢰도 ≥ 0.5 (이)라면 　혹시 강아지가 아니신지요? 을(를) 2 초 동안 말하기 ▾ 아니면 　만일 개 ▾ 에 대한 신뢰도 ≥ 0.3 (이)라면 　　음, 비슷하긴 하네요. 을(를) 2 초 동안 말하기 ▾ 　아니면 　　누구 소리인지 잘 모르겠네요. 을(를) 2 초 동안 말하기 ▾
돼지 	오브젝트를 클릭했을 때 학습한 모델로 분류하기 만일 돼지 ▾ 에 대한 신뢰도 ≥ 0.5 (이)라면 　혹시 돼지가 아니신지요? 을(를) 2 초 동안 말하기 ▾ 아니면 　만일 돼지 ▾ 에 대한 신뢰도 ≥ 0.3 (이)라면 　　음, 비슷하긴 하네요. 을(를) 2 초 동안 말하기 ▾ 　아니면 　　누구 소리인지 잘 모르겠네요. 을(를) 2 초 동안 말하기 ▾

수탉

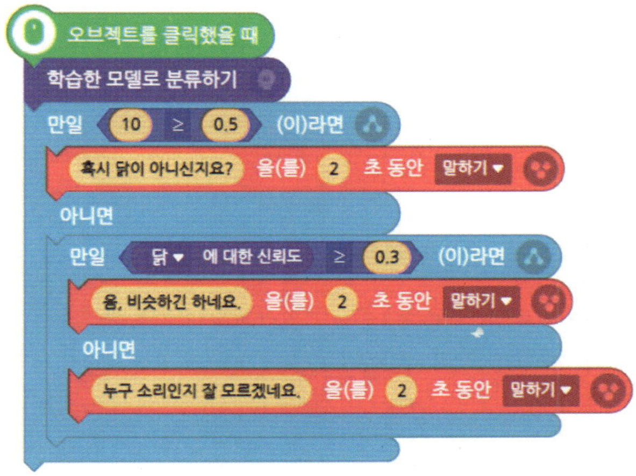

과 제

고양이, 호랑이 및 사자의 소리 데이터를 학습시킨 후 분류하는 프로그램의 실행 결과를 신뢰도의 값이 어느 정도일 때 인식 결과를 받아들일 수 있는지에 대하여 토론해 보세요.

CHAPTER

8

엔트리 데이터 분석

CHAPTER 8

엔트리 데이터 분석

Session 01 날씨 데이터를 분석해보자!

Session 03 키와 몸무게로 비만도 측정하기

학습 목표

엔트리에서 제공하는 데이터와 개인이 수집한 데이터를 분석하는 데이터 과학 프로젝트를 만들 수 있다.

엔트리는 기온, 강수량, 미세먼지농도 등의 공공데이터와 이러한 데이터를 활용해서 프로그래밍 할 수 있는 블록을 제공한다.

'데이터분석' 카테고리에서 '테이블 불러오기' 버튼을 클릭한 후 '테이블 추가하기' 버튼을 누르면 엔트리에서 제공하는 다양한 공공데이터를 확인할 수 있다.

활용하기 원하는 데이터를 선택한 후 '추가' 버튼을 누르면 해당 데이터에 대한 테이블이 생성된다. 다음은 '계절별 기온' 데이터에 대한 테이블이다.

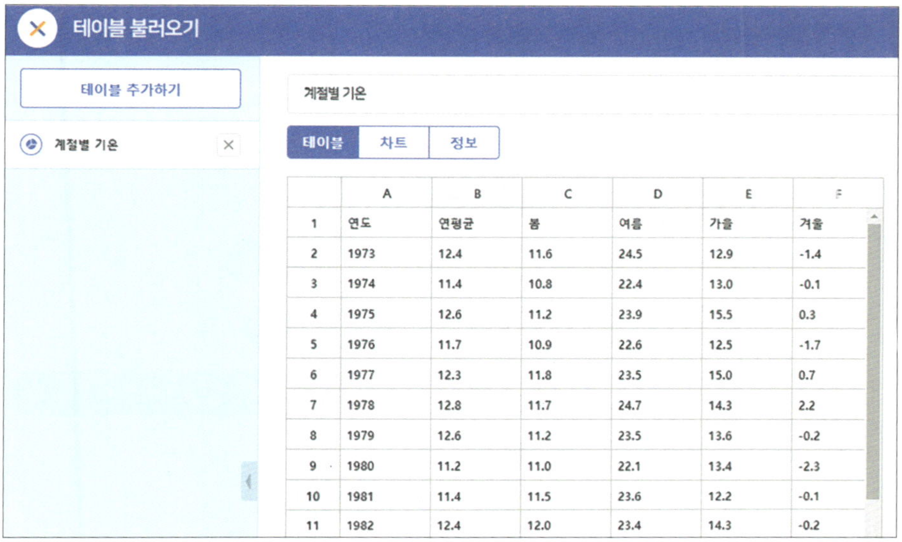

	A	B	C	D	E	F
1	연도	연평균	봄	여름	가을	겨울
2	1973	12.4	11.6	24.5	12.9	-1.4
3	1974	11.4	10.8	22.4	13.0	-0.1
4	1975	12.6	11.2	23.9	15.5	0.3
5	1976	11.7	10.9	22.6	12.5	-1.7
6	1977	12.3	11.8	23.5	15.0	0.7
7	1978	12.8	11.7	24.7	14.3	2.2
8	1979	12.6	11.2	23.5	13.6	-0.2
9	1980	11.2	11.0	22.1	13.4	-2.3
10	1981	11.4	11.5	23.6	12.2	-0.1
11	1982	12.4	12.0	23.4	14.3	-0.2

'차트' 버튼을 눌러 원하는 형식의 차트를 만들 수 있다.

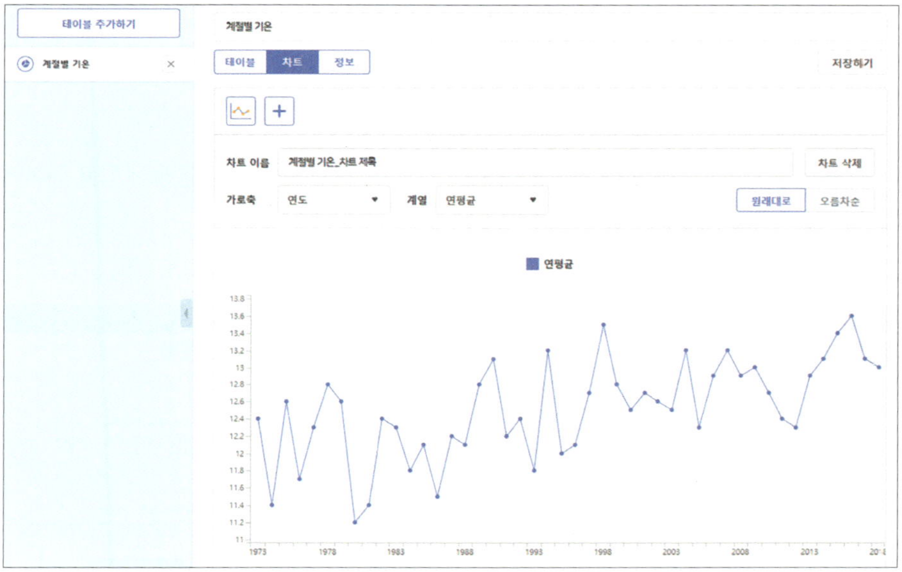

생성된 테이블과 차트를 저장한 후 테이블 불러오기 창을 닫으면 '데이터분석' 카테고리에 데이터 분석과 관련하여 프로그래밍 할 수 있는 블록들이 생성된다.

엔트리에서 제공하는 데이터가 아닌 데이터도 활용할 수 있다. '파일 올리기'를 통해 수집한 데이터 파일을 올려 활용할 수 있고, '새로 만들기'를 통해 직접 데이터를 입력해서 활용할 수 있다.

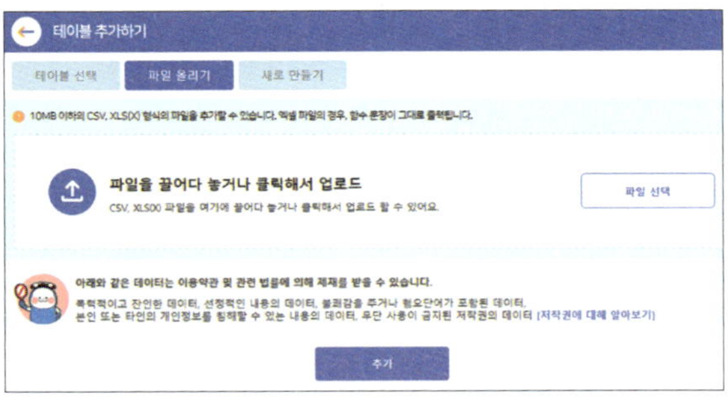

▲ '파일 올리기' 화면

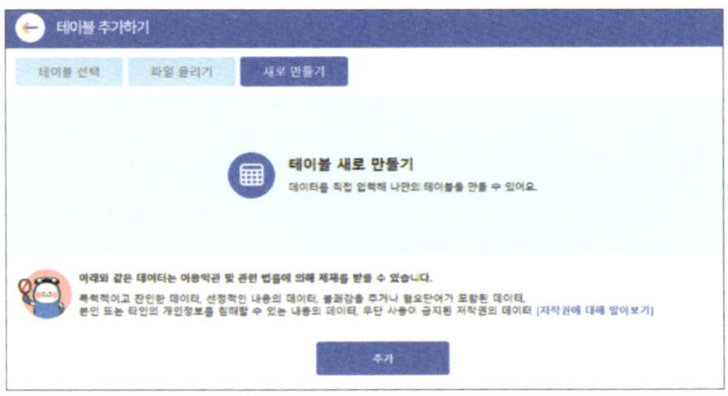

▲ 새로 만들기' 화면

미래사회에서 누구에게나 필요한 데이터 과학

우리는 4차 산업 시대를 살아가고 있다. 이미 우리 주변에는 많은 것들이 인공지능과 빅 데이터로 만들어지고 있다. 인공지능으로 자율주행이 가능해졌고, 인간과 인공지능 컴퓨터가 온라인 게임 대결을 하기도 한다. 인공지능은 데이터로 만들어집니다. 수많은 나무가 모여서 울창한 숲을 이루듯이 수많은 데이터가 모여서 인공지능을 이룬다. 인공지능이라는 숲을 이해하기 위해서는 데이터라는 나무를 반드시 알아야 한다.

데이터 과학은 데이터가 우리의 삶에 스며드는 데에서 출발한다. 데이터는 우리 주변 어디에나 존재한다. 스마트폰, 스마트워치 등의 스마트 기기를 통해 우리의 삶의 대부분이 데이터화되고 있다. 주위를 둘러보면 이제껏 보지 못했던 데이터들이 넘쳐나고 있다. 이제부터 우리는 이 데이터들을 갖고 우리 생활의 문제를 해결할 수 있는 힘을 키워야 한다. 그것이 앞으로 미래를 살아갈 모든 사람이 갖춰야 할 핵심역량이다.

• 데이터 과학이란?

데이터 과학이란 데이터를 활용하여 문제를 해결하는 과정을 뜻한다. 목적에 맞게 수집되어 정리된 데이터는 문제를 해결할 때 과학적인 근거를 제공하여 정확하고 빠른 해결법을 찾을 수 있도록 도와준다. 데이터 과학은 문제 해결에 필요한 데이터를 수집하고 분석하여 결론을 내리는 과정을 거친다. 이 과정에서 통계, 컴퓨터 과학을 비롯한 여러 분야의 지식이 필요하다. 예전에는 데이터를 활용하지 못했던 분야들도 이제는 다양한 분야의 데이터가 생성되면서 데이터 과학이 다양한 분야에 적용되고 있다.

• 데이터 과학은 어렵고 먼 이야기?

데이터 과학은 전문가만 할 수 있는 어렵고 복잡한 일이라고 생각할 수 있다. 하지만 간단한 방법으로도 모두가 데이터 과학자가 될 수 있다. 해결하고 싶은 문제가 있을 때 어떤 데이터가 필요하고 어떻게 수집할지 고민하고 실천할 수 있으며, 간단한 컴퓨팅 기술을 익혀 데이터를 분석하는 것만으로도 데이터 과학을 할 수 있다. 우리 주변엔 데이터를 필요로 하는 문제들이 생각보다 많다. 예를 들어, 스마트 워치를 통해 수집한 수면 데이터를 활용하여 더 나은 수면 패턴을 찾을 수 있다. 데이터를 활용하여 취침에 드는 시각, 적절한 수면시간 등을 결정하고 자신에게 맞는 수면 패턴을 찾아 활기찬 일상생활을 할 수 있다. 이렇게 데이터는 가까운 일상 속에서 우리를 기다리고 있다.

Session 01

날씨 데이터를 분석해보자!

학습 목표

엔트리에서 제공하는 공공데이터를 분석하는 프로젝트를 만들 수 있다.

문제 해결 상황

서울, 부산, 제주의 평균 미세먼지농도와 평균 기온을 비교하고 차트를 통해 확인하고 싶어요.
그리고 오늘 날씨 확인을 통해 창문을 열어도 되는지, 에어컨을 켜야 하는지 알아보고 싶어요.

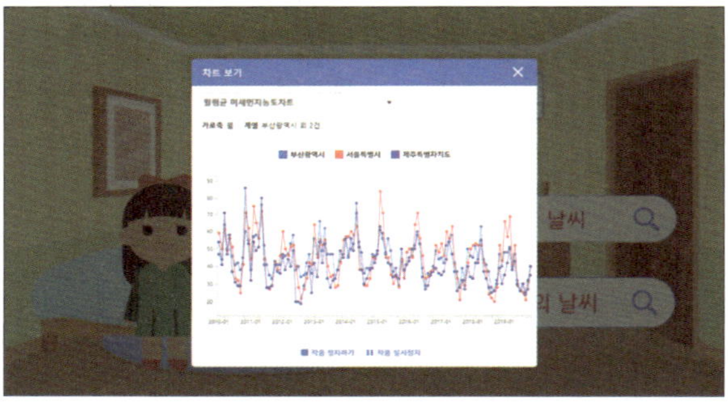

문제 해결 방법

엔트리에서 제공하는 월평균 미세먼지 농도 데이터와 월평균 기온 데이터를 이용해서 서울, 부산, 제주 지역의 데이터를 차트로 나타내고 지역별 평균값을 비교한다.
날씨 확장 블록의 현재 미세먼지 농도와 기온을 이용해서 창문과 에어컨의 설정을 결정한다.

1-1 테이블과 차트 만들기

엔트리에서 제공하는 다양한 데이터 중 월평균 미세먼지농도와 월평균 기온 데이터를 이용해서 테이블과 차트를 만들어보자.

1 '데이터분석' 카테고리를 클릭한 후 '데이터 불러오기' 버튼을 누른다.

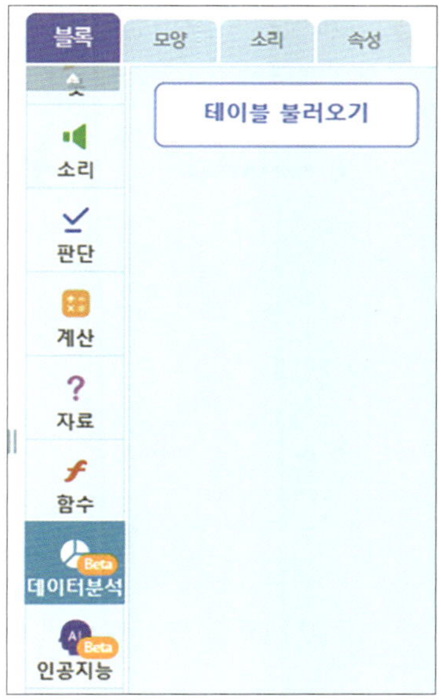

2 '테이블 추가하기' 버튼을 누르면 엔트리에서 제공하는 다양한 데이터 세트를 확인할 수 있다. 이 중 '월평균 미세먼지 농도'를 선택한 후 '추가' 버튼을 누른다.

3 '2010년부터 2019년까지의 지역별 미세먼지농도 정보인 '월평균 미세먼지농도' 테이블이 추가된다.

4 '정보' 버튼을 클릭하면 이 데이터에 대한 정보를 확인할 수 있다.

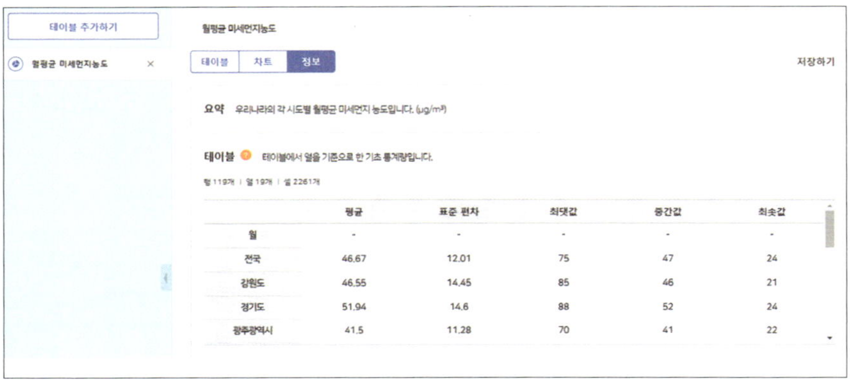

5 '차트' 버튼을 클릭한 후 '+' 버튼을 누르면 막대, 선, 원 등 차트를 선택할 수 있다. 서울, 부산, 제주의 미세먼지농도 변화를 확인하기 위해 '선'을 선택한다.

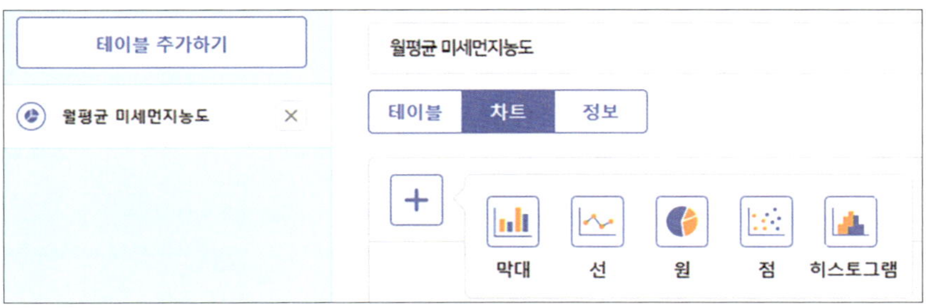

❻ 가로축에서 '월'을 선택하고, 계열에서 '부산광역시', '서울특별시', '제주특별자치도'를 선택한다. 차트 이름을 '월평균 미세먼지농도차트'로 변경하고 '저장하기' 버튼을 클릭한다.

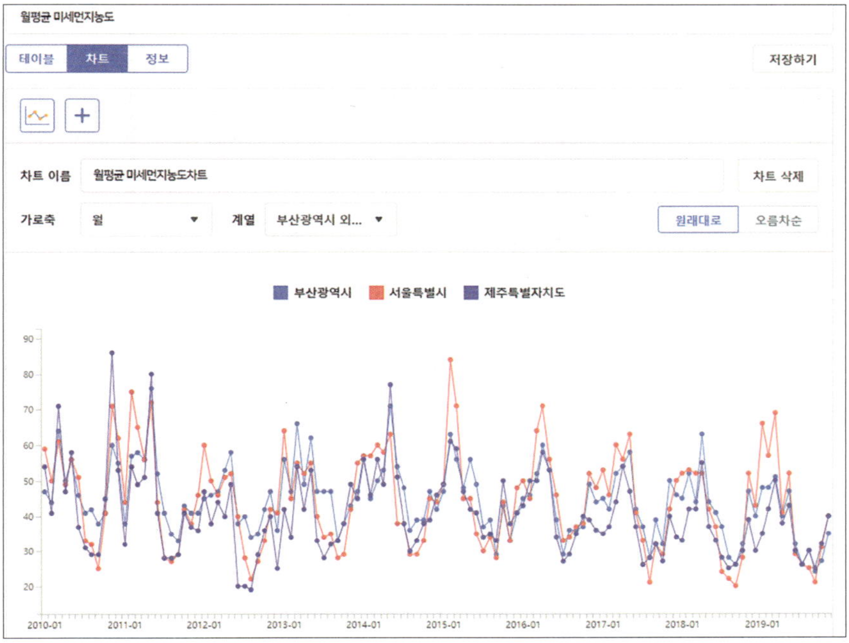

❼ 차트를 보고 알게 된 정보를 적어보자.

• NOTE •

8 월평균 기온 데이터를 가져오기 위해 '테이블 추가하기' 버튼을 눌러 '월평균 기온' 테이블을 가져온다.

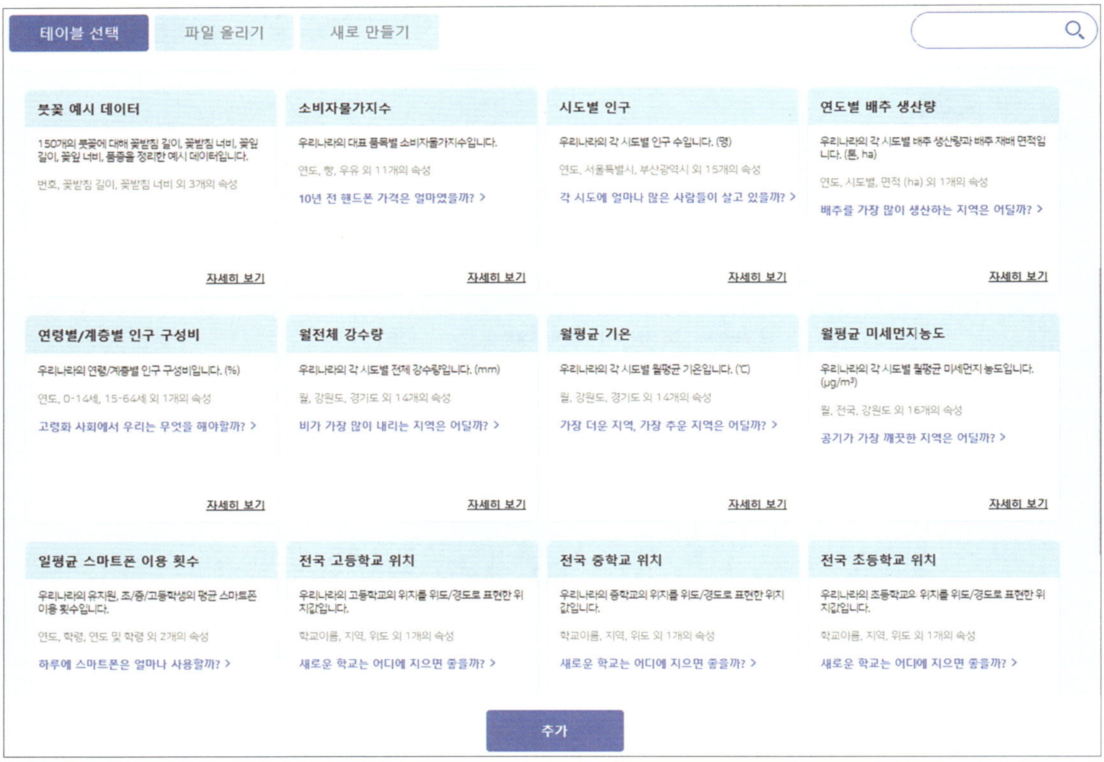

9 '차트' 버튼을 클릭한 후 '+' 버튼을 '막대'를 선택한다. 가로축에서 '월'을, 계열에서 '부산광역시', '서울특별시', '제주도'를 선택하고, 이름을 '월평균기온차트'로 변경한다.

10 차트를 보고 알게 된 정보를 적어보자.

• NOTE •

11 오른쪽 위에 위치한 '저장하기' 버튼을 누르고 화면 왼쪽 위에 위치한 '×' 버튼을 눌러 테이블 불어오기 창을 닫는다. '데이터분석' 카테고리에 데이터 분석과 관련된 블록들이 새롭게 생성된 것을 확인할 수 있다.

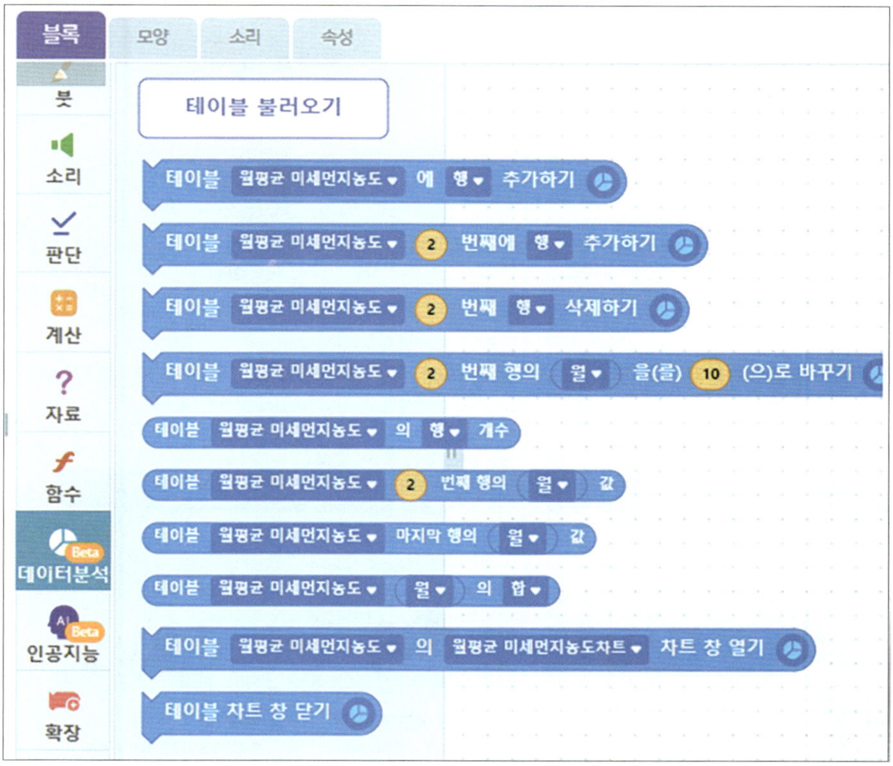

1-2 날씨 기능과 읽어주기 기능 불러오기

현재 날씨 정보를 확인하는 기능과 음성으로 읽어주는 기능을 가지고 오자.

1 '확장' 카테고리를 클릭한 후 '확장 블록 불러오기' 버튼을 누른다.

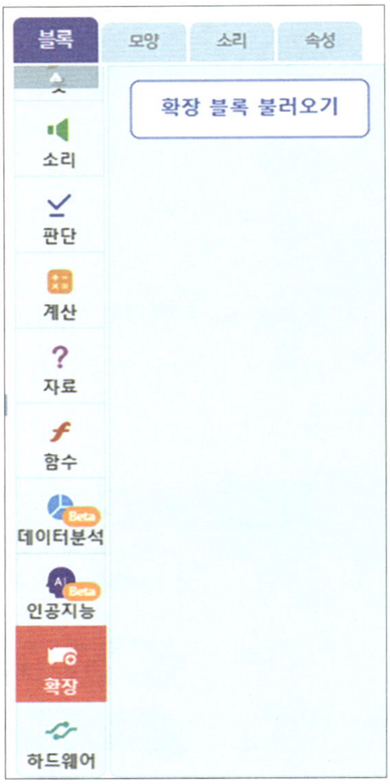

2 확장 블록에는 날씨, 생활안전 국민행동요령 등이 있는데, 이 중 '날씨'를 선택한 후 '추가' 버튼을 누른다.

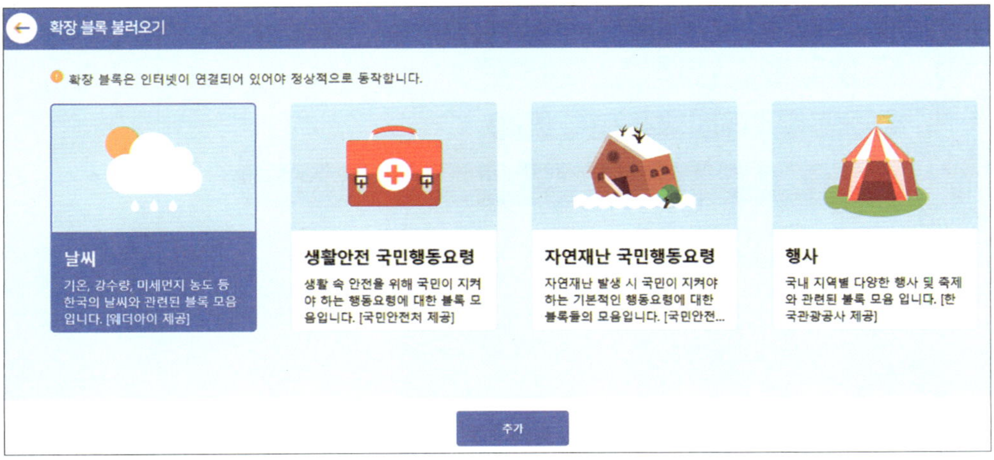

③ '확장' 카테고리에 날씨와 관련된 블록들이 새롭게 추가된다.

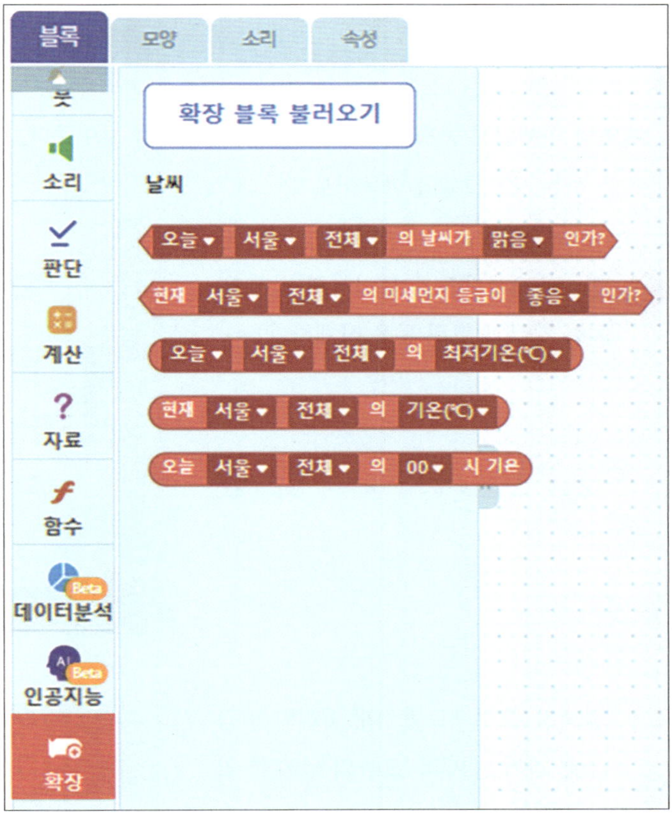

④ '인공지능' 카테고리를 클릭한 후 '인공지능 블록 불러오기' 버튼을 누른다. '읽어주기'를 선택한 후 '추가' 버튼을 눌러 읽어주기와 관련된 블록들을 가져온다.

1-3 엔트리 프로그래밍

지역별 미세먼지 농도와 기온을 비교하고 차트를 보여준다. 그리고 현재 미세먼지 농도와 기온에 따라 다른 동작을 하는 프로그램을 만들어보자.

1. '방(3)' 오브젝트를 불러와서 벽에 위치한 창문과 그림 등을 삭제한다.

2. '검색창' 오브젝트를 2개 불러와서 각각에 '과거 날씨'와 '오늘의 날씨'를 입력한다.

3. '어린이(2)', '에어컨', '창문' 오브젝트를 불러와서 적절하게 배치한다.

4 '어린이(2)'를 선택한다. 시작하기 버튼을 클릭하면 '원하는 검색창을 클릭해봐!'를 말한다.

5 '과거 날씨'가 적힌 검색창으로 이동한다. 오브젝트를 클릭하면 '과거날씨알려줘' 신호를 보낸다.

6 '오늘의 날씨'가 적힌 검색창으로 이동한다. 오브젝트를 클릭하면 '오늘날씨알려줘' 신호를 보낸다.

7 '어린이(2)'로 이동한다. '과거날씨알려줘' 신호를 받으면 '월평균 미세먼지농도차트'를 5초 동안 보여준다. 테이블, 차트와 관련된 블록은 '데이터분석' 카테고리에 있다.

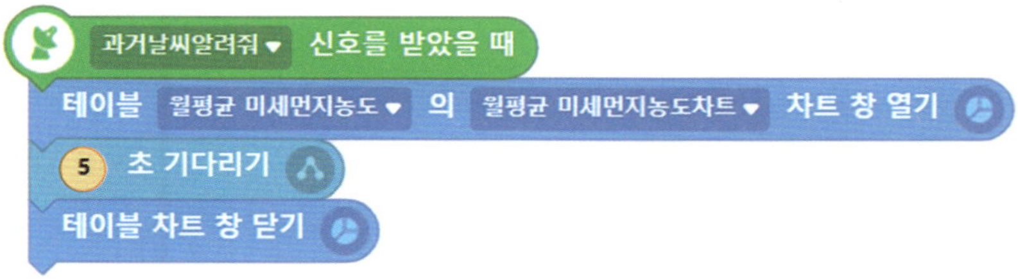

8 서울특별시, 부산광역시, 제주특별자치도 미세먼지농도 평균 값 각각을 '서울', '부산', '제주' 변수에 저장하고, 이 값을 말한다.

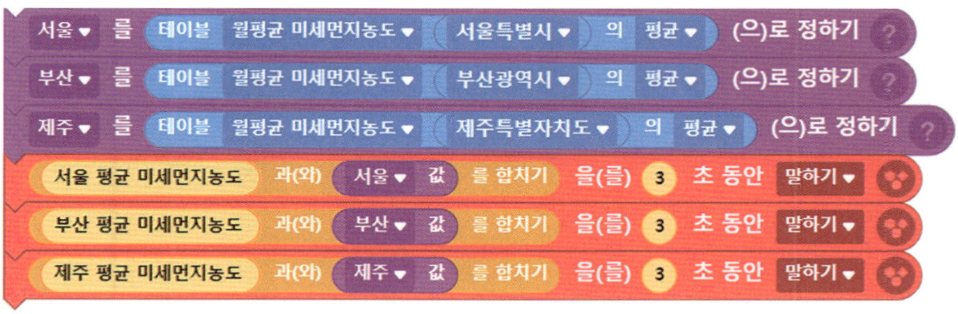

9 '서울', '부산', '제주' 변수 값 비교를 통해 세 도시 중 미세먼지농도가 가장 낮은 도시 이름을 말한다. 미세먼지농도가 같은 경우는 고려하지 않았다.

10 '월평균 기온차트'를 보여주고, 각 도시의 기온 평균을 말한다.

11 세 도시 중 평균 기온이 가장 높은 도시 이름을 말한다. 여기서도 평균 기온이 같은 경우는 고려하지 않았다.

12 '오늘날씨알려줘'를 신호를 받으면 현재 서울의 기온과 미세먼지농도를 말한다. '텍스트' 변수에 말할 내용이 저장된다. 현재 날씨와 관련된 블록은 '확장' 카테고리에 있다.

13 현재 서울의 미세먼지 등급이 좋음이거나 보통이면 '미세먼지 농도가 낮아 창문 열어줘'를 읽어주고 '창문열기' 신호를 보내고, 그렇지 않으면 '미세먼지 농도가 높아 창문 닫아줘'를 읽어주고 '창문닫기' 신호를 보낸다.

14 현재 서울의 기온이 25도 이상이면 '더워! 창문 닫고 에어컨 틀어줘'를 읽어주고 '창문닫기기'와 '에어컨 틀기' 신호를 보내고, 그렇지 않으면 '덥지 않으니 에어컨 꺼줘'를 읽어주고 '에어컨끄기' 신호를 보낸다.

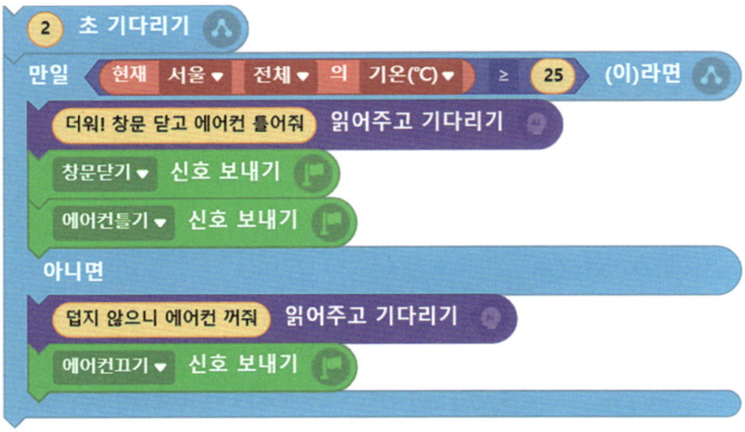

15 '창문' 오브젝트로 이동한다. 시작하기 버튼을 클릭하면 모양을 '창문_열림'으로 변경하고, '창문열기' 신호를 받으면 모양을 '창문_열림'으로, '창문닫기' 신호를 받으면 모양을 '창문_닫힘'으로 변경한다.

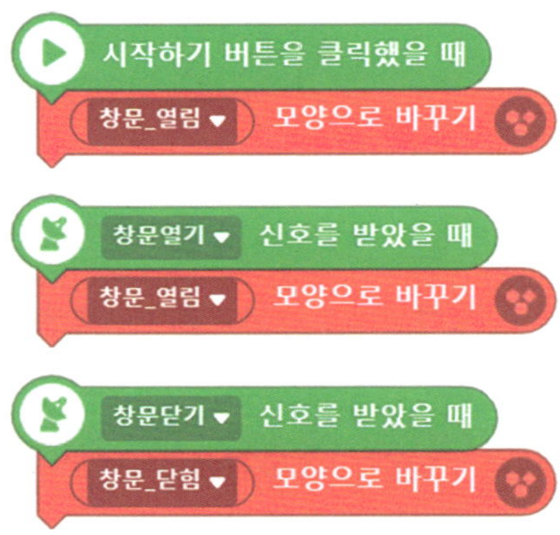

16 '에어컨' 오브젝트로 이동한다. 시작하기 버튼을 클릭하면 모양을 '에어컨_꺼짐'으로 변경하고, '에어컨틀기' 신호를 받으면 모양을 '에어컨_켜짐'으로, '에어컨끄기' 신호를 받으면 모양을 '에어컨_꺼짐'으로 변경한다.

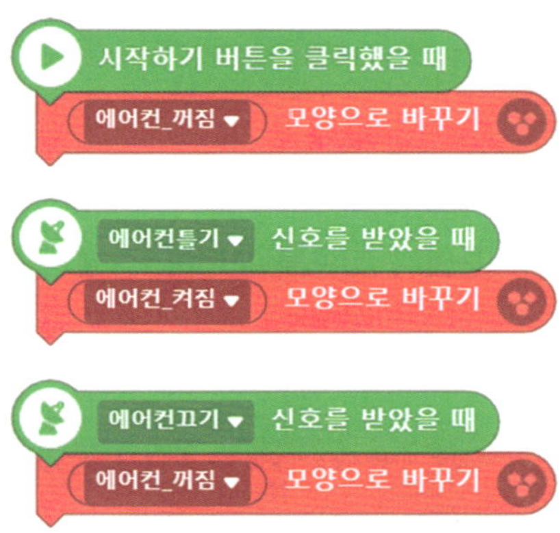

17 완성한 프로젝트를 실행시켜 결과를 확인해보고 알게 된 정보를 적어보자.

• NOTE •

18 개선되거나 추가되었으면 하는 기능을 적어보고 프로젝트에 반영해보자.

• NOTE •

엔트리에서 제공하는 공공 데이터를 분석하는 방법을 살펴보았다. 엔트리에서 제공하는 데이터를 분석하는 새로운 프로젝트를 제작하고 공유하는 시간을 가져보자.

entry Session 02

키와 몸무게로 비만도 측정하기

학습 목표

개인이 수집한 데이터를 분석하는 프로젝트를 만들 수 있다.

문제 해결 상황

직접 수집한 친구들의 키와 몸무게를 차트를 통해 확인하고 싶어요.

키와 몸무게 데이터를 이용해서 체질량지수를 구해 차트로 나타내고, 비만도 판정 결과를 알아보고 싶어요.

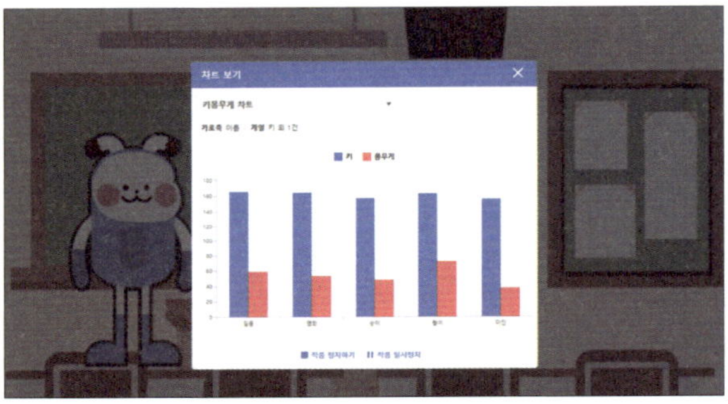

문제 해결 방법

엔트리에서 제공하는 월평균 미세먼지 농도 데이터와 월평균 기온 데이터를 이용해서 서울, 부산, 제주 지역의 데이터를 차트로 나타내고 지역별 평균값을 비교한다.

날씨 확장 블록의 현재 미세먼지 농도와 기온을 이용해서 창문과 에어컨의 설정을 결정한다.

2-1 데이터 수집하기

주변 친구 또는 학생들의 키와 몸무게를 수집해보자.

개인 데이터를 수집하는 한 가지 방법은 직접 대면해서 설문하는 것이다. 키와 몸무게 설문 워크시트를 가지고 다니면서 친구 또는 학생에게 설문에 필요한 질문을 하고 답변을 적는다. 설문을 통해 얻은 결과는 테이블 추가하기의 '새로 만들기'를 통해 직접 입력해서 활용하면 된다.

키와 몸무게 설문지				
순서	이름	나이	키	몸무게
1				
2				
3				

데이터를 수집하는 또 다른 방법은 네이버 오피스 폼 또는 구글 설문 등을 이용해서 온라인으로 설문하는 것이다. 설문을 통해 얻은 csv 또는 xls(x) 형식의 파일은 테이블 추가하기의 '파일 올리기'를 통해 올려 활용하면 된다.

▲ 네이버 오피스 폼 설문지

▲ 구글 설문지

2-2 테이블과 차트 만들기

수집한 키와 몸무게 데이터를 테이블과 차트로 나타내고, 이 데이터를 이용해서 구한 체질량지수와 비만도 판정 결과를 저장할 테이블과 차트를 만들어보자.

1. '데이터분석' 카테고리를 클릭한 후 '데이터 불러오기' 버튼을 누른다.

2. '테이블 추가하기' 버튼을 누른 후 '새로 만들기' 버튼을 누른다.

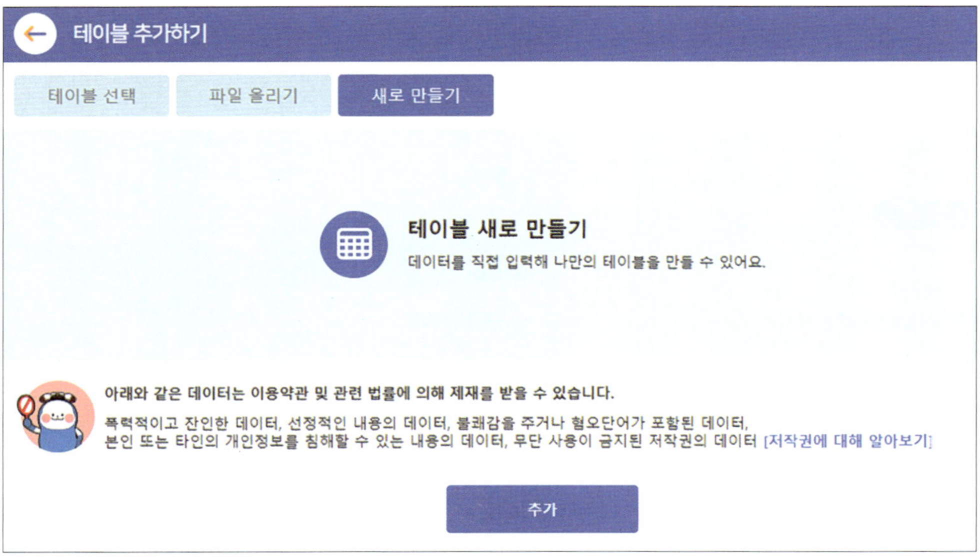

3 '추가' 버튼을 누르면 빈 테이블이 생성된다.

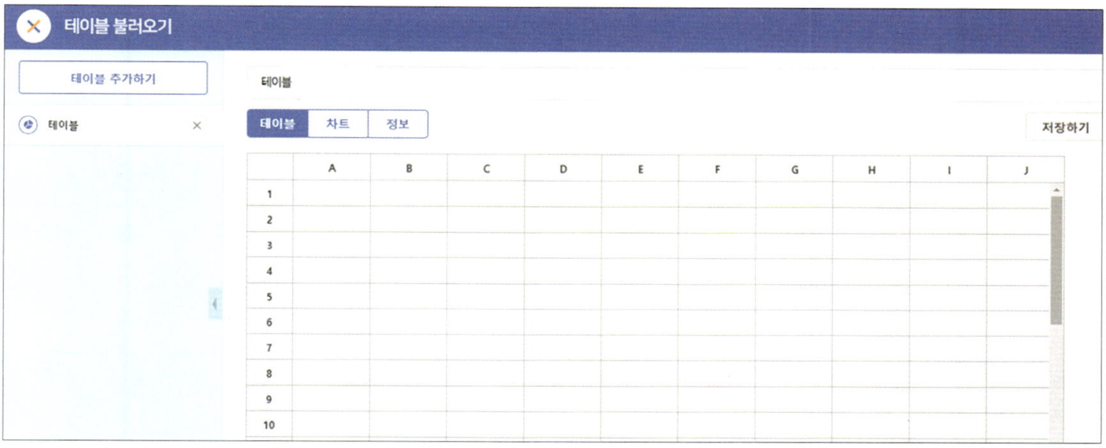

4 테이블의 칸에 마우스 왼쪽 버튼을 누르면 데이터 입력이 가능한데, 첫 번째 행에 이름, 키, 몸무게라는 열 제목을 입력한다.

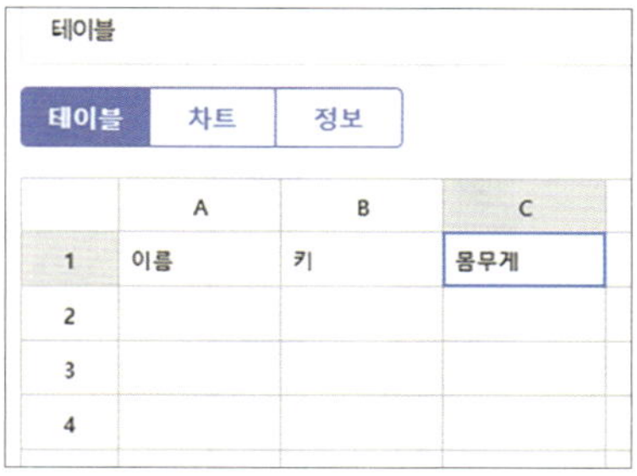

5 두 번째 행부터 수집한 데이터를 입력한다.

6 키와 몸무게 데이터를 차트로 표현해 보자, '차트' 버튼을 누른 후 '+' 버튼을 눌러 '막대'를 선택한다.

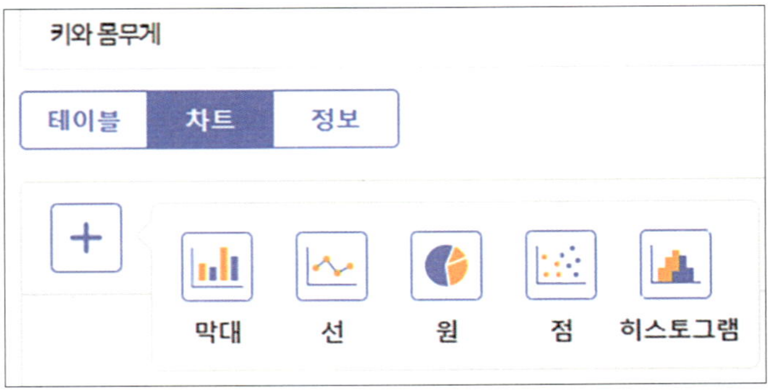

7 가로축에서 '이름'을 선택하고, 계열에서 '모두'를 선택한다. 그리고 차트 이름을 '키와 몸무게 차트'로 변경하고 '저장하기' 버튼을 누른다.

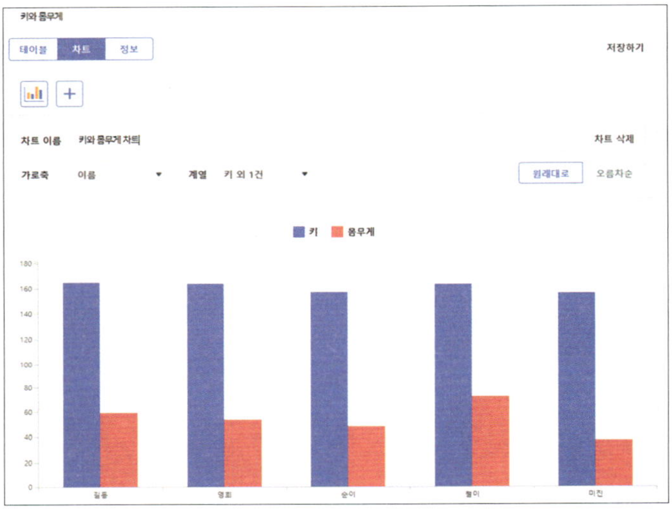

8 차트를 보고 알게 된 정보를 적어보자.

• NOTE •

체질량지수와 비만도 판정 결과를 저장할 테이블과 차트를 만들어보자.

9 '테이블 추가하기' 버튼을 누른 후 '새로 만들기' 버튼을 누른다. '추가' 버튼을 눌러 생성된 빈 테이블의 첫 번째 행에 이름, 체질량지수, 판정을 입력한다. 테이블 제목을 '결과테이블'로 변경한다.

10 '저장하기' 버튼을 눌러 테이블을 저장한 후 '차트' 버튼을 눌러 '막대'를 선택한다. 가로축에서 '이름'을 선택하고, 계열에서 '체질량지수'를 선택한다. 그리고 차트 이름을 '체질량지수 차트'로 변경하고 '저장하기' 버튼을 누른다. 저장된 데이터가 없으므로 빈 차트가 생성된다.

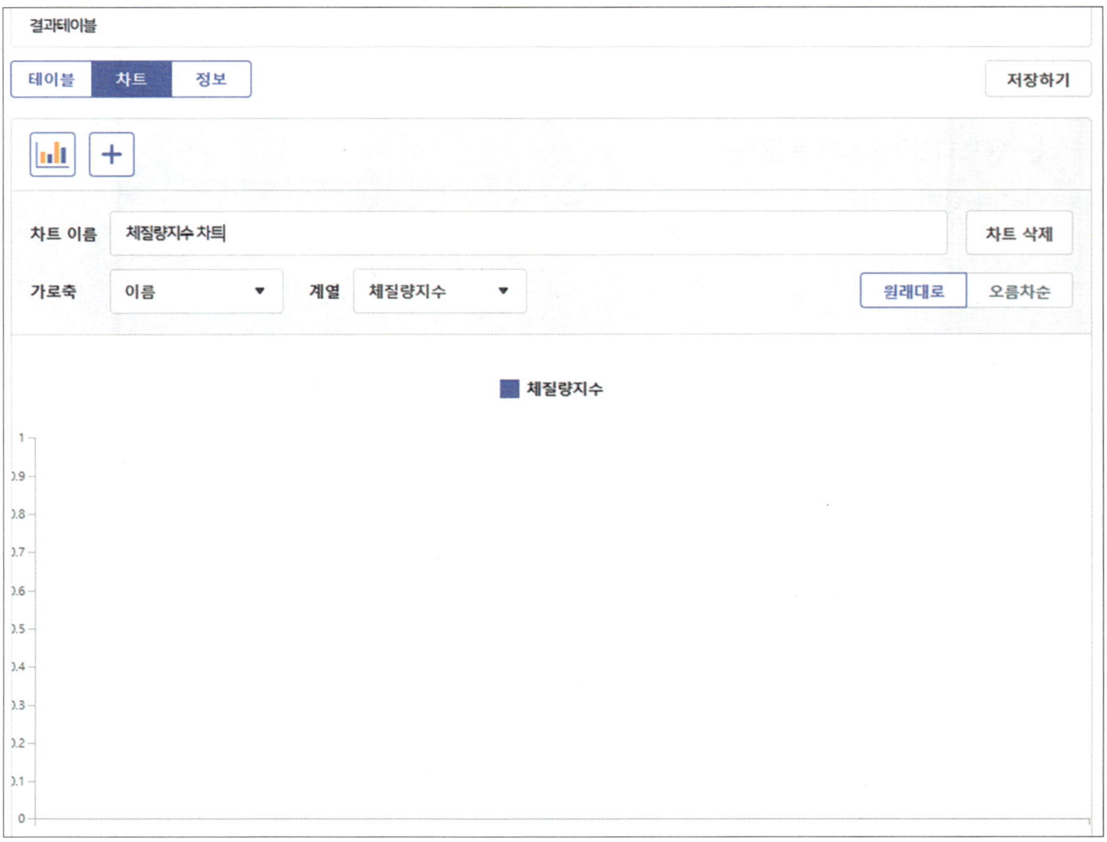

11. 오른쪽 위에 위치한 '저장하기' 버튼을 누르고 화면 왼쪽 위에 위치한 '×' 버튼을 눌러 테이블 불어오기 창을 닫는다.

2-3 엔트리 프로그래밍

키와 몸무게 데이터를 차트로 보여주고 체질량지수와 비만도 판정 결과를 구하는 프로그램을 만들어보자.

1. 장면 1에서 '교실'과 '(3)엔트리봇' 오브젝트를 불러와서 적당한 위치로 배치한다.

2. 장면 2에서 '교실 뒤(2)'와 '컴퓨터하는 엔트리봇' 오브젝트를 불러와서 다음과 같이 배치한다.

3. 장면 1의 (3)엔트리봇에서 시작하기 버튼을 클릭하면 '키몸무게 차트'를 열었다가 닫은 후 '장면 2'가 시작되도록 한다.

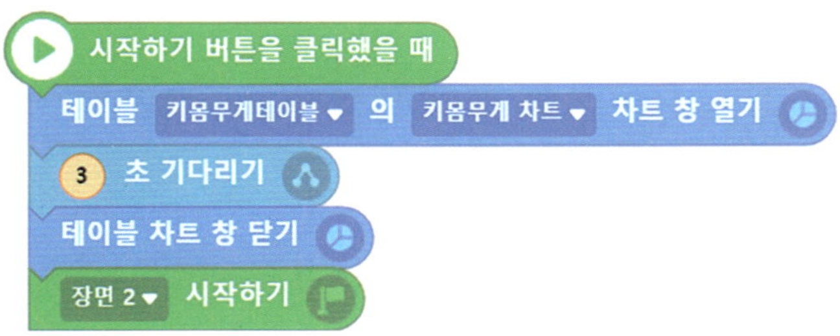

4 장면 2에서 '키몸무게 테이블'의 키와 몸무게 데이터를 이용해서 체질량지수를 계산하고 비만도를 판정하도록 구현해보자.

'키몸무게 테이블'의 임의의 학생에 대한 키와 몸무게 정보를 이용해서 체질량지수를 구하는 '체질량지수 구하기' 함수를 정의한다. 이 함수는 테이블의 행 번호를 전달받아 '문자/숫자값 1'에 저장하여 수행하고 계산된 체질량지수는 '체질량지수' 변수에 저장한다. 체질량지수를 구하는 식은 다음과 같은데, 몸무게 단위는 kg이고 키 단위는 m이다. 일반적으로 사용하는 키 단위가 cm이므로 프로그램에서 m 단위로 변환해야 한다.

$$\frac{\text{몸무게}}{\text{키} \times \text{키}}$$

5 체질량지수를 이용해서 비만도를 판정하는 '비만도 판정하기' 함수를 정의한다. 전달 받은 체질량지수를 저장한 '문자/숫자값 1'을 이용해서 비만도를 판정하는데, 판정 결과는 '판정' 변수에 저장한다. 체질량지수에 따른 비만도 판정은 다음과 같다.

체질량지수	판정
18.5 미만	저체중
18.5 이상 23 미만	정상
23 이상 25 미만	과체중
25 이상 30 미만	경도비만
30 이상 35 미만	고도비만
35 이상	초고도비만

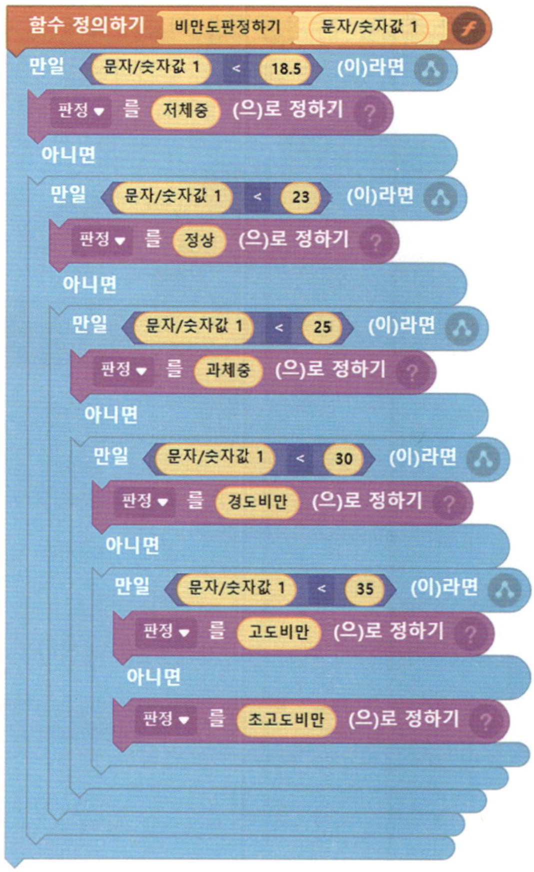

6 '체질량지수 구하기' 함수를 호출하여 체질량지수를 구하는데 이때 '위치' 변수 값을 전달한다. '위치' 변수에는 체질량지수를 구할 학생 정보가 있는 테이블의 행 위치가 저장되는데, 첫 번째 학생의 정보는 테이블의 두 번째 행에 위치하므로 '위치' 변수의 초기 값을 2로 한다. 그리고 '비만도 판정하기' 함수를 호출하여 비만도를 판정하는데 '체질량지수' 변수 값을 전달한다. 구한 체질량지수와 판정 결과를 말한다.

7 구한 체질량지수와 판정을 이름과 함께 '결과테이블'에 저장한다. 프로그램을 통해 테이블에 데이터를 추가할 수 있는데, 데이터를 추가할 행을 먼저 생성한 후, 해당 셀 값을 변경해야 한다.

8 모든 학생들에 대한 처리가 끝나면 '체질량지수 차트'를 5초 동안 열었다가 닫는다.

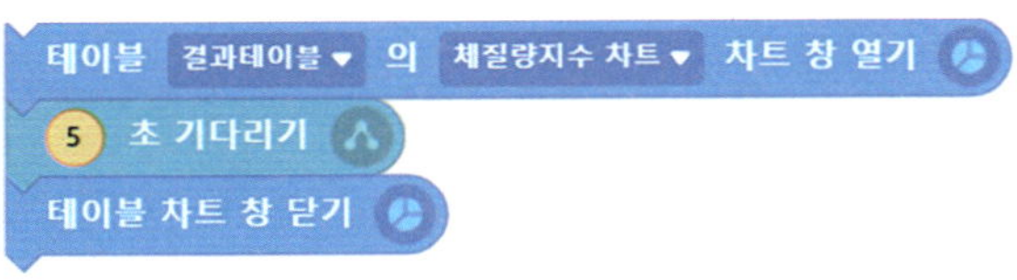

9 완성한 프로젝트를 실행시켜 결과를 확인해보고 알게 된 정보를 적어보자.

• NOTE •

직접 수집한 데이터를 분석하는 방법을 살펴보았다. 직접 수집한 데이터를 분석하는 새로운 프로젝트를 제작하고 공유하는 시간을 가져보자.

CHAPTER

9

숫자 인공지능 모델

CHAPTER 9

숫자 인공지능 모델

Session 01 숫자예측
Session 02 숫자군집
Session 03 숫자분류

학습 목표

숫자로 구성된 자료를 이용하여 문제를 해결할 수 있는 방법으로써 예측, 분류, 군집을 이해하고 적절한 방법을 선택할 수 있다. 선택한 방법으로 숫자자료를 학습한 인공지능 모델을 개발하여, 문제를 해결하는 인공지능 프로그램을 만들 수 있다.

이 장에서는 8장에 이어서 숫자로 된 자료를 가지고, 집단으로 분류하거나 값을 예측하거나 군집으로 묶는 경우에 사용할수 있는 인공지능 모델을 학습한다. 엔트리에서는 다음 그림과 같이 숫자 인공지능 모델 3가지(분류, 예측, 군집)를 제공한다.

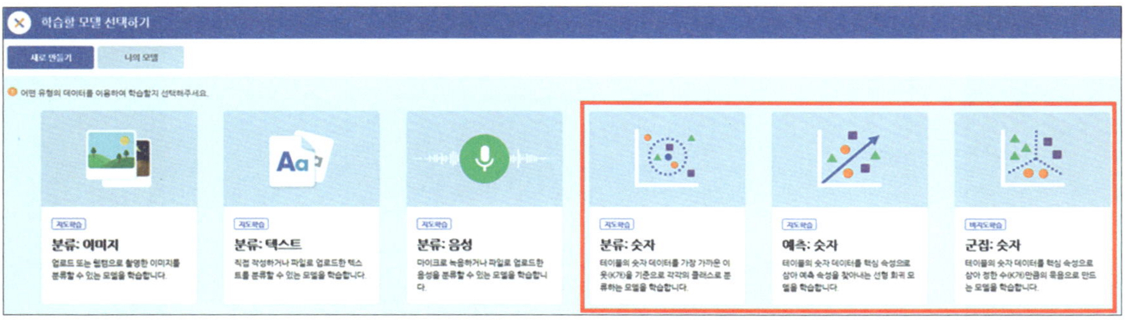

이 3가지 숫자 인공지능 모델은 모두 숫자자료를 사용하는데, 이중 왼쪽 2가지 분류와 예측은 지도학습(Supervised Learning)에 속하며 군집은 비지도학습(Unsupervised Learning)에 해당한다.

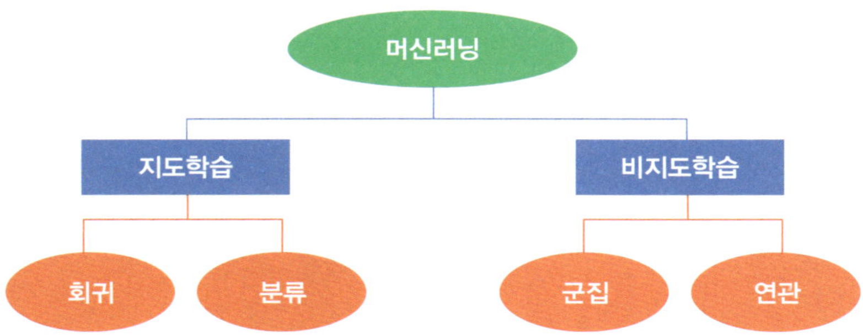

다음 그림에서 보듯 지도학습이란 학습용 자료 속에 문제와 답을 같이 주면서 학습시키는 것이고, 비지도학습이란 학습용 자료 속에 문제와 답이 없이 학습시키는 것을 말한다. 예를 들어보면 분류 자료에는 문제(꽃잎이 1.4cm, 꽃받침이 5.1cm이면 붓꽃 품종은 무엇일까?)와 답(setosa)을 가지고 있고, 예측 자료의 경우도 문제(키가 124.6cm인 친구의 몸무게는 얼마일까?)에 대한 답(23Kg)을 포함하고 있다. 이때 분류의 답은 숫자 자료가 아니어도 된다. 반면, 군집의 경우 문제와 답이 구분되지 않는 숫자 자료로 구성하고 있다.

분류

B	C	D	E	F
꽃받침 길이	꽃받침 너비	꽃잎 길이	꽃잎 너비	품종
5.1	3.5	1.4	0.2	setosa
4.9	3	1.4	0.2	setosa
4.7	3.2	1.3	0.2	setosa
4.6	3.1	1.5	0.2	setosa
5	3.6	1.4	0.2	setosa
5.4	3.9	1.7	0.4	setosa
4.6	3.4	1.4	0.3	setosa

문제: 꽃잎과 꽃받침 길이와 너비에 따라 어떤 품종인가? 답

예측

A	B	C	D
성별	키	몸무게	나이
여성	124.6	23	8세
여성	118.4	23.7	8세
여성	133.6	31.4	8세
여성	123.2	25.9	8세
여성	129.4	34.5	8세
여성	132.8	26	8세
여성	113.8	20	8세

문제: 키에 따른 몸무게는 얼마인가? 답

군집

C	D	E
탄수화물(g)	당류(g)	지방(g)
45	2	19
22	1.6	6
11	6	6
37	17	8
15	2	2.8
32	4	31
19	2	9

문제와 답이 없다

◆ 예측: 아빠 키가 178cm이면 딸의 키는 얼마일까? 내년 지진발생 횟수는 몇 번일까? 와 같이 원인과 결과가 연관성이 있는 경우 원인 숫자 값이 주어졌을 때 결과 숫자 값을 예측하고자 하는 문제 또는 우리 반에 전학 온 학생의 키가 155cm이면 몸무게가 얼마일까?와 같은 선형관계를 이용한 예측에 적용할 수 있는 분석기법이다. 주로 선형 회귀(Linear Regression) 모델 기반으로 예측한다.

◆ 분류: 5학년 3반 우리 반 친구들의 키를 전국 5학년 평균키에 의해 큰 집단과 작은 집단으로 나누는 문제와 같이 숫자값을 이용하여 미리 정해진 집단으로 구분하는 분석 기법이다. 이때, 우리 반 친구들을 남녀 집단으로 구분하는 것은 숫자에 의한 것이 아니기 때문에 숫자 분류기법에 해당하지 않는다.

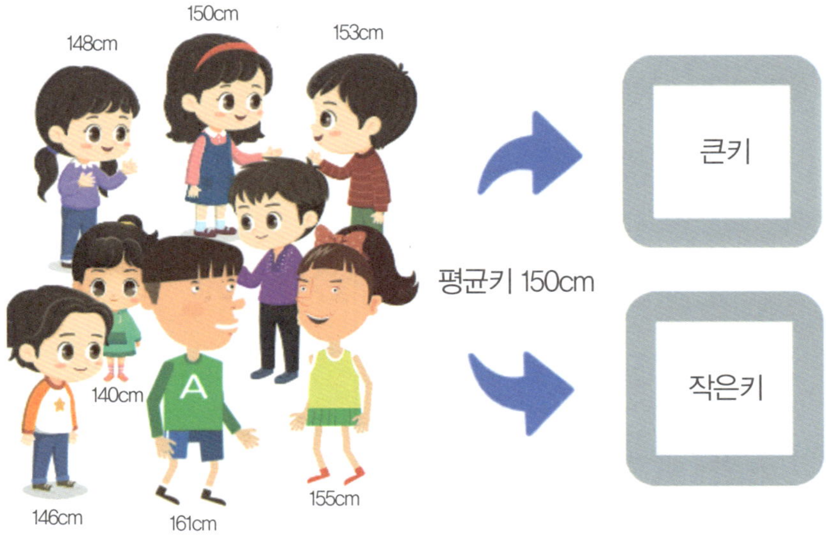

◆ 군집: 5학년 3반 우리 반 친구들의 키(cm)를 가까운 이웃 값끼리 모아 비슷한 집단(군집)으로 구분하는 분석기법이다. 이때 집단의 수는 미리 정해지지 않기 때문에, 우리 반 친구들의 키가 넓게 분포된 경우는 그렇지 않은 반보다 군집 수가 여러 개 나올 수 있다. 군집의 집단 개수는 미리 정해져 있지는 않지만 경험적인 군집 개수로 정해서 학습시킨다.

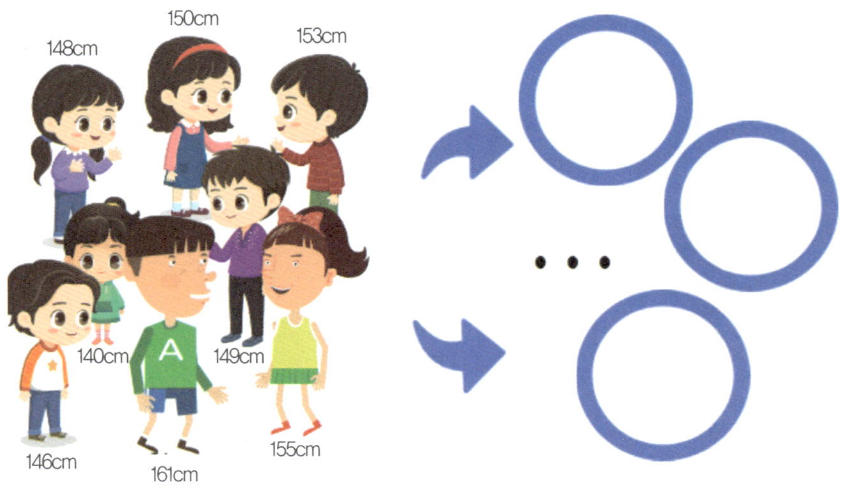

entry Session 01

숫자 예측

학습 목표

인과관계 또는 선형관계를 가지는 숫자 자료를 학습하여 예측 값을 계산할 수 있다.

문제 해결 상황

우리학교 대표 육상선수 키가 170cm 라고 하는데, 그 친구의 몸무게는 얼마나 될까?

문제 해결 방법

우리 학교 학생의 키와 몸무게는 선형관계를 가지고 있다. 우리 학교 학생 자료를 학습하여 예측한 회귀식으로 육상선수의 몸무게를 예측해 본다. 이미 알고 있는 설명변수 키 값에 의해 몸무게를 예측하는 것이므로, 예측속성은 몸무게이다.

1-1 인공지능 예측 모델 학습하기

1. 데이터분석과 테이블 불러오기를 이용하여 앞 장에서 사용된 몸무게와 키 자료를 그대로 사용한다.

2. '데이터분석' 카테고리를 클릭한 후 '데이터 불러오기' 버튼을 누른다.

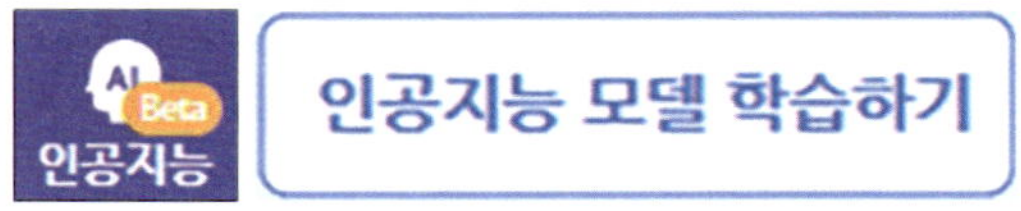

3. 숫자 데이터를 가지고 예측하고자 하는 문제이므로, 예측:숫자를 선택한다.

4. 테이블을 선택해주세요 메시지 옆의 데이터 입력 펼침버튼을 이용하여 데이터를 선택하고 나면, 자료의 열(변수)명이 나타난다.

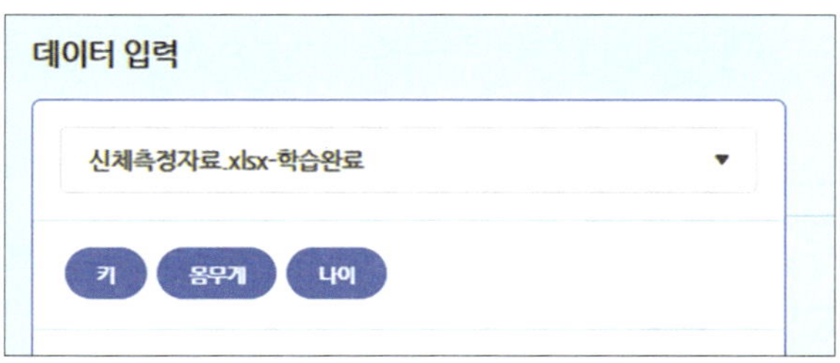

5 핵심 속성에 원인이 되거나 설명이 되는 변수를 추가하고, 예측 속성에 예측하고자 하는 변수를 선택한다. 즉, 핵심속성에는 키를 선택하고, 예측 속성에는 몸무게를 선택한다. 그리고 오른쪽의 모델학습하기를 누르면 학습이 시작된다.

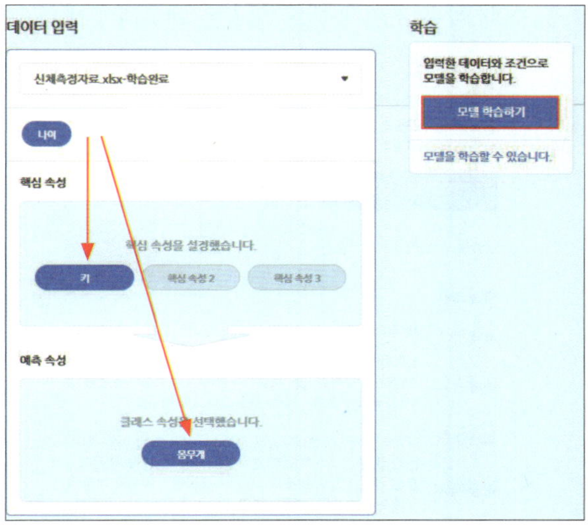

6 학습이 완료되면 오른쪽에 산점도 차트와 그 아래 추정 회귀식 이 계산되어 있다. 산점도 안에 직선이 바로 추정회귀식이며, 이 추정 회귀식에 의하면 키의 값에 0.83배하고 76.32를 빼면 몸무게를 예측할 수 있다는 뜻이다.

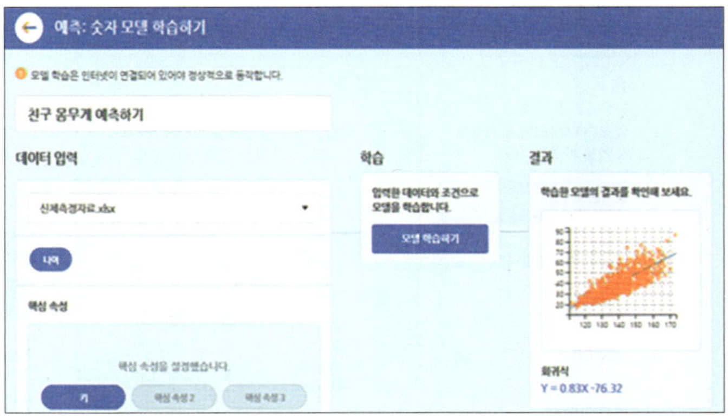

7 모델학습하기 버튼 아래 학습이 완료되었습니다 부분을 클릭하면 인공지능 학습조건(세대: 30, 배치크기: 16, 학습률: 0.03, 검증 데이터 비율:0.25)이 펼쳐져서 세부 값을 볼 수 있다.

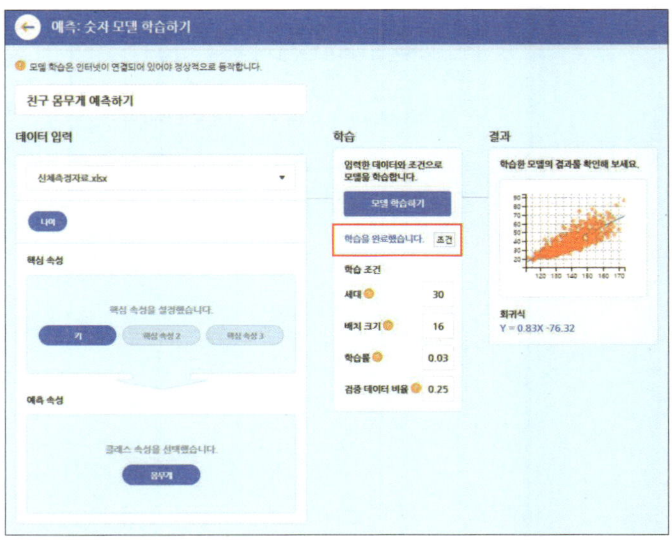

8 이때 학습 조건에 대한 설명은 엔트리에서 다음과 같이 이해하기 쉽게 제공하고 있다.

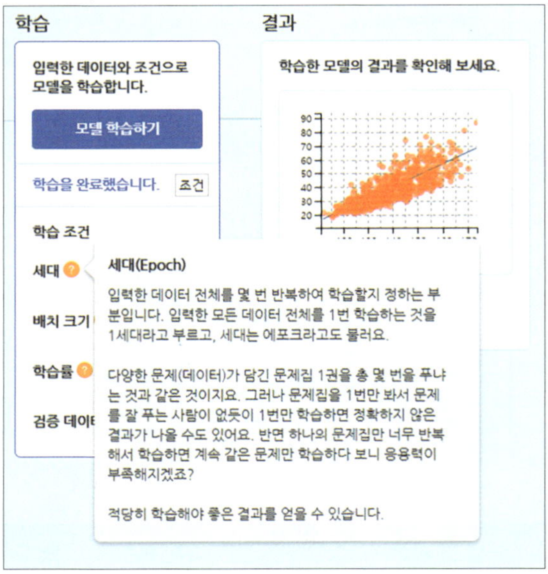

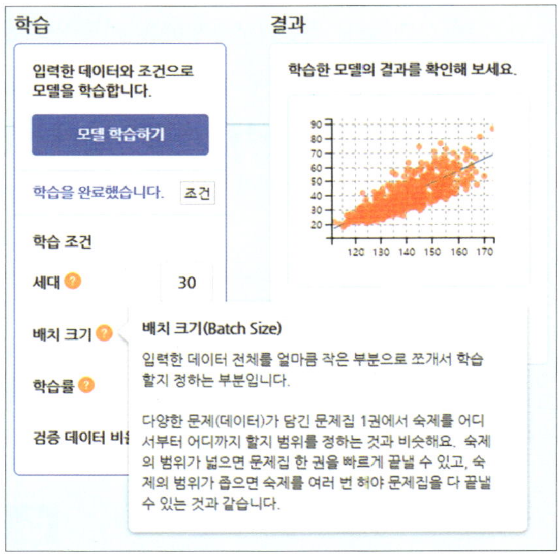

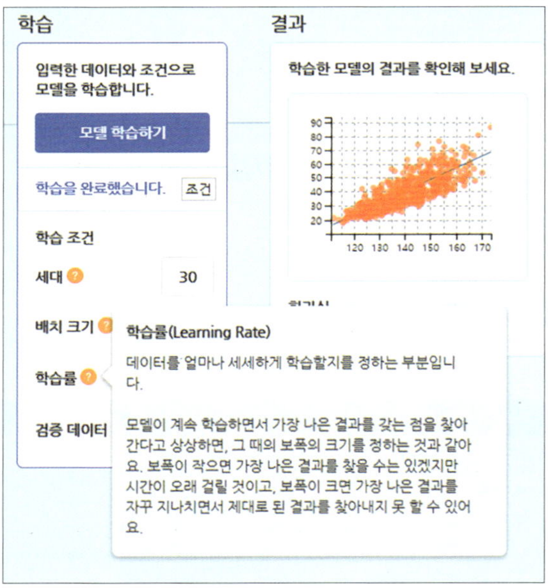

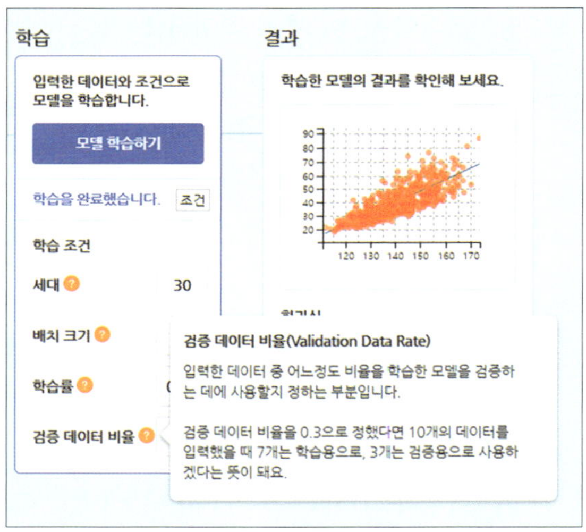

9 학습을 완료했습니다 옆의 조건 버튼을 누르면 차트가 나오면서, 학습 세대(가로축)를 반복할 때마다 계산되는 loss(손실함수)와 val_loss(검증손실함수) 그래프를 제공한다. 세로축의 손실함수는 테스트 자료에 대한 예측값과 결과값의 차이를 제곱한 평균값(MSE)으로써, 값이 작을수록 예측력이 좋고 모델이 정확하다고 할수 있다. 그래프에 마우스를 가져다 대면 구체적인 값을 팝업으로 보여준다.

1-2 엔트리 프로그래밍

남학생 오브젝트가 추정 회귀식으로부터 예측 몸무게를 계산하여 말하도록 한다. 이때 결정계수 값도 제공하도록 코딩하는데, 결정계수 값은 1에 가까울수록 예측 값의 정확도가 높다고 할 수 있다.

entry Session 02

숫자 분류

학습 목표

숫자로 표현될 수 있는 자료를 학습하여 원하는 자료를 분류할 수 있다.

문제 해결 상황

엔트리봇은 꽃 이름 묻는 앱을 이용해서 길가에 꽃들의 이름을 금방 알 수 있다.
그런데 그 앱은 붓꽃인지는 인식하지만, 붓꽃의 3가지 종류는 구분을 하지 못하였다.
비슷비슷해서 알아보기 힘든 붓꽃의 크기 값들을 이용해서 품종을 알아내고 싶다.

문제 해결 방법

식물학자 애드가 앤더슨 박사님은 얼핏 보면 비슷비슷해 보이는 3가지 붓꽃 품종(세토사, 베르시칼라, 버지니카)를 분류하는 기준을 찾고 싶었다. 붓꽃 모양에 따른 품종을 분류하기 위하여 고민하던 끝에, 붓꽃에서 얻을 수 있는 숫자값으로 해결하고자 시도했다. 앤더슨 박사님은 붓꽃 3가지 품종별로 150송이를 일일이 꽃잎 길이와 꽃받침의 너비를 측정하여 숫자 자료를 만들었다.

앤더슨 박사님이 수집해놓으신 붓꽃 품종별 꽃잎 길이와 꽃받침 너비 숫자자료가 있기 때문에, 이 자료를 학습시켜 품종을 분류하는 인공지능 모델을 만들수 있다. 이 자료를 학습시켜 인공지능 모델을 만들었으면, 품종이 궁금한 붓꽃의 꽃잎 길이와 꽃받침의 너비값을 다음 그림과 같이 입력하면 품종이 분류되어 나올 것이다.

2-1 데이터 수집하기

1 [데이터분석] 과 [테이블 불러오기] 을 통해, 엔트리에서 제공하는 붓꽃 예시 데이터를 선택한다.

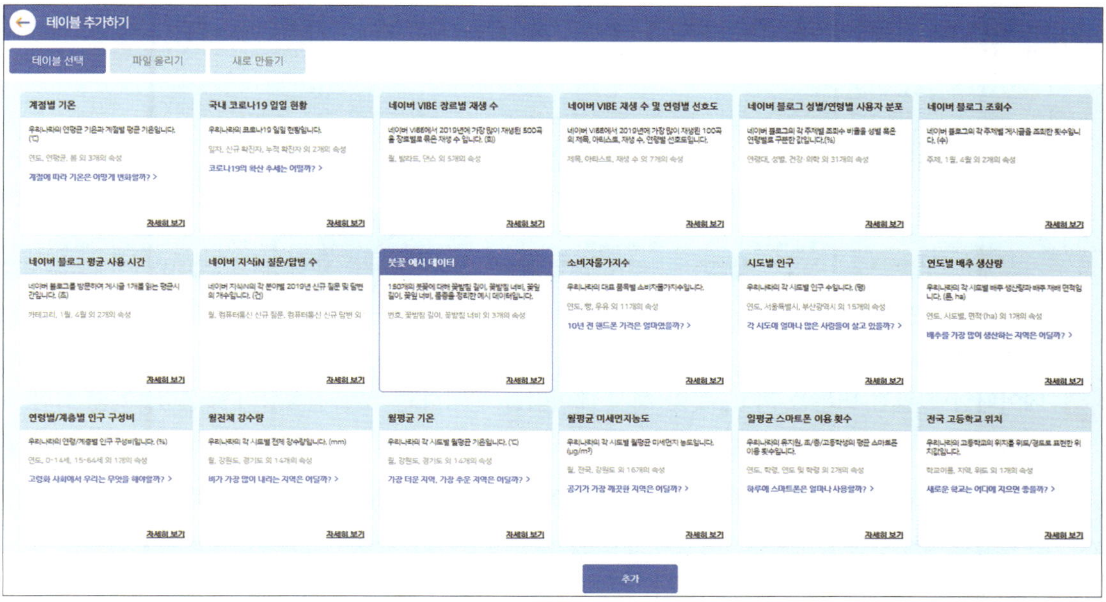

2 붓꽃 데이터는 번호, 꽃받침 길이, 꽃받침 너비, 꽃잎 길이, 꽃잎 너비, 품종에 대해서 150개로 구성되어 있다.

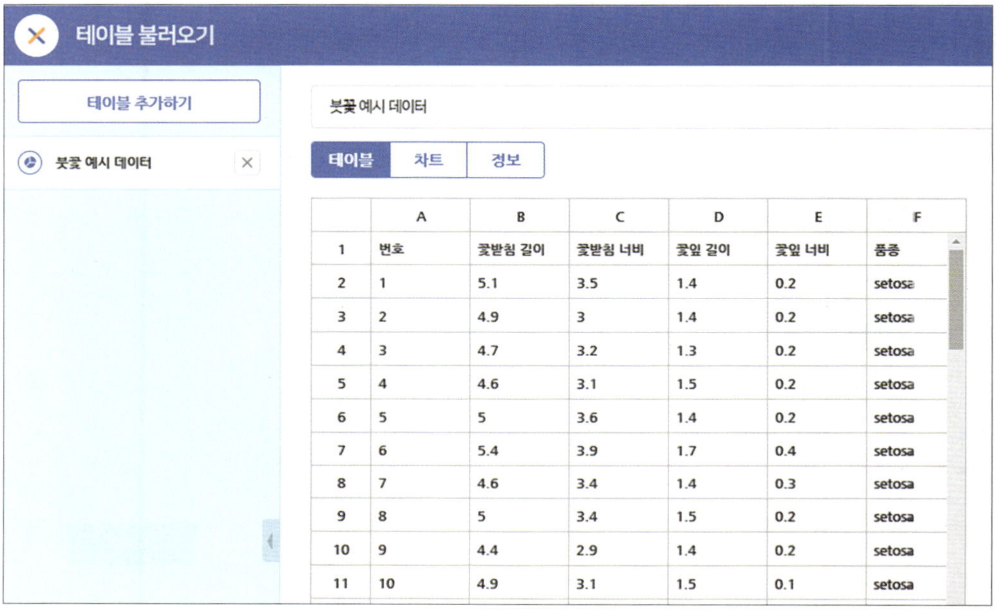

	A	B	C	D	E	F
1	번호	꽃받침 길이	꽃받침 너비	꽃잎 길이	꽃잎 너비	품종
2	1	5.1	3.5	1.4	0.2	setosa
3	2	4.9	3	1.4	0.2	setosa
4	3	4.7	3.2	1.3	0.2	setosa
5	4	4.6	3.1	1.5	0.2	setosa
6	5	5	3.6	1.4	0.2	setosa
7	6	5.4	3.9	1.7	0.4	setosa
8	7	4.6	3.4	1.4	0.3	setosa
9	8	5	3.4	1.5	0.2	setosa
10	9	4.4	2.9	1.4	0.2	setosa
11	10	4.9	3.1	1.5	0.1	setosa

2-2 인공지능 분류 모델 학습하기

1 데이터를 가져온 후, 인공지능 메뉴를 통하여 분류:숫자를 클릭한다.

2 데이터입력 펼침 버튼을 펴고, 붓꽃 예시 데이터를 선택하면, 5가지 속성이 나온다. 이중 핵심 속성인 꽃잎 길이와 꽃받침 길이를 끌어다 놓는다. 우리가 예측하고자 하는 품종은 클래스 속성의 펼침버튼을 이용하여 선택한다. 그리고 모델 학습하기를 실행하면 결과값 입력내용이 제공된다.

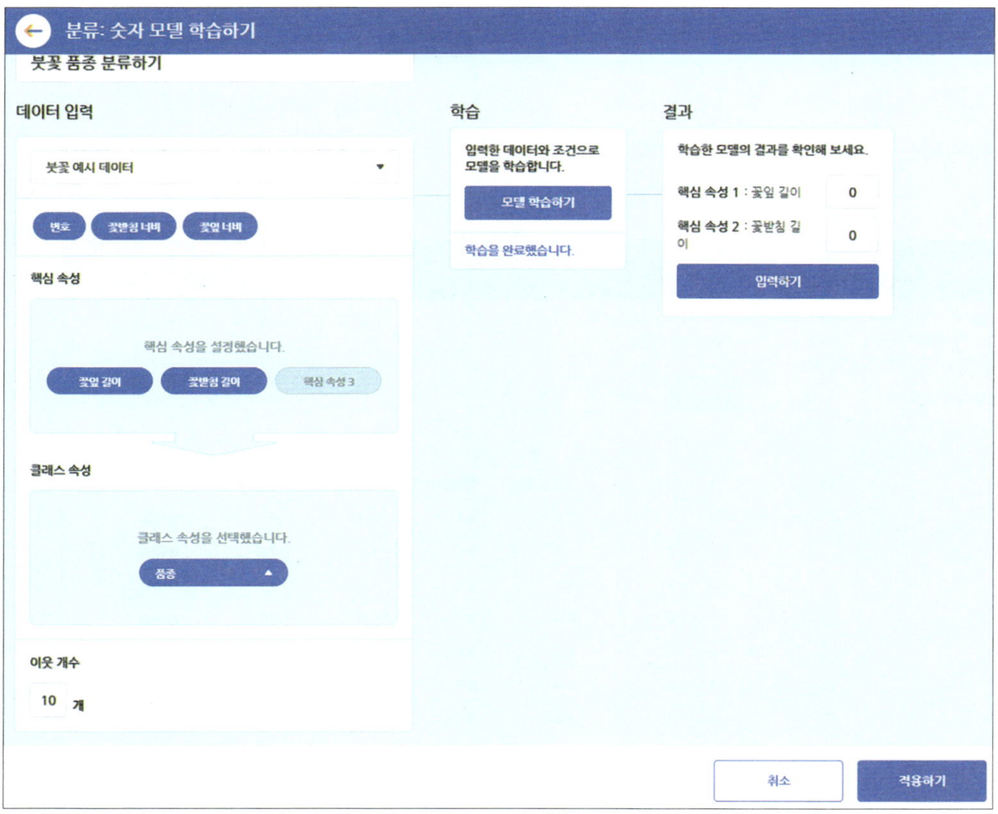

3 결과확인 창에 꽃잎 길이 5, 꽃받침 길이 5를 입력하면, 베르시칼라 품종일 가능성이 70.18%로 버지니카 품종일 가능성이 30.62%로 추정하는 결과를 제공한다.

2-3 엔트리 프로그래밍

꽃이름 찾는 앱을 실행하는 여자 아이 오브젝트를 만들어보자

1 소녀 오브젝트를 불러오고나서 오른쪽 위의 모양 가져오기를 클릭한다. 모양선택 아래에 인터페이스를 선택하여 그 중 스마트폰_켜짐을 선탁하여 추가하고, 크기를 줄이고 회전시킨 후 여자 아이 손위에 맞춰 놓는다.

2 여자 아이가 대화하는 코드를 넣는다.

3 남자 아이 오브젝트를 추가한 후 대화하는 코드를 넣는다. 남자 아이의 말이 끝나면 붓꽃을 클릭하도록 유도하는 글상자가 나오도록 하기 위하여 신호를 추가해야한다. 속성 탭을 클릭하고 그 중 신호를 클릭해서 신호추가하기를 눌러 관찰값 입력하기라는 신호명을 넣는다.
시작블록을 클릭하여 관찰값 입력하기 신호보내기 블록을 말하기 블록 아래에 삽입한다.

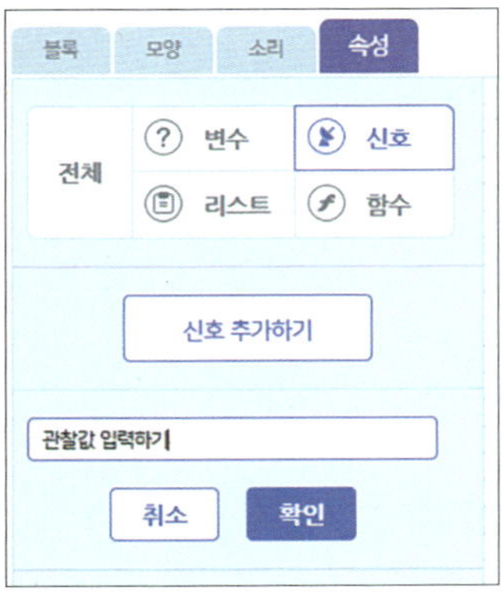

4 붓꽃 오브젝트를 클릭하면 꽃잎과 꽃받침 길이를 입력받아야 하므로, 속성탭을 클릭하여 2개 변수를 만든다. 2개의 변수를 만든 후, 신호에서 오브젝트를 클릭했을 때 블록을 가져오고 말하기를 적당히 입력한다.

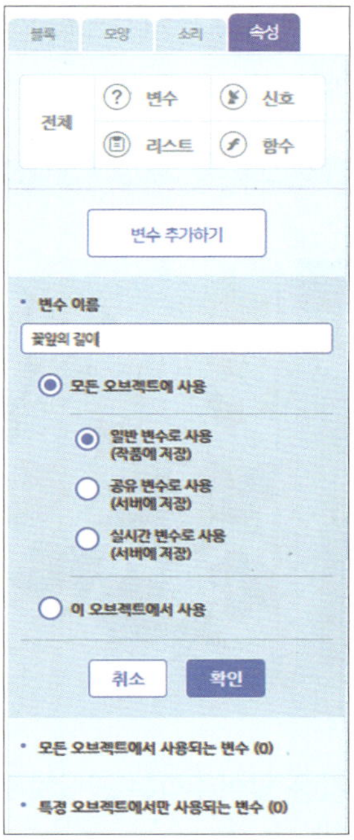

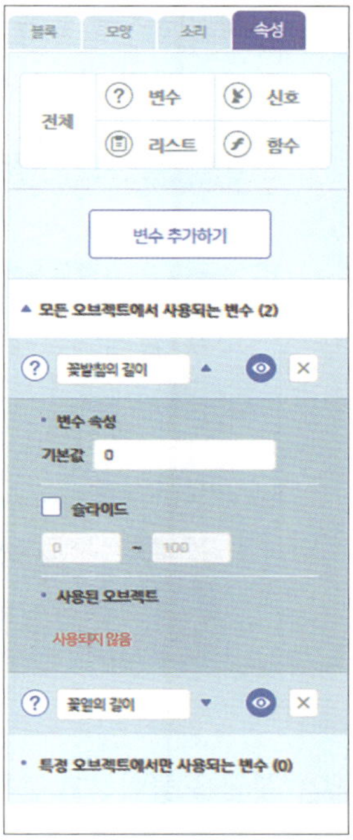

5 묻고 대답하기를 이용하여 꽃잎과 꽃받침 길이 변수에 각각 입력값을 저장하게 하고, 인공지능 블록에 생긴 분류결과 블록에 각 변수를 넣는다. 분류값은 데이터에 있듯이 영문(Setosa, Versicolor, Virginica)으로 나오기 때문에 만약 블록을 이용하여 한글로 번역해준다.

6 이때 인공지능 블록 불러오기의 번역기능을 이용해서 코드를 만들 수도 있지만, 보통 품종과 같은 고유 명사는 아직 지원되지 않는다.

7 벚꽃을 클릭하고 관찰값을 넣어주라는 글상자를 만든고, 다음의 코드를 넣는다.

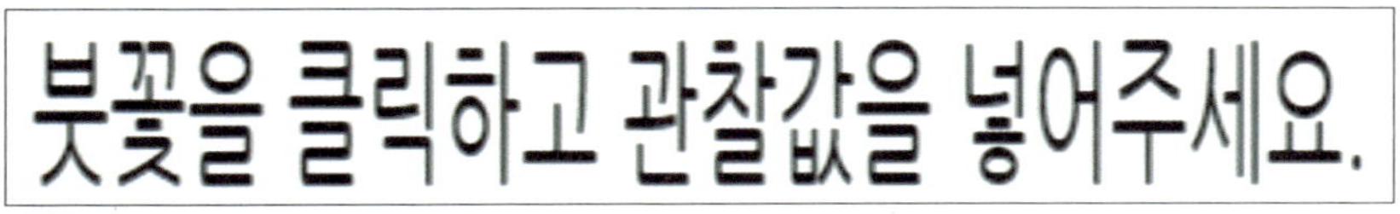

8 코드가 완성되었으면 실행을 시켜보고, 벚꽃을 클릭하여 다음 그림의 꽃잎과 꽃받침의 길이를 입력하여 품종이 어떻게 나오는지 확인해본다.

꽃잎 길이: 2cm 꽃받침 길이: 4cm	꽃잎 길이: 3cm 꽃받침 길이: 7cm	꽃잎 길이: 5cm 꽃받침 길이: 6cm

entry Session 03

숫자 군집

학습 목표

숫자로 구성된 자료를 학습시켜 군집으로 묶을 수 있고, 어떤 자료가 어떤 군집에 속하는지 판단할 수 있다

문제 해결 상황

마트에는 60여 가지의 맛있는 과자들이 있는데, 이 과자들의 성분 중 살찌는데 영향을 주는 성분을 중심으로 4개 군집으로 묶어본 후, 내가 고른 과자가 살찌는 성분이 많은 군집에 속하는지 알아보고 싶다.

문제 해결 방법

조사한 과자의 성분(나트륨, 탄수화물, 당류, 지방, 콜레스테롤, 단백질) 데이터를 수집하고, 과자 성분 중 살찌는데 영향을 주는 주요 성분 2가지를 선택한다. 선택된 성분을 기준으로 과자류 자료를 학습시켜 군집으로 묶는다. 성분의 구성이 유사한 각 군집의 그래프를 보고 군집의 특성을 파악한다. 그리고 내가 먹을 과자의 성분을 입력하면, 학습모델에 의해서 어떤 군집에 해당하는지 판단한다.

과자류를 당류와 지방에 따라
4개 군집으로 묶어봤어.

군집이 어떻게 묶였는지 한번
보렴

모델 차트 창
군집 4 | 핵심 속성 1 당류(g), | 핵심 속성 2 지방(g)
70
60
50
40
30
20
10
0
0
10
20
30
40
50
60
작품 정지하기
작품 다시 시작

먹을 과자가 살찌는 과자류인
지 궁금해?

그 과자의 당류는 얼마야?
50

그 과자의 지방은 얼마야?
60

당류값50과 지방값60의 과
자는

3-1 데이터 수집하기

과자 포장지 뒷면에는 영양정보 부분에 과자의 성분별 내용량을 제공한다. 엔트리의 데이터 시트에 성분(나트륨, 탄수화물, 당류, 지방, 콜레스테롤, 단백질)을 엔트리의 데이터 시트에 직접 입력할 수 있다.

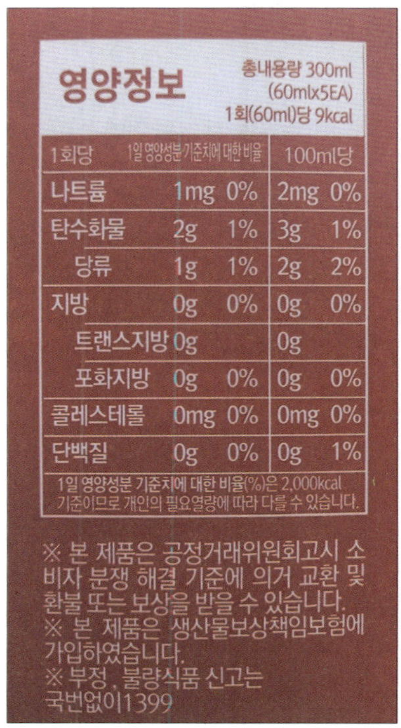

영양정보 총내용량 300ml (60mlx5EA) 1회(60ml)당 9kcal

1회당		1일 영양성분 기준치에 대한 비율	100ml당	
나트륨	1mg	0%	2mg	0%
탄수화물	2g	1%	3g	1%
당류	1g	1%	2g	2%
지방	0g	0%	0g	0%
트랜스지방	0g		0g	
포화지방	0g	0%	0g	0%
콜레스테롤	0mg	0%	0mg	0%
단백질	0g	0%	0g	1%

1일 영양성분 기준치에 대한 비율(%)은 2,000kcal 기준이므로 개인의 필요열량에 따라 다를 수 있습니다.

※ 본 제품은 공정거래위원회고시 소비자 분쟁 해결 기준에 의거 교환 및 환불 또는 보상을 받을 수 있습니다.
※ 본 제품은 생산물보상책임보험에 가입하였습니다.
※ 부정, 불량식품 신고는 국번없이1399

1 여기서는 미리 준비된 자료를 불러 사용한다.

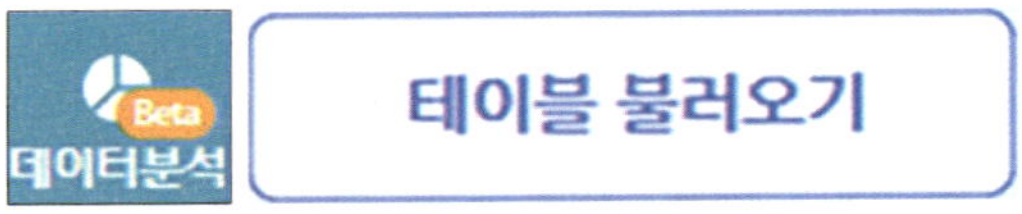

	A	B	C	D	E	F	G
1	이름	나트륨(mg)	탄수화물(g)	당류(g)	지방(g)	단백질(g)	콜레스테롤(r
2	D칸칠	370	45	2	19	3	0
3	곰자깡	190	22	1.6	6	2	0
4	가도 소	25	11	6	6	1	25
5	겨란과자	93	37	17	8	3	42
6	코리밥	140	15	2	2.8	2	0
7	귀윈양파	440	32	4	31	4	0
8	고복칩	210	19	2	9	1	0
9	굴과배기	75	21	8	7	0.5	0
10	누푸레쉬베리	50	15	9	7	1	16
11	닭날개	310	42	3.9	17	4.1	0
12	토스토스	630	54	3.2	21	6	0
13	당공강정	80	21	8	4.7	3	0
14	롱디 샌드	170	35	17	12	2	0
15	마기리트	940	153	68	72	18	140
16	마기리트(초코)	40	14	6	5	1	7.4

2 테이블을 불러왔으면 인공지능과 인공지능 모델 학습하기를 선택한다.

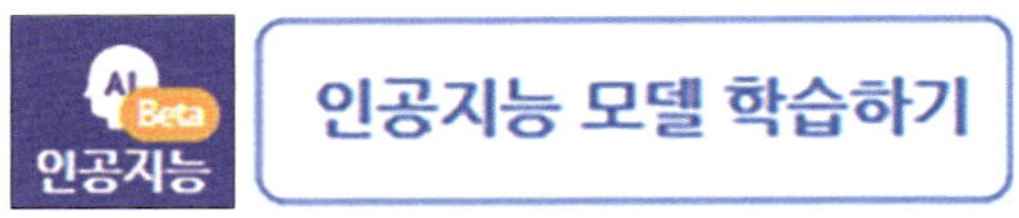

3 군집:숫자를 선택한 후 학습하기를 눌러준다.

3-2 인공지능 군집 모델 학습하기

1. 데이터입력 창에 펼침버튼을 눌러서 자료를 선택해서 나타나는 속성 성분들(나트륨, 탄수화물, 당류, 지방, 콜레스테롤, 단백질)중 나누고자 하는 핵심속성(당류, 지방류)을 드래그해서 옮긴다. 엔트리 군집 모델에서는 최대 3개까지 핵심 속정을 지정할 수 있다.

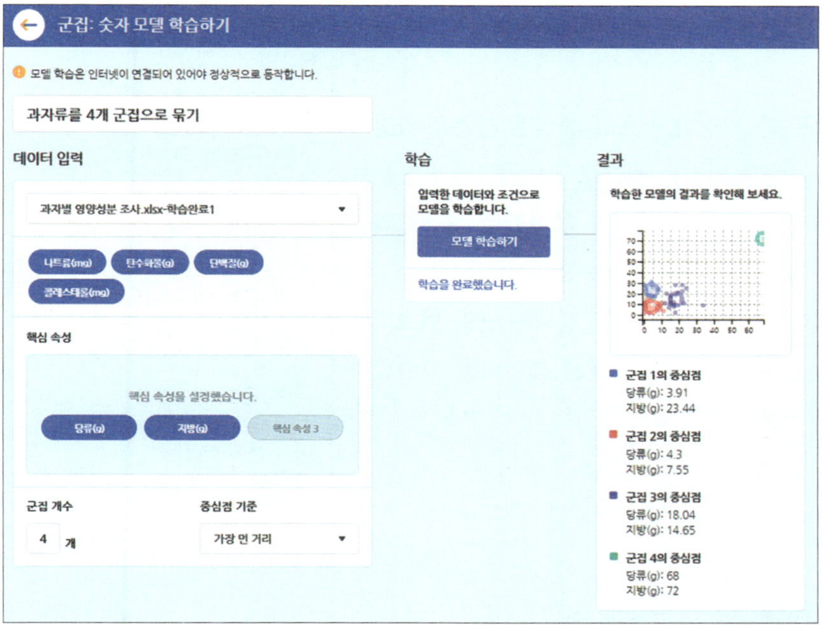

2. 비지도학습인 군집의 기본 학습 모델링 군집 개수 미리 정해져 있지는 않아서 50개 이상으로 크게 잡을 수도 있지만, 의사결정을 할 때 주로 사용하는 군집의 개수는 10개 이하가 대부분이다. 엔트리에서 군집을 묶는 알고리즘은 K-평균 알고리즘을 사용하므로, 학습 시작할 때 군집의 개수 K와 시작하는 군집 중심점을 정해야 한다.

① 엔트리에서 기본 군집 모델링에서의 군집 개수 K는 1~4개 이하로 제한되고 있으며, 처음 시작되는 군집 중심점 기준값은 가장 먼거리와 무작위 2가지를 선택할 수 있다. 예를 들어 K 군집 개수를 4로 정했다면 처음 시작하는 군집 중심점 4개는 서로 가장 먼거리에 있는 4개 자료가 선택되고, 무작위는 아무 자료가 4개 선택되어 시작하는 것이다. 이렇게 초기 군집 중심점이 선택되면 학습해가면서 적절한 군집 중심점을 찾아 군집을 묶어주는 것이다.
위 그림은 4개 군집 개수를 지정하고 초기 중심점 기준은 가장 먼거리인 4개 점으로 학습을 시키는 것으로, 오른쪽 결과를 보면 4개의 색깔로 표시된 군집으로 자료가 묶여있는 그래프와 함께 군집별 중심값이 제공되는 것을 볼 수 있다.
똑같은 조건을 주고 같은 자료를 다시 모델링해도 군집 번호와 중심점이 달라지는 것을 볼 수 있다. 이것은 데이터를 학습할 때 학습용과 검증용의 구분이 달라져서 생기는 차이이다.

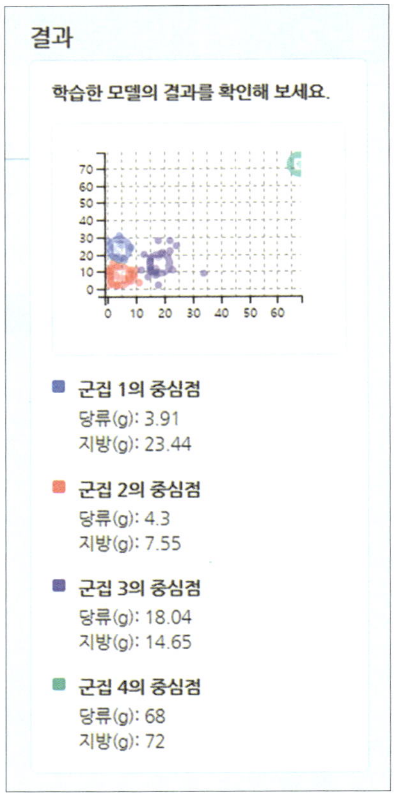

3-3 엔트리 프로그래밍

① 인공지능 군집 모델을 돌린 후, 엔트리봇 오브젝트에 다음과 같은 코드를 넣어 군집 차트가 보이도록 한다.

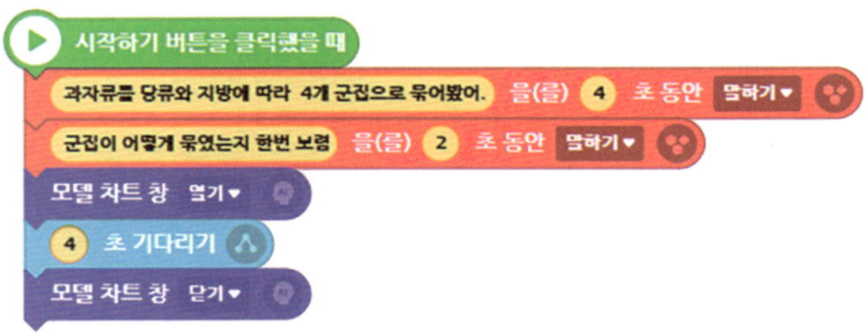

2 모델 차트창이 실행된 다음의 그림을 보면 60여개의 과자들을 4개의 군집으로 묶은 것을 볼 수 있다. 3개의 군집은 근처에 모인 반면, 군집4는 오른쪽 위에 위치한 것으로 보아 다른 과자에 비해 살찌는 성분이 매우 높은 것을 알 수 있다.

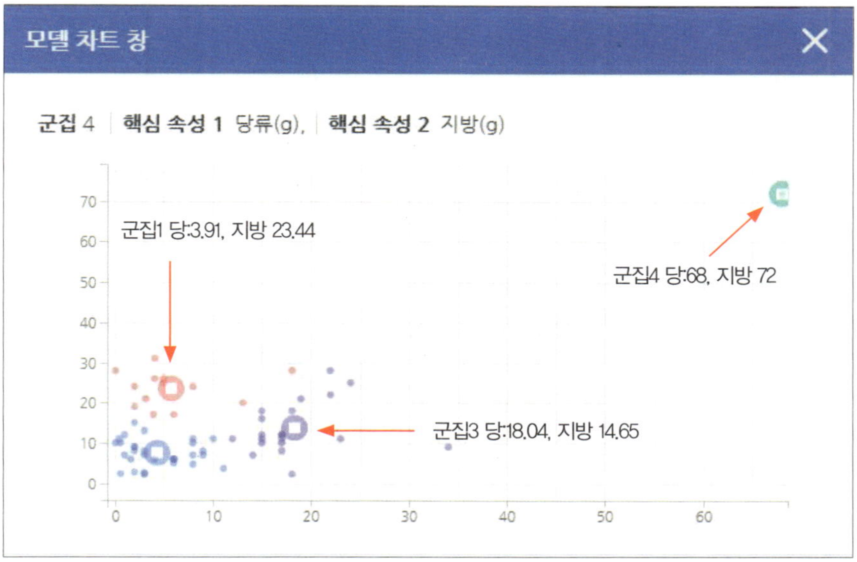

3 가로 탭 중 맨 오른쪽의 속성 탭을 클릭하여 먹으려는 과자의 성분(당류, 지방)의 값을 입력받기 위한 변수를 각각 추가해서 만든다.

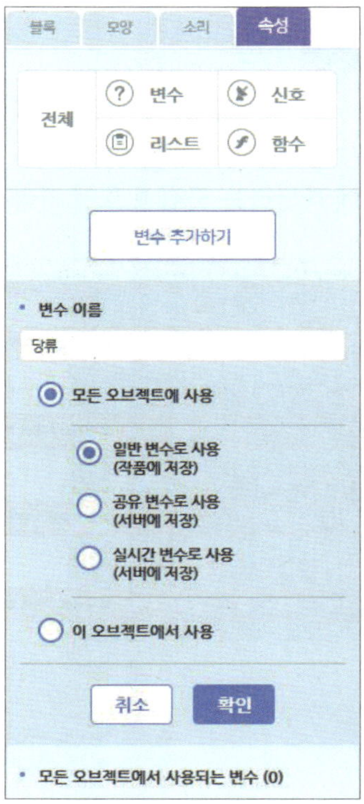

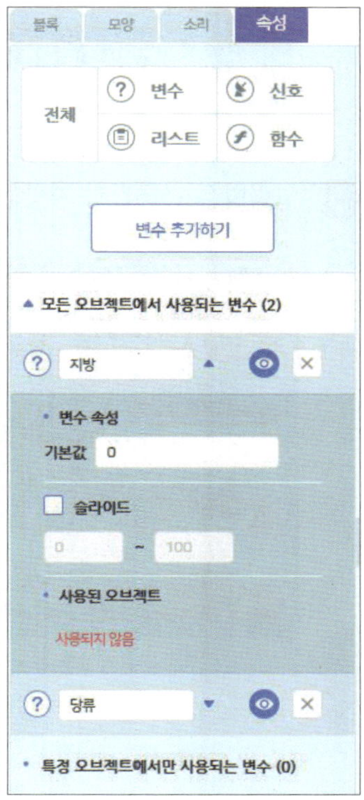

4 변수 당류, 지방을 만들고 세로 아래부분의 자료를 클릭하면 다음과 같이 변수들의 블록들이 생긴다. 묻고 대답하기 블록을 이용하여, 분석하고자 하는 당류값과 지방값을 입력받고 그 값들을 각각 변수 당류와 변수 지방에 지정한다.

5 입력받은 당류값과 지방값에 해당하는 군집 번호에 따라서 과자류 군집을 알려주는 코드를 작성한다.

6 코드가 다 완성된 다음에는 왼쪽 위에 생기는 모델이름과 변수들을 보이지 않도록 숨긴다.

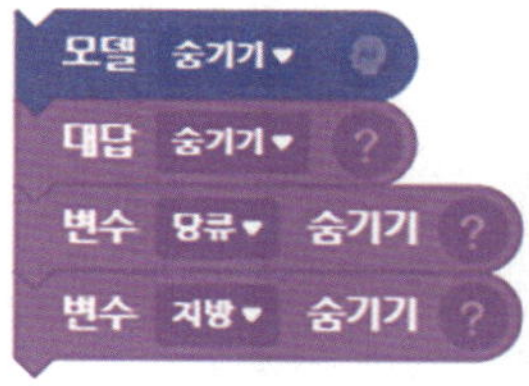

7 완성된 코드를 종합하면 다음과 같으며, 이를 실행시켜 내가 좋아하는 과자들의 당과 지방값을 입력하여 어떤 과자군집에 속하는지 확인해본다

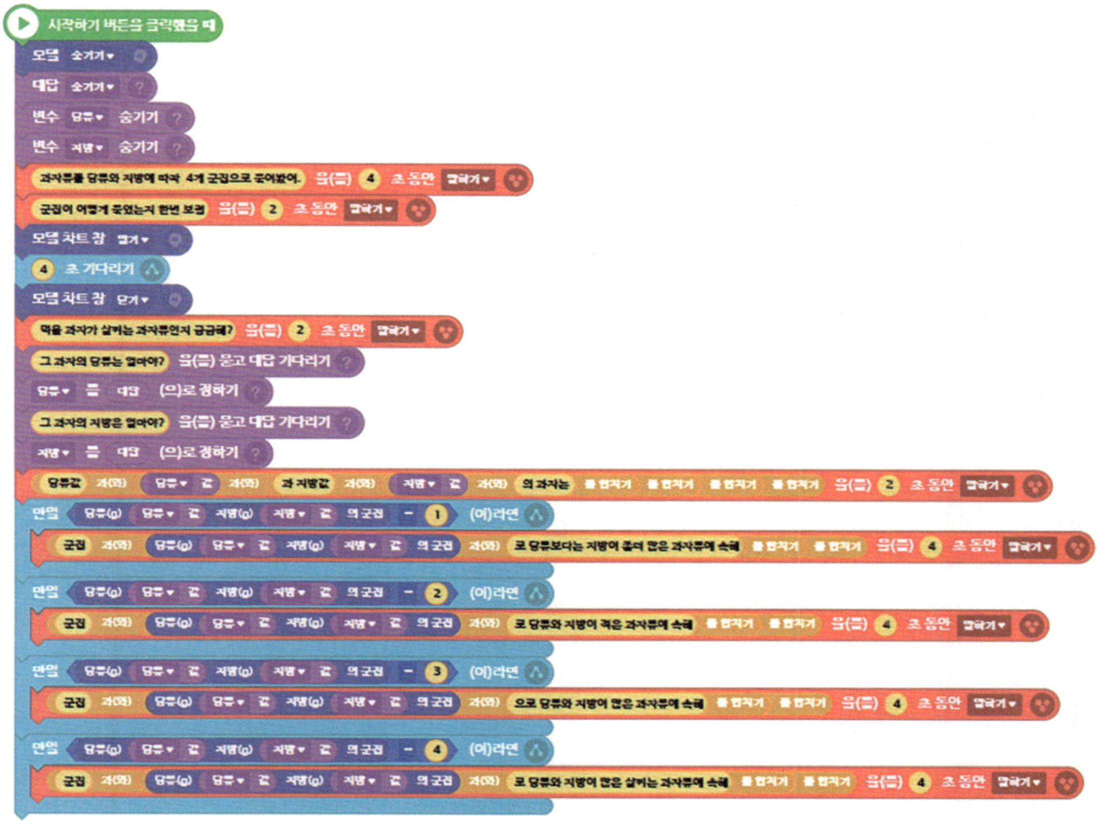

CHAPTER

10

피지컬 활용 인공지능 모델 (코블)

CHAPTER 10

피지컬 활용 인공지능 모델(코블)

Session 01 인공지능 에어컨(텍스트 분류)

Session 02 수신호 출발기(이미지 분류)

Session 03 도전! 나도 아이돌(음성 분류)

학습 목표

텍스트, 이미지, 음성으로 인공지능 모델을 개발하여 조립형 피지컬 도구에 적용한 인공지능 프로그램을 만들 수 있다.

피지컬 컴퓨팅은 컴퓨터와 현실 세계가 데이터를 통하여 대화하는 것을 구현하는 것이라 할 수 있다. 키보드, 마우스로 입력하고 모니터, 프린터로 출력하는 이상의 활동을 의미한다. 가장 보편적인 피지컬 도구인 아두이노는 기본 센서군에 포함된 센서의 종류가 37종에 달한다.

엔트리는 130개 이상의 교육용 피지컬 도구를 지원하고 있다. 지원되는 피지컬 도구는 조립형과 완성형으로 구분할 수 있다. 조립형은 코블, 아두이노, 네오봇, E-센서보드 등이 있으며 완성형은 햄스터봇, 대시, 뚜루뚜루, 카미봇 등이 있다.

코블은 국내 제품 중에서 엔트리, 스크래치, 앱인벤터를 모두 사용할 수 있으며 초등학생에 적합한 도구이다. 코블 메인보드와 입력장치 6종, 출력장치 6종, 특수블록 4종 등의 스탠다드 패키지로 충분히 초등학교 과정에서 인공지능 피지컬 컴퓨팅 수업이 가능하다.

코블을 사용하지 않더라도 조립형 피지컬 도구의 기본 원리를 알고 있다면 본 교재의 내용을 바탕으로 타교구에도 쉽게 적용할 수 있다. 조립형 피지컬 도구의 대부분이 아두이노 보드를 기본 베이스로 삼고 있기 때문이다. 학교 현장에서 메인보드와 센서 및 출력으로 이루어지는 피지컬 도구의 기본 원리를 중심으로 학생들에게 지도한다면 타 교구로의 확장을 쉽게 할 수 있다.

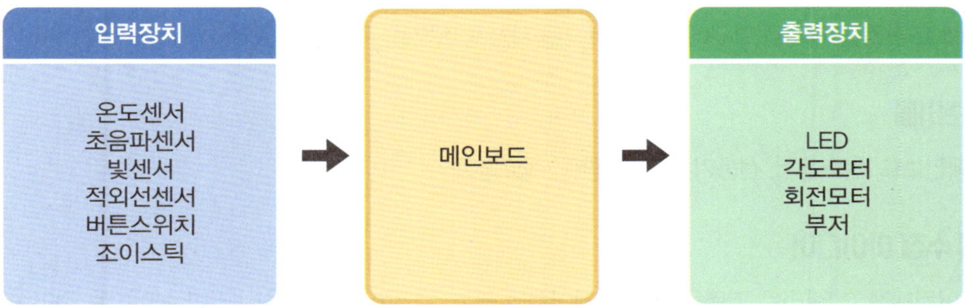

entry Session 01

인공지능 에어컨 (텍스트 분류)

"에어컨 켜!", "불 켜!" 등의 명령어로 조작하는 기기는 과거에도 있었다. 하지만, 정확한 명령어, 발음으로만 작동하는 한계가 있었다. 이를테면 "에어컨 켜줘!", "불 켜주세요." 등으로 한 음절이라도 틀린 명령어는 인식이 되지 않았다. 사투리가 심한 사람의 명령어는 아예 인식하지 못하였다. 인공지능 학습을 통하여 유사한 명령어, 사투리 등을 인식하고 작동하는 기기를 만들 수 있을까? 에어컨을 단순히 켜고 끄는 것이 아니라, 사람의 감정적 언어를 이해하고 기기를 작동시켜주는 인공지능 모델을 만들어 보자.

학습 목표

인공지능 텍스트 모델을 피지컬 교구에 접목하여 인공지능 에어컨을 구현할 수 있다.

학습 준비물

코블 교구: 메인보드, 온도센서, 선풍기, 숫자 전광판, 레고블록

데이터 수집 아이디어

인공지능 에어컨에게 '더워!'라는 명령을 내리면 에어컨을 틀고, '추워'라는 명령을 내리면 에어컨을 꺼야 한다. '좋아'라면 현상태를 유지해야 한다. '더워', '좋아', '추워'를 기준으로 데이터를 수집하기 위한 아이디어를 생각해보자.

인공지능 에어컨

클래스 1	클래스 2	클래스 3
더워	좋아	추워
너무 더워 더워 날씨 덥다 더워라 에어컨 켜 에어컨 세게 ⋮	기분 좋아 적당해 에어컨 좋아 좋아 딱 좋아 쾌적해 ⋮	추워 춥다 춥다구 으스스해 에어컨 꺼 에어컨 오프 ⋮

▲ #온도센서, #선풍기, #텍스트 분류, #지도학습, #분류 학습, #인공지능 에어컨

1-1 인공지능 예측 모델 학습하기

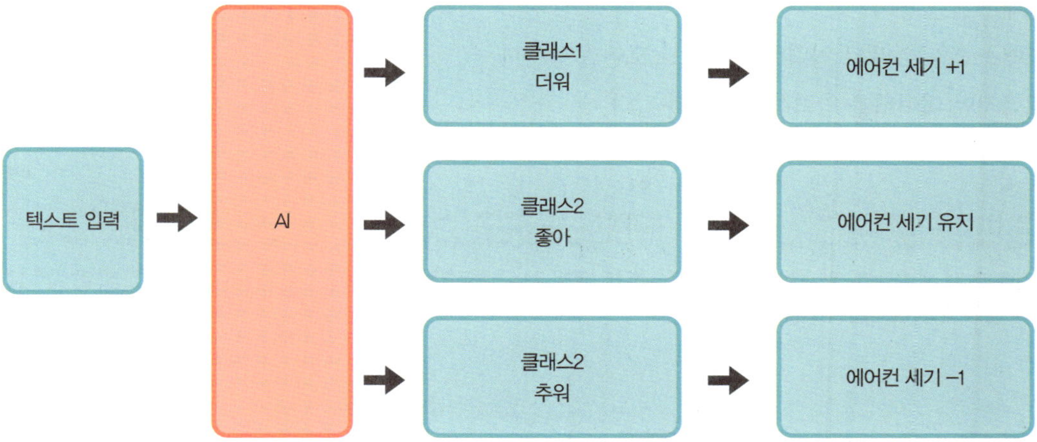

본 주제에서는 정형화되지 않은 명령어, 이를테면 사투리, 감정이 담긴 언어 등의 명령어를 알아듣는 인공지능 에어컨을 제작하고자 한다. 텍스트 형식으로 입력하면 학습된 엔트리의 인공지능 모델에서 결과를 알려준다. 인식률이 70% 이상이 되는 클래스가 실행되도록 피지컬 도구인 코블의 명령어와 연결한다.

1. 엔트리 프로그램에서 [인공지능 모델 학습하기]를 클릭하여 학습할 모델 선택하기 화면으로 들어간다. '분류:텍스트'를 선택한 후 [학습하기]를 클릭하여 텍스트 모델 학습하기로 들어간다.

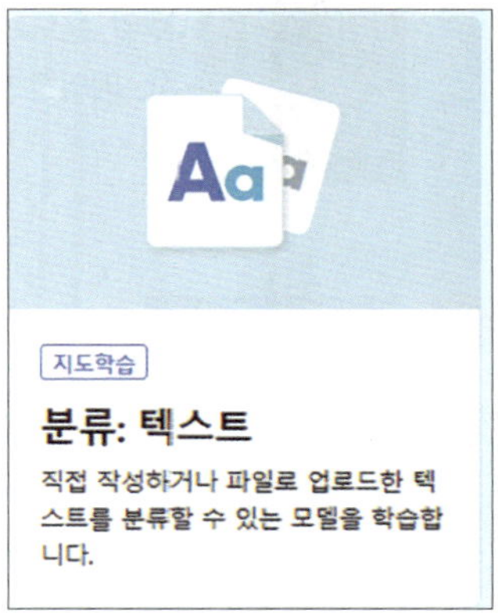

2 이름을 '인공지능 에어컨'으로 입력한다.
클래스 1은 '더워'
클래스 2는 '좋아'
클래스 3은 '추워'로 입력하여 텍스트 모델을 만든다.
대략적인 데이터를 입력하면 다음과 같다.

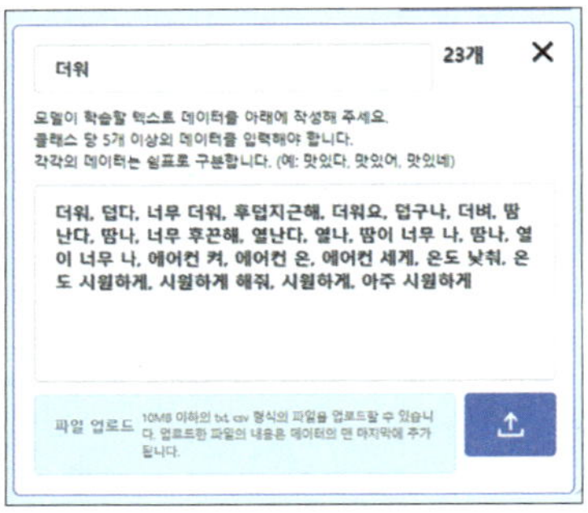

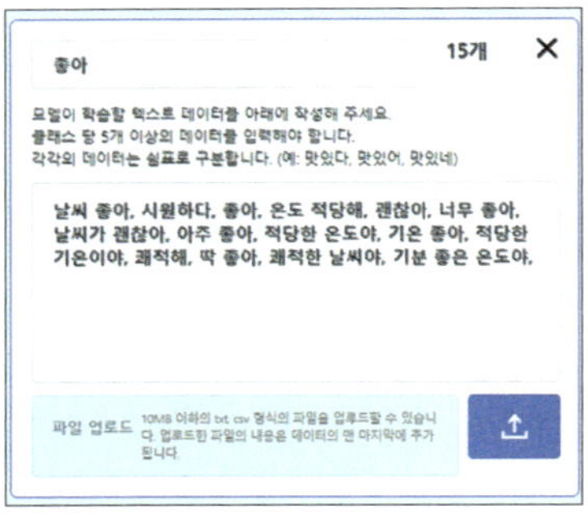

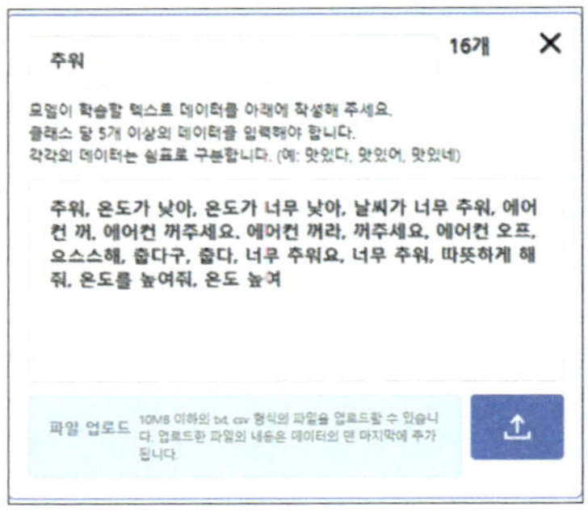

클래스 1	더워, 덥다, 너무 더워, 후덥지근해, 더워요, 덥구나, 더벼, 땀난다, 땀나, 너무 후끈해, 열난다, 열나, 땀이 너무 나, 땀나, 열이 너무 나, 에어컨 켜, 에어컨 온, 에어컨 세게, 온도 낮춰, 온도 시원하게, 시원하게 해줘, 시원하게, 아주 시원하게
클래스 2	날씨 좋아, 시원하다, 좋아, 온도 적당해, 괜찮아, 너무 좋아, 날씨가 괜찮아, 아주 좋아, 적당한 온도야, 기온 좋아, 적당한 기온이야, 쾌적해, 딱 좋아, 쾌적한 날씨야, 기분 좋은 온도야
클래스 3	추워, 온도가 낮아, 온도가 너무 낮아, 날씨가 너무 추워, 에어컨 꺼, 에어컨 꺼주세요. 에어컨 꺼라, 꺼주세요, 에어컨 오프, 으스스해, 춥다구, 춥다, 너무 추워요, 너무 추워, 따뜻하게 해줘, 온도를 높여줘, 온도 높여

3 모델 학습하기 를 클릭하여 입력한 데이터와 조건으로 모델을 학습한다.

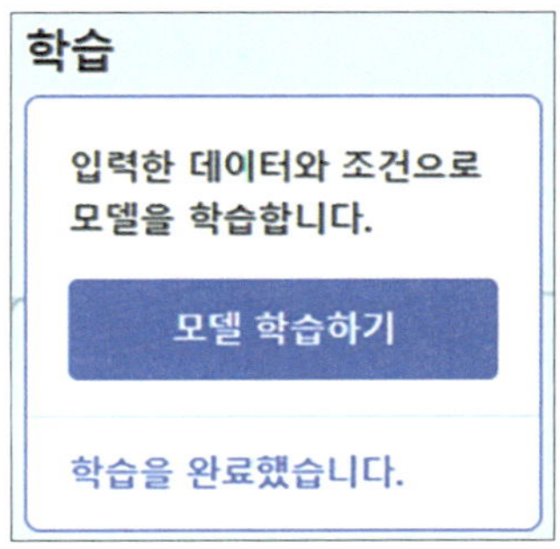

4 결과 화면에서 '아 추워'라고 입력하고 결과를 테스트한다. '아 추워'는 데이터는 수집데이터에 입력되지 않은 것이다.

결과 화면은 인식율이 68.19%로 출력되었다.

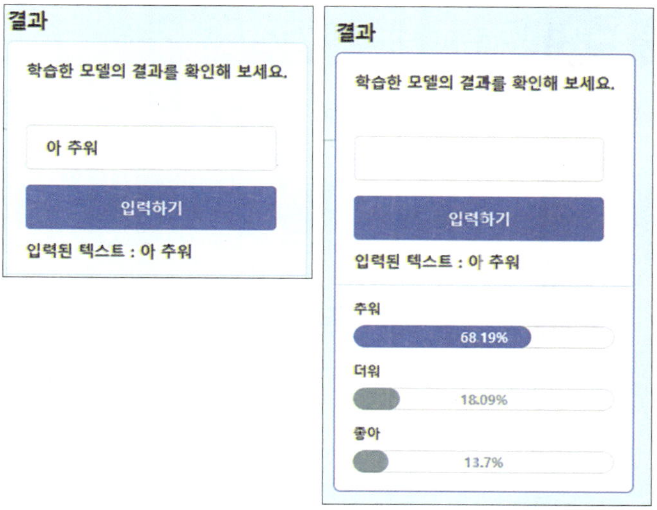

5 '으메 더운것!'이라고 사투리를 입력하였더니 원하는 결과가 나오지 않았다. 그래서 클래스 1에 '으메 더워', '더운 것'이라고 데이터를 추가 입력한 후 모델을 재학습하였더니 '으메 더운 것'의 인식율이 79.63%로 향상되었다.

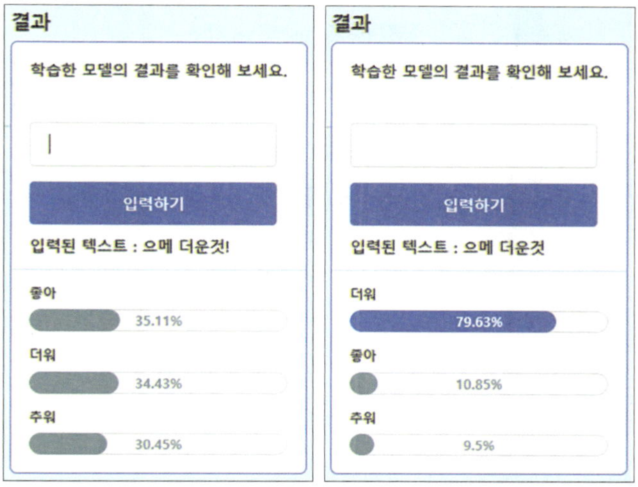

6 엔트리 블록 탭의 [인공지능]에 다음의 블록들이 생성되었는지 확인한다.

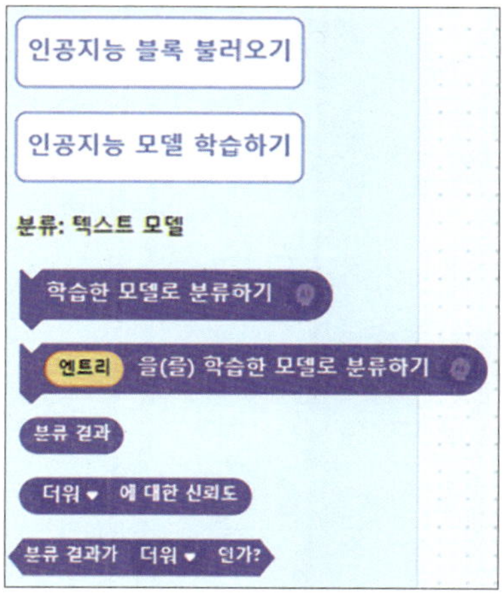

1-2 엔트리 화면과 오브젝트 구성

❶ 엔트리 오브젝트를 다음과 같이 불러왔다.

배경 에서 '방(3)'
사람 에서 '소년(2)',
물건 에서 '에어컨', '온도계'를 배치한다.

❷ 방(2)의 모양 에서 그림 편집의 형식을 비트맵 벡터 벡터 형식으로 변경한다.

에어컨을 설치할 장소를 만들기 위해 창문을 옆으로 옮기고 메모창, 사진을 옮긴다. 빈공간에 에어컨을 두고, 온도계를 설치한다.

❸ 전체 화면을 다음과 같이 옮기고 크기를 조절한 후 배치합니다.

온도계 오브젝트 구성하기

1. 온도계 오브젝트의 모양탭에서 복제를 클릭하여 '온도계_상', '온도계_중', '온도계_하'로 3개의 모양을 만든다.
   온도를 좀 더 정밀하게 표시하고 싶으면 온도계 오브젝트를 더 추가하는 것도 좋다.

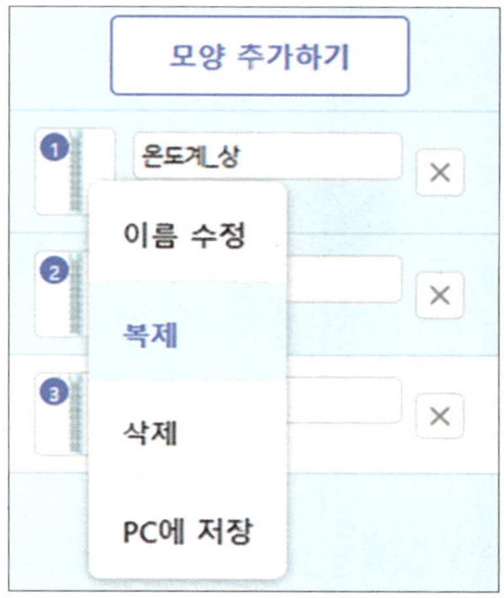

2. 엔트리 그림판에서 온도계를 상, 중, 하의 3가지로 만든다.
   그림 형식을 비트맵으로 바꾼 후 온도계 게이지에 윤곽선 굵기를 '10'으로 맞춘 후 온도를 '상', '중', '하'의 높이로 맞추어 그었다.

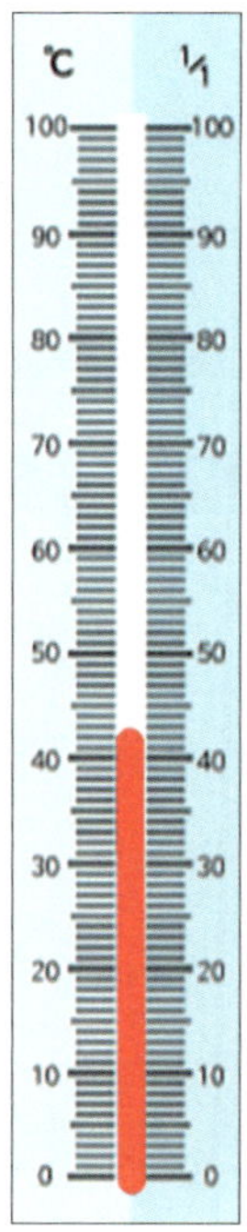
▲ 온도 '상'

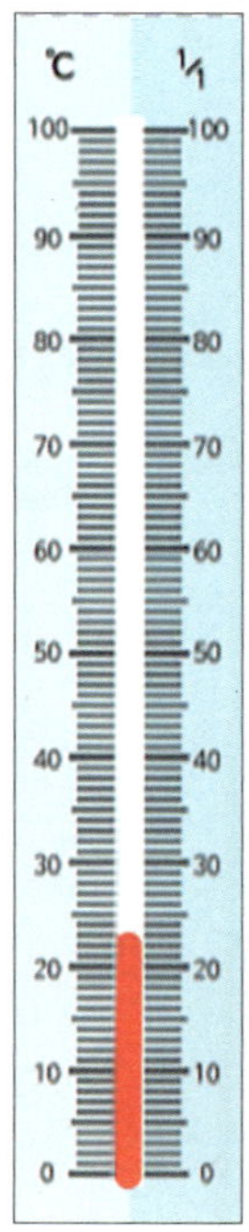
▲ 온도 '중'

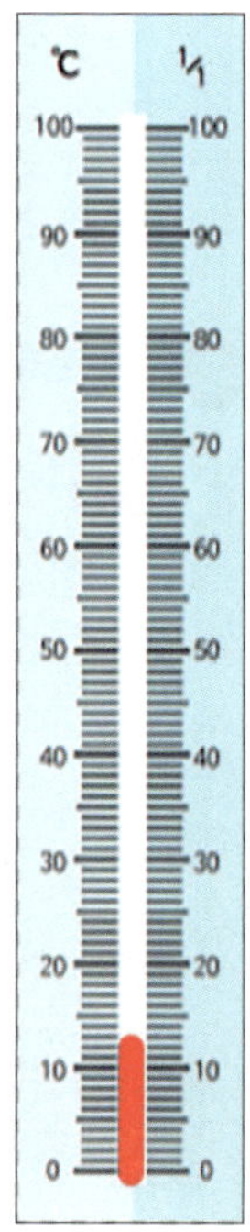
▲ 온도 '하'

1-3 코블 블록 구성하기

메인보드	숫자전광판	메인보드	각도모터
	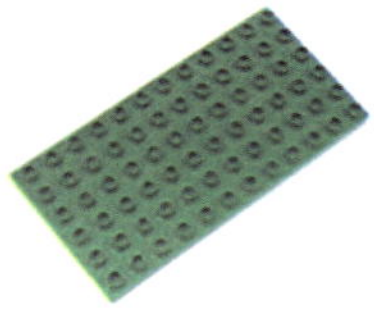		
육각바퀴	밑판 블록	기타블록	

1 [하드웨어]를 클릭하여 [• 연결 프로그램 다운로드]를 한다. 운영체제에 맞게 프로그램을 다운로드 후 설치한다.

2 엔트리 하드웨어 프로그램을 실행하고 [COBL]을 선택한 후 [드라이버 설치]를 한다.

3 코블 하드웨어를 연결하고 엔트리를 실행한다.

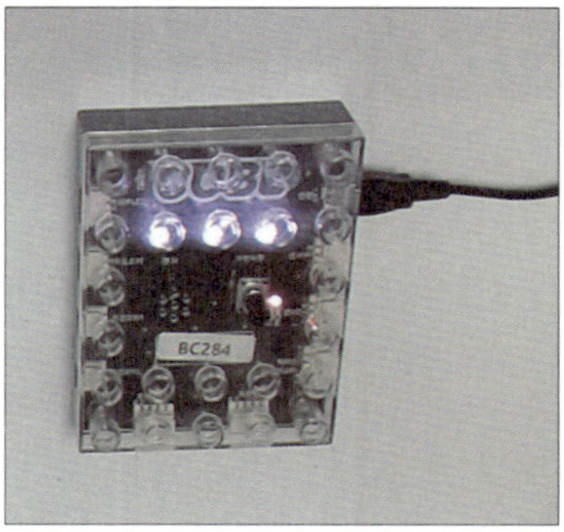

4 코블과 엔트리가 연결되면 다음과 같이 블록이 생성된 것을 확인할 수 있다.

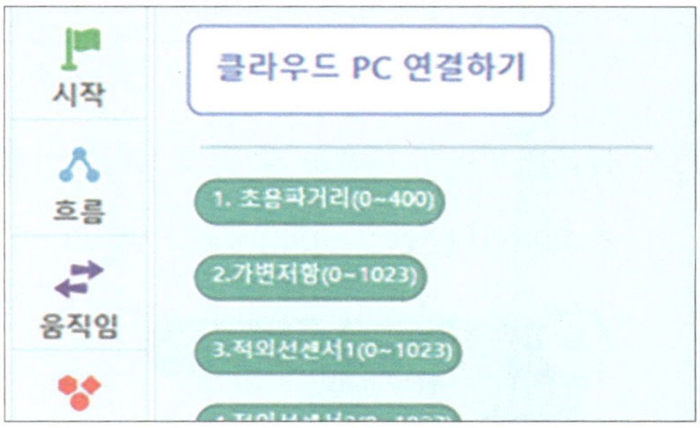

5 코블의 온도 센서를 메인보드 센서1에 꽂는다.

6 코블의 메인보드에 팬을 '회전모터1'에 연결한다.
숫자전광판을 코블의 '숫자전광판 4핀'에 연결한다.

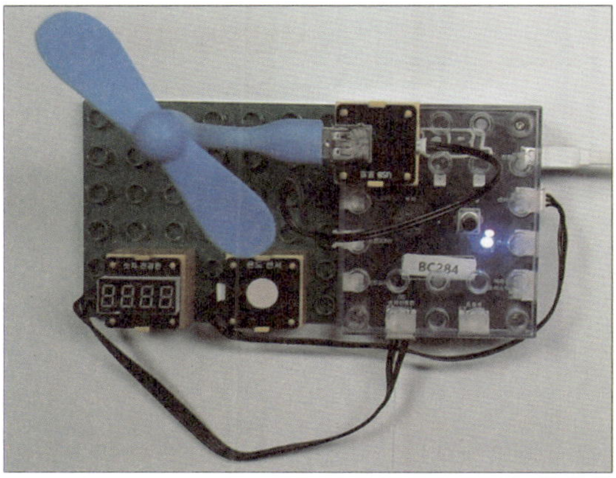

1-4 엔트리 블록 코딩하기

온도계 오브젝트 코딩하기

코블의 온도 센서에서 측정되는 온도값에 따라 엔트리 화면상의 온도계가 다음과 같이 변하도록 한다.

25도 미만 온도 측정시(온도 낮음)	온도계_하 ▾ 모양으로 바꾸기
25도 ~ 28도 온도 측정시(온도 적절)	온도계_중 ▾ 모양으로 바꾸기
28도 초과 온도 측정시(온도 높음)	온도계_상 ▾ 모양으로 바꾸기

1. 블록을 만들면 다음과 같다. 하드웨어의 10.온도센서@포트 1 ▾ 는 코블의 센서1에 온도센서를 꽂은 것을 의미한다. 만약 센서2에 꽂으면 포트를 2로 맞추어야 한다.

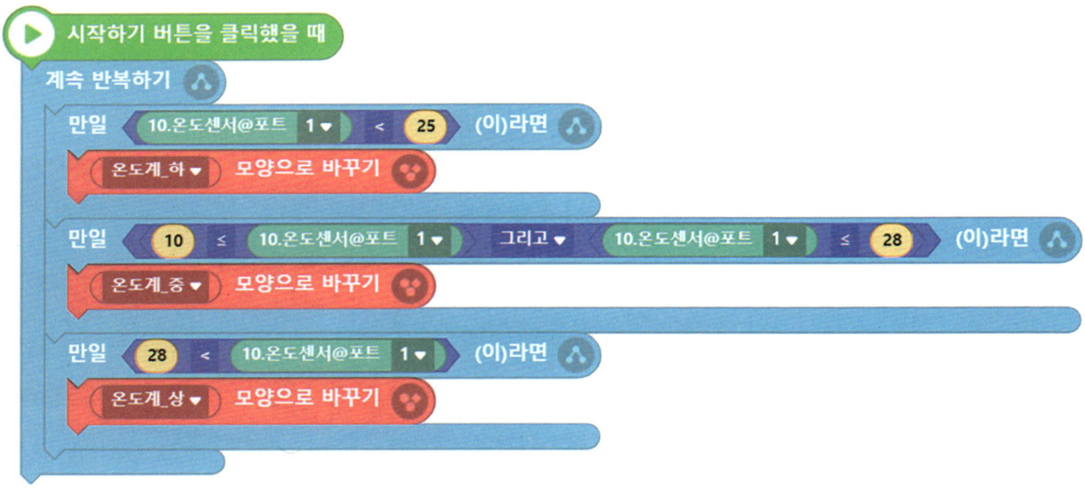

A 온도 오브젝트 코딩하기

1. 코블의 온도센서값이 즉시 표시될 수 있도록 엔트리 오브젝트 글상자를 추가한다.
엔트리 오브젝트에서 글상자를 '온도'라는 이름으로 추가하여 온도계 위쪽에 배치한다.

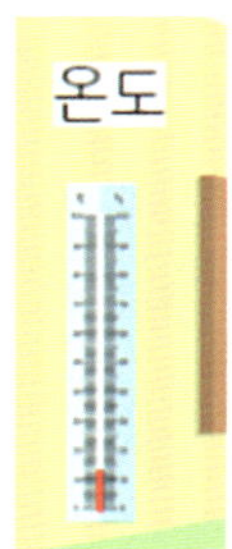

2 코블의 온도센서에서 불러들인 `10.온도센서@포트 1▾` 의 소수점 반올림값을 글상자에서 표시할 수 있도록 블록을 구성한다.

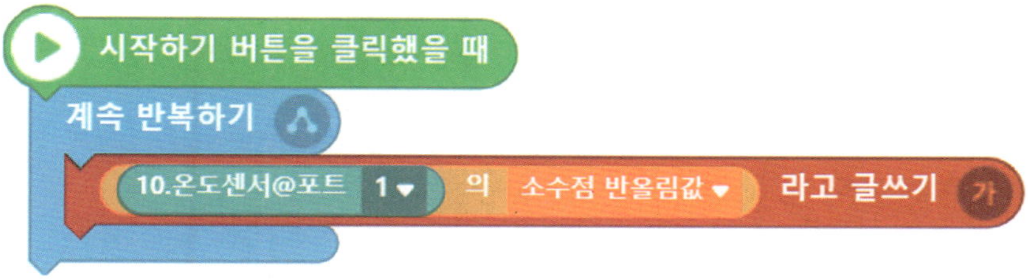

오브젝트 코딩하기

에어컨을 인공지능 학습 모델의 블록을 활용하도록 한다.

1 `? 변수` 를 클릭하여 '에어컨 세기' 변수를 생성한다.

엔터키를 입력하면 명령을 입력할 수 있도록 한다.

`학습한 모델로 분류하기` 를 실행하여 데이터를 입력하도록 합니다.

분류결과가 '더워'면 에어컨 세기가 +1씩 늘어나고 '추워'이면 에어컨 세기가 −1만큼 줄어들도록 코딩한다.

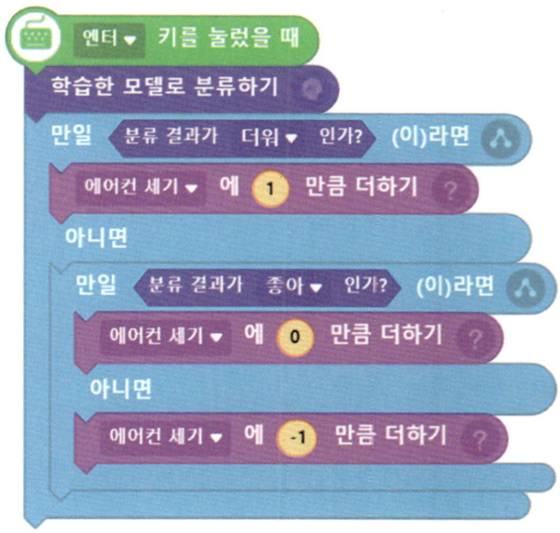

2 변수인 '에어컨 세기'와 코블의 회전모터가 서로 연동하여 작동하도록 코딩을 한다.

코블 모터의 최대 속도가 5이므로 에어컨 세기가 5이상이 되면 모터 속도도 5이상으로 해야 한다.

만약, [에어컨 세기 ▾ 값 = 5] 으로 하면 에어컨 세기가 6이 넘어가면 작동되지 않을 수도 있다.

소년(2) 오브젝트 코딩하기

1 코블의 숫자전광판이 온도센서와 연동하여 작동하도록 한다.

코블의 온도센서는 소수점 3자리까지 표시가 되므로 소수점 반올림값으로 소수점 이하 표기를 하지 않도록 한다.

실행하기

1 프로그램을 실행한 후, 엔터를 눌러 데이터를 입력한다.

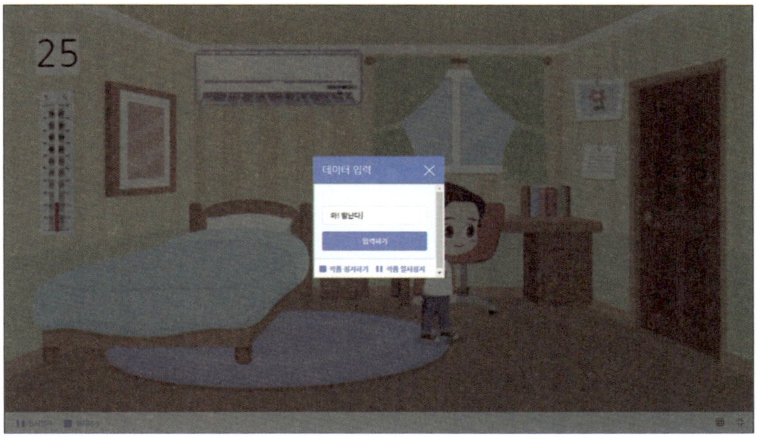

2 데이터 입력을 덥다는 내용을 많이 입력하면 코블 선풍기가 강하게 돌아가고, 춥다는 내용을 많이 입력하면 약하게 돌거나 꺼지는 것을 확인할 수 있다. 선풍기 바람을 온도계 쪽으로 향하게 하면 온도가 내려가는 것을 볼 수 있다.

3 다음의 추가 내용을 넣어서 나만의 인공지능 냉난방기를 만들어 보자.

- 프로젝트 화면에 난방기를 설치하여 추우면 난방기가 가동하도록 만들어 보자.
- 코블의 숫자전광판에 온도표시를 하자.
- 코블의 스위치를 두고 긴급한 상황에 모든 기계가 꺼지도록 하자.

entry Session 02

수신호 출발기 (이미지 분류)

옛날 먼바다에서 항해를 하는 배와 배 사이에 신호를 주고 받을 때는 수신호를 이용하였다. 수신호는 약속된 몇 가지 신호로 의사소통을 한다. 컴퓨터의 카메라는 사람의 눈 역할을 한다. 소리, 텍스트로 전달하기 어려운 경우에는 카메라로 이미지 인식할 수 있다. 인공지능 이미지 모델을 활용하면 이미지를 인식으로 명령을 전달할 수 있다. 본 세션에서는 50미터 달리기 연습을 하기 위한 인공지능 측정기를 개발하고자 한다. 50미터라는 먼 거리에서 출발 신호를 보내고 결승점에서는 피지컬 도구의 초음파 센서로 걸린 시간을 측정할 수 있다. 이미지 분류 모델과 피지컬 도구를 활용한 제품을 개발하는 사례를 실습을 통해 알아보자.

학습 목표

이미지 분류 모델과 피지컬 초음파 센서를 활용하여 50미터 달리기 측정기를 개발할 수 있다.

학습 준비물

코블 교구: 메인보드, 초음파센서, 각도모터, 숫자 전광판, 레고블록

데이터 수집 아이디어

이미지로 신호를 보낼 수 있는 이미지 데이터에는 어떤 것이 있을까? 수신호의 다양한 모양을 크게 다른 모양 2가지를 정하고 이미지 데이터를 수집한다..

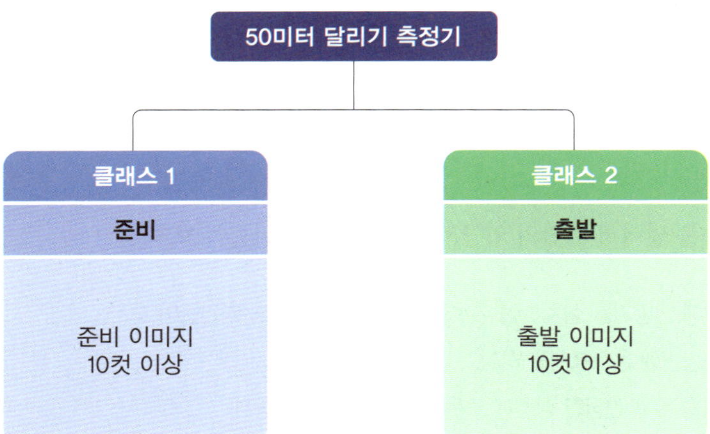

▲ #온도센서, #선풍기, #텍스트 인식, #지도학습, #분류 학습, #인공지능 에어컨

2-1 인공지능 모델 학습하기

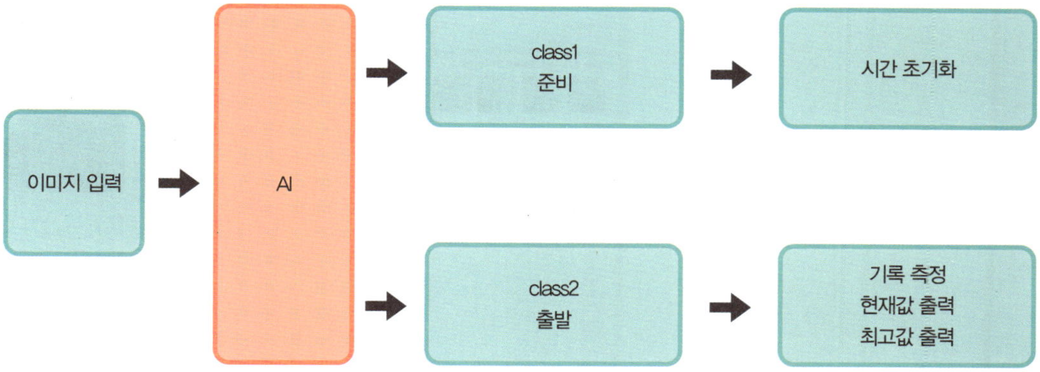

본 세션에서는 먼 거리에서도 이미지로 명령을 내릴 수 있는 인공지능 이미지 모델을 제작하고자 한다. 운동장 환경의 원거리에서 카메라를 찍어 이미지 데이터를 수집할 수 있으나 실습환경을 고려하여 이미지를 간략히 구성한다.

1. 인공지능 모델학습에서 '분류: 이미지'를 선택한다.

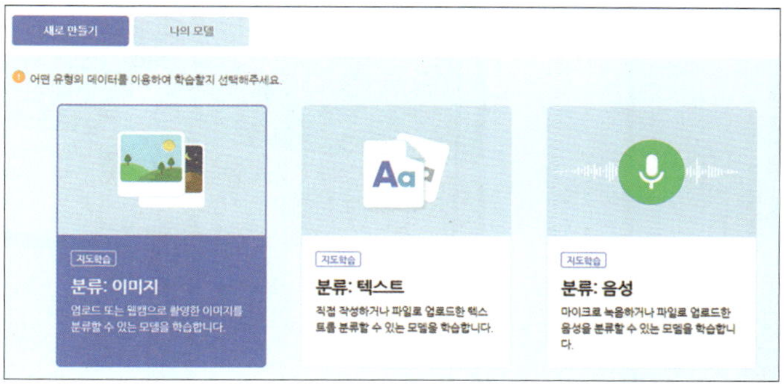

2. 학습모델명 '50미터 달리기', 클래스 1은 '준비', 클래스 2는 '출발'로 정하고, 각 클래스별로 30개 이상의 이미지 데이터를 입력하였다. 결과 테스트에서 인식율이 90% 이상이 나오는 것을 확인하였다.

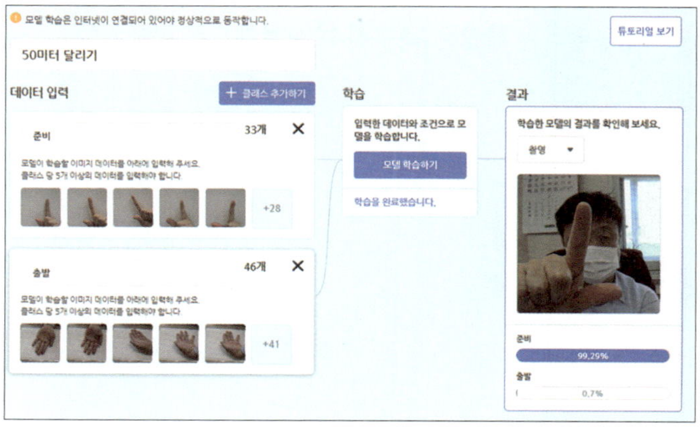

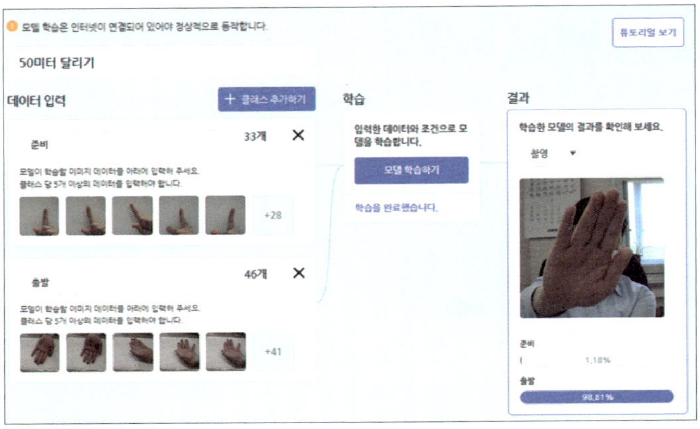

2-2 엔트리 화면과 오브젝트 구성하기

1. 위 그림에서 보듯이 화면구성을 한다. 글상자 오브젝트는 '준비', '출발', '멈춤', '걸린시간'을 구성하고 배경은 '운동장', 달리는 사람은 '축구선수' 오브젝트를 불러왔다.

❷ 신호는 '준비', '멈춤', '출발'을 만들고 변수는 '기록', 리스트는 '최고기록'을 만들었다.

2-3 코블 블록 구성하기

코블 블록 조립을 위한 구성품은 다음과 같다.

메인보드	숫자전광판	메인보드	각도모터

육각바퀴	수수깡	밑판 블록	기타블록

초음파 센서는 결승 라인으로 배치하여 도착 시에 감지될 수 있도록 한다. 메인보드의 내장 스피커를 활용하기 때문에 메인보드의 스피커 부분이 가려지지 않게 한다. 각도모터는 기록 갱신이 될 때 깃발이 5초간 올라갈 수 있도록 하기 때문에 결승 라인에 초음파와 연결한다.

2-4 엔트리 블록 코딩하기

A 걸린시간 **오브젝트 코딩하기**

1 [출발 신호를 받았을 때] 초시계가 시작되게 한다. '걸린시간' 글상자 오브젝트에 시간이 출력되므로 초시계는 숨기기를 한다.

'출발'신호를 받으면 코블 본체에 있는 멜로디를 1초간 재생하여 출발음이 나오도록 한다.

[14.각도모터 각도 20 (15~165)]

각도모터 20도는 내려간 상태이다.

글상자 오브젝트에 '초시계값'이 계속 출력되도록 [계속 반복하기] 에 [초시계 값 라고 글쓰기] 를 넣는다.

[19.숫자전광판 초시계 값 (0~9999)] 코블의 숫자전광판에 '초시계값'이 출력되도록 한다.

각도모터 20도는 내려간 상태이다.

2 변수 '기록'을 생성하고 기록의 초기값을 100으로 정한다.
기록값이 최고기록의 1번째 항목보다 작으면 최고기록의 1번째에 넣는다(최고기록 갱신).
코블 각도모터의 120도는 깃발이 위로 치켜올라간 상태이다.

오브젝트 코딩하기

1 '출발' 신호를 받았을 때 초시계가 초기화되어 '0'을 가리키도록 한다.

2 엔트리 화면에서 '준비' 오브젝트를 클릭했을 때 '준비' 신호를 보낸다.

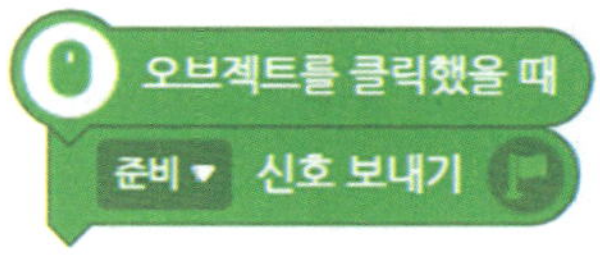

오브젝트 코딩하기

1 '출발' 신호를 받았을 때 초시계가 시작하도록 한다.

2 엔트리 화면에서 '출발' 오브젝트를 클릭했을 때 '출발' 신호를 보낸다.

오브젝트 코딩하기

1 코블에 있는 초음파 센서와 대상과의 거리가 4cm 미만이라면 초시계가 멈추도록 

를 한다.

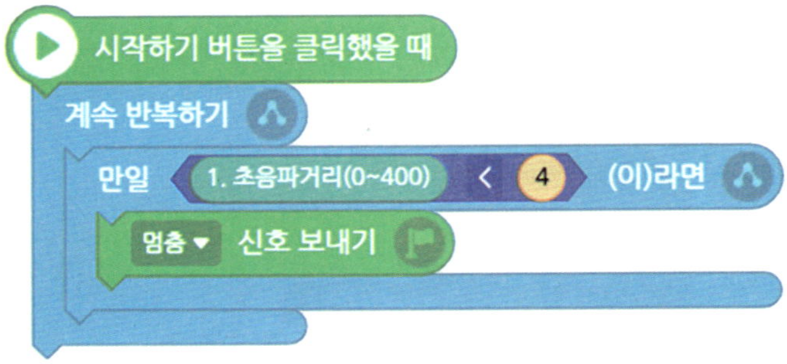

2 엔트리 화면에서 '멈춤' 오브젝트를 클릭했을 때 '멈춤' 신호를 보낸다.

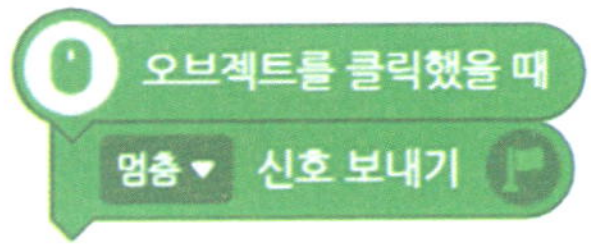

3 '멈춤'신호를 받으면 초시계를 정지하고 변수 '기록'을 '초시계값'으로 정한다.

오브젝트 코딩하기

1 '출발' 신호를 받았을 때 축구선수의 움직임이 달리는 애니메이션이 구현되도록 한다.

2 키보드의 '엔터'키를 입력하여 인공지능의 학습한 모델로 분류하기를 실행한다.
분류결과가 '준비'이면 '준비'신호, '출발'이면 '출발' 신호를 보낸다.

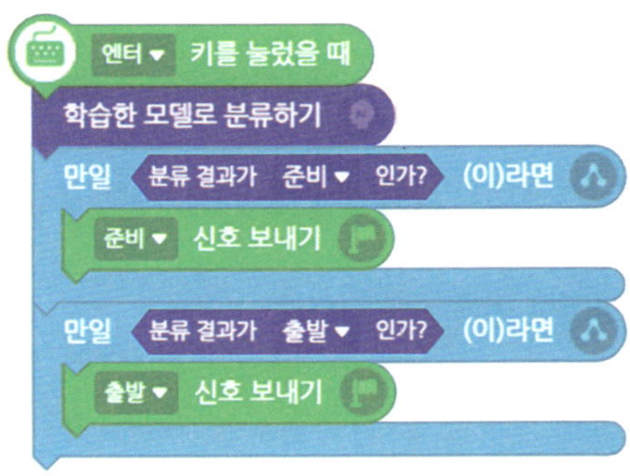

3 '멈춤' 신호를 받았을 때 오브젝트의 모양이 서있는 모양이 되도록 한다.

실행하기

1 프로그램을 실행한 후, 엔터를 눌러 데이터를 입력한다.

2 '출발' 신호를 보내면 부저소리와 함께 달리기가 시작된다. 목적지에 도달하면 초음파 센서에 의해 '멈춤' 신호가 프로그램으로 전달되어 걸린 시간이 표시된다.

3 다음의 추가 내용을 넣어서 나만의 수신호 출발기를 만들어 보자.

- **코블 자동차를 만들어 자동차 '출발', '도착' 신호로 속도를 측정하여 보자. 초등학교 5학년 2학기의 물체의 빠르기 측정 실험을 코블 자동차로 할 수 있다.**
- 거리별로 LED가 들어오게 만들어 보자. 출발시 1번 LED 켜기, 50미터에서 2번 LED 켜기, 100미터에서 3번 LED 켜기를 넣어보자.

entry

Session 03

도전! 나도 아이돌 (음성 분류)

음성인식기술은 음향학적 신호를 낱말이나 문장으로 변환시키는 기술이다. 하지만 인공 지능 기술의 발전으로 다양한 억양, 감정, 발성까지 파악하여 음성을 인식할 수 있게 되었다. 더 나아가 노래를 인식하고 정확도를 구분하는 정도에까지 이르렀고, 작곡을 하는 수준에까지 나아갔으니 인공지능 기술의 발전은 놀라울 수밖에 없다. 본 세션에서는 인공지능의 음성 분류 모델을 활용하여 나와 친구들이 부른 노래의 점수를 측정하여 심사를 할 수 있는 오디션 프로그램 '나도 아이돌!'이라는 프로그램을 개발해보자.

학습 목표

인공지능 음성 모델과 피지컬 도구를 활용하여 노래를 듣고 평가할 수 있는 오디션 프로그램 '나도 아이돌!'을 개발할 수 있다.

학습 준비물

코블 교구: 메인보드, 외부 LED 3개, 각도모터, 숫자 전광판, 기타 레고블록

데이터 수집 아이디어

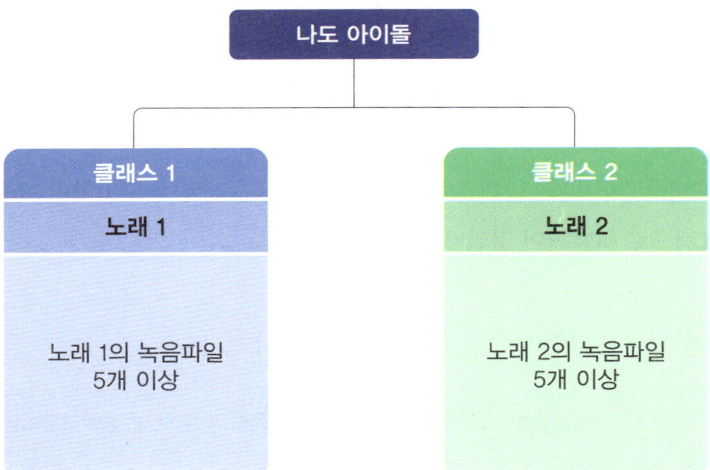

▲ #음성인식, #지도학습, #분류 학습, #오디션 프로그램, #노래인식, #노래검색

3-1 인공지능 모델 학습하기

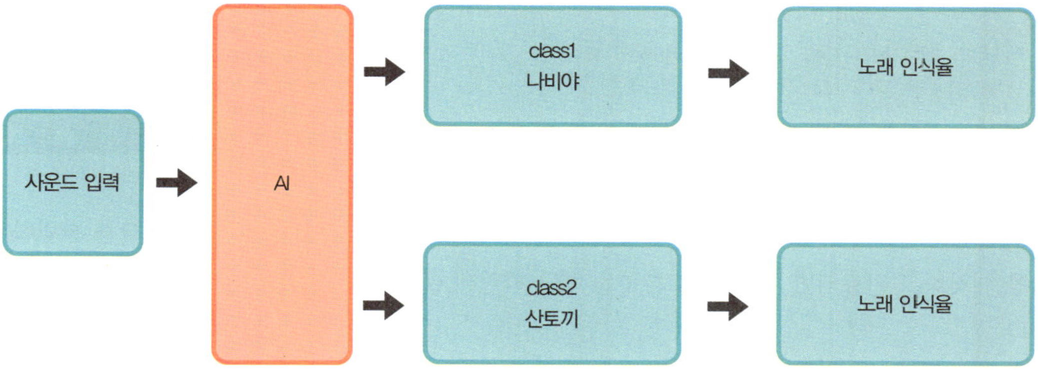

본 세션에서는 인공지능 모델학습의 '분류: 음성' 모델을 개발하여 노래를 듣고 인식율을 확인할 수 있도록 한다. 2개 이상의 다양한 노래를 클래스로 분류하여 인공지능으로 노래 실력(인식율)을 판단할 수 있는 프로그램을 만들어 보자.

1. 인공지능 모델학습에서 '분류: 음성'을 선택한다.

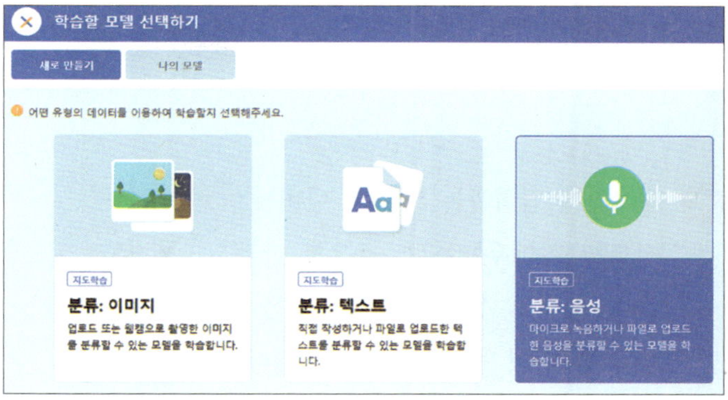

2. 모델학습의 이름은 '나도 아이돌', 클래스 1은 '나비야', 클래스 2는 '산토끼'로 정하고 각각의 클래스에 음성 데이터를 입력하였다.

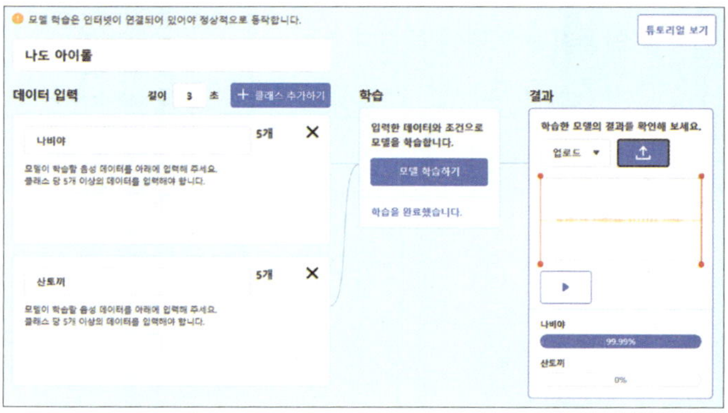

3 데이터의 입력은 직접 마이크를 통해 입력하는 방식은 3초로 제한되어 있다. 그래서 운영체제(윈도우, 맥OS 등)에서 제공하는 녹음기를 사용해야 한다.

> **주의**
>
> 윈도우의 경우는 윈도우 보조 프로그램 폴더에 녹음기 앱이 있다. 찾기가 어려우면 윈도우 프로그램 검색창에 '녹음기'나 'record'를 입력하여 찾도록 한다.
>
> 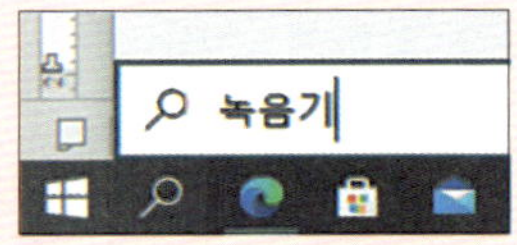
>

윈도우에서 제공하는 음성 녹음기는 사용법이 간단하다. 녹음기 앱을 실행하여 마이크를 클릭하여 녹음을 시작하고 완료되면 마우스 오 른쪽을 해당 파일에 클릭하여 이름바꾸기, 파일위치 열기를 할 수 있다.

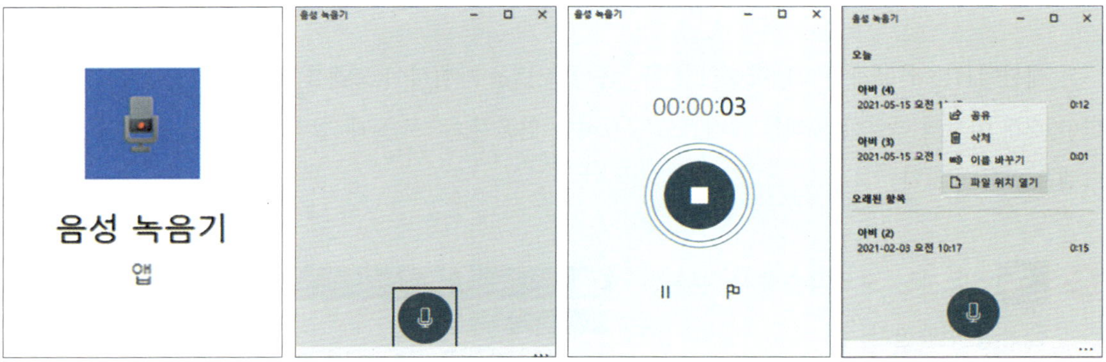

4 데이터에 입력하는 노래는 '나비야', '산토끼'로 매우 간단한 곡으로 만들었다. 노래의 길이는 테스트 버전에서는 길지 않게 20초 내외로 한다. 파일을 미리 준비한 다음 음성데이터를 인공지능 모델에 올린다.

이름	수정한 날짜	유형	크기
산토끼5	2021-05-...	M4A 파일	372KB
산토끼4	2021-05-...	M4A 파일	381KB
산토끼3	2021-05-...	M4A 파일	367KB
산토끼2	2021-05-...	M4A 파일	366KB
테스트2	2021-05-...	M4A 파일	365KB
산토끼1	2021-05-...	M4A 파일	372KB
테스트1	2021-05-...	M4A 파일	134KB
나비야5	2021-05-...	M4A 파일	388KB
나비야4	2021-05-...	M4A 파일	369KB
나비야3	2021-05-...	M4A 파일	372KB
나비야2	2021-05-...	M4A 파일	377KB
나비야1	2021-05-...	M4A 파일	362KB
테스트3	2021-04-...	M4A 파일	20KB

3-2 엔트리 화면과 오브젝트 구성하기

❶ '나는 아이돌' 엔트리 화면을 구성해 보자. 오브젝트 불러오기에서 '락커(2)', '속이빈별'을 불러왔다. 글상자를 불러와 '나도 아이돌 스타닷!'을 입력하였다.

❷ '속이빈별' 오브젝트는 '속이 빈별' 모양 1개 밖에 없다. 빈별에 불이 들어오는 모양을 복제하여 추가한다. 노래 점수가 높아지면 불이 들어오는 효과를 줄 수 있다.

3 속성에서 신호 를 클릭하여 '결과메시지', '별하나', '별둘', '별셋', '별넷', '별다섯'을 만든다.

변수 를 클릭하여 '노래점수'를 만든다.

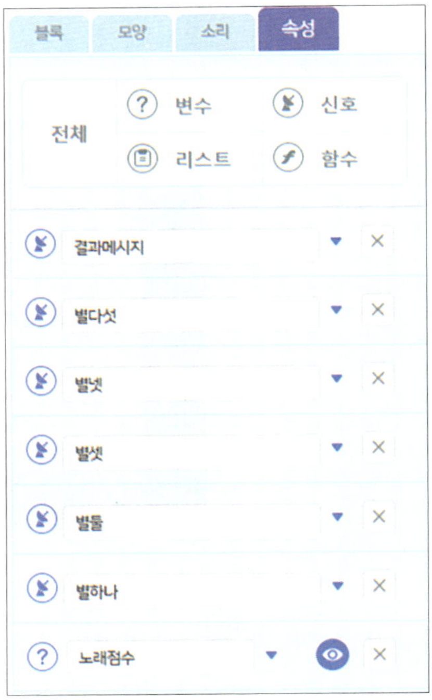

3-3 코블 블록 구성하기

코블 블록 조립을 위한 구성품은 다음과 같다.

외부LED 3개	숫자전광판	메인보드	각도모터

육각바퀴	수수깡	밑판 블록	기타블록

2-4 엔트리 블록 코딩하기

블록 구성하기

1 엔터키를 누르면 데이터 입력을 받도록 한다. '산토끼'의 신뢰도가 '나비야'의 신뢰도보다 높으면 '산토끼'의 노래를 변수인 [노래점수 ▾ 값]으로 정하도록 한다. 만약 '나비야'가 더 높으면 '나비야'의 신뢰도를 [노래점수 ▾ 값]으로 정하도록 조건값을 주었다. [노래점수 ▾ 값]을 코블의 숫자전광판에 표시하도록 [19.숫자전광판 (노래점수 ▾ 값) (0~9999)]을 추가하였다.

2 노래점수 ▾ 값 에 따라 '신호보내기'를 하여 각 오브젝트가 실행되도록 한다.
'락커(2)' 오브젝트의 최종 코딩은 다음과 같다.

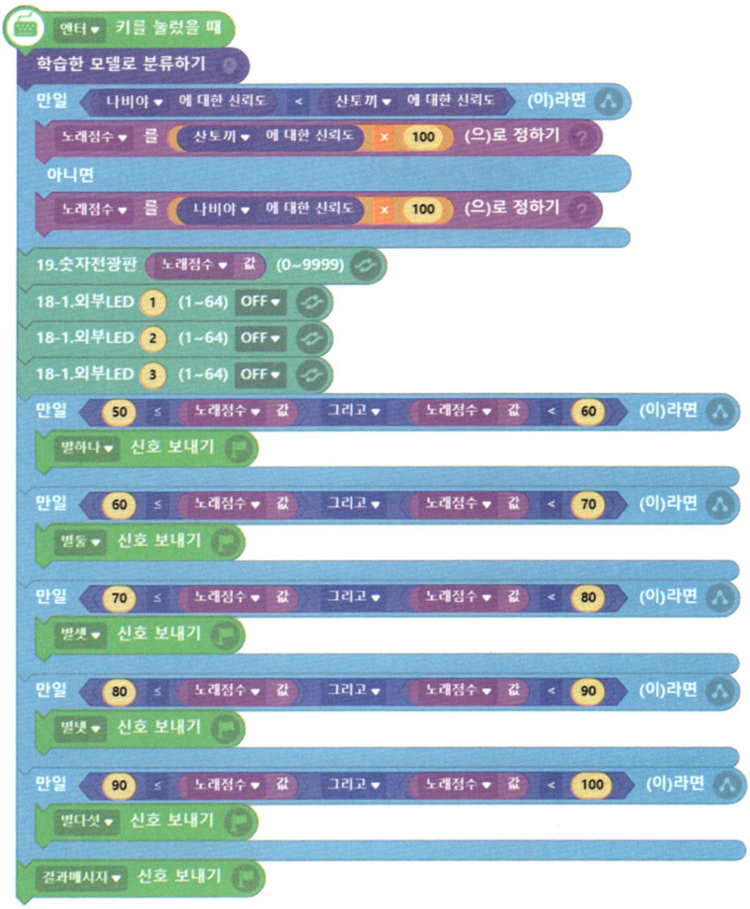

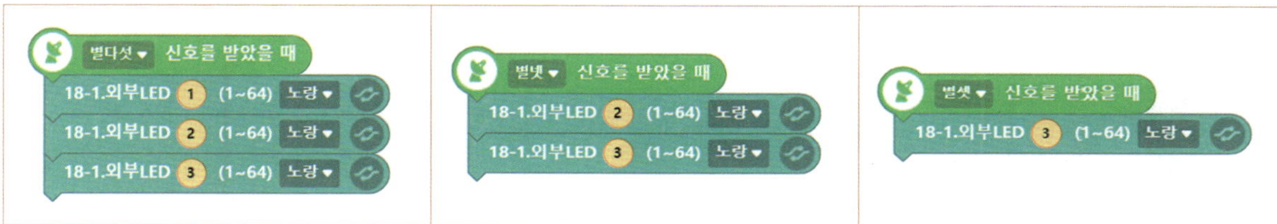

별셋 신호 이상이 되면 코블의 외부LED에 불이 들어오도록 코딩을 한다.

1. 인공지능 데이터 입력은 직접 녹음하면 3초 이내로 시간이 제한되기 때문에 녹음기에 녹음 후 음성파일을 올리도록 한다.

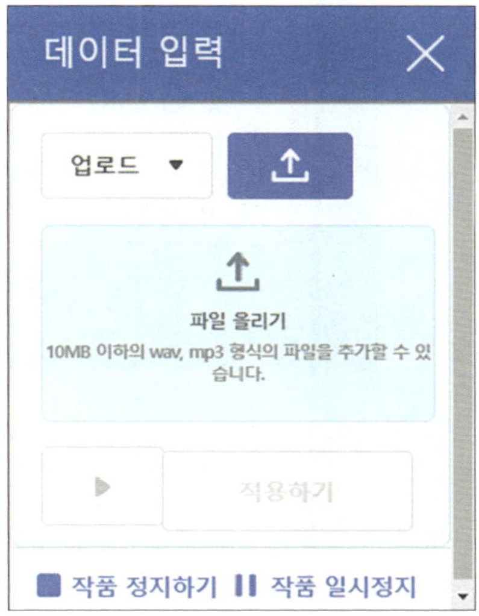

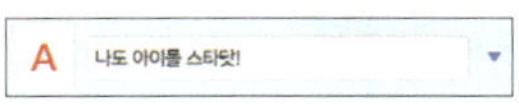

오브젝트 코딩하기

1. '나도 아이돌 스타닷!'이라고 초기화하기 코딩을 다음과 같이 한다.

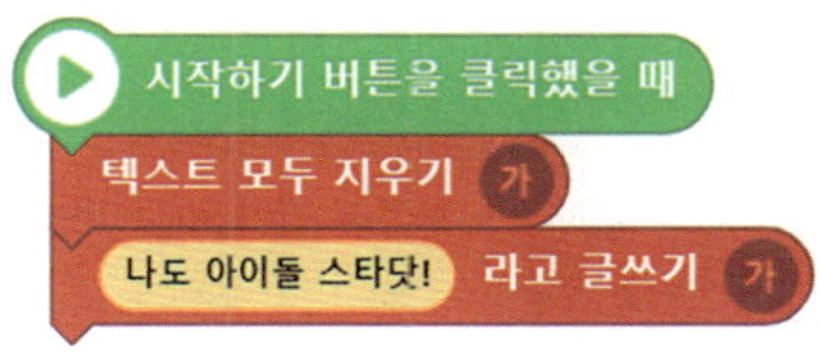

2 '나도 아이돌 스타닷!'에서 '결과메시지' 신호를 받으면 실행되는 코드 블록이다.

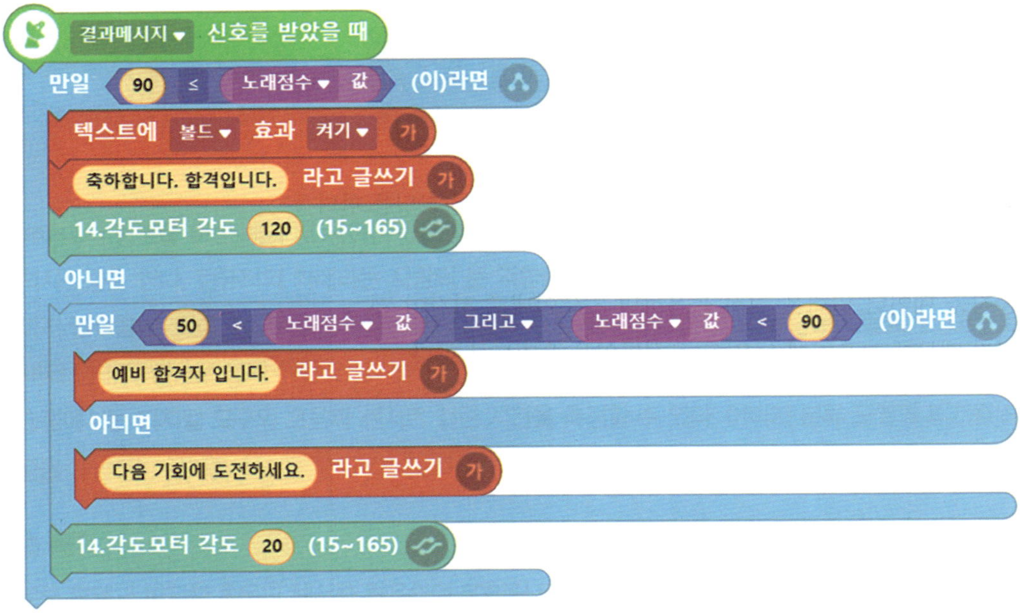

'노래점수' 값이 90점 이상이면	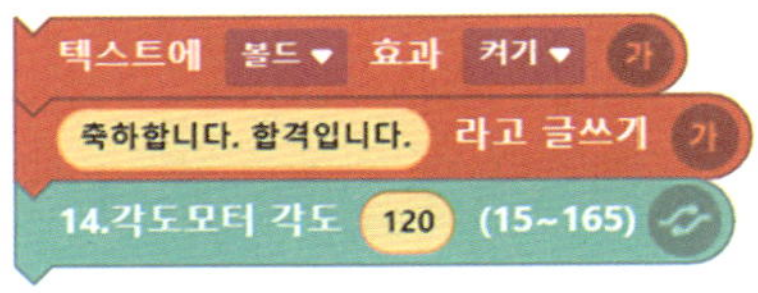
'노래점수' 값이 50점 이상 90점 미만이면	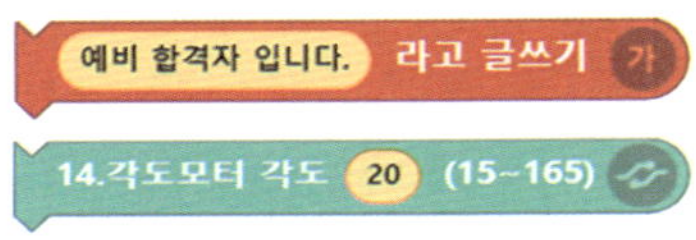
'노래점수' 값이 50점 미만이면	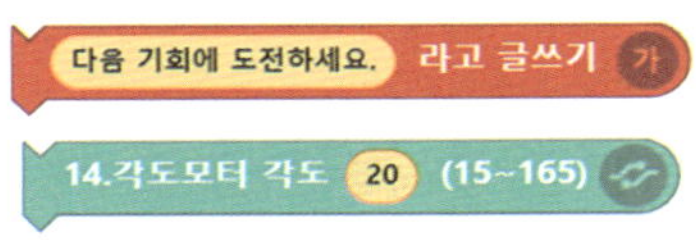

오브젝트 코딩하기

1 시작하면 '속이빈별1'의 모양이 [속이빈별 모양으로 바꾸기]로 하여 빈별모양이 되도록 한다.

별의 모양이 이런 식으로 바꾸기 위해 '속이빈별'의 오브젝트를 개별적으로 구성하였다. 따라서 점수에 따라 '락커(2)' 오브젝트에서 보내는 신호를 받아 '속이빈별' 모양 또는 '속이찬별' 모양으로 구성한다. 다른 '속이빈별' 오브젝트도 '속이빈별1' 오브젝트처럼 구성하되, 점수에 따라 신호를 받거나 받지 않도록 한다.

실행하기

1 프로그램을 실행한 후, 엔터를 눌러 데이터를 입력한다.

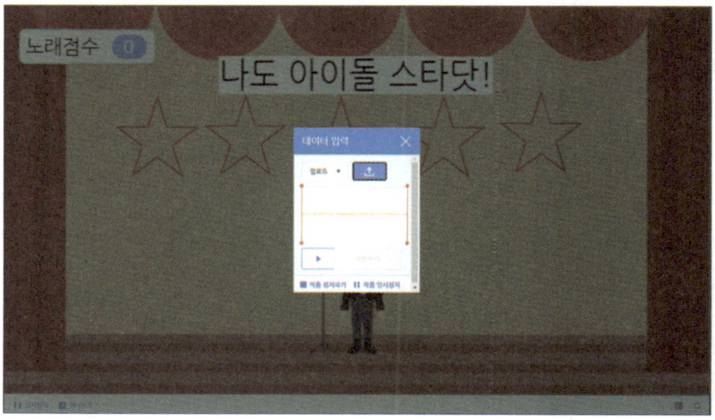

2 녹음된 테스트 파일을 입력하여 넣으면 인식율에 따라 점수가 변환되어 나온다. 점수 분포에 따라 별점과 점수가 표시된다. 합격이 되면 코블의 각도 모터가 신호를 받아 합격 깃발이 올라간다.

3 다음의 추가 내용을 넣어서 나만의 수신호 출발기를 만들어 보자.

- 코블을 사용하지 않고 프로그램을 실행한다면 무대 효과를 다양하게 넣을 수 있다. 따라서 무대의 폭죽 등의 효과를 넣어보자.
- 노래 점수 변수, 리스트를 만들어 등장인물에 따라 순위를 표시하여 보자.
- 아이돌 노래 음원으로 직접 테스트 하여 보자. 친구들과 즐겁게 노래 실력을 겨루어보자.

MEMO

CHAPTER

11

피지컬 활용 인공지능 모델 (햄스터)

CHAPTER 11

피지컬 활용 인공지능 모델(햄스터)

Session 01 목소리로 햄스터봇 움직이기 (음성 분류)
Session 02 감정에 따라 움직이는 햄스터봇 (텍스트 분류)
Session 03 빨래 자동 분류하기 (이미지 분류)

학습 목표

피지컬 컴퓨팅 교구인 햄스터 로봇의 기본 특징을 이해하고, 햄스터 로봇과 컴퓨터를 연결하고 필요한 소프트웨어를 설치해서 엔트리로 프로그래밍을 할 수 있다.

0-1 햄스터 로봇

햄스터 로봇은 ㈜로보메이션에서 제작한 소프트웨어 및 인공지능 교육을 위한 피지컬 컴퓨팅 로봇이다. 가로, 세로 및 높이가 4cm 정도이고 무게도 30g으로 매우 작고 가볍다.

한 쌍의 DC기어 모터에 바퀴가 달려 있어서 최대 초속 10cm로 햄스터봇을 움직일 수 있다. 2개의 LED를 이용해서 7가지 색깔을 표현할 수 있고 스피커를 통해서 88개의 음 높이를 표현할 수 있다.

앞쪽에는 좌우 2개의 전방 적외선 센서를 가지고 있어 장애물을 인식할 수 있고, 바닥에도 역시 좌우 2개의 적외선 센서를 통해서 바닥면의 색깔 등을 인식할 수 있다. 3축 가속도 센서를 통해 좌우의 움직임이나 흔들림을 감지할 수 있고, 밝기 센서와 온도 센서를 갖추고 있어 빛의 밝기나 온도를 인식하고 활용할 수 있다.

햄스터 로봇은 작지만 다양한 구동 장치와 출력 장치, 입력 센서를 갖추고 있어서 컴퓨터로 처리한 결과를 현실 세계와 이어주는 피지컬 컴퓨팅 장치로 유용하게 활용할 수 있다. 별다른 조립이 필요없는 완성형 교구이기 때문에 누구나 어렵지 않게 다양한 환경에서 프로그래밍을 배울 수 있는 장점이 있다. 햄스터 로봇은 엔트리, 스크래치와 같은 블록형 프로그래밍 언어 뿐만 아니라 자바, C, 파이썬 등의 프로그래밍 언어를 이용해서 프로그래밍을 할 수 있다.

햄스터 로봇은 기본 모델 외에도 햄스터 로봇의 기능을 개선 및 보완한 햄스터 S로봇도 있다. 본 교재에서는 학교 현장에 햄스터 로봇의 기본 모델이 보급되어 있는 점을 감안해서 기본 햄스터 모델을 이용해서 작동하는 것을 기준으로 설명하였다. 햄스터 S 모델을 이용하더라도 문제 없이 실습이 가능하다.

	햄스터 (기본)	햄스터 S (최신모델)
크기	35 x 40 x 30mm로 동일	
무게	30g	45g
센서 및 구동장치	DC모터 (이동만 가능)	스테핑 모터 (거리 및 각도 제어 가능)
	7색 LED	풀 컬러 LED
	기본 확장 포트	시리얼 입출력 추가
	전방 근접 센서, 바닥 센서, 가속도 센서, 스피커, 조도 센서, 내부 온도센서	
통신방법	블루투스 4.0 (USB동글 제공)	
배터리	3.7V / 200mA / 1시간 내외 작동	

※ 햄스터 로봇과 햄스터 S의 비교 (출처 : 로보메이션 공식 홈페이지)

0-2 햄스터 로봇과 컴퓨터 연결하기

햄스터 로봇을 컴퓨터와 처음 연결할 때 로봇과 USB동글을 서로 인식할 수 있도록 연결하는 작업(페어링)을 해야 한다. 이후에는 자동으로 인식해서 연결된다.

1. 햄스터 로봇의 흰색 전원 스위치를 위로 올려서 전원을 켠다.

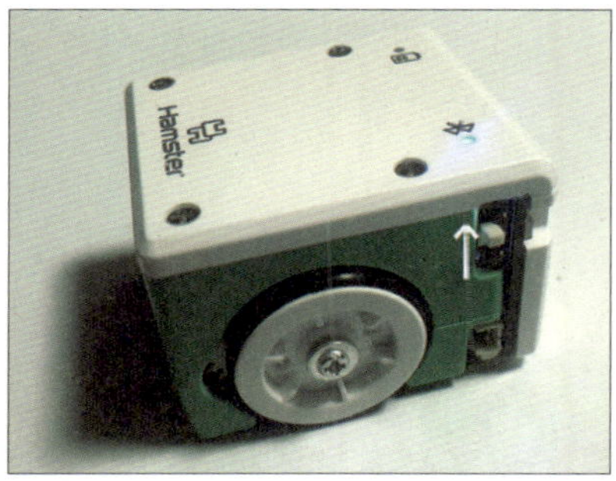

※ Tip
만약 전원이 켜지지 않는다면 USB케이블을 이용해서 충전한다.

2. USB동글을 컴퓨터의 단자에 꽂는다. 연결이 되어 있지 않으면 파란색 표시등이 깜빡거린다.

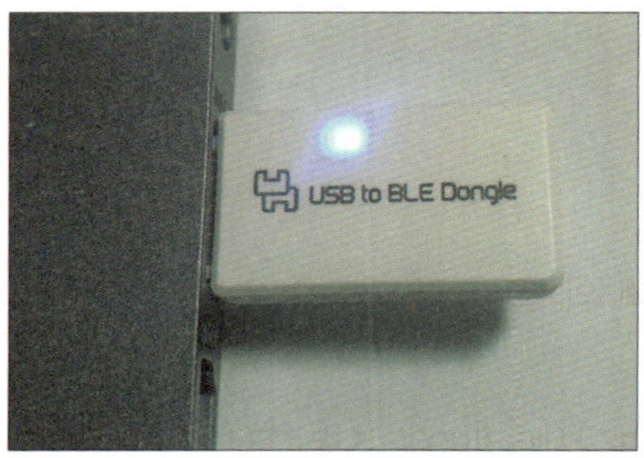

※ Tip
파란색 표시등이 켜져 있으면 이미 연결되어 있는 것이므로 바로 활용하면 된다.

③ 햄스터 로봇과 블루투스 동글을 15cm 이내로 가까이 한다. "삐" 소리가 나면서 파란색 불이 계속 켜지면 연결(페어링)이 성공한 것이다.

④ 한번 연결(페어링)이 된 후에는 USB동글을 컴퓨터에 꽂고 햄스터 로봇의 전원을 켜기만 해도 자동으로 연결된다.

0-3 엔트리 하드웨어 연결 설치하기

햄스터 로봇을 엔트리에서 프로그래밍하기 위해서는 엔트리 하드웨어 연결 프로그램을 설치해야 한다. 이 프로그램은 처음 한 번만 설치하면 되고 이후에는 필요할 때마다 실행할 수 있다.

① 엔트리 홈페이지(https://playentry.org)에서 '만들기' – '작품 만들기'를 선택한다.

② 왼쪽 블록 모음의 맨 아래쪽의 "하드웨어"를 눌러 나오는 메뉴에서 '연결 프로그램 다운로드'를 선택한다.

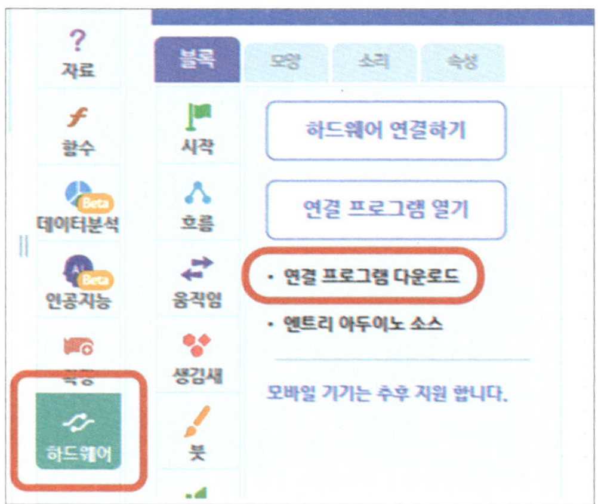

3 다운로드 화면에서 사용하는 운영 체제에 맞는 프로그램을 다운로드한다.

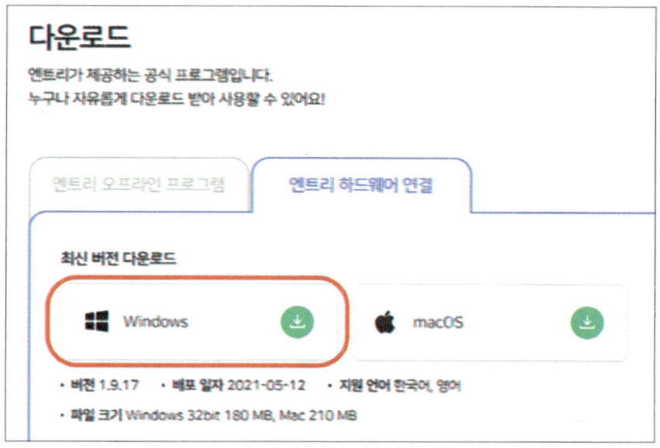

※ Tip
엔트리 오프라인 프로그램을 설치하면 인터넷 연결 없이도 엔트리 하드웨어 연결 프로그램을 포함한 엔트리 기능을 활용할 수 있다. 다만 인공지능 학습 기능은 인터넷 연결이 필수이다.

4 다운로드받은 프로그램을 실행해서 설치한다. 마침을 누르면 엔트리 하드웨어 프로그램이 실행된다.

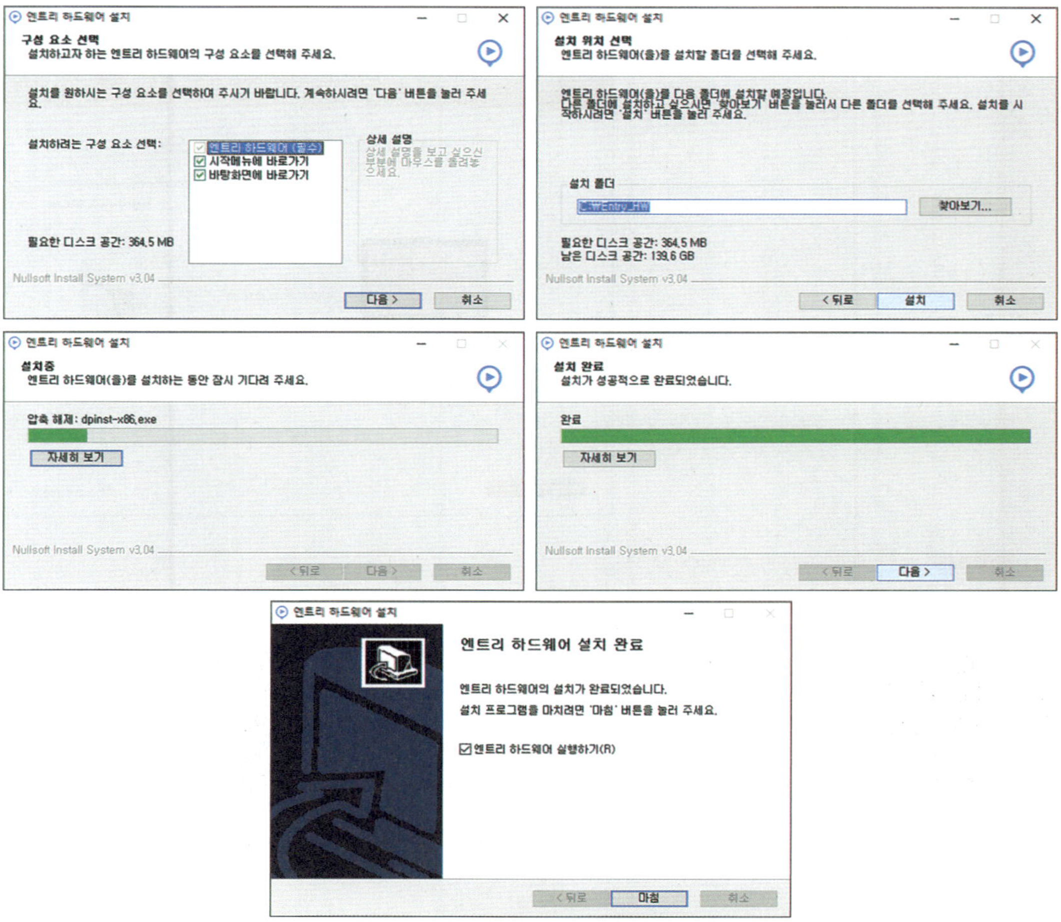

5 엔트리 하드웨어 프로그램에서 '햄스터'로 검색하면 햄스터, 햄스터S가 나온다. 연결하고자 하는 햄스터 모델을 선택한다.

> **※ Tip**
> 햄스터 로봇의 종류를 잘 모를 때에는 햄스터로봇을 뒤집어보면 아래쪽에 모델명이 적혀 있다.

6 연결되지 않는다면 "드라이버 설치"를 눌러 드라이버를 설치한다.

> **※ Tip**
> **드라이버 설치 화면**

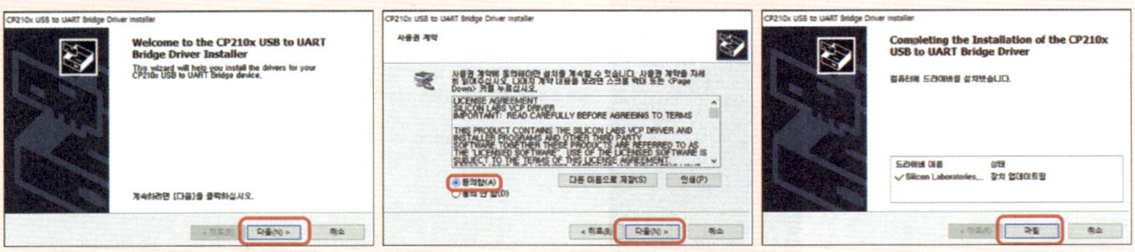

7 드라이버를 설치하고 나면 성공적으로 연결된 것을 확인할 수 있다. 이 프로그램을 실행한 상태로 엔트리를 실행하면 엔트리에서 햄스터 로봇을 제어할 수 있는 명령 블록이 나타난다.

entry Session 01

목소리로 햄스터봇 움직이기 (음성 분류)

스마트폰을 사용하면 음성 인식 비서를 이용해서 편하게 명령을 내릴 수 있다. 이처럼 음성 인식 기술은 일상 생활에서 자주 활용하는 유용한 인공 지능이다. 이러한 음성 인식 인공지능을 활용해서 내 말에 따라 움직이는 햄스터봇을 만들 수 있다. 엔트리의 오디오 감지 인공지능 기능을 활용해서 내 목소리를 인식하고 거기에 따라 간단하게 움직이는 햄스터봇을 만들어 보자.

학습 목표

엔트리의 오디오 감지 인공지능 모델 블록을 활용해서 내 목소리에 따라 움직이는 햄스터봇을 제작할 수 있다.

학습 준비물

햄스터봇 (햄스터봇S로도 실습가능)

인공지능 모델 활용 아이디어

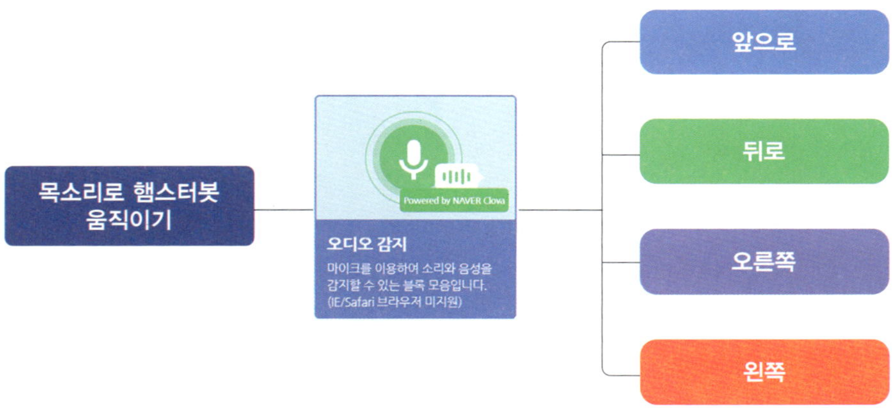

▲ #음성인식, #오디오 감지 모델, #음성인식 햄스터봇

1-1 엔트리 인공지능 모델 활용하기

엔트리에는 인공지능 기술을 손쉽게 활용할 수 있도록 번역, 비디오 감지, 오디오 감지, 읽어주기의 4가지 인공지능 모델을 기본적으로 제공한다. 이 모델을 이용하면 기계 학습이 없어도 인공지능 기능을 이용해서 작품을 만들 수 있다.

목소리로 햄스터봇을 움직이기 위해서는 엔트리의 '오디오 감지' 인공지능 기능을 이용할 것이다. 사용자가 앞으로, 뒤로, 오른쪽, 왼쪽 명령을 내리면 오디오 감지 인공지능 모델에서 이를 인식하고 내용에 따라 햄스터봇이 움직이도록 제작한다.

1. 엔트리 홈페이지(https://playentry.org)에서 "작품 만들기"를 선택하거나 엔트리 오프라인 프로그램을 실행한다. "교과형 만들기"를 선택하면 인공지능 블록이 나타나지 않으므로, 반드시 "작품 만들기"를 선택하도록 한다.

2. 인공지능 블록 모음에서 [인공지능 블록 불러오기] 를 선택한다. 인공지능 모델 활용은 엔트리에 로그인하지 않아도 된다.

모델 선택 화면에서 '오디오 감지'를 선택하고 [추가] 를 누른다.

2 성공적으로 불러왔다면 학습이 되었다면 [인공지능] 블록 모음에 오른쪽 그림과 같은 '오디오 감지' 명령 블록이 만들어진다.

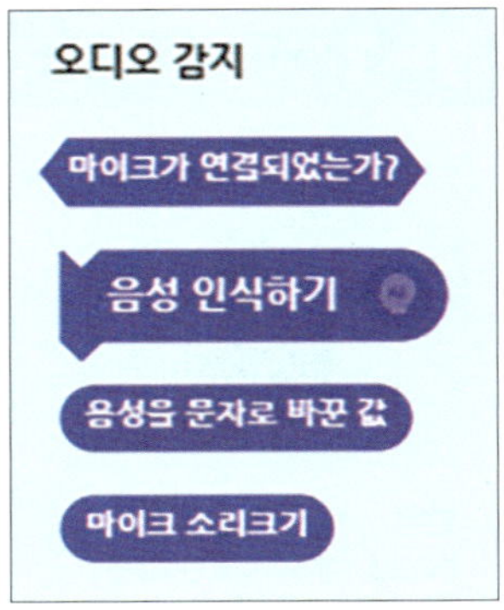

1-2 엔트리로 음성 인식하기

오디오 감지 명령 블록을 이용해서 엔트리에서 음성 인식을 할 수 있도록 명령 블록을 조립해 프로그래밍을 한다.

1 엔트리의 기본 명령블록 중에서 [시작하기 버튼을 클릭했을 때] 아래 부분은 필요가 없으므로 화면 오른쪽 아래 휴지통 부분으로 끌어다 옮겨 지운다.

2 [인공지능] 블록모음에서 [음성 인식하기] 블록을 조립한다.

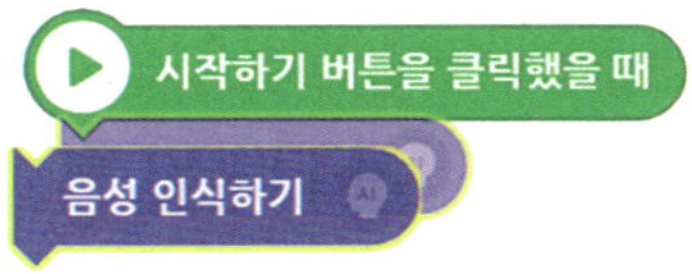

3 [인공지능] 블록모음에서 [음성을 문자로 바꾼 값] 블록을 끌어다가 놓는다. (이 블록은 명령 블록이 아니라서 바로 조립되지 않는다.)

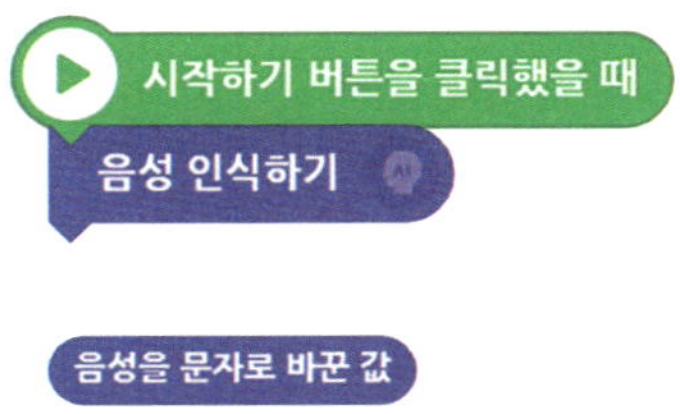

4 [생김새] 블록모음에서 [안녕! 을(를) 말하기▼] 블록을 조립한다.

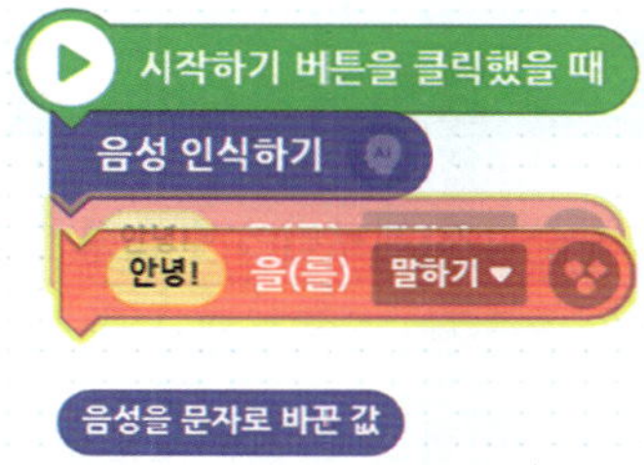

5 '안녕' 글자부분에 [음성을 문자로 바꾼 값] 블록을 조립한다.

※ Tip
조립을 할 때는 왼쪽 블록 끝 부분을 기준으로 맞춘다.

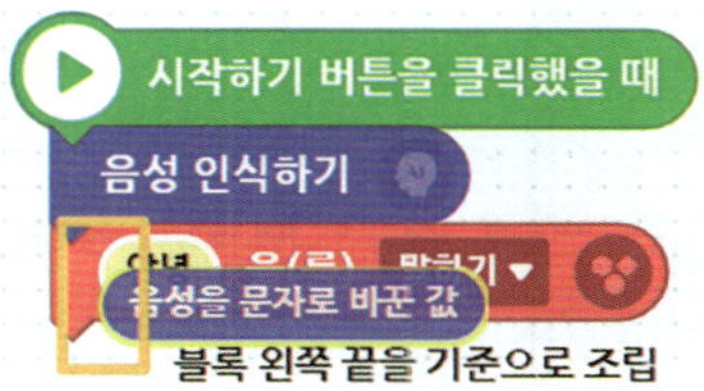

6 중간 결과물

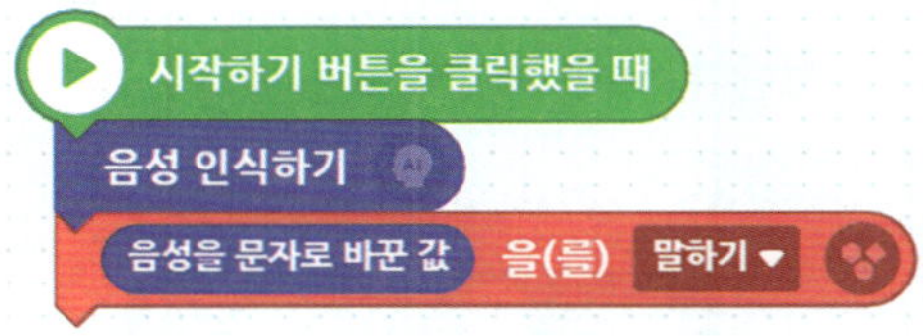

7 왼쪽 위 [▶] (시작하기)를 눌러서 실행한다. 마이크가 연결되어 있으면 마이크 사용 권한 요청화면이 나타난다. '허용'을 누른다.

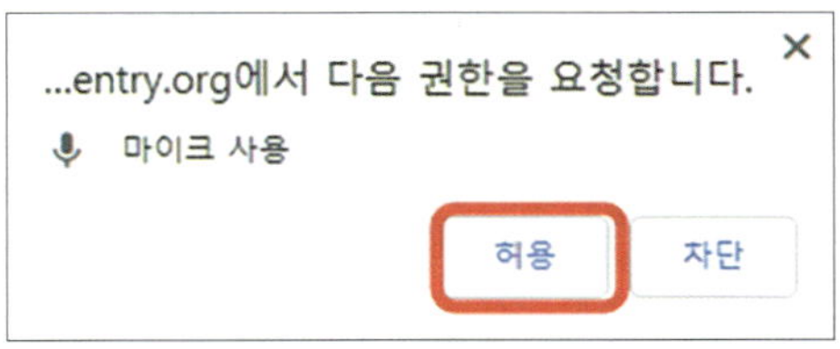

※ Tip
만약 마이크가 없다면 그림과 같은 경고창이 나타난다. 컴퓨터에 마이크를 연결하거나, 제어판에서 마이크를 활성화한다.

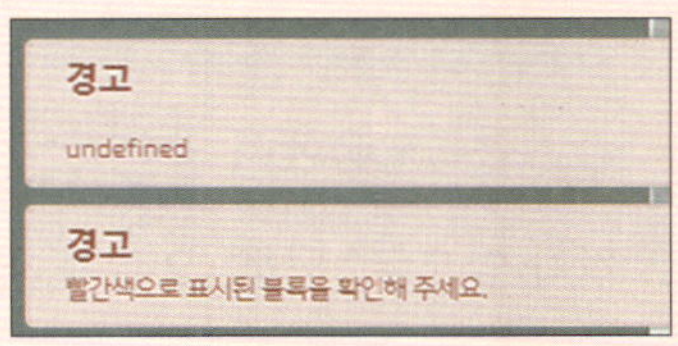

8 내가 말한 것을 인식하고 그 내용이 맞게 말풍선에 나오는지 확인한다.

※ Tip
여기까지는 햄스터봇 없이도 음성인식 기능을 수행할 있다

1-3 음성 인식으로 햄스터봇 움직이기

지금까지 엔트리에서 음성 인식을 할 수 있도록 만들었다. 이 음성 인식 내용을 바탕으로 햄스터봇에 달려 있는 DC모터를 이용해서 햄스터봇을 움직여보자. 음성 인식 햄스터봇은 앞으로, 뒤로, 오른쪽, 왼쪽의 4가지 명령을 인식할 수 있도록 만들 것이다.

1. [하드웨어] 블록모음의 [하드웨어 연결하기]를 눌러 햄스터봇과 연결한다.

※ Tip

연결에 문제가 있다면 앞장의 '엔트리 하드웨어 연결 설치하기'를 참조한다.

2. 햄스터봇을 제어할 수 있는 명령 블록이 나온다. 이 중에서 햄스터봇을 움직이기 위해 사용할 블록을 정한다. 이번 예제에서는 햄스터봇의 이동, 돌기 명령만을 사용한다. 다른 명령을 창의적으로 조합해서 활용할 수 있다.

블록	설명
앞으로 (1) 초 이동하기	앞으로 (앞으로 1초 이동)
뒤로 (1) 초 이동하기	뒤로 (뒤로 1초 이동)
오른쪽▾ 으로 (1) 초 돌기 왼쪽▾ 으로 (1) 초 돌기	오른쪽 (오른쪽으로 1초 돌기) 왼쪽 (왼쪽으로 1초 돌기)

3. [흐름] 블록모음에서 [만일 참 (이)라면] 블록을 4개 조립해서 붙인다. 각각 앞으로, 뒤로, 오른쪽, 왼쪽 상황에 해당하는 내용이다.

4 판단 블록모음에서 10 = 10 블록을 가져와서 놓는다.

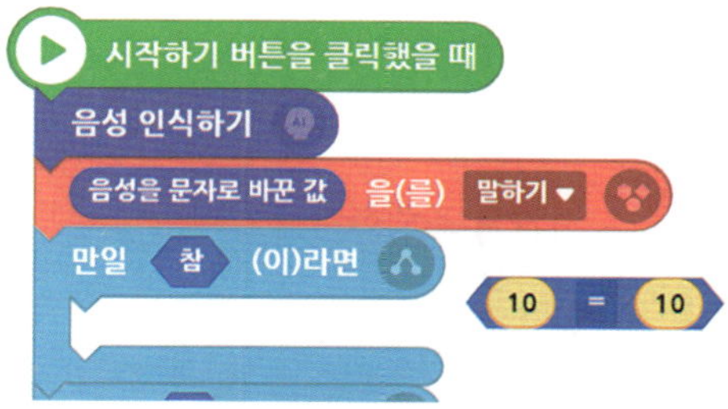

5 왼쪽에는 인공지능 – 음성을 문자로 바꾼 값 블록을 조립하고, 오른쪽에는 “앞으로” 라는 글자를 입력한다.

6 (마우스 오른쪽)–‘코드 복사& 붙여넣기’명령으로 블록을 4개 복사하고, 각각 “뒤로”, “오른쪽”, “왼쪽” 글자를 입력한다.

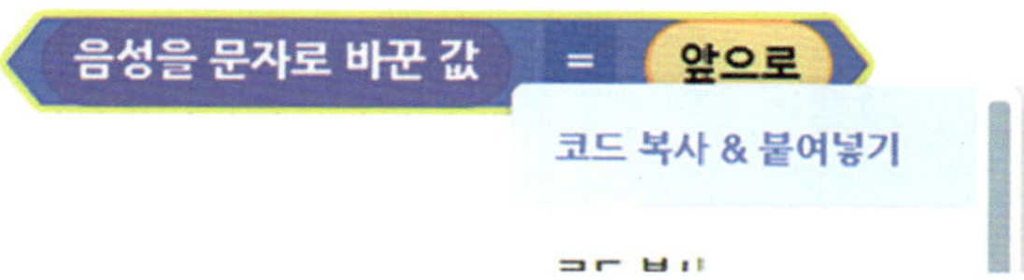

※ Tip

Ctrl+C / Ctrl+V 로도 복사할 수 있다.

6 음성을 문자로 바꾼 값 = 앞으로 명령 블록을 참 부분에 각각 조립한다.

※ Tip

조건 블록을 조립할 때는 왼쪽 끝을 기준으로 조립한다.

7 하드웨어 블록모음에서 앞으로, 뒤로, 오른쪽, 왼쪽 명령에 해당하는 명령 블록을 각각 가져와서 조립한다.

앞으로 

뒤로 

오른쪽 

왼쪽 

8 흐름 –  블록을  아래에 끼워넣고, 전체 블록을 계속 반복하기 내부에 넣어 전체 내용을 계속 반복하도록 만든다.

9 〈최종 결과 프로그램〉

10 ▶ (시작하기)를 눌러 프로그램을 실행해서 엔트리봇이 명령에 따라 움직이는지 확인한다.

▲ 음성 인식 동작화면

▲ 음성 인식 결과 표시화면

▲ 〈앞으로〉 명령 이동방향

▲ 〈뒤으로〉 명령 이동방향

▲ 〈오른쪽〉 명령 이동방향

▲ 〈왼쪽〉 명령 이동방향

entry

Session 02

감정에 따라 움직이는 햄스터봇 (텍스트 분류)

우리는 하루를 살아가면서 다양한 말을 주고 받는다. 어떤 말은 우리를 기쁘게 하고, 또 어떤 말은 우리를 슬프게 한다. 다른 사람의 말로 기분이 좋아질 때도 있고, 의기소침해지기도 한다. 이처럼 우리는 일상 생활에서 다양한 언어를 통해 의사소통을 하며 감정을 주고 받고, 이러한 상황에서 기쁨, 슬픔, 분노, 좌절과 같은 복잡한 감정을 경험한다. 이처럼 감정을 느끼는 것은 인간만이 갖는 가장 큰 특징 중 하나이다.

인간의 감정 언어 표현을 인공지능을 통해 학습시키면 감정에 따라 움직이는 햄스터봇을 만들 수 있다. 엔트리의 텍스트 모델 인공지능 학습 기능을 활용해서 기쁨이나 슬픔과 같은 감정을 인식하고, 이에 따라 움직이는 햄스터봇을 만들어 보자.

학습 목표

감정을 인식하는 텍스트 분류 모델을 엔트리로 구현하고 이를 햄스터봇과 연동하여 감정에 따라 움직이는 햄스터봇을 제작할 수 있다.

학습 준비물

햄스터봇 (햄스터봇S로도 실습가능)

데이터 수집 아이디어

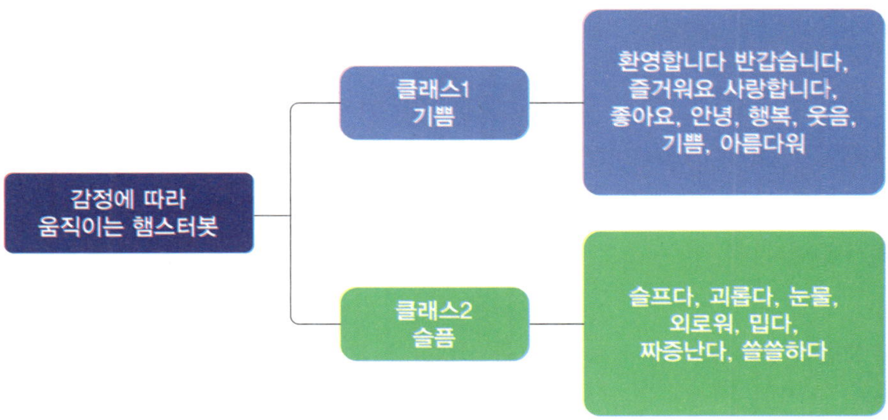

▲#감정인식, #텍스트 인식, #지도학습, #춤추는 햄스터봇, #기쁨과 슬픔

2-1 엔트리로 인공지능 텍스트 모델 학습하기

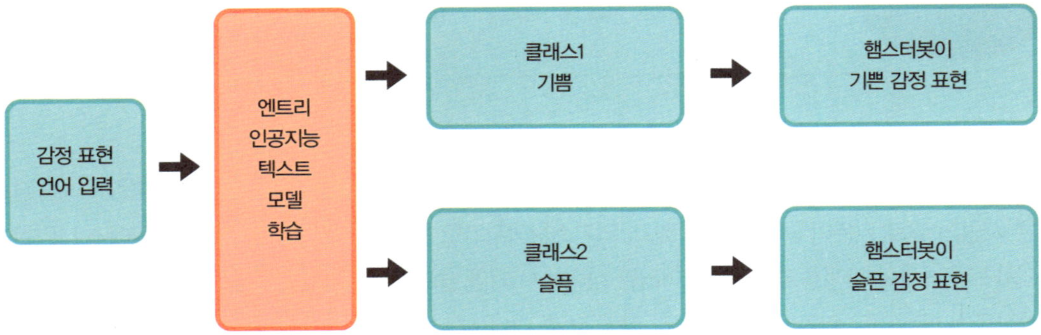

감정에 따라 움직이는 햄스터봇을 만들기 위해서 언어 표현에서 기쁨이나 슬픔과 같은 감정을 인식할 수 있어야 한다. 이를 위해서 엔트리의 인공지능 텍스트 모델 학습 기능을 이용해서 감정을 학습할 것이다. 사용자가 텍스트 형식으로 감정이 담긴 언어를 입력하면 인공지능 모델에서 기쁨인지, 슬픔인지 결과를 알려주고 이를 바탕으로 햄스터봇이 움직이도록 구성하였다.

1. 엔트리 홈페이지(https://playentry.org)에서 "작품 만들기"를 선택하거나 엔트리 오프라인 프로그램을 실행한다. "교과형 만들기"를 선택하면 인공지능 블록이 나타나지 않으므로, 반드시 "작품 만들기"를 선택하도록 한다.

2. [인공지능] 블록 모음을 선택하고, [인공지능 모델 학습하기] 를 선택한다. 모델 학습을 하려면 반드시 엔트리에 로그인을 해야 한다.

※ Tip

만약 회원이 아니라면 엔트리 화면 위쪽 회원가입을 눌러 가입한다.

3 학습할 모델 선택하기 화면이 나타나면 '분류:텍스트'를 선택한 후 를 누르면 '텍스트 모델 학습하기' 화면이 나타난다. 텍스트 모델 학습은 데이터 입력 → 학습 → 결과 활용의 3단계를 거쳐 이루어진다.

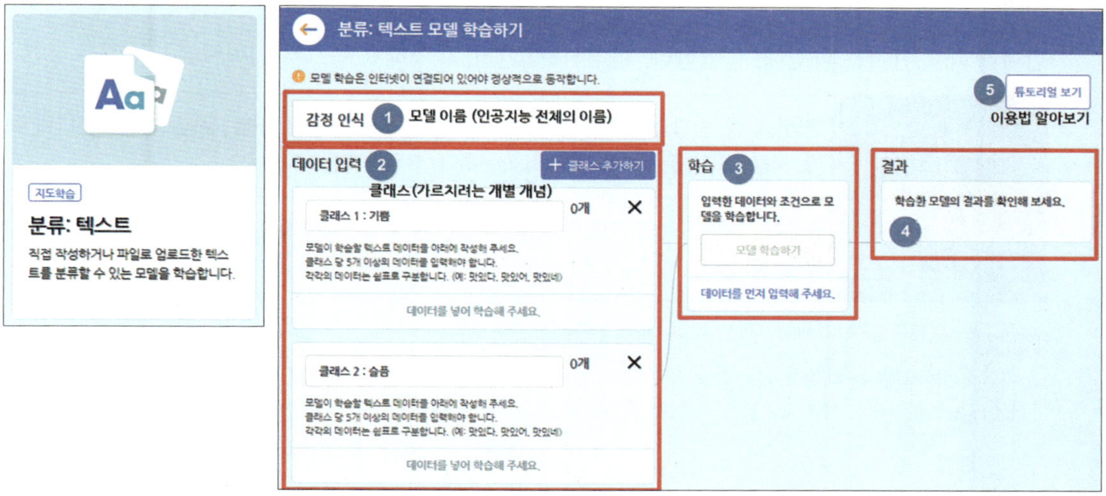

4 학습할 모델 선택하기 화면이 나타나면 '분류:텍스트'를 선택한 후 를 누르면 '텍스트 모델 학습하기' 화면이 나타난다. 텍스트 모델 학습은 데이터 입력 → 학습 → 결과 활용의 3단계를 거쳐 이루어진다.

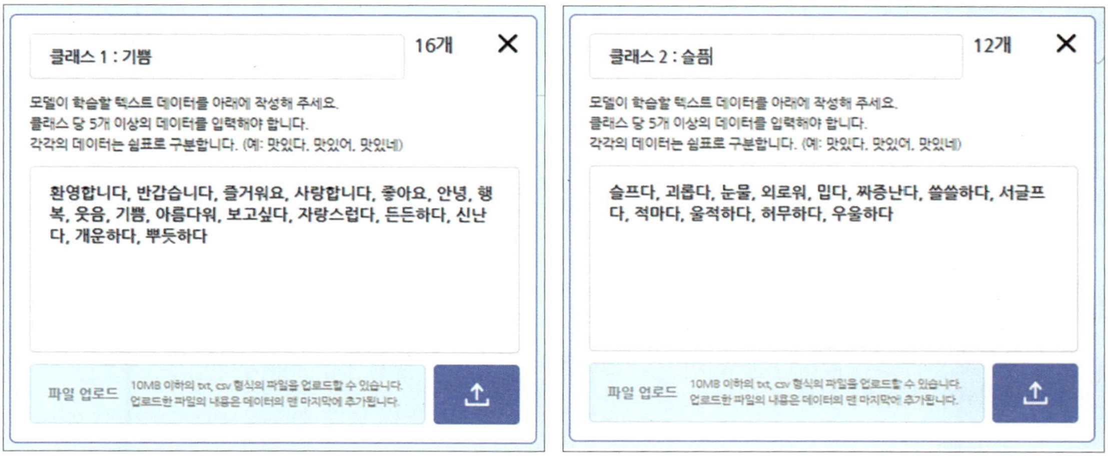

5 각각의 클래스를 누르면 학습시키려 하는 개념에 해당하는 자료(데이터)를 입력할 수 있다. 예를 들어 '기쁨'이라는 감정을 학습시키기 위해서 '클래스1:기쁨' 에 우리가 기쁨을 느끼는 말인 "반갑습니다, 사랑합니다, 고마워요…" 등을 입력하면 된다. 그러면 인공지능 모델은 이를 학습해서 비슷한 말인 "사랑해"도 기쁨이라는 감정으로 분류하게 된다.

텍스트 모델 학습에서는 글자만 입력할 수 있고, 여러 개의 자료는 쉼표로 구분해서 입력할 수 있다. 최소 5개의 자료를 입력해야 학습을 시작할 수 있다. 정확한 자료가 많을수록 인공지능의 인식률이 높아진다. 자료를 입력할 때는 단어의 어미 변화를 고려해서 다양하게 입력하면 더욱 좋다. 예를 들어 '환영합니다'라는 단어는 환영해, 환영한다, 환영하고, 환영, 환영해요 등으로 입력한다.

클래스 1 : 기쁨	환영합니다, 반갑습니다, 즐거워요, 사랑합니다, 좋아요, 안녕, 행복, 웃음, 기쁨, 아름다워, 보고싶다, 자랑스럽다, 든든하다, 신난다, 개운하다, 뿌듯하다 등
클래스 2 : 슬픔	슬프다, 괴롭다, 눈물, 외로워, 밉다, 짜증난다, 쓸쓸하다, 서글프다, 적마다, 울적하다, 허무하다, 우울하다 등

※ Tip

나의 슬픔을 표현하는 말(예:슬퍼)을 학습시키는 것이지 남을 슬프게 하는 말(혐오, 차별, 폭언)을 학습시키는 것이 아님을 강조한다. 학생들이 장난스럽게 혐오, 차별, 폭언 등을 적지 않도록 정보통신윤리교육 및 인공지능 윤리와 연관지어 지도한다.

– 관련기사 : 국립국어원 AI데이터에도 '혐오 · 차별 발언' (한국경제 기사)
https://www.hankyung.com/society/article/202101156377i

6 모델 학습하기 를 누르면 지금까지 입력한 자료를 기반으로 인공지능 모델을 학습한다. 학습이 끝나면 아래에 '학습을 완료했습니다'라는 글이 나타난다.

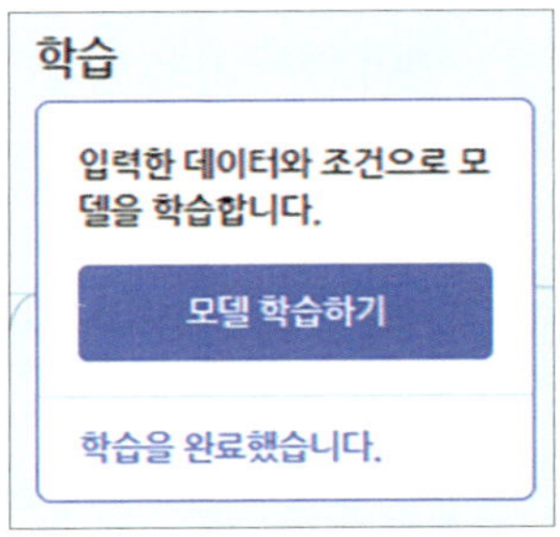

7 결과 화면에서 글자를 입력하면 학습 결과를 확인할 수 있다.
예를 들어 '사랑해'라고 입력하면 약 77%의 확률로 기쁨으로 인식하고, '눈물난다'라고 입력하면 약 76%의 확률로 슬픔으로 인식한다.

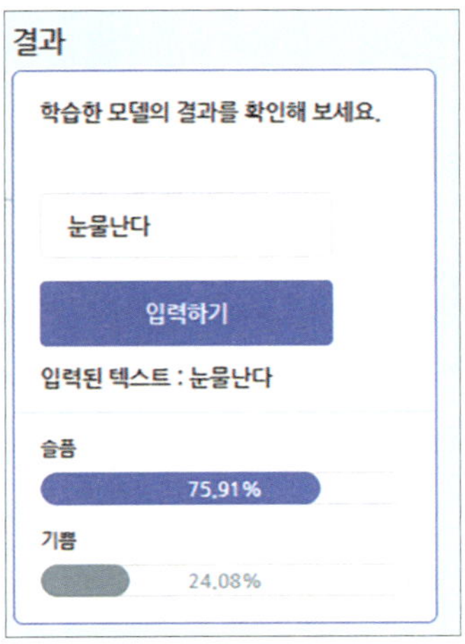

8 간혹 감정 인식 결과가 틀리게 나올 때가 있다. 예를 들어 '괴로워'를 입력하면 약 57% 확률로 기쁨으로 인식한다. 이럴 때는 '데이터 입력'에 올바른 자료를 추가한 후 다시 모델 학습을 하면 된다. 자료를 추가한 후에는 올바르게 인식한다.

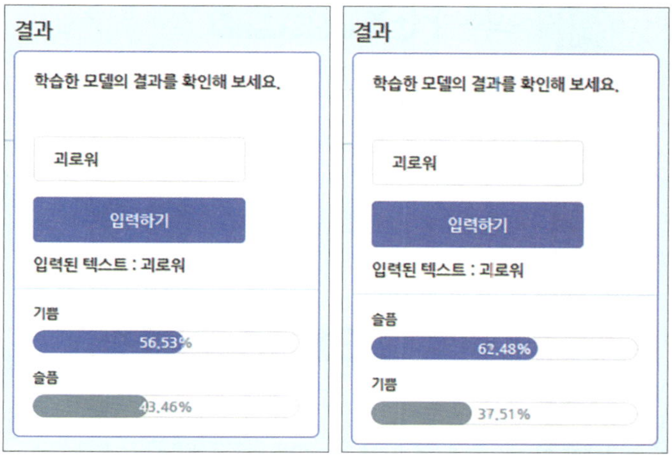

9 모델 학습이 끝나면 화면 아래쪽 를 누른다. 성공적으로 학습이 되었다면 블록 모음의 에 오른쪽 그림과 같은 '분류:텍스트 모델' 블록이 만들어진다.

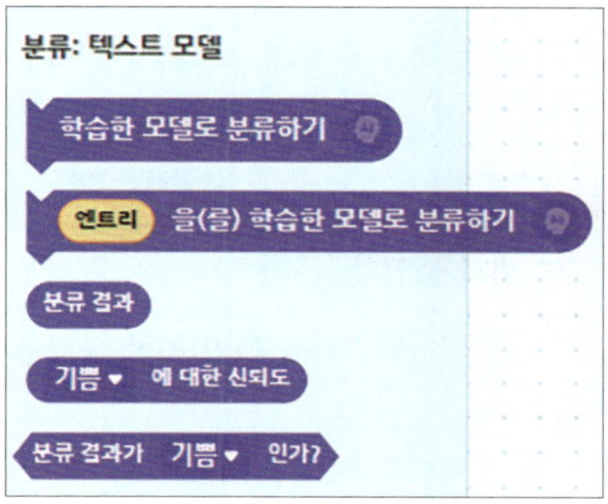

2-2 엔트리로 인공지능 감정 인식하기

인공지능 모델 학습이 끝나면 이 모델의 명령 블록을 이용해서 엔트리에서 감정 인식을 할 수 있도록 명령 블록을 조립해 프로그래밍을 한다.

1 엔트리의 기본 명령블록 중에서 시작하기 버튼을 클릭했을 때 아래 부분은 필요가 없으므로 화면 오른쪽 아래 휴지통 부분으로 끌어다 옮겨 지운다.

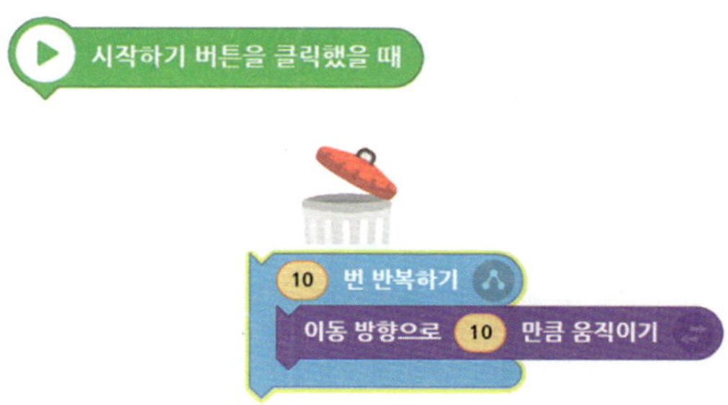

2 [? 자료] 블록모음의 [시작하기 버튼을 클릭했을 때] 블록을 조립해서 붙이고, ‘안녕’부분을 ‘오늘 기분이 어때요?’ 라고 고친다.

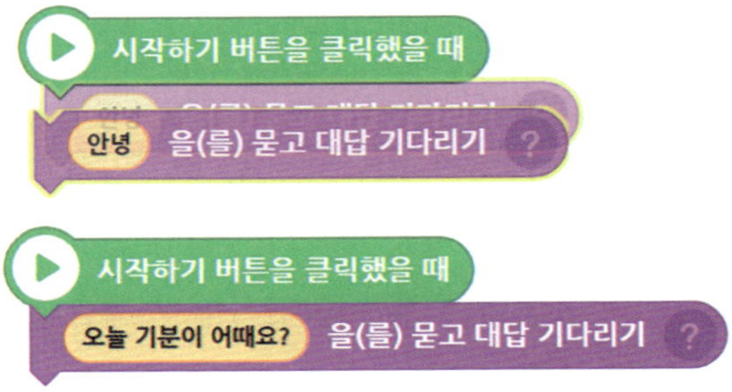

3 [인공지능] 블록모음에서 [엔트리 을(를) 학습한 모델로 분류하기] 블록을 조립한다.

‘엔트리’ 부분에 [? 자료] 블록모음의 [대답] 블록을 넣는다. 이렇게 하면 사용자가 입력한 대답을 ‘감정 인식’ 모델을 이용해 분류하게 된다.

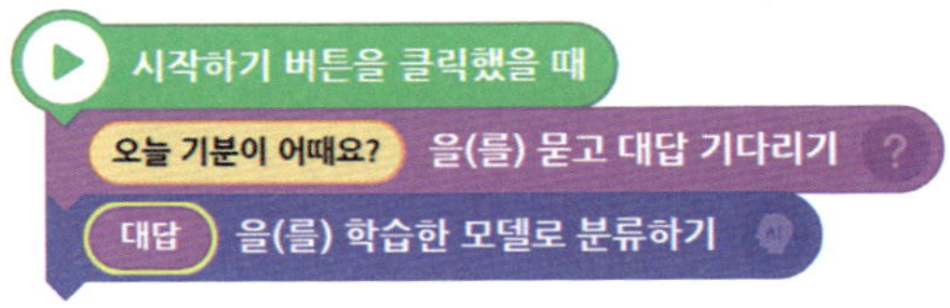

4 [흐름] 블록모음에서 [만일 참 (이)라면] 블록을 2개 조립해서 붙인다.

각각 ‘기쁨’, ‘슬픔’을 인식한 상황을 만든다.

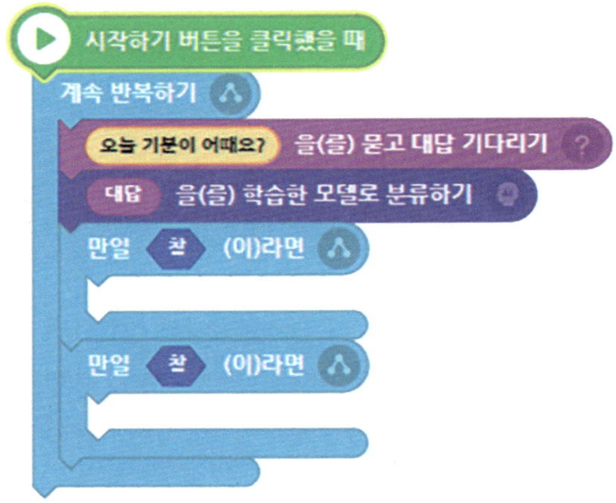

5 [인공지능] 블록모음에서 [분류 결과가 기쁨▾ 인가?] 블록을 위쪽의 [참]에, [분류 결과가 슬픔▾ 인가?] 블록은 아래쪽의 [참]에 넣는다.

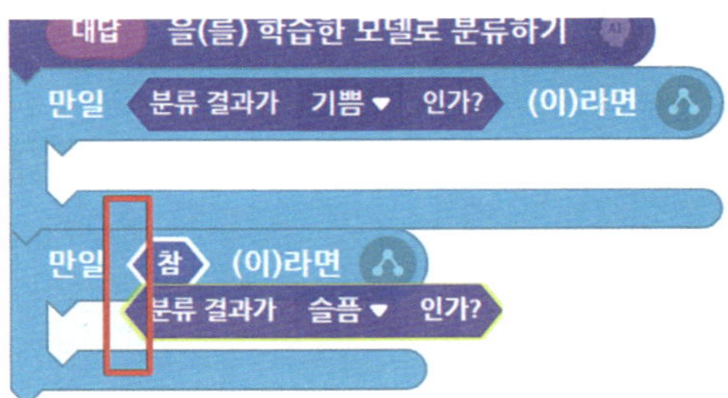

블록 왼쪽 끝을 기준으로 조립

※ Tip

조립을 할 때 왼쪽 블록 끝 부분을 기준으로 맞춘다.

6 생김새 블록모음에서 안녕! 을(를) 4 초 동안 말하기 블록을 가져와서 '기쁨'과 '슬픔' 분류결과 블록에 넣고 말하는 시간을 1~2초로 조절한다.

기쁨과 슬픔의 상황에 맞게 내용을 입력한다.

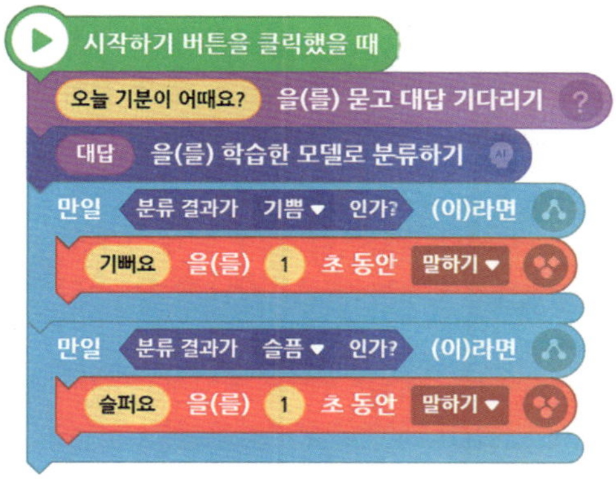

7 흐름 블록모음에서 계속 반복하기 블록을 가져와 시작하기 버튼을 클릭했을 때 아래에 끼워넣고, 전체 블록을 계속 반복하기 내부에 넣어 전체 내용을 계속 반복하도록 만든다.

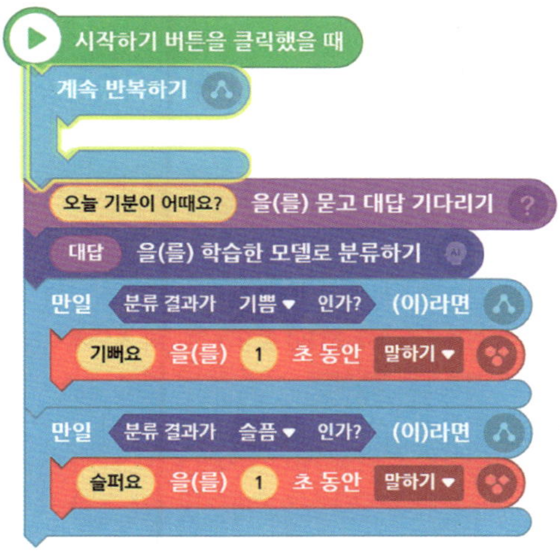

8 왼쪽 위 [▶] (시작하기)를 눌러서 실행하고 결과를 확인한다. 내가 입력한 감정 표현을 인공지능이 기쁨과 슬픔으로 제대로 인식하고 표현하는지 확인한다.

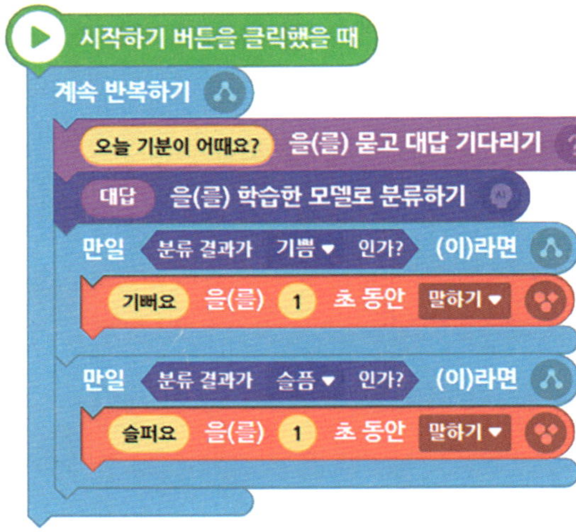

> ※ Tip
> 여기까지는 햄스터봇 없이도 텍스트 모델 학습을 수행할 수 있다.

2-3 햄스터봇으로 감정 표현하기

엔트리에서 감정 인식을 할 수 있도록 프로그래밍을 하고 나면, 햄스터봇으로 감정을 표현하는 부분을 만들 수 있다. 햄스터봇에 달려 있는 DC모터와 LED, 스피커 등의 출력 장치를 이용해서 감정을 표현한다.

1 [하드웨어] 블록모음의 [하드웨어 연결하기] 를 눌러 햄스터봇과 연결한다.

> ※ Tip
> 연결에 문제가 있다면 앞장의 '엔트리 하드웨어 연결 설치하기'를 참조한다.

2 햄스터봇을 제어할 수 있는 명령 블록이 나온다. 이 중에서 감정 표현을 위해 사용할 블록을 정한다. 이번 예제에서는 LED색, 소리, 햄스터봇의 움직임을 종합적으로 활용해서 햄스터봇의 감정을 표현한다. 감정 표현은 다양하게 조합해서 창의적으로 표현할 수 있다.

블록	설명
양쪽 ▾ LED를 초록색 ▾ 으로 정하기	LED색으로 감정을 표현 (기쁨:초록색, 슬픔:빨간색)
도 ▾ 4 ▾ 음을 0.25 박자 연주하기	소리로 감정을 표현 (기쁨:도미솔, 슬픔:시시)
왼쪽 ▾ 으로 2 초 돌기 뒤로 1 초 이동하기	움직임으로 감정을 표현 (기쁨 : 왼쪽으로 2초 돌기 슬픔 : 뒤로 1초 이동하기)

3 분류결과 '기쁨'과 '슬픔'에 각각 해당하는 내용을 조합해서 넣는다. 기존에 확인용으로 넣었던 

블록을 삭제한 후 해당 감정 내용을 넣는다. (삭제하지 않으면 햄스터봇과 말하기 화면으로 모두 확인할 수 있다.)

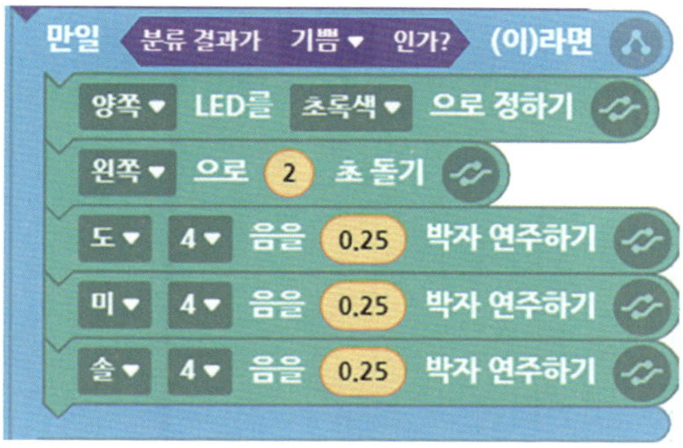

▲ 〈'기쁨' 감정일 때〉
양쪽 LED 초록색, 왼쪽으로 2초 돌기,
딩동댕(도미솔) 음악 재생

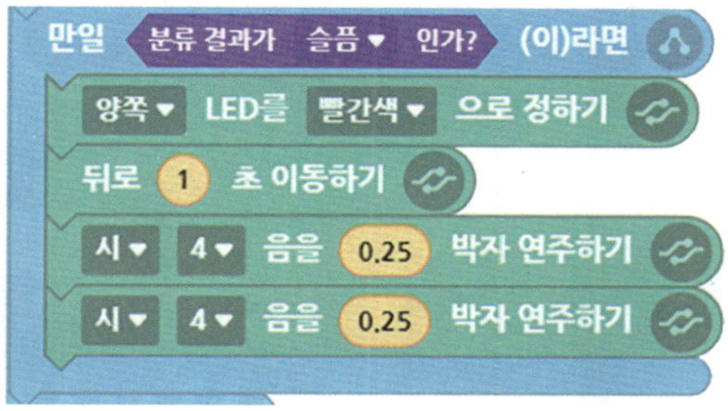

▲ 〈'슬픔' 감정일 때〉
양쪽 LED 빨간색, 뒤로 1초 이동,
경고(시시) 음악 재생

4 감정을 표현한 후에도 LED가 꺼지지 않고 계속 켜져 있는 문제점이 있다.
분류 결과 블록 아래에 명령을 넣어 감정 표현 후에는 LED를 끈다.

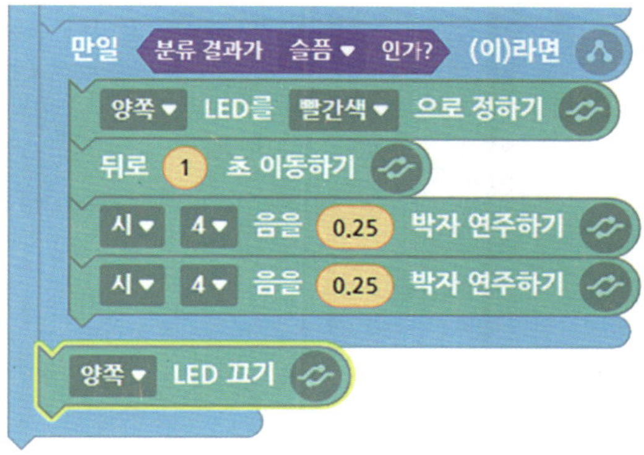

5 (시작하기)를 눌러 프로그램을 실행해서 엔트리봇이 감정 표현에 따라 작동하는지 확인한다.

▲ '기쁨' 감정 동작화면

▲ '슬픔' 감정 동작화면

6 최종 결과 프로그램

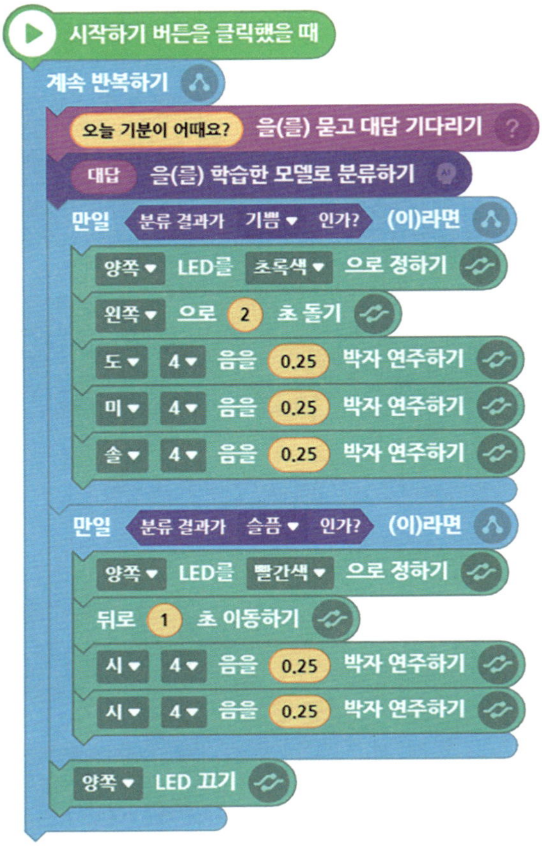
시작하기 버튼을 클릭했을 때
계속 반복하기
오늘 기분이 어때요? 을(를) 묻고 대답 기다리기
대답 을(를) 학습한 모델로 분류하기
만일 분류 결과가 기쁨 인가? (이)라면
양쪽 LED를 초록색 으로 정하기
왼쪽 으로 2 초 돌기
도 4 음을 0.25 박자 연주하기
미 4 음을 0.25 박자 연주하기
솔 4 음을 0.25 박자 연주하기
만일 분류 결과가 슬픔 인가? (이)라면
양쪽 LED를 빨간색 으로 정하기
뒤로 1 초 이동하기
시 4 음을 0.25 박자 연주하기
시 4 음을 0.25 박자 연주하기
양쪽 LED 끄기

Session 03

빨래 자동 분류하기 (이미지 분류)

빨래는 우리가 매일 일상적으로 하는 가사 노동 중 하나이다. 세탁기가 발명된 이후로 세탁과정 자체는 기계가 하지만, 빨래를 분류하거나 정리하는 작업은 자동화하기가 어렵기 때문에 아직 사람이 직접 하는 경우가 많다. 만약 빨래를 자동으로 분류할 수 있다면 세탁을 하거나 옷을 갤 때 매우 편리할 것이다.

엔트리의 이미지 인식 기능을 이용해 다양한 빨래의 종류를 인공지능을 통해 학습시키면 빨래를 자동으로 인식해서 분류하는 햄스터봇을 만들 수 있다. 엔트리의 이미지 분류 모델 인공지능 학습 기능을 활용해서 티셔츠, 치마, 바지와 같은 옷의 종류를 자동으로 인식하고 분류하는 햄스터봇을 만들어 보자.

학습 목표

빨래를 자동으로 인식해서 분류하는 이미지 분류 모델을 엔트리로 구현하고 이를 햄스터봇과 연동하여 자동으로 빨래를 분류하는 햄스터봇을 만들 수 있다.

학습 준비물

햄스터봇 (햄스터봇S로도 실습가능), 옷 사진

데이터 수집 아이디어

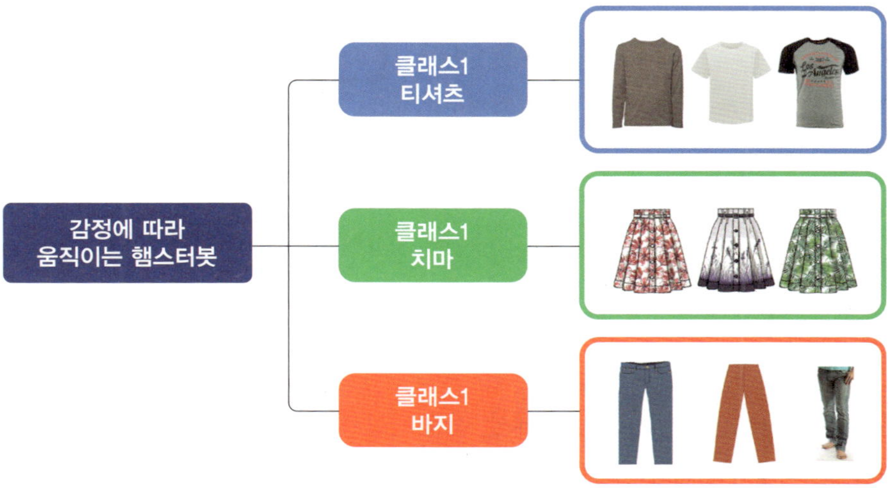

▲ #빨래 분류, #이미지 인식, #지도학습, #일하는 햄스터봇, #의류 분류

3-1 엔트리로 인공지능 이미지 모델 학습하기

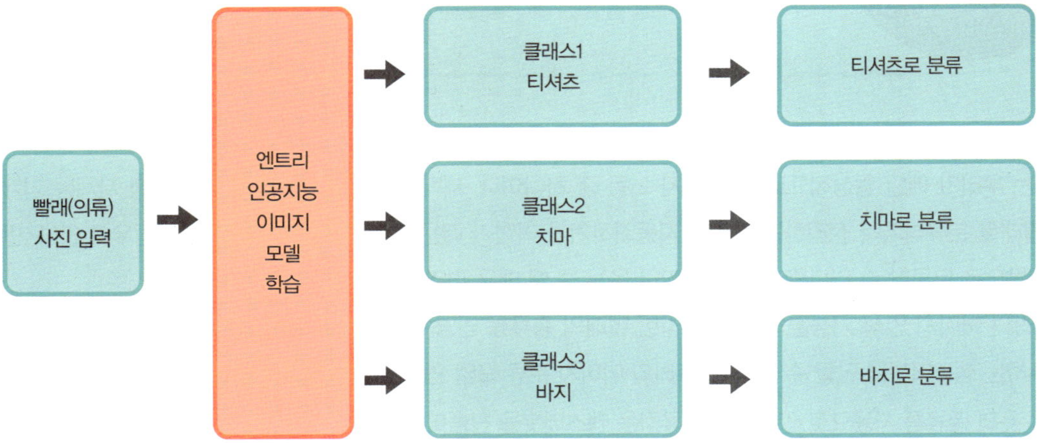

빨래를 자동으로 분류하는 햄스터봇을 만들기 위해서는 이미지(사진)에서 빨래의 종류를 인식할 수 있어야 한다. 이를 위해서 엔트리의 인공지능 이미지 분류 모델 학습 기능을 이용해서 빨래의 종류를 학습할 것이다. 사용자가 이미지(그림, 사진 파일) 형식으로 빨래의 종류를 입력하면 인공지능 모델에서 티셔츠, 치마, 바지를 인식하고 이를 바탕으로 햄스터봇이 빨래를 분류하도록 제작하였다.

1. 엔트리 홈페이지(https://playentry.org)에서 "작품 만들기"를 선택하거나 엔트리 오프라인 프로그램을 실행한다. "교과형 만들기"를 선택하면 인공지능 블록이 나타나지 않으므로, 반드시 "작품 만들기"를 선택하도록 한다.

2 블록 모음을 선택하고, [인공지능 모델 학습하기]를 선택한다. 모델 학습을 하려면 반드시 엔트리에 로그인을 해야 한다.

※ Tip

만약 회원이 아니라면 엔트리 화면 위쪽 회원가입을 눌러 가입한다.

3 학습할 모델 선택하기 화면이 나타나면 '분류:이미지'를 선택한 후 [학습하기]를 누르면 '이미지 모델 학습하기' 화면이 나타난다. 이미지 모델 학습은 데이터 입력 → 학습 → 결과 활용의 3단계를 거쳐 이루어진다.

4 '이미지 모델 학습화기 화면'에서 '①모델 이름'은 '빨래 분류'로 입력한다. 모델 학습을 통해 우리가 학습시키려 하는 개별 개념을 '②클래스'라고 한다. 기본적으로 2개의 클래스가 있는데 [+ 클래스 추가하기]를 눌러서 총 3개의 클래스를 만든다. 그 다음 각각의 클래스 이름에 '티셔츠', '치마', '바지'를 각각 입력한다.

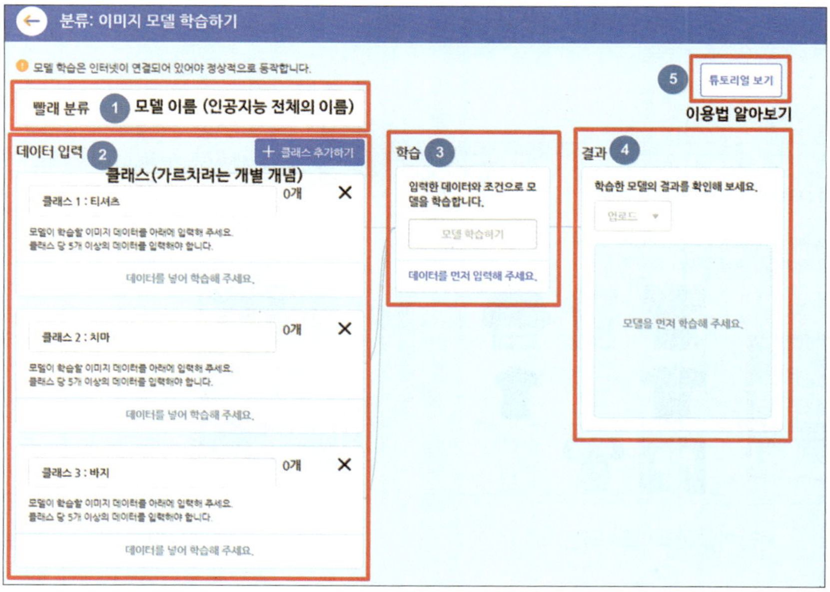

5 '티셔츠', '치마', '바지'의 이미지 자료를 인터넷으로 검색한다. 구글 등의 검색 엔진을 이용해서 그림을 누른 후에 마우스 오른쪽 – '다른 이름으로 이미지 저장'을 선택해서 그림 파일을 모은다. 개념 학습을 위해서는 최소 5개의 자료가 필요하다. 정확한 개념 학습을 위해 넉넉하게 10개 이상의 그림 파일을 충분히 검색해서 수집한다.

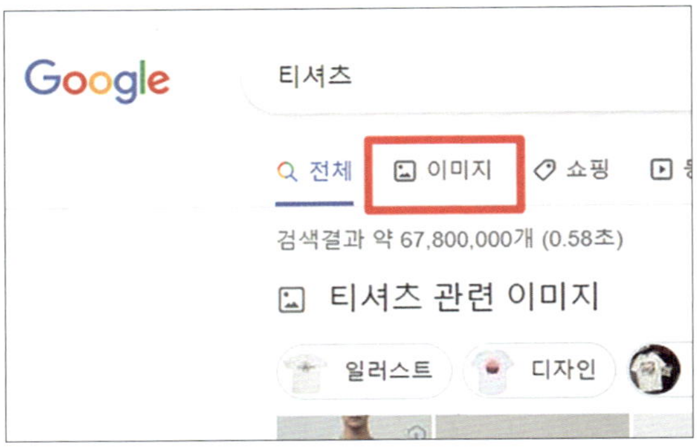

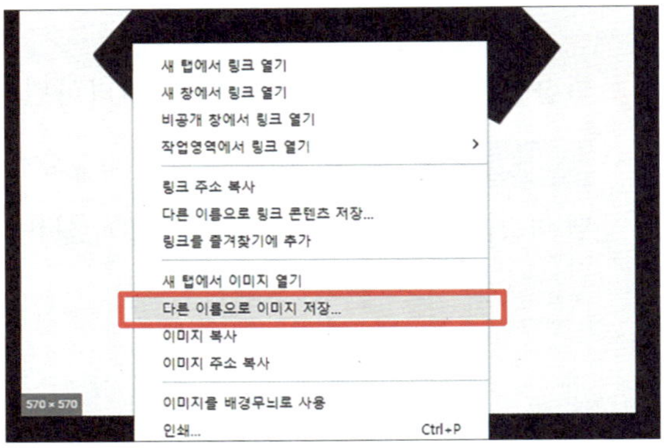

6 각각의 클래스에 학습시키려 하는 자료(데이터)를 입력한다. 이미지 모델 학습은 사진 파일을 업로드하거나 직접 사진을 촬영하는 방법 중 하나를 선택할 수 있다. 예를 들어 '티셔츠'라는 이미지 개념을 학습시키기 위해서는 여러 가지 종류의 티셔츠 사진 파일을 올리거나, 카메라나 웹캠 등을 이용해 옷 사진을 촬영해서 학습이 가능하다. 본 교재에서는 실습의 편의성을 위해 '파일 올리기'로 학습시켰다. '티셔츠', '치마', '바지'에 각각 자료를 입력한다.

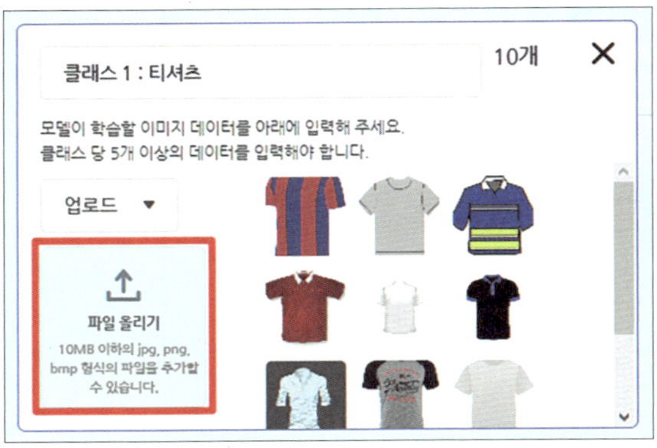

▲ 사진 파일 올리기를 이용한 학습

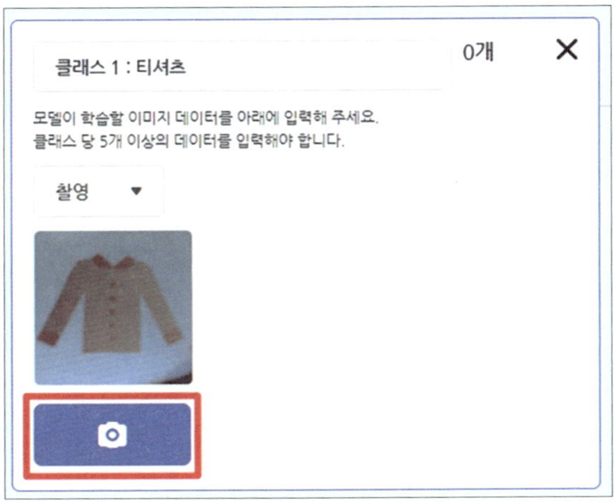

▲ 카메라나 웹캠 촬영을 이용한 학습

7 [모델 학습하기]를 누르면 지금까지 입력한 자료를 기반으로 인공지능 모델을 학습한다. 학습이 끝나면 아래에 '학습을 완료했습니다'라는 글이 나타난다.

8 결과 화면에서 사진 파일을 올리거나 카메라나 웹캠으로 촬영하면 학습 결과를 확인할 수 있다.
아래의 2가지 그림으로 확인한 결과 바지는 96.77%, 티셔츠는 57.26%의 확률로 제대로 인식하는 것을 알 수 있다.

9 모델 학습이 끝나면 화면 아래쪽 [적용하기]를 누른다. 성공적으로 학습이 되었다면 블록 모음의 [인공지능]에 오른쪽 그림과 같은 '분류:이미지 모델' 블록이 만들어진다.

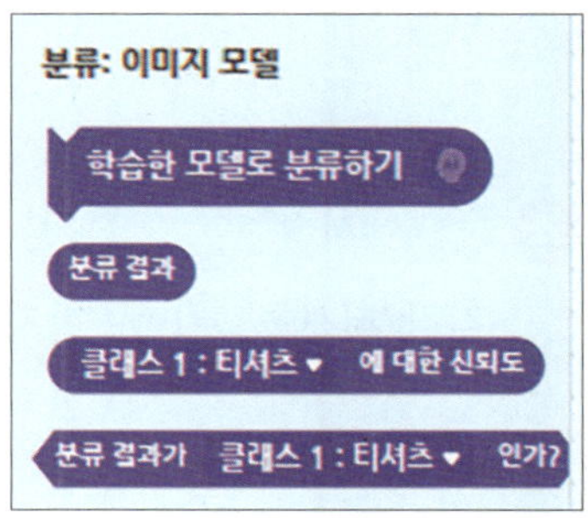

10 간혹 인식 결과가 실제와 다르게 나올 때가 있다. 그럴 때는 인식에 실패한 자료를 올바른 클래스에 추가한 후 다시 모델 학습을 하면 된다. 자료를 추가한 후에는 올바르게 인식한다.

3-2 엔트리로 인공지능 빨래 인식하기

인공지능 모델 학습이 끝나면 이 모델의 명령 블록을 이용해서 엔트리에서 감정 인식을 할 수 있도록 명령 블록을 조립해 프로그래밍을 한다.

1 기본 엔트리봇 오브젝트를 × 버튼을 눌러 지운다.

2 + 버튼을 눌러 오브젝트 추가화면이 나오면 검색창에 '로봇'을 입력한다. 검색 결과 중에서 '꼬마 로봇'을 선택하고 '추가'를 누른다.

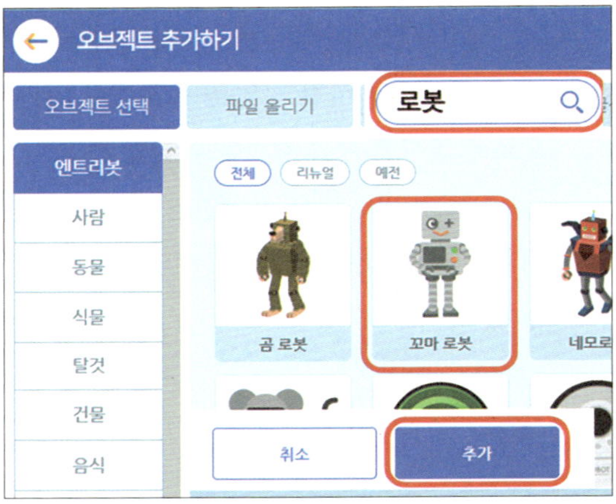

※ Tip

본인이 원하는 창의적인 다른 오브젝트를 추가해도 되고, 기본 엔트리봇 오브젝트에서 작업해도 관계없다.

3 시작 – 시작하기 버튼을 클릭했을 때 블록을 가져온다.
인공지능 – 학습한 모델로 분류하기 블록을 조립해서 아래에 붙인다.

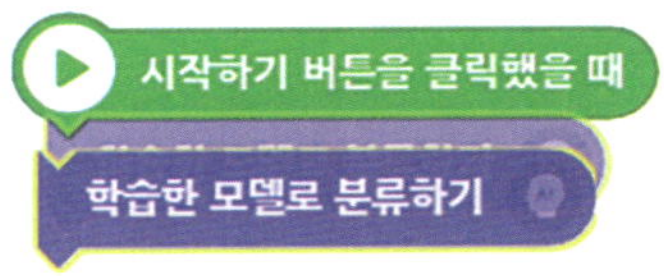

4 흐름에서 만일 참 (이)라면 블록을 3개 조립해서 붙인다. 각각 '티셔츠', '치마', '바지'를 인식한 상황을 만든다.

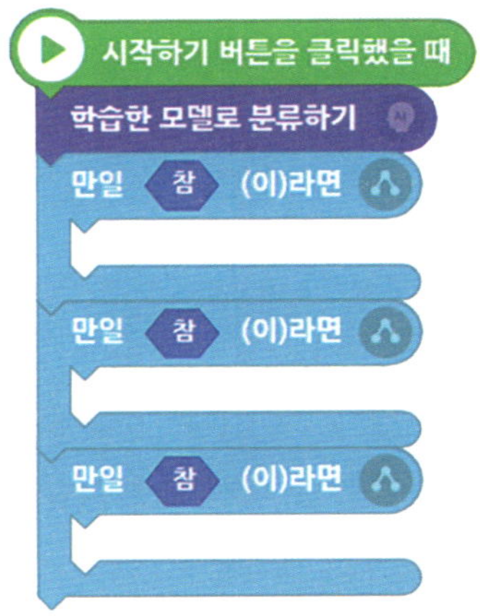

5 [시작] 블록모음에서

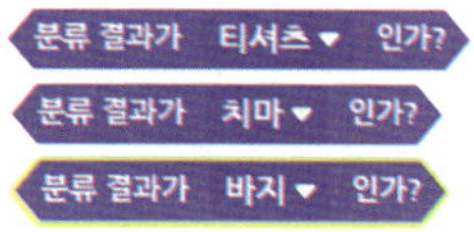

블록을 위쪽부터 차례로 [참] 위치에 조립한다.

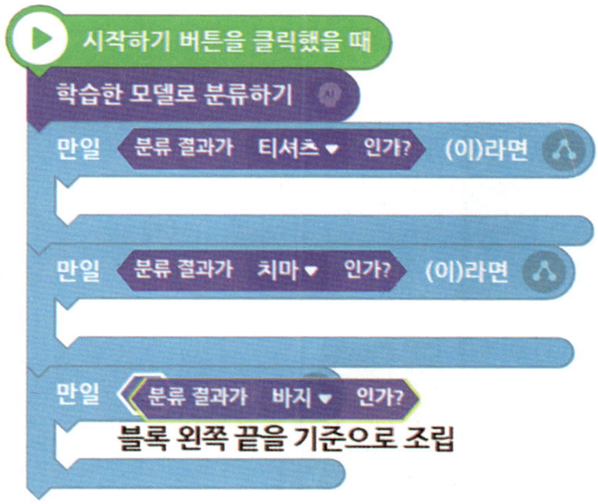

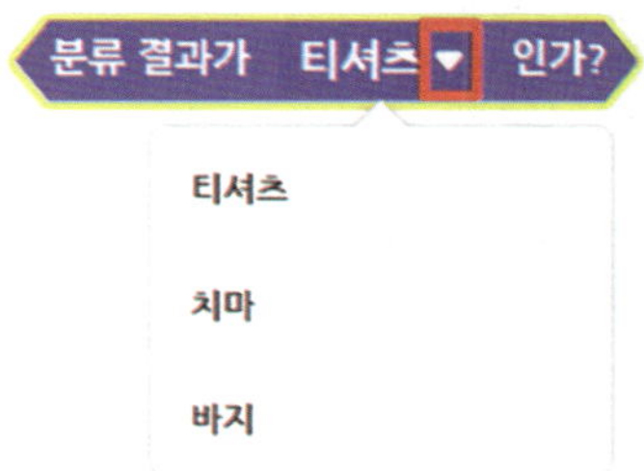

※ **Tip**

조립을 할 때 왼쪽 블록 끝 부분을 기준으로 맞춘다.

6 [생김새] 블록모음에서 [안녕! 을(를) 말하기▾] 블록을 가져와서 '티셔츠', '치마', '바지' 분류결과 블록에 넣는다.

각각의 인식 결과에 맞는 내용을 입력한다.

7 왼쪽 위 ▶ (시작하기)를 눌러서 실행하면 데이터 입력 창이 나타난다. 사진 파일을 업로드하거나 촬영을 해서 결과를 확인한다. 내가 입력한 빨래 이미지의 종류를 인공지능이 제대로 인식하고 표현하는지 확인한다.

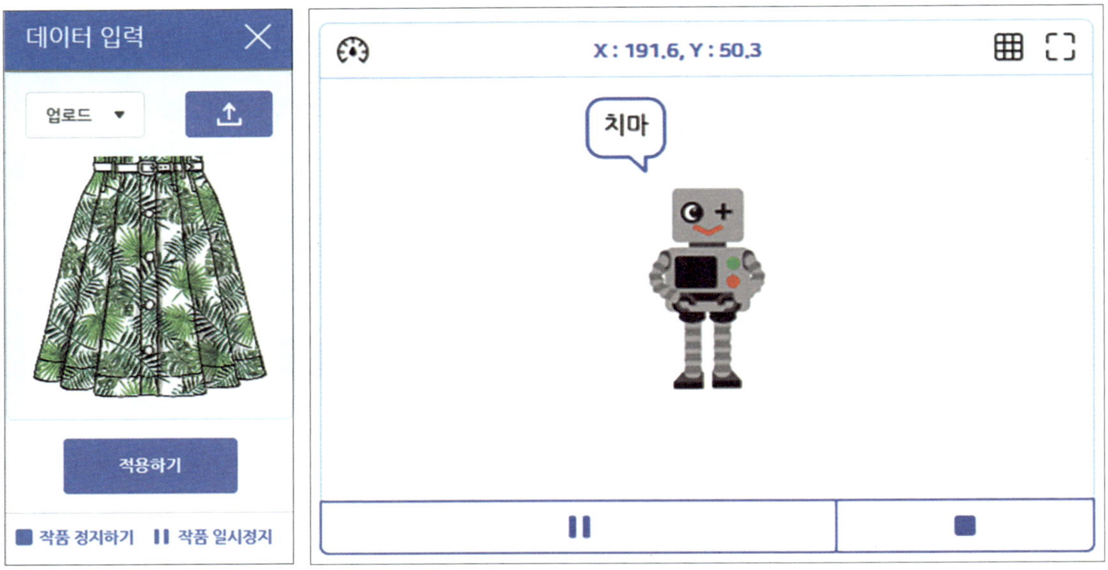

※ **Tip**

여기까지는 햄스터봇 없이도 이미지 모델 학습을 수행할 수 있다.

3-3 햄스터봇으로 빨래 자동 분류하기

엔트리에서 인공지능 이미지 인식을 통해 빨래를 인식할 수 있게 되었다. 이제 햄스터봇을 이용해서 인식한 빨래를 자동으로 분류하도록 만들어 보자. 햄스터봇은 2개의 적외선 센서를 이용해서 바닥면을 인식하고 길을 따라가는 기능이 있다. 이 기능을 활용해서 햄스터봇이 빨래 사진을 얹고 길을 따라가서 분류 장소로 자동으로 이동한다. 만약 집게가 있다면 집게 열기/닫기 명령을 이용해서 종이컵에 담아 옮기는 것도 만들 수 있다. 2초 대기한 후 햄스터봇은 제자리로 다시 돌아간다.

1. 햄스터의 바닥면 인식 기능을 활용하기 위해 출발점과 빨래의 분류 구간을 선으로 표시해서 분류판을 제작한다.

2. [하드웨어] – [하드웨어 연결하기] 를 눌러 햄스터봇과 연결한다.

> ※ Tip
> **연결에 문제가 있다면 앞장의 '엔트리 하드웨어 연결 설치하기'를 참조한다.**

3. 햄스터봇을 제어할 수 있는 명령 블록이 나온다. 이 중에서 빨래 자동 분류 위해 사용할 블록을 정한다. 이번 예제에서는 햄스터봇이 말판을 따라 이동하거나 회전하는 기능, 센서의 손 인식 기능을 종합적으로 활용해서 햄스터봇이 분류한 빨래를 자동으로 분류지점까지 이동할 수 있도록 하였다. 집게가 있다면 집게 명령까지 활용해서 더 자세하게 다양하게 표현할 수 있다.

블록	설명
말판 앞으로 한 칸 이동하기	햄스터봇이 말판을 따라 한 칸 앞으로 이동
말판 [오른쪽 ▾] 으로 한 번 돌기 말판 [왼쪽 ▾] 으로 한 번 돌기	햄스터봇이 말판을 따라 회전
삐 소리내기	스피커로 삐 소리내기
⟨손 찾음?⟩ 이(가) 될 때까지 기다리기	햄스터봇의 센서가 손을 인식할 때까지 기다렸다가 명령을 실행

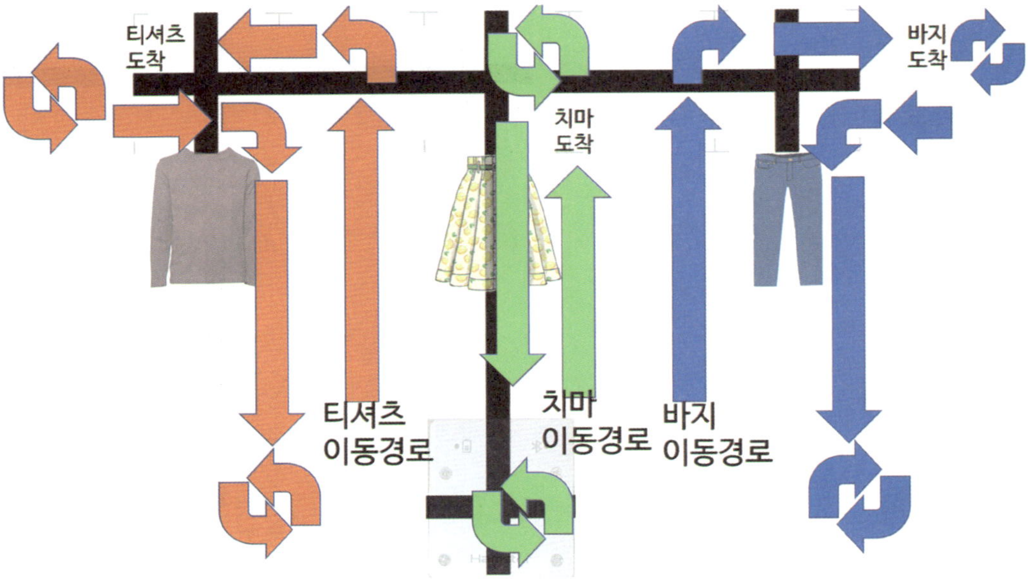

4 티셔츠, 치마, 바지를 분류하는 햄스터봇의 이동 경로를 논리적으로 표현해 본다. '한 칸 이동', '오른쪽 돌기', '왼쪽 돌기' 명령을 조합해서 위 그림처럼 표현할 수 있다. 이동 경로를 정리하면 아래 표와 같다.

분류	이동 경로
티셔츠	직진–좌회전–직진–[도착]–좌회전x2–직진–우회전–직진–좌회전x2
치마	직진–[도착]–좌회전x2–직진–좌회전x2
바지	직진–우회전–직진–[도착]–좌회전x2–직진–좌회전–직진–좌회전x2

5 햄스터봇에서 사진을 인식한 후 출발 신호를 주기 위해서 [하드웨어] – [손 찾음?] 기능을 활용한다. [손 찾음? 이(가) 될 때까지 기다리기] 명령을 사용하면 오른쪽 사진처럼 손으로 햄스터봇의 앞을 가릴 때까지 기다린 후 다음 명령을 실행한다.

6 하드웨어 – 삐 소리내기, 흐름 – 2 초 기다리기 명령 으로 도착을 알리고 사용자가 빨래를 햄스터봇에서 내릴 수 있도록 기다린다.

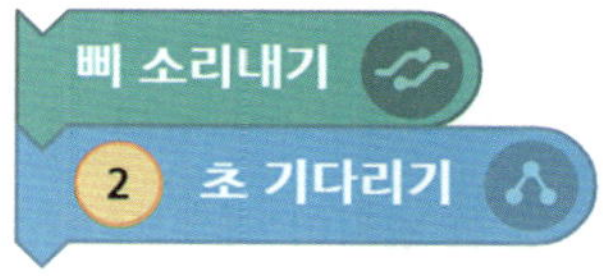

※ Tip

만약 집게가 있다면 집게 열기–닫기 명령을 활용한다.

7 지금까지 분석한 내용을 바탕으로 분류 결과에 따른 햄스터봇의 이동 경로를 프로그래밍한다.

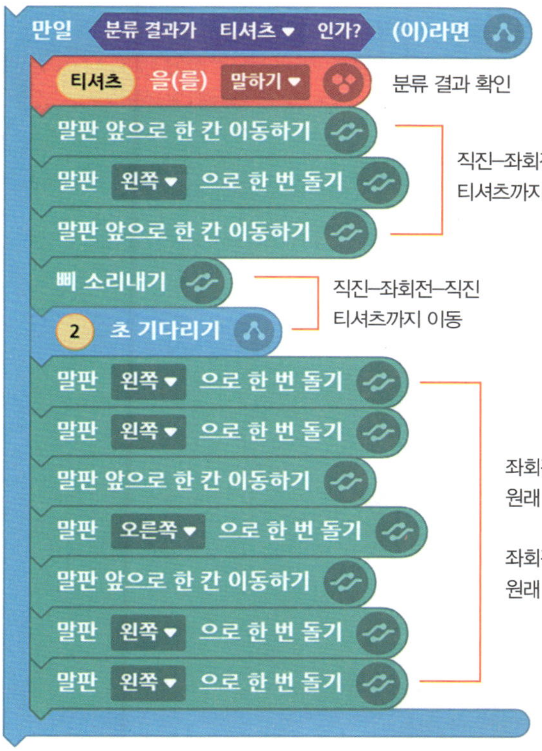

분류 결과 확인

직진–좌회전–직진
티셔츠까지 이동

직진–좌회전–직진
티셔츠까지 이동

좌회전×2–이동–우회전–이동
원래 위치로 돌아옴

좌회전×2
원래 방향으로 회전

※ Tip

치마, 바지는 위쪽 경로 분석 그림과 표를 바탕으로 직접 프로그래밍 해본다.

8 최종 프로그램 결과이다. 복잡해 보이지만 이동 경로를 표현한 명령이 대부분이므로 어렵지 않게 프로그래밍을 할 수 있다. 앞서 분석한 경로 그림과 표를 참조해서 명령 블록을 조립한다.

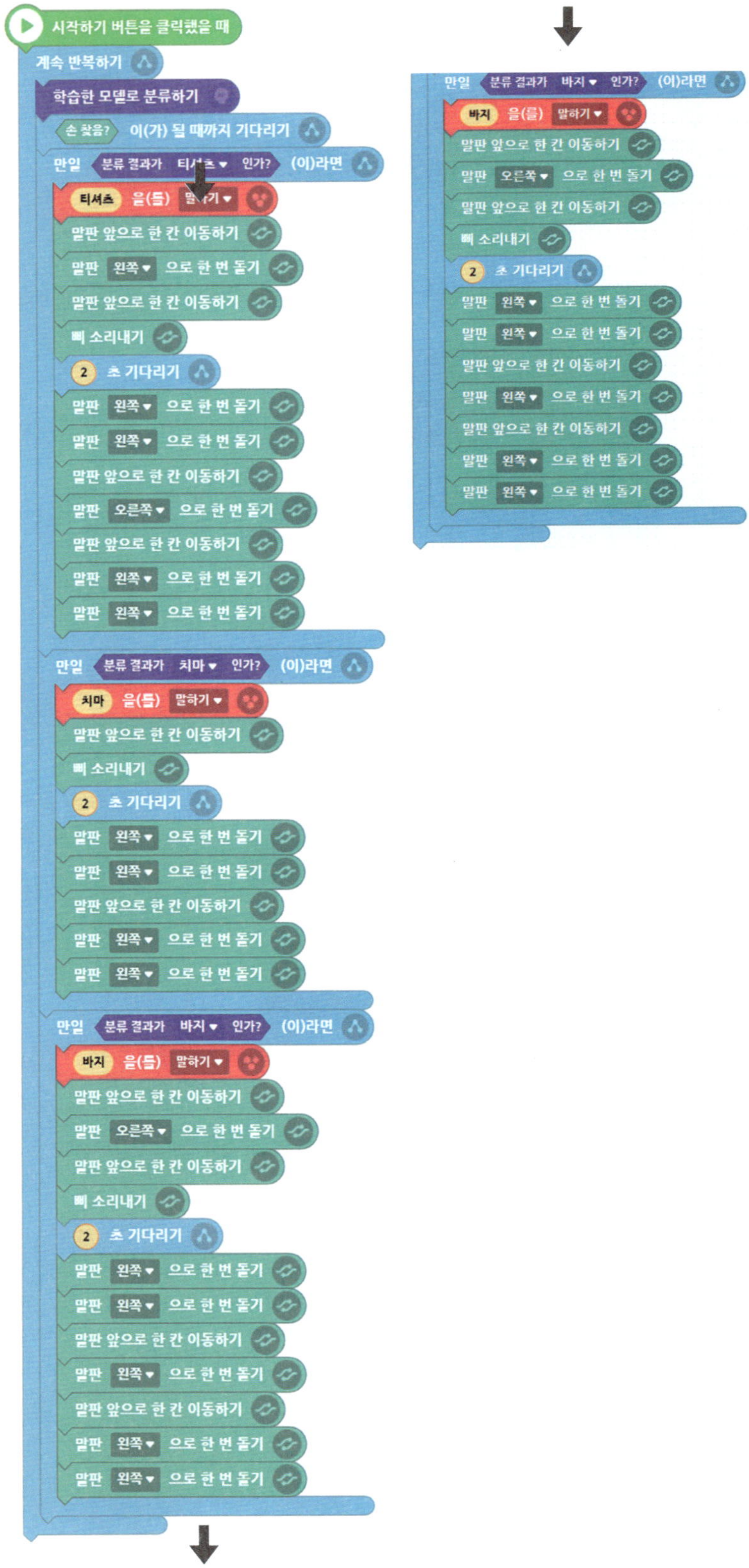

9 [▶] (시작하기)를 눌러 프로그램을 실행해서 엔트리봇이 빨래를 자동으로 인식하고 분류하는지 확인한다.

10 프로그램을 처음 실행하면 데이터 입력창이 나타난다. 파일 업로드로 사진을 올리거나, 카메라나 웹캠을 이용해서 빨래 사진을 직접 촬영할 수 있다.

[적용하기] 를 누르면 인공지능 모델을 이용해 자동으로 빨래를 분류한다.

11 햄스터봇이 명령 대기 상태로 기다린다.
빨래 사진을 얹고 오른쪽 사진처럼 햄스터봇의 앞쪽을 손으로 가려주면 [손 찾음?] 명령을 인식한 햄스터봇이 출발한다.

12 햄스터봇이 자동으로 빨래를 목적지로 옮겨서 분류한다. 목적지에 도착 후 빨래를 사용자가 내려놓으면 2초 후 햄스터봇이 원위치로 복귀한다.

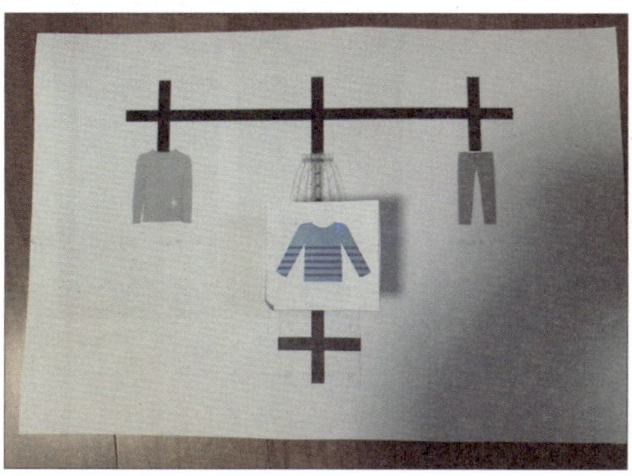

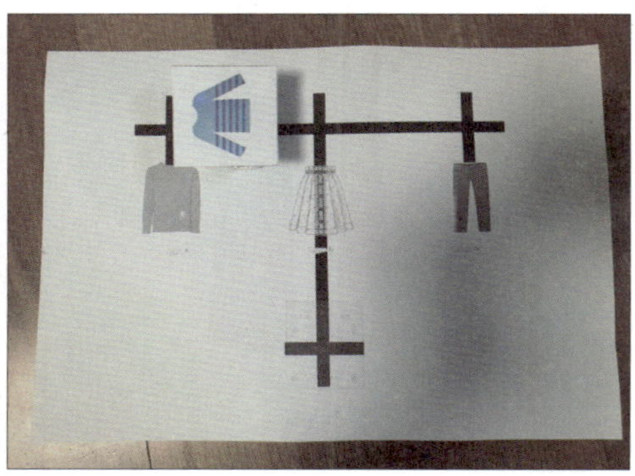

<햄스터봇 빨래 분류하기 인식용 샘플사진>

<햄스터봇 빨래 인식용 말판>

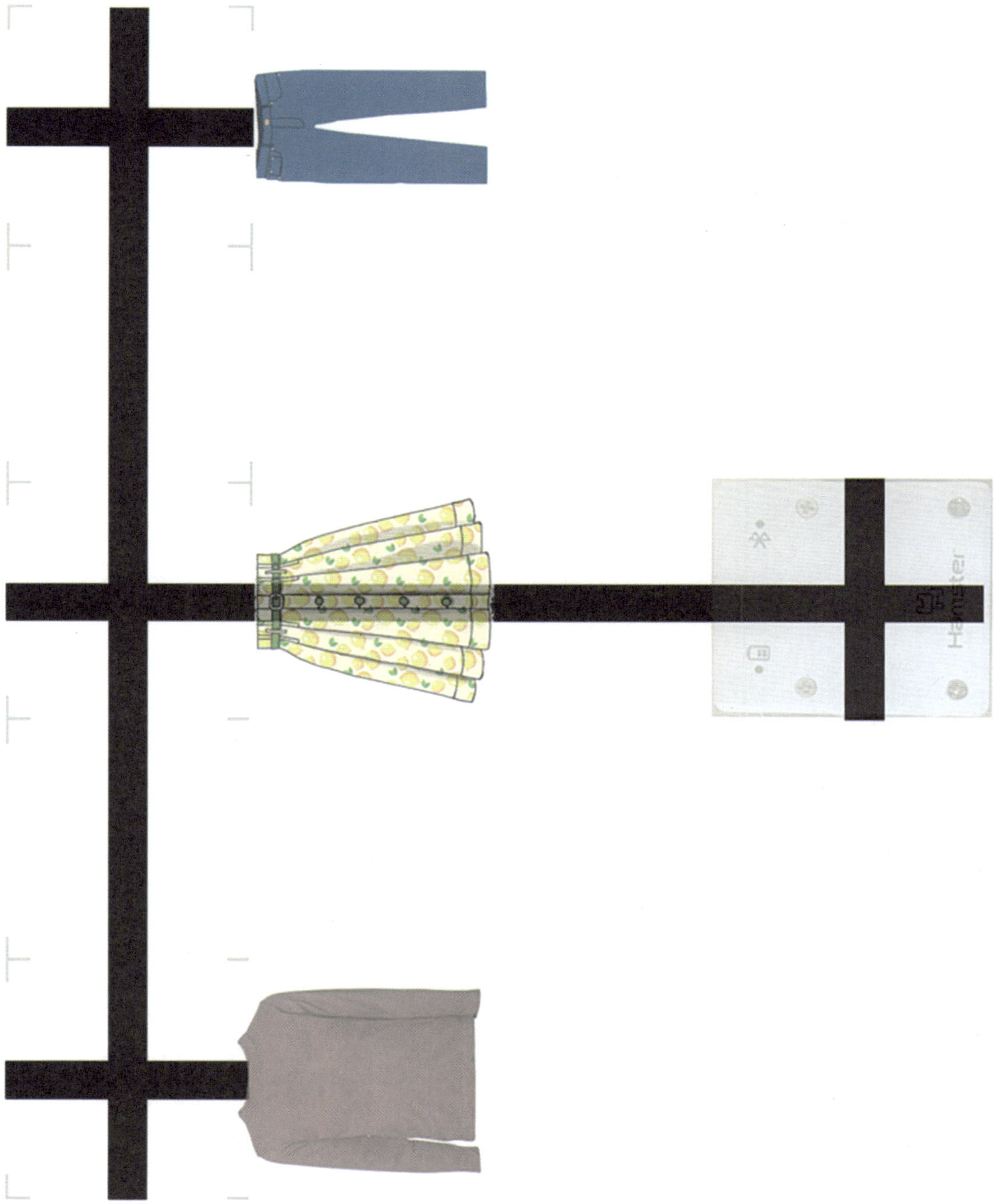

CHAPTER

12

인공지능 모델 기반 융합교육

CHAPTER 12

인공지능 모델 기반 융합교육

Session 01 함께해요! 발성연습(음성 분류)

Session 02 채워봐요! 10색상환(이미지 분류)

학습 목표

음성, 이미지 데이터로 인공지능 모델을 개발하여 인공지능 융합교육 프로그램을 만들 수 있다.

0-1 햄스터 로봇

엔트리는 번역, 비디오 감지, 오디오 감지, 읽어주기 등의 인공지능 블록을 탑재하여 기존의 SW교육에서 나아가 인공지능 기능이 탑재된 프로그램을 제작할 수 있도록 한다.

또한 이미지, 텍스트, 음성, 숫자를 기반으로 분류하거나 숫자를 예측 및 군집으로 나누어보는 인공지능 학습모델을 통해 사용자가 인공지능의 지도학습 및 비지도학습을 체험해보는 기회를 제공한다.

인공지능 모델 교육은 그 자체만으로도 인공지능 원리 및 체험학습이라는 효과가 있다. 하지만 학교에서 수업하는 교과교육과 연계하여 인공지능 융합교육 또한 진행할 수 있다.

다른 교과와 연계하는 인공지능 융합교육의 경우, 인공지능 학습을 위한 인공지능 교육이 아닌 학생들의 삶과 연계된 학습을 할 수 있다는 장점이 있다. 또한 인공지능 기능을 통해 기존보다 더 효과적인 타교과 학습을 가능하게 할 수 있다.

이번 단원에서는 음악과 미술교과와 연계할 수 있는 인공지능 교육 프로그램을 학습해보고자 한다.

entry Session 01

함께해요! 발성연습 (음성 분류)

음악시간에 노래를 부르는 날이면 본격적으로 노래를 부르기 전에 발성연습을 통해 목을 가볍게 풀어준다. 발성연습은 대부분 선생님이 피아노로 연주해주시는 음이나 컴퓨터에서 나오는 기본 음을 듣고 따라서 소리내어보는 방식으로 진행한다. 하지만 발성연습을 하다 보면 종종 다음과 같은 의문이 들 때가 있다. '과연 내가 듣고 따라서 내는 음이 정확한가?', '보다 정확하게 음을 소리내고 확인할 수 있는 방법은 없을까?'
인공지능 음성 인식 모델을 만들어 내가 소리 내는 음의 정확도를 확인해보고 정확한 소리를 낼 수 있는 발성연습 프로그램을 만들어보고자 한다.

학습 목표

인공지능 음성 인식 모델을 적용하여 음악시간에 사용할 수 있는 정확한 발성연습 프로그램을 구현할 수 있다.

학습 준비물

음성 인식이 가능한 PC 또는 노트북

데이터 수집 아이디어

함께해요! 발성연습

클래스 1	클래스 2	클래스 3	클래스 4	클래스 5	클래스 6	클래스 7	클래스 8
도	레	미	파	솔	라	시	높은도
'도'음	'레'음	'미'음	'파'음	'솔'음	'라'음	'시'음	'높은 도' 음

▲ #음악, #, #음성 인식, #지도학습, #분류 학습, #함께해요! 발성연습

1-1 인공지능 모델 학습하기

주제에 알맞은 인공지능 모델을 만들기 위해 제일 중요한 것은 좋은 데이터를 수집하는 것이다. '함께해요! 발성연습'은 인공지능 음석 인식 모델을 기반으로 하기에 좋은 음성 데이터를 수집하는 것이 우선되어야 한다.

음성 데이터는 사용자가 직접 녹음하거나 기존에 사운드 자료를 통해 만들어진 별도의 mp3 데이터를 사용할 수 있다. 인공지능 모델은 아무것도 없는 백지 상태에서 사용자가 제공한 음성 데이터만을 바탕으로 인공지능 학습을 한다. 따라서 사용자가 어떤 데이터를 제공하느냐에 따라 인공지능 모델의 정확도가 달라지며 인공지능의 학습이 용이할 수 있게 명확하게 구분되는 데이터를 선별하여 제공하는 것이 좋다.

본 주제에서는 엔트리 인공지능 서버처리의 부하를 줄이고자 발성연습의 음계를 '도'에서 '높은 도'까지 총 8음으로 제한한다. 각 음계에 해당하는 데이터 샘플은 리코더, 피아노, 바이올린 등의 다양한 악기에서 또는 정확한 음계를 소리낼 수 있는 사람의 목소리를 통해 추출할 수 있다. 본 주제는 사용자가 내는 소리를 인식하고 음의 정확도를 제공하는 것을 목적으로 하기에 데이터 샘플의 정확도가 중요하다. 따라서 튜너 등을 활용하여 사전에 추출한 데이터 샘플의 음계가 정확한지 확인하면 더 정확한 인공지능 모델을 단들 수 있다.

1 먼저, 엔트리 프로그램에서 [인공지능 모델 학습하기] 를 클릭하여 다음과 같이 '분류:음성' 학습모델을 선택한 후 [학습하기] 를 클릭하여 음성 모델 학습하기로 들어간다.

2 다음으로 분류: 음성 모델 학습하기 화면에서 음성 모델의 이름을 설정한다. 교재에서는 '함께해요! 발성연습'으로 설정하였다.

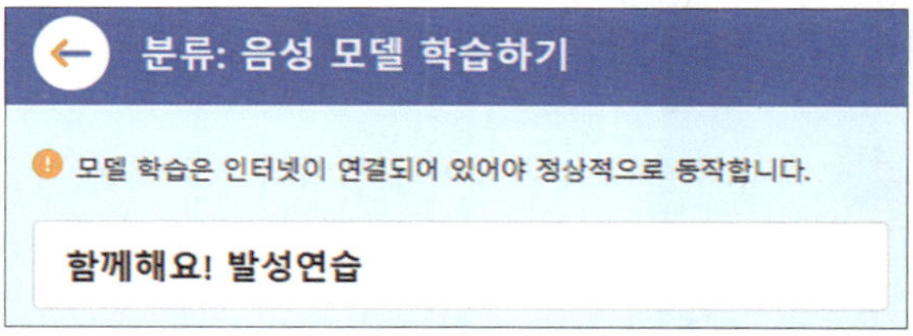

3 이제 음성 모델 학습을 위한 분류 범주를 설정하고 데이터를 입력할 차례이다. '함께해요! 발성연습'에서는 총 8개의 클래스로 데이터를 분류한다. 버튼을 눌러 8개의 클래스를 생성하고 '도', '레', '미', '파', '솔', '라', '시', '높은 도'의 순서대로 각각의 클래스 이름을 설정한다.

각각의 클래스에 학습할 음성 데이터를 입력해야 하는데 이 때, 클래스 당 5개 이상의 음성 데이터를 입력해야 인공지능 모델 학습을 진행할 수 있다. 음성 데이터의 입력 길이는 3초이며 데이터는 사전에 파일로 저장된 음성 데이터를 업로드하여 입력하거나 바로 녹음하여 입력한다.

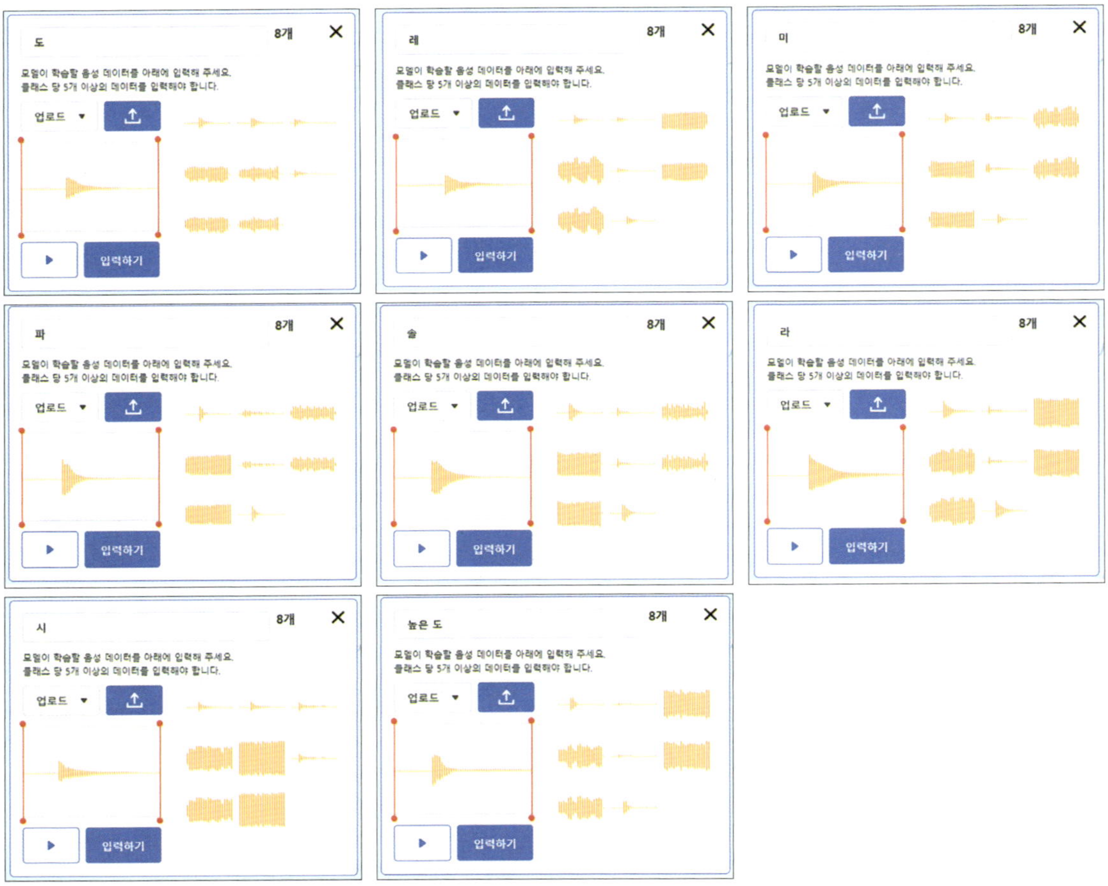

4 각각의 클래스에 데이터 입력이 완료되면 학습단계에서 모델 학습하기 버튼을 클릭하여 인공지능 음성 분류가 가능하도록 학습모델을 제작한다. 엔트리 서버의 환경에 따라 모델 학습이 완료되기까지 시간이 걸릴 수 있으며 인터넷 연결 환경이 원활한지 확인할 필요가 있다.

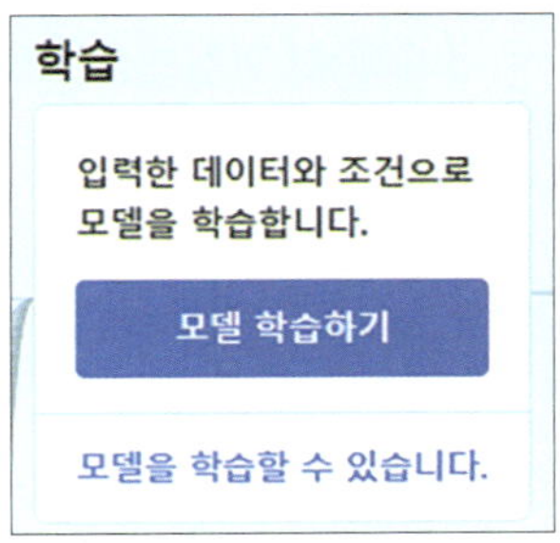

4 학습이 완료되면 업로드 또는 녹음의 방식을 통해 학습 결과를 확인할 수 있다. 학습 결과는 분류된 클래스별 정확도를 아래와 같이 퍼센트로 나타내어 보여준다.

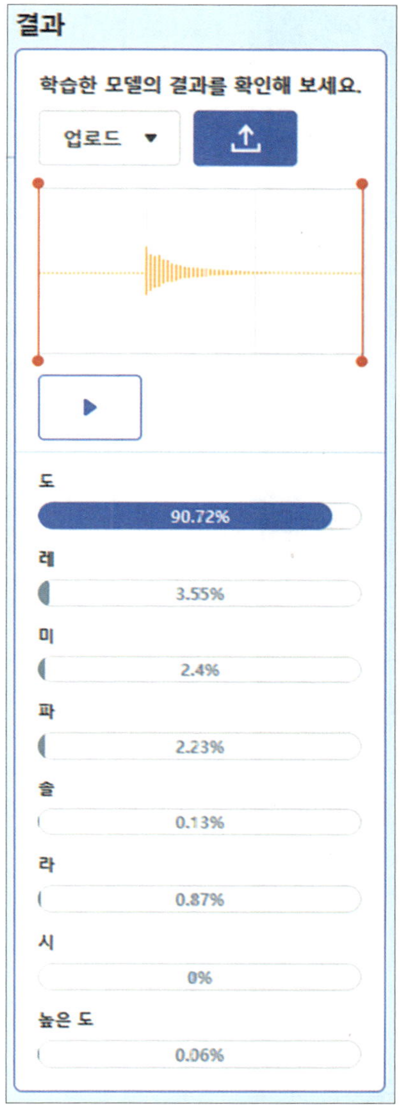

5 엔트리 블록 탭의 [인공지능]에 다음의 블록들이 생성되었는지 확인한다.

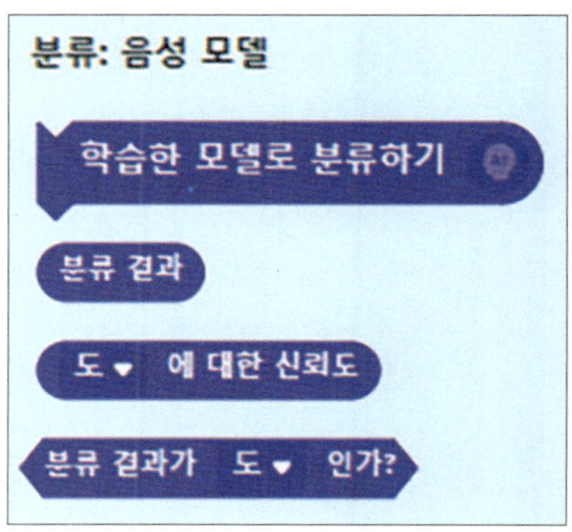

1-2 엔트리 코딩하기

'함께해요! 발성연습' 프로그램은 피아노 건반을 눌러 음을 들어보는 부분과 발성연습을 해보는 두 부분으로 나누어 볼 수 있다. 엔트리 프로그램이 시작되면 안내멘트와 함께 피아노 건반을 하나씩 눌러 각 음의 정확한 소리를 들어볼 수 있도록 한다. 그 후 나팔 그림의 버튼을 등장시켜 버튼을 눌렀을 때 직접 발성연습을 할 수 있게 한다. 그리고 발성연습을 통해 내가 내는 소리의 정확도를 확인해본다.

1. 우선, 엔트리 오브젝트를 다음과 같이 불러온다.
   배경 에서 , 물건 에서 , 물건 에서 을 배치한다.

2. 피아노 건반은 아래와 같이 오브젝트를 하나씩 불러와 생성한다.

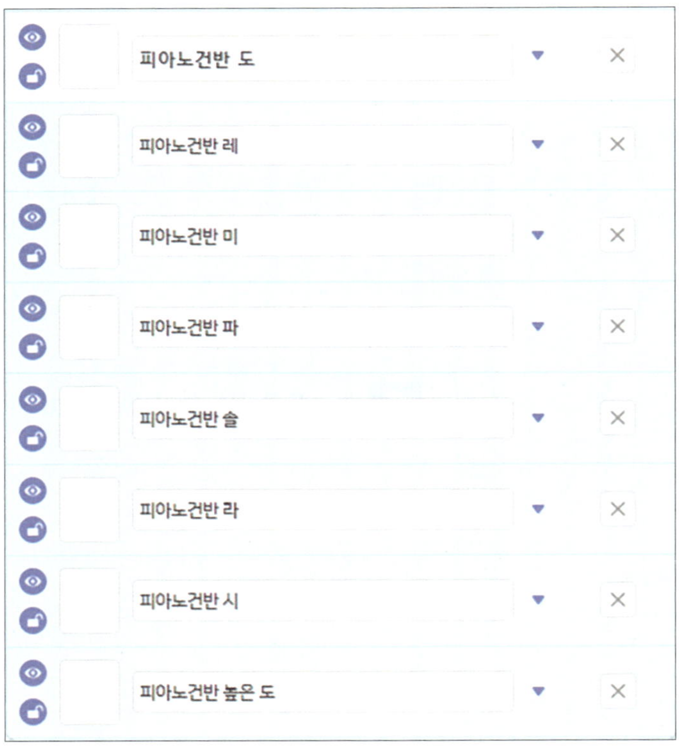

③ 생성한 피아노 건반은 피아노 배경에 맞게 위치를 설정한다.

피아노 배경 오브젝트 구성하기

피아노 배경 오브젝트에서 엔트리 프로그램이 실행되었을 때 실행할 부분을 구성해 본다.

① [시작]을 클릭하여 [시작하기 버튼을 클릭했을 때] 블록을 가져온다.

② [생김새]를 클릭하여 [안녕! 을(를) 4 초 동안 말하기▾] 블록을 가져와
아래와 같이 '건반을 눌러 피아노 소리를 들어보세요' 문구과 2초 동안 말하기로 변경 후 결합한다.

③ 말하고 잠시 기다릴 수 있도록 [흐름]에서 [2 초 기다리기] 블록을 추가한다.

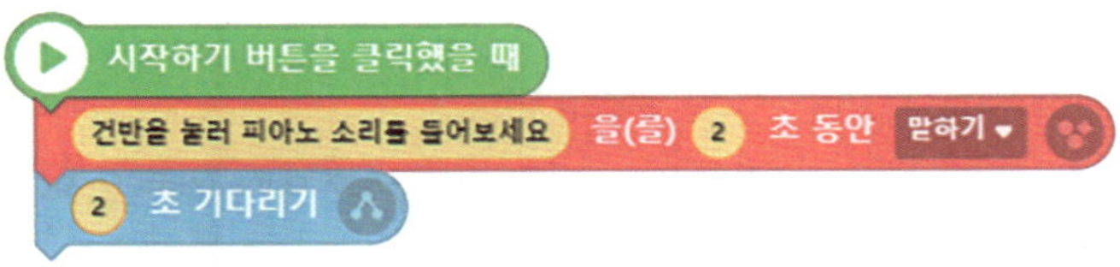

※ Tip

피아노 건반 소리를 입력을 위해 〈피아노건반 오브젝트 구성하기〉 부분을 참고한다.

4 나팔 그림을 누르고 발성연습을 시작할 수 있도록 말하기 블록을 통해 안내한다.

5 '나팔그림을 누르고 발성연습을 시작합니다' 안내멘트 이후 나팔그림을 등장시키기 위해 [신호]를 사용한다. 시작하기 버튼을 눌렀을 때, 나팔그림의 발성연습이 바로 실행되는 경우, 피아노 소리를 들어보는 안내멘트와 동시에 진행되며 프로그램이 원활하게 진행되지 않을 수 있다. 따라서 발성연습을 시작한다는 안내멘트가 나온 뒤에 나팔 그림이 등장할 수 있도록 배치한다. [속성] 버튼을 클릭하고 아래 화면에서 [신호]를 클릭한다.

6 [신호 추가하기] 클릭 후 아래와 같이 '발성연습 시작'이라고 신호 이름을 설정한다.

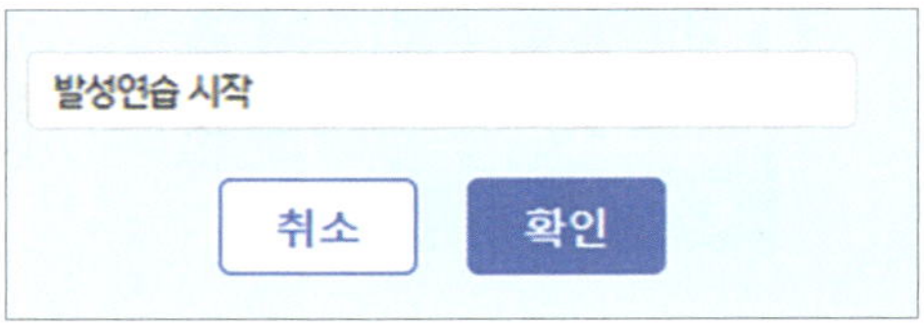

7 피아노 배경 오브젝트에서 신호를 보내면 나팔 오브젝트가 등장해 다음 작업을 실행하도록 [시작]에서 [발성연습 시작▾ 신호 보내고 기다리기] 블록을 가져와 결합한다. 엔트리 프로그램이 시작되면 기존에 안내멘트로 말하던 내용을 모두 지우고 시작할 수 있게 시작하기 버튼 블록 아래에 [생김새]의 [말하기 지우기]를 추가한다.

피아노건반 오브젝트 구성하기

피아노 건반을 누르면 해당하는 건반의 피아노 소리가 날 수 있도록 설정한다.

피아노 건반 소리는 엔트리 프로그램에 기본데이터로 탑재되어 있다. 각 건반의 오브젝트를 눌렀을 때 해당 데이터 음이 재생될 수 있도록 만들어본다.

1 해당 건반 모양의 오브젝트를 클릭하고 [소리]에서 [소리 추가하기] 버튼을 누른다. [소리 선택] 카테고리 중 [악기]를 누르고 [피아노] 버튼을 누르면 다양한 음계의 피아노 음을 찾을 수 있다.

2 원하는 음을 누르고 추가한다.

3 따로 직접 녹음한 피아노 소리가 있다면 를 통해 소리를 추가할 수도 있다.

4 에서 (오브젝트를 클릭했을 때) 블록을 가져온다. 에서 (소리 (피아노_04도1▼) (1) 초 재생하고 기다리기) 블록을 가져와 함께 결합한다. '도'에서 '높은 도'까지 각각의 건반 오브젝트와 8개 음을 아래와 같이 연결한다.

도 건반 오브젝트	오브젝트를 클릭했을 때 소리 (피아노_04도▼) (1) 초 재생하고 기다리기
레 건반 오브젝트	오브젝트를 클릭했을 때 소리 (피아노_05레▼) (1) 초 재생하고 기다리기
미 건반 오브젝트	오브젝트를 클릭했을 때 소리 (피아노_06미▼) (1) 초 재생하고 기다리기
파 건반 오브젝트	오브젝트를 클릭했을 때 소리 (피아노_07파▼) (1) 초 재생하고 기다리기
솔 건반 오브젝트	오브젝트를 클릭했을 때 소리 (피아노_08솔▼) (1) 초 재생하고 기다리기
라 건반 오브젝트	오브젝트를 클릭했을 때 소리 (피아노_09라▼) (1) 초 재생하고 기다리기
시 건반 오브젝트	오브젝트를 클릭했을 때 소리 (피아노_10시▼) (1) 초 재생하고 기다리기
높은 도 건반 오브젝트	오브젝트를 클릭했을 때 소리 (피아노_11높은도▼) (1) 초 재생하고 기다리기

나팔 오브젝트 구성하기

나팔 오브젝트는 발성연습을 시작할 때 클릭한다. 나팔 모양 그림을 클릭하고 음성 인식 기능을 통해 인공지능 학습 모델이 작동되게 만들어본다.

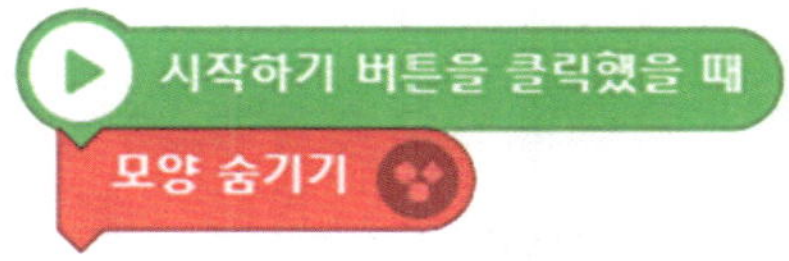

1. 시작하기 버튼을 눌렀을 때, 피아노 음계 버튼을 먼저 누르고 듣기 위해 나팔 오브젝트는 보이지 않게 숨겨둔다.
   [시작]에서 [시작하기 버튼을 클릭했을 때] 블록을 가져온다.
   [생김새]의 [모양 숨기기] 블록을 가져와 결합한다.

2. 피아노 배경 오브젝트에서 '발성연습 시작' 신호를 보내면, 숨겨두었던 나팔 그림을 나타나게 하고 발성연습을 시작한다.
   [시작]에서 [발성연습 시작 신호를 받았을 때] 블록을 가져온다.
   [생김새]의 [모양 보이기] 블록을 가져와 결합한다.

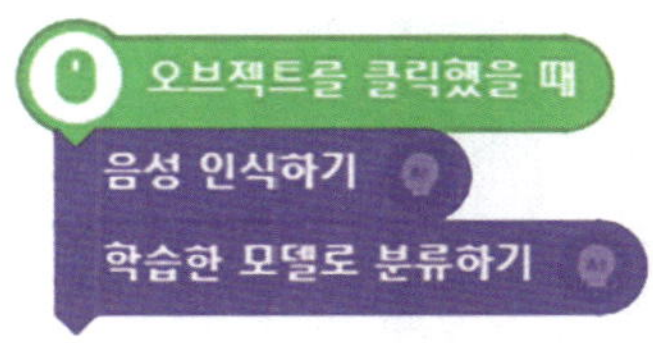

3. 나팔 오브젝트를 클릭했을 때 바로 음성인식 기능이 실행되도록 한다. 음성 인식을 통해 음성데이터를 업로드 또는 녹음하여 수집 후, 이전에 생성한 인공지능 학습모델에 따라 8가지 클래스 중 해당하는 곳에 분류되도록 한다.
   [시작]에서 [오브젝트를 클릭했을 때] 블록을 가져온다.
   [인공지능]에서 [음성 인식하기] 와 [학습한 모델로 분류하기] 블록을 가져와 결합한다.

4. 입력한 음성데이터를 인공지능 학습모델이 확인 후, 몇 퍼센트의 정확도로 어떤 음인지 말해보도록 설정해본다. 음성데이터가 '도'음인 경우, '몇 퍼센트로 도입니다'라고 출력하고자 한다.
   [흐름]에서 [만일 참 (이)라면] 블록을, [인공지능]에서 [분류 결과가 도 인가?] 블록을, [생김새]에서 [안녕! 을(를) 말하기] 블록을 가져와 결합한다.

음의 정확도는 인공지능 의 도▾ 에 대한 신뢰도 로 나타낼 수 있으며 계산 의 10 + 10 블록을 이용하여 말하고자 하는 내용을 결합해서 다음과 같이 표현한다.

이때, 도▾ 에 대한 신뢰도 는 %가 아닌 0.95482 등의 1 이하의 소수로 표현되기도 하며 음성 데이터에 따라 소수점 이하 숫자의 길이는 다양하게 나타난다. 이를 자연수의 % 값으로 변환하여 길이를 짧게 나타내본다.

계산 의 10 / 10 의 몫▾ 와 10 × 10 블록을 가져오고 아래와 같이 결합한다.

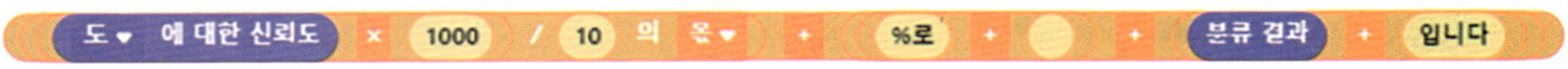

'도'음의 결과를 나타내기 위해 다음과 같이 프로그래밍 한다.

5 나머지 7개 음의 결과도 같은 방식으로 프로그래밍하며 아래와 같이 나타낸다.

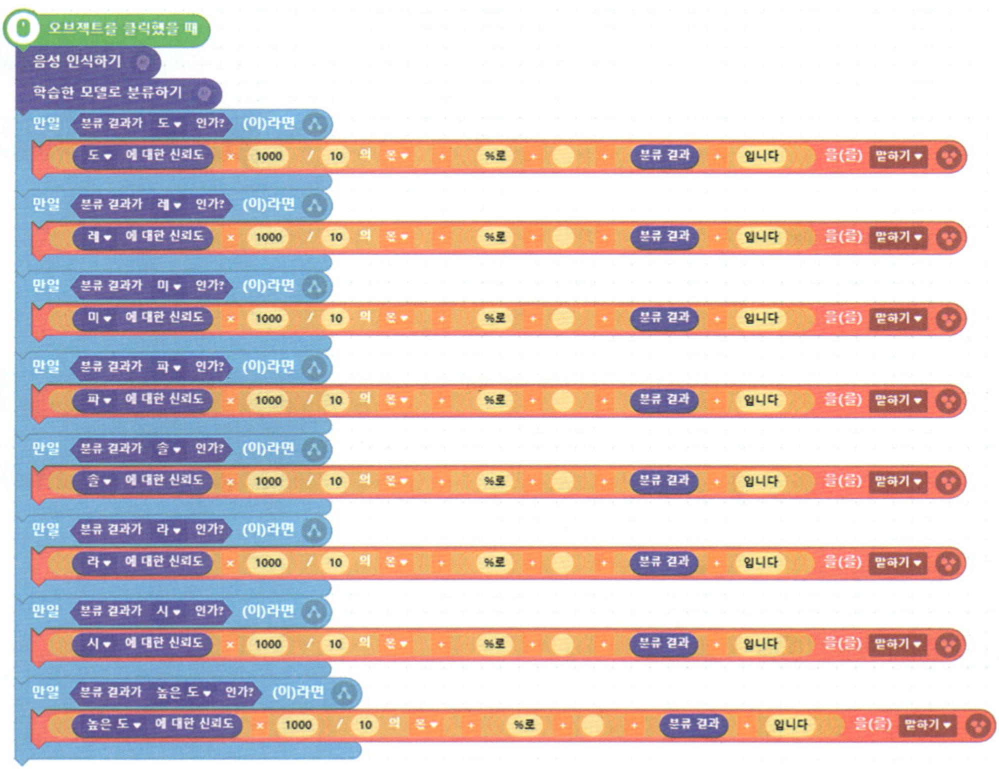

6 엔트리 프로그램에서 나팔 오브젝트를 누르면 아래와 같은 화면이 뜬다.

이어서 데이터를 입력하는 창이 다음과 같이 뜨게 되는데 또는 중 선택하여 음성데이터를 입력한다.

음성 데이터 입력 후에는 플레이 버튼을 눌러 음성 데이터를 재생해보고 버튼을 클릭하면 엔트리 프로그램에 음성 데이터가 적용된다.

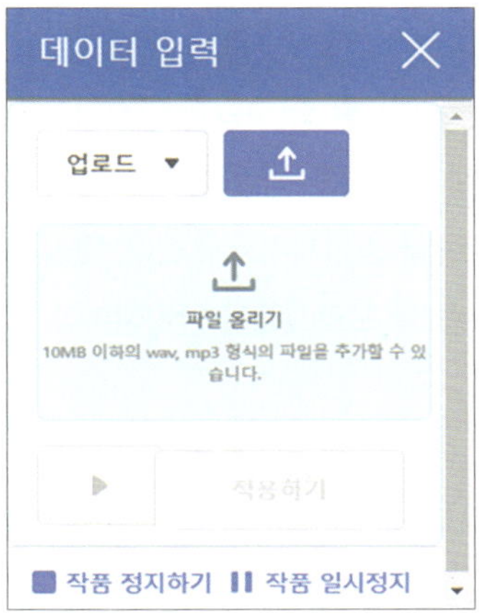

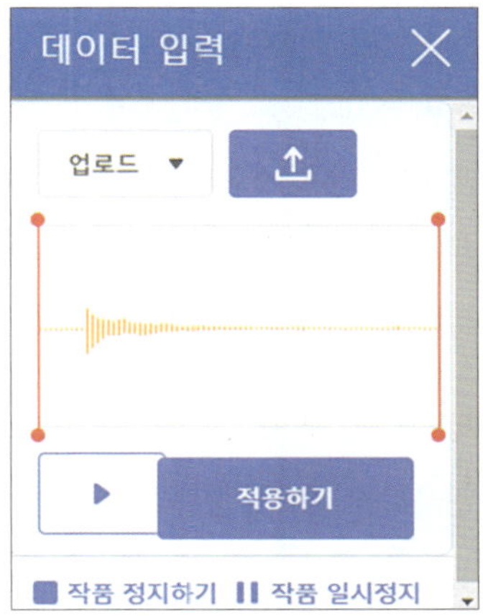

음성 데이터 적용 후에는 다음과 같이 화면에 음성 데이터에 대한 인공지능 모델의 학습 결과값이 나타난다. 이후 발성연습을 계속 하고 싶다면 나팔 그림을 눌러 다시 음성 데이터를 입력할 수 있다. 음성 데이터를 다시 입력하여 발성연습의 정확도를 높일 수 있다.

이후 음성데이터 결과값에 따라 해당하는 음을 피아노 건반에 표시하고 싶거나, 나팔을 누지 않아도 지속적인 학습을 할 수 있게 프로그래밍을 하며 아쉬웠던 점을 찾아 고쳐볼 수 있다.

entry Session 02

채워봐요! 10색 상환 (이미지 분류)

미술 작품은 선, 형, 색 등의 조형요소를 이용하여 다양한 조형원리를 나타내며 만들어진다. 미술 시간에는 여러 조형요소 중에서도 특히 '색'에 대한 학습을 많이 하는데 그중에서도 가장 처음에 학습하는 것이 '10색상환'이다. 10색상환 학습을 통해 학생들은 10가지 주요 색상을 알아보고 색을 서로 조합해보기도, 비슷한 색을 함께 묶어보며 색에 대한 친밀도와 이해도를 높인다.

이번 주제에서는 '10색상환'을 학생들의 생활 속 모습과 연결지어 본다. 색에 대해 배우는 것에 그치는 것이 아니라 실제 나의 생활 주변에서 '10색상환'에 해당하는 색을 찾아보고 인공지능 이미지 인식 모델을 통해 확인해보며 다양한 색에 대한 감각을 기르고 미술적 역량을 향상시키고자 한다. 인공지능 이미지 인식 모델을 만들어 주변의 사물을 카메라에 인식해보고 10색상환을 완성해보는 프로그램을 만들어본다.

학습 목표

인공지능 이미지 분류 모델을 적용하여 미술시간에 사용할 수 있는 색상환 만들기 프로그램을 구현할 수 있다.

학습 준비물

이미지 인식이 가능한 PC 또는 노트북

데이터 수집 아이디어

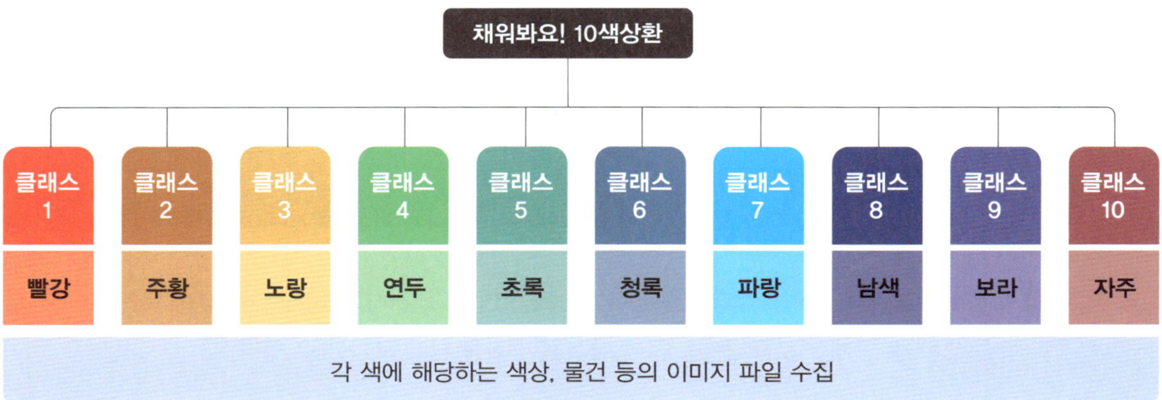

▲ #미술, #, #이미지 인식, #지도학습, #분류 학습, #채워봐요! 10색상환

2-1 인공지능 모델 학습하기

이번 주제에서는 음성이 아닌 이미지 데이터를 수집하여 인공지능 이미지 인식 모델 학습을 시켜야 한다. 이미지 데이터는 음성 데이터와 마찬가지로 사용자가 직접 촬영하거나 기존에 만들어진 이미지 데이터를 사용할 수 있다. 준비한 데이터로 인공지능 모델을 학습시키고 테스트를 통해 모델의 정확도를 확인 후, 구분이 잘 되는 정교한 데이터를 추가하여 학습모델의 정확도를 높일 수 있다.

1. 먼저, 엔트리 프로그램에서 인공지능 모델 학습하기 를 클릭하여 다음과 같이 '분류:이미지' 학습모델을 선택한 후 학습하기 를 클릭하여 이미지 모델 학습하기로 들어간다.

2. 다음으로 분류: 이미지 모델 학습하기 화면에서 이미지 모델의 이름을 설정한다. 교재에서는 '10색상환'으로 설정하였다.

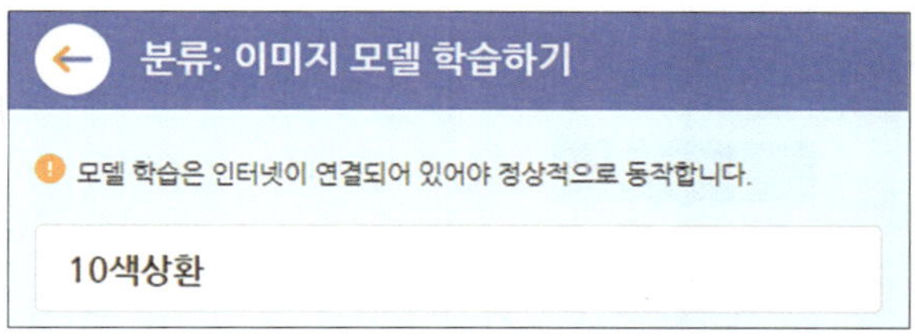

3. 이제 이미지 분류 모델 학습을 위한 분류 범주를 설정하고 데이터를 입력할 차례이다. '찾아봐요! 10색상환'에서는 총 10개의 클래스로 데이터를 분류한다. + 클래스 추가하기 버튼을 눌러 10개의 클래스를 생성하고 '빨강', '주황', '노랑', '연두', '초록', '청록', '파랑', '남색', '보라', '자주'의 순서대로 각각의 클래스 이름을 설정한다. 데이터는 사전에 저장한 이미지 또는 바로 촬영하여 이미지를 활용하고 클래스 당 5개 이상의 데이터를 입력하여 인공지능 모델 학습을 진행한다.

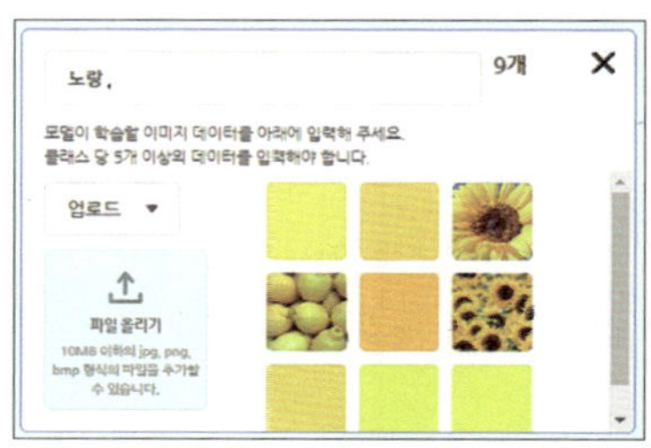

4 각각의 클래스에 데이터 입력이 완료되면 학습단계에서 모델 학습하기 버튼을 클릭하여 인공지능 이미지 분류가 가능하도록 학습모델을 제작한다. 엔트리 서버의 환경에 따라 모델 학습이 완료되기까지 시간이 걸릴 수 있으며 인터넷 연결 환경이 원활한지 확인할 필요가 있다.

학습이 완료되면 업로드 또는 촬영의 방식을 통해 학습 결과를 확인할 수 있다. 학습 결과는 분류된 클래스별 정확도를 아래와 같이 퍼센트로 나타내어 보여준다.

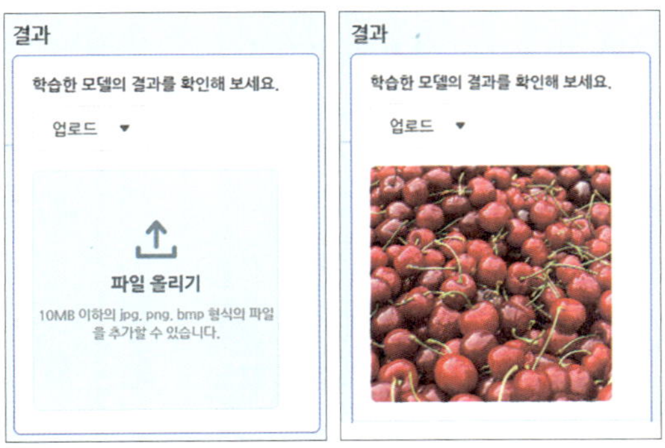

5 엔트리 블록 탭의 [인공지능]에 다음의 블록들이 생성되었는지 확인한다.

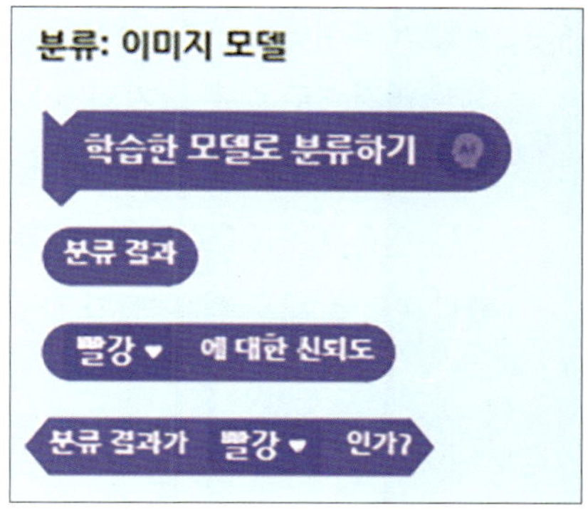

2-2 엔트리 코딩하기

'찾아봐요! 10색상환' 은 주변에서 10색상환에 맞는 색의 물건이나 사진을 찾아보고 이미지 인식을 통해 비어 있는 색상환의 색을 완성하는 프로그램이다. 엔트리 프로그램이 시작되면 안내멘트와 함께 이미지 인식을 시작한다. 이미지 인식을 통해 색상환을 모두 완성하면 '색상환 완성'이라는 멘트와 함께 프로그램이 종료된다.

1 우선, 엔트리 오브젝트를 다음과 같이 불러온다. [배경]에서 '단색 배경'을 불러와 배치한다.

2 색상환을 만들기 위해 [오브젝트 추가하기]의 [새로 그리기]에서 [●]를 눌러 원 모양을 만든다. 크기는 벡터를 누르고 w:185, h:185로 설정하며 테두리는 검정, 안쪽은 흰색으로 색을 채운다.
이렇게 색상 오브젝트를 10개 생성하고 '빨강', '주황', '노랑', '연두', '초록', '청록', '파랑', '남색', '보라', '자주'로 이름을 각각 변경한다. 색상 오브젝트는 하나를 만든 뒤, 복제하여 사용할 수 있다.

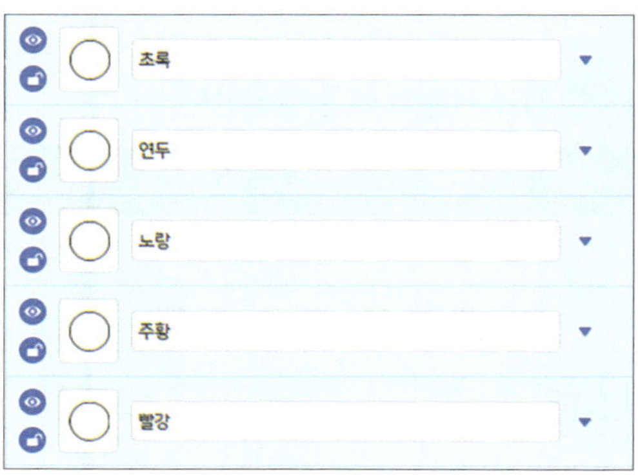

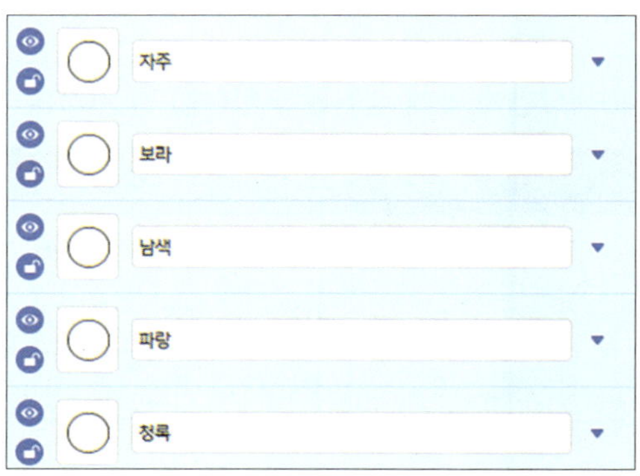

3 색상 오브젝트를 각각 클릭하고 [모양 추가하기] 를 눌러 색칠된 버전으로 같은 크기의(w:185, h:185) 원을 생성한다. 예를 들어 '빨강' 오브젝트의 경우, 가운데 흰색으로 되어 있는 원은 '빨강01'로 색상환 색에 알맞게 테두리와 안쪽을 빨강색으로 채운 원은 '빨강02'로 이름을 바꾼다.

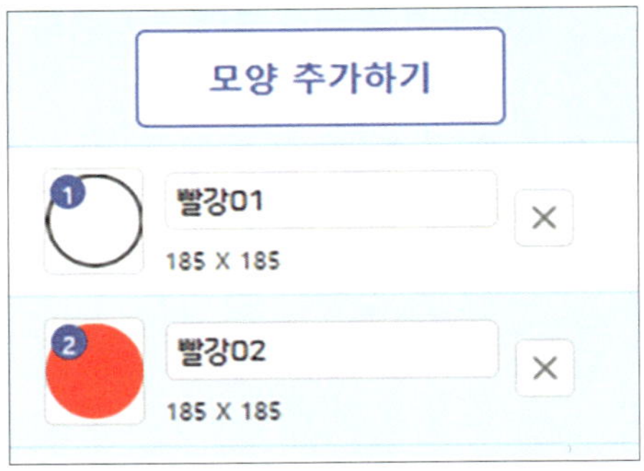

4 10가지 색에 알맞게 각각의 색상 오브젝트 모두 아래와 같이 모양을 만든다.

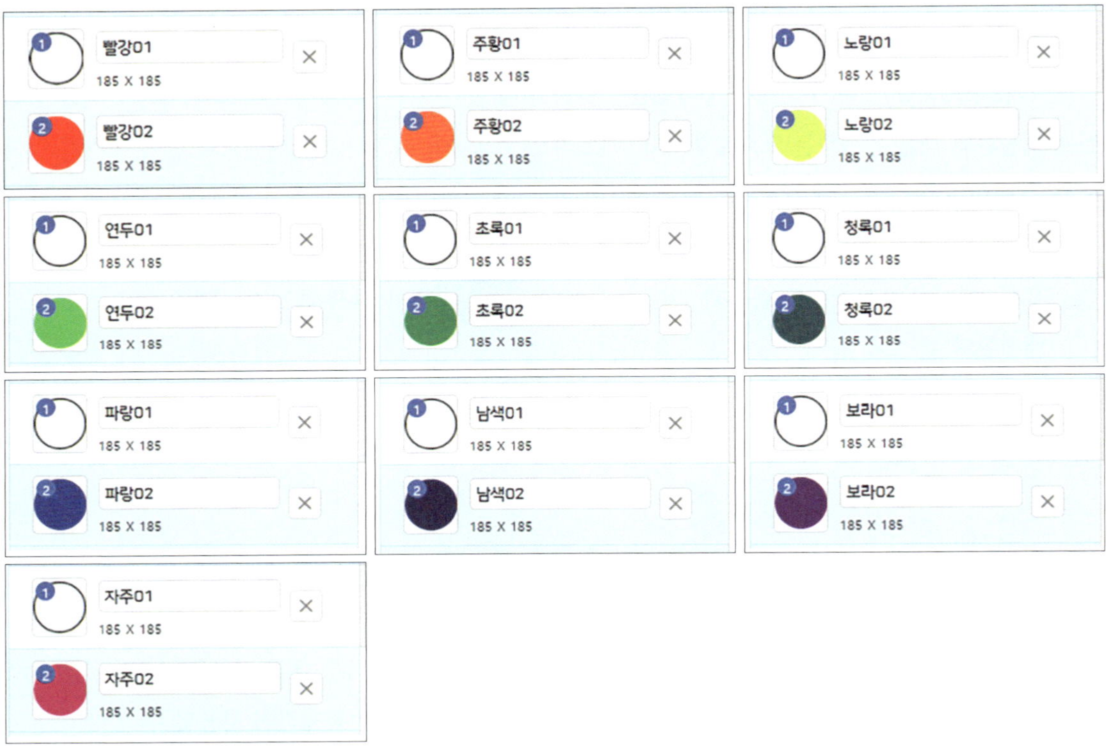

5 10색상환에 맞게 색칠된 모양(예) 빨강02)을 생성할 때는 아래의 표를 참고한다.

	빨강	주황	노랑	연두	초록	청록	파랑	남색	보라	자주
R	255	255	255	125	0	0	6	0	128	232
G	0	102	255	205	153	102	17	0	0	0
B	0	0	0	0	0	102	242	126	127	116

6 색상 오브젝트를 배치하여 10색상환을 만들어보자. 아래의 표를 참고하여 오브젝트의 위치를 정한다.

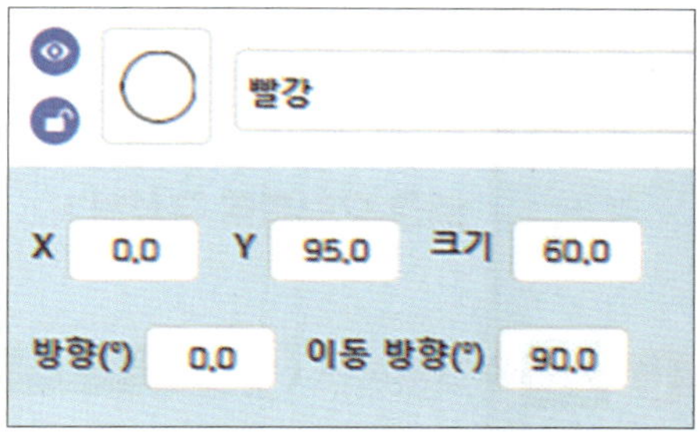

	빨강	주황	노랑	연두	초록	청록	파랑	남색	보라	자주
X	0	95	100	100	62	0	−62	−100	−100	−62
Y	95	80	31	−31	−80	−95	−80	−31	31	80

7 글상자 오브젝트를 생성하고 글상자 내용은 '10색상환'으로 입력한다.

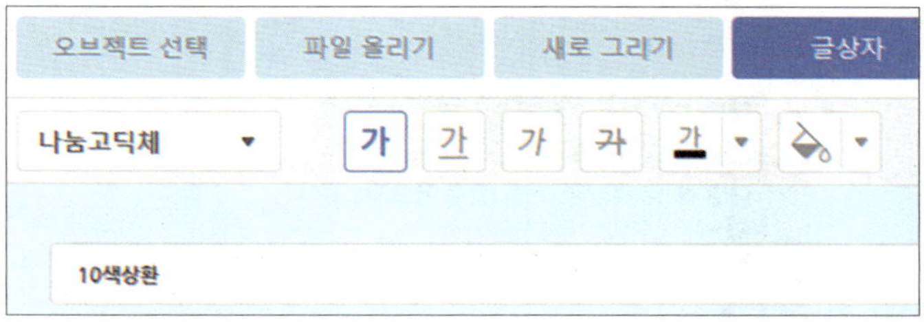

8 글상자 오브젝트는 10색상환과 배경에 맞게 위치를 설정한다.

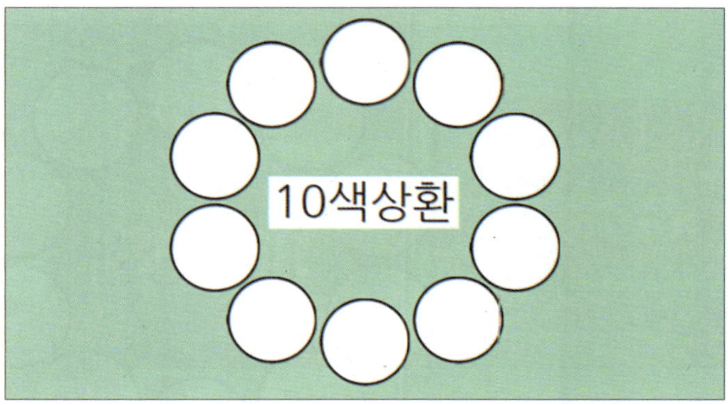

배경 오브젝트 구성하기

1. 시작 을 클릭하여 시작하기 버튼을 클릭했을 때 블록을 가져온다.

2. 생김새 를 안녕! 을(를) 4 초 동안 말하기 클릭하여 블록을 가져와 다음 문구를 입력하고 3초 동안 말하기로 변경 후 결합한다.
   - 나만의 10색상환을 만들어보자!
   - 우리 주변의 물건을 이용해 색상환을 완성해보자!
   - 물건을 가져와 카메라 앞에 보여줘!

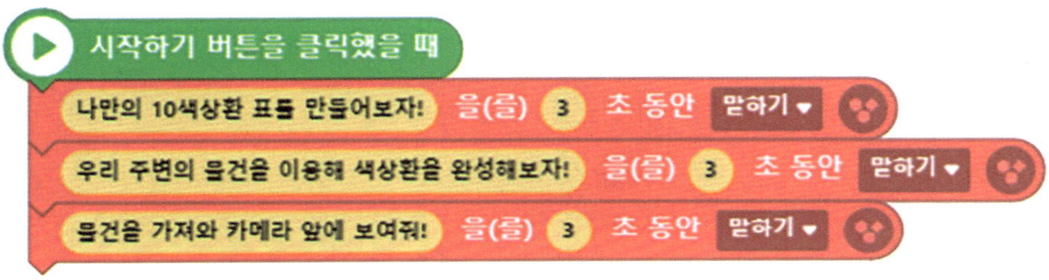

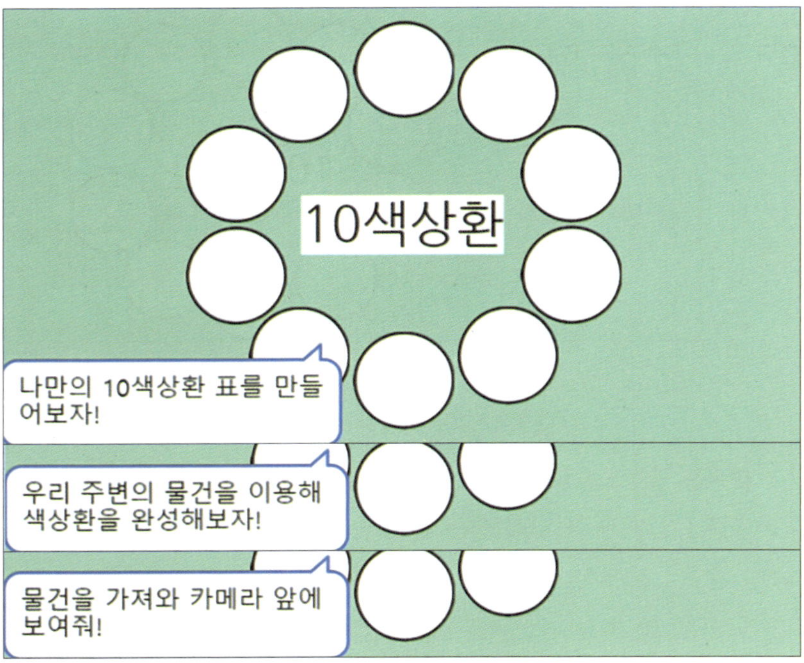

3 이제 비디오 화면이 나타나 이미지인식 기능이 실행되도록 한다. 이미지 인식을 통해 이미지 데이터를 업로드 또는 녹음하여 수집 후, 이전에 생성한 인공지능 학습모델에 따라 10가지 클래스(10색) 중 해당하는 곳에 분류되도록 한다.

[인공지능]의 [비디오 화면 보이기▾] 와 [학습한 모델로 분류하기] 블록을 결합한다.

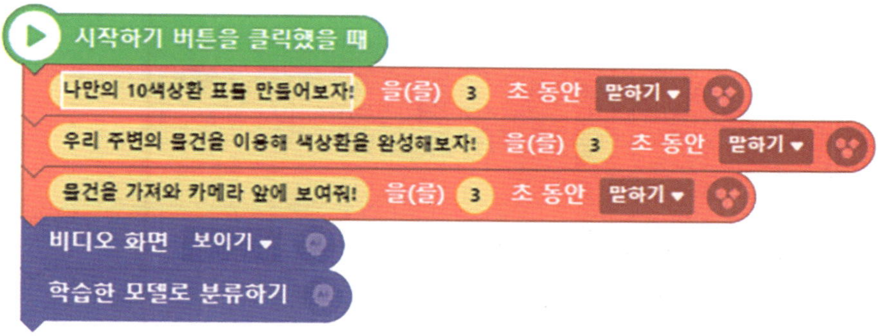

4 만약 분류 결과가 빨간색이라면 '빨강' 오브젝트가 '빨강01' 모양에서 '빨강02' 모양으로 바뀌도록 만든다. 이때 배경 오브젝트에서 '빨강' 오브젝트로 명령하기 위해 [신호]를 사용한다.

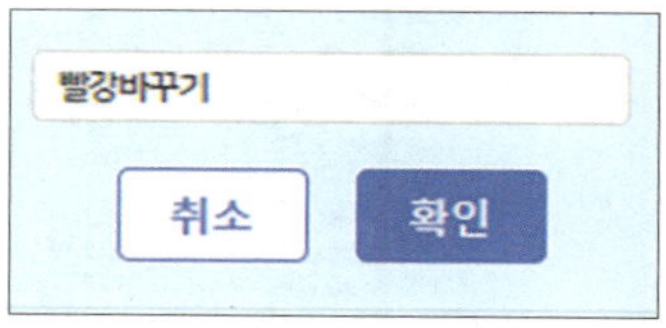

[신호 추가하기] 클릭 후 신호 이름을 '빨강바꾸기'로 설정한다.

오브젝트의 모양 변경은 다음에 등장할 색상 오브젝트 구성하기 내용을 참고한다.

[흐름]에서 [만일 참 (이)라면] 블록을, [인공지능]에서 [분류 결과가 빨강▾ 인가?] 블록을, [시작]에서 [빨강바꾸기▾ 신호 보내기] 블록을 가져와 결합한다.

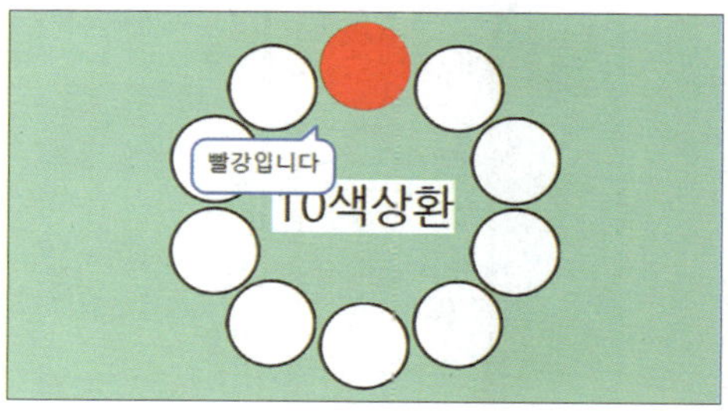

5 나머지 9가지 색도 각각 색에 맞게 를 만들고, 분류결과에 따라 신호를 보낼 수 있도록 다음과 같이 블록을 결합한다.

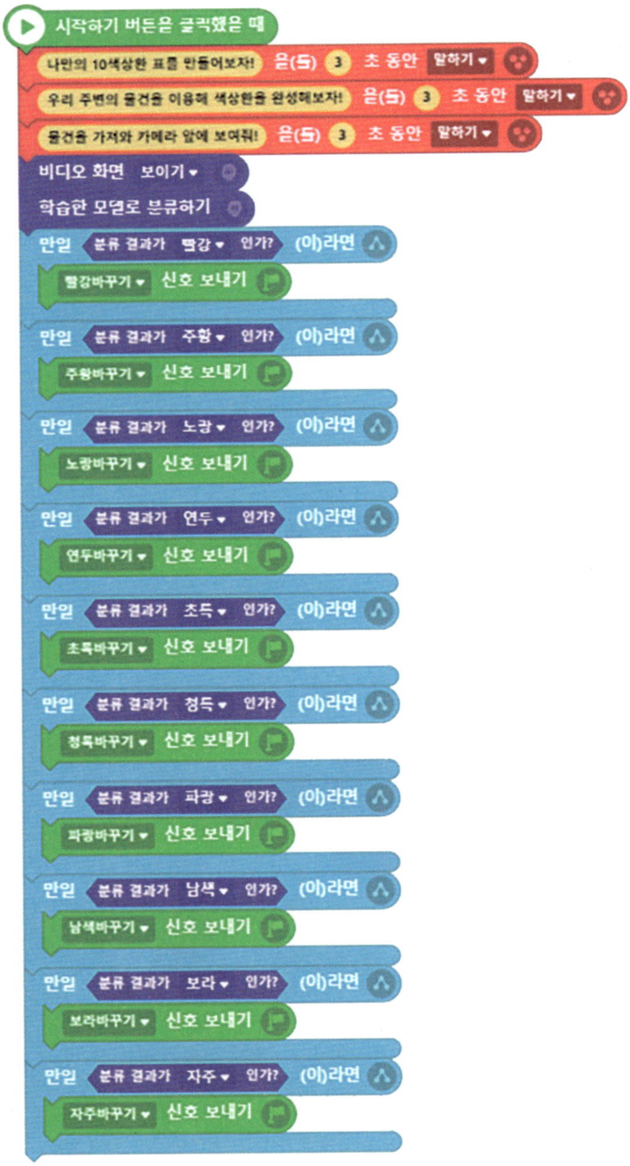

6 자동으로 이미지 인식 기능이 반복하여 작동하다 색상환의 10가지 색이 모두 바뀌었을 때 비디오 화면 보이기를 종료하는 기능을 추가하고자 한다. 이때, '리스트'를 활용한다.

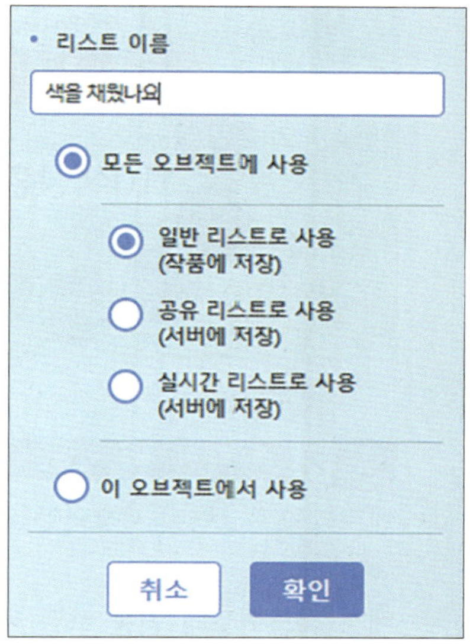

[리스트 추가하기]를 누르고 '색을 채웠나요'라는 이름의 리스트를 생성한다. 색상환의 색이 10가지이므로 리스트의 항목도 10가지로 설정한다. 리스트의 1~10번째 항목은 각각 '빨강'부터 '자주'까지의 색상에 해당하는 것으로 생각한다.

리스트 항목은 엔트리 프로그램이 시작되었을 때, 모두 0으로 시작된다. 이미지 인식 모델을 통해 10개의 클래스에 분류하고, 분류 결과에 따라 해당 색상의 리스트항목에 10씩 점수가 추가되게 만든다. 분류 결과에 따라 10개의 색에 모두 1개 이상 분류되면 리스트 항목은 더 이상 0이 아니게 된다. 블록을 이용하여 다음과 같이 코딩한다.

[흐름]의 [참 이 될 때까지 ▾ 반복하기] 블록을, [판단]의 [참 (이)가 아니다] 블록을, [자료]의 [색은 채웠나요 ▾ 에 0 이 포함되어 있는가?] 블록을 결합한다.

[흐름]에서 [2 초 기다리기] 블록을 추가하여 [비디오 화면 보이기 ▾]가 적절한 속도로 나타날 수 있도록 조절한다.

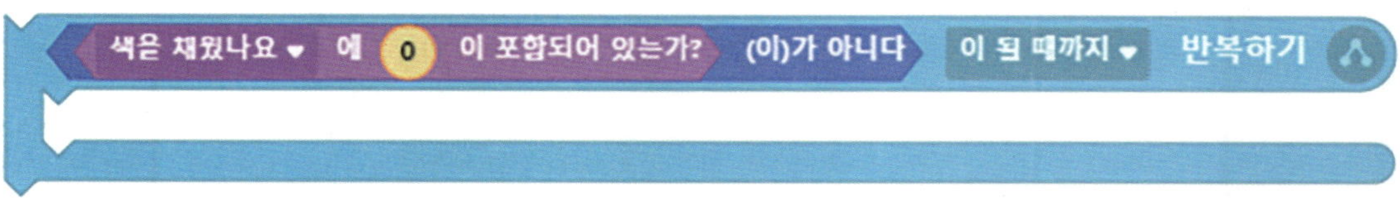

7 색상환 채우기가 종료되었다면 [신호]에서 '완료' 신호를 만들어 글상자 오브젝트가 '10색상환 완성!'으로 글상자 내용을 변경하고, 노랑배경과 함께 글자가 나타나도록 만든다.

[시작]의 [완료 ▾ 신호 보내기] 블록을 이용한다.

? 자료 의 리스트 색을 채웠나요 ▾ 숨기기 블록을 이용하여
엔트리 프로그램이 시작되었을 때 리스트의 내용이 보이지 않게 만든다.

배경 오브젝트의 최종 코딩 내용은 다음 페이지를 참고한다.

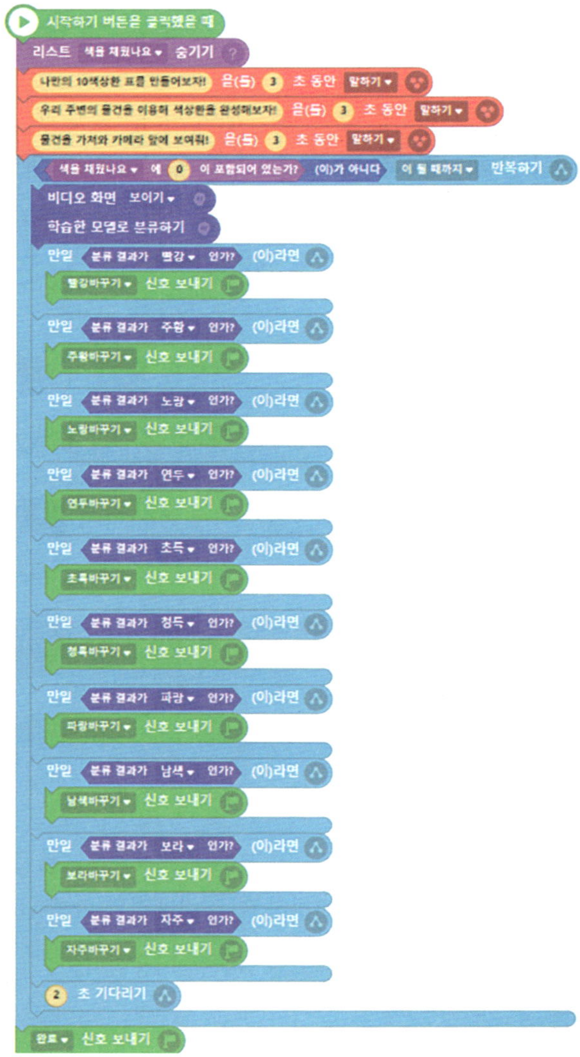

색상 오브젝트 구성하기

예를 들어 배경 오브젝트에서 빨강바꾸기 신호를 받으면 모양을 '빨강01'에서 '빨강02'로 변경하고 '빨강'입니다를 말하도록 만든다. 그리고 빨강에 해당하는 리스트의 1번째 항목에 10을 추가한다.

1. [시작]을 클릭하여 [빨강바꾸기 ▾ 신호를 받았을 때] 블록을 가져온다.

2. [생김새]를 클릭하여 [빨강02 ▾ 모양으로 바꾸기] 블록을 가져와 결합한다.

3. [인공지능]의 [분류 결과] 블록, [계산]의 [10 + 10] 블록, [생김새]의 [안녕! 을(를) 4 초 동안 말하기 ▾] 블록을 가져와 아래와 같이 결합한다.

4. [계산]의 [10 + 10] 블록, [자료]의 [색은 채웠나요 ▾ 의 1 번째 항목], [색은 채웠나요 ▾ 1 번째 항목을 10 (으)로 바꾸기] 블록을 결합하여 아래와 같이 만든다.

5. 나머지 9가지 색상 오브젝트도 같은 방식으로 프로그래밍하며 다음과 같이 나타낸다.

```
연두바꾸기 ▾ 신호를 받았을 때
연두02 ▾ 모양으로 바꾸기
분류 결과 + 입니다 을(를) 2 초 동안 말하기 ▾
색은 채웠나요 ▾ 4 번째 항목을 ( 색은 채웠나요 ▾ 의 4 번째 항목 + 10 ) (으)로 바꾸기
```

```
초득바꾸기 ▾ 신호를 받았을 때
초득02 ▾ 모양으로 바꾸기
분류 결과 + 입니다 을(를) 2 초 동안 말하기 ▾
색은 채웠나요 ▾ 5 번째 항목을 ( 색은 채웠나요 ▾ 의 5 번째 항목 + 10 ) (으)로 바꾸기
```

```
청득바꾸기 ▾ 신호를 받았을 때
청득02 ▾ 모양으로 바꾸기
분류 결과 + 입니다 을(를) 2 초 동안 말하기 ▾
색은 채웠나요 ▾ 6 번째 항목을 ( 색은 채웠나요 ▾ 의 6 번째 항목 + 10 ) (으)로 바꾸기
```

```
파랑바꾸기 ▾ 신호를 받았을 때
파랑02 ▾ 모양으로 바꾸기
분류 결과 + 입니다 을(를) 2 초 동안 말하기 ▾
색은 채웠나요 ▾ 7 번째 항목을 ( 색은 채웠나요 ▾ 의 7 번째 항목 + 10 ) (으)로 바꾸기
```

```
남색바꾸기 ▾ 신호를 받았을 때
남색02 ▾ 모양으로 바꾸기
분류 결과 + 입니다 을(를) 2 초 동안 말하기 ▾
색은 채웠나요 ▾ 8 번째 항목을 ( 색은 채웠나요 ▾ 의 8 번째 항목 + 10 ) (으)로 바꾸기
```

```
보라바꾸기 ▾ 신호를 받았을 때
보라02 ▾ 모양으로 바꾸기
분류 결과 + 입니다 을(를) 2 초 동안 말하기 ▾
색은 채웠나요 ▾ 9 번째 항목을 ( 색은 채웠나요 ▾ 의 9 번째 항목 + 10 ) (으)로 바꾸기
```

글상자 오브젝트 구성하기

색상환 채우기 완료 후 '완료' 신호를 받아 글상자 오브젝트의 문구와 배경색이 변하게 만든다.

1. [시작]을 클릭하여 [완료 신호를 받았을 때] 블록을 가져온다.

2. [글상자]의 [엔트리 라고 글쓰기], [배경색을 로 변경] 블록을 가져와 아래와 같이 변경 후 결합한다.

3. [인공지능]의 [분류 결과] 블록, [계산]의 [10 + 10] 블록, [생김새]의 [안녕! 을(를) 4 초 동안 말하기] 블록을 가져와 아래와 같이 결합한다.

MEMO